钱穆先生学术年谱

【卷二】

韩复智 编著

全国百佳出版社
中央编译出版社
Central Compilation & Translation Press

一九三一年　辛未　三十七岁

一　国内大事

九月十八日夜，日本"关东军"袭击我东北，占沈阳，发生"九一八"事变。日本占我吉林。由于当局实行不抵抗主义，致使日本帝国主义在数月内占领了我东北三省。日大佐土肥原密赴天津劫溥仪赴东三省，进行东三省独立运动。

二十四日，上海数万码头工人举行反日大罢工。国联理事会决议派遣调查团，至东三省调查，日本坚持直接交涉。

十一月七日，中国共产党第一次全国工农兵代表大会在江西瑞金召开，成立了中央工农民主政府，毛泽东当选为主席。

现行国民政府组织法公布。林森被选为国府主席。

二　事略

先生辞去燕大教职后，即返回苏州家居。夏，得北京大学聘书，即北上赴聘。及至北平，清华大学亦请兼课。此皆出自顾颉刚预先为之接洽安排。之前，顾氏在同年三月十八日致胡适之信中说："……闻孟真（复智按：系傅斯年之字）有意请钱宾四先生入北大，想出先生吹嘘。我已问过宾四，他也愿意。我想他如到北大，则我即可不来，因我所能教之功课他无不能教也，且他为学比我笃实，我们虽方向有些不同，但我颇尊重他，希望他常对我补偏救弊。故北大如请他，则较请我为好，以我有流弊而他无流弊也。他所作《诸子系年》已完稿，洋洋三十万言，实近年一大著作，过数日当请他奉览。……"关于此事，先生亦未面询顾氏。

先生任教北大历史系，是为在大学讲授历史课程之开始。第一年开课三门，"中国上古史"与"秦汉史"，皆为学校指定之必修课程。另一门选修课，自定为"近三百年学术史"。此一课程，梁任公前在清华研究所讲授，编有讲义，先生曾在杂志上阅览过。任公卒后，北平书肆遂印其书，先生购得，以意见相异，故在北大特开此课，且亦自编讲义。时北大讲义室负责印发，预为准备，随编随印，并接受校外订阅，因此常未及讲授，外界早已先睹为快。其间并发生一件小插曲，先生晚年在其《师友杂忆》中，犹娓娓述及。谓一日接得电话，询其最近讲授学术史中，举陈乾初《大学辨》一文论列，北平最富藏书，但此间友好皆不知此文出处，并谓冯芝生（友兰）都不知道。（关于陈乾初《大学辨》一文的出处，不惟冯芝生不知，即梁启超的《中国近三百年学术史》，虽也提到了陈乾初，但引用《大学辨》的资料，都是取自黄梨洲《南雷文集》、朱彝尊《经义考》与吴骞《陈乾初先生年谱》等书的片段记录，一鳞半爪，未窥全豹。这是一篇颇具震撼性的文字，虽非离经叛道，几乎推翻了程、朱以来大儒们所推崇的《大学》一书。该文世无刻本，即钞本亦绝少，先生见之于北平图书馆所藏《释经楼藏书题跋记》。一般甚少留意及此。）先生至为诧异，并非诧异该文出处，奇怪的是课程尚未开讲，讲义也未领取，外界何由得知？电话中传来大笑声不止，谓北大向例讲义人人可为预定，先睹者已群相讨论，当事人尚蒙在鼓里，可笑可笑。盖先生初至北大，不悉向有此例，亦可想见当时北平学术界风气之一斑。尤其任公卒后不久，先生续开此课，而取经又与任公迥殊，故特受注意也。此《中国近三百年学术史》，后于一九三七年由上海商务印书馆出版。一九六五年由台湾商务印书馆依原版影印发行台初版。至一九九一年十月，二十余年间，版凡十刷。一九九七年，收入联经《全集》第十六册及十七册。

先生讲授上古史，未几，有人投书谓"君不通龟甲文，奈何腼颜讲上古史"。先生即以此书于课堂上出示同学说：余不通龟甲文，故在此堂上将不讲及。但除此之外，上古史要讲的正多呢！学校指定为必修课，虽道必修龟甲文不成？

当时史学界疑古之风甚炽，如钱玄同、顾颉刚之辈，钱且改姓疑古。恰巧玄同之子亦在班上听课，故有人警告，讲授时须谨慎，勿惹是非。先生坦然谓：我任上古史课，若亦疑古，上古史有何可言？后于某次教授宴席上,先生与玄同比肩同坐,玄同告以其子所作笔记,曾一一过目,逐字不遗。笑谓:小子甚信师言,不遵吾说。先生唯诺诺以应,恐生误会,不欲多言。(以上见兰台版《八十忆双亲师友杂忆合刊》,页一五一~一五三。)

三 著述

元月,《周公》一书,由上海商务印书馆印行。收入商务《国学小丛书》。一九六七年,台北商务印书馆据原版影印,为台一版,收入该馆《人人文库》。一九九八年,收入联经《全集》第二十六册。兹摘录其大要如下:

弁言

中国之有孔子,其影响之大且深,夫人而知之。然孔子之学术思想,亦本于中国固有之民族性,构成于历史的自然之发展,决非无因而致者。孔子晚年,有"久矣!不复梦见周公"之叹,则其壮年以来之于周公,其思慕之忱为何如?《孟子》云"周公、仲尼之道",后世亦每以周、孔并称,非无故也。

抑周公当周室草创之初,辅佐武王、成王成就大业,虽非身承王统,以视孔子之栖栖遑遑,席不暇暖,遭时不利,终身于穷庐者,其隐显通塞之间,固已殊矣。孔子之于周公,既梦寐不忘,其间岂无精神脉络相通之点!

意殷末周初,实产出春秋、战国时代之文化的渊源之涵养期也。决非枯澹寂寞,而郁勃有兴国之气象焉。周公者,又其时代思想之最好的代表人也。苟能于周公其人,博考详察,则于探中国古代文化之渊源,与夫孔子学术之由来,皆思过半矣。观于春秋、战国之时,繁文缛礼,已臻其极。终而为纷乱之世,战斗攻伐,惟日不足,而学术文采,照耀百世。诸子竞出,不可胜数。是岂突然而起者!其必有所渊源于数百年之前矣。殷末周初,实涵育其渊源之时也。苟明社会进化之以渐不以骤,则其理亦非难见。

日人林泰辅著《周公与其时代》一书，将关于周公及其时代之材料散见各书者，为之掇拾，求其一贯之事实。以《诗》、《书》为主，参以其它古籍，以考周公之行事，又绎其学术思想；更取《周官》、《仪礼》及《周易·爻辞》，古来所称周公之著作者，一一详为比论，以辨其果出周公与否。……虽其辨订时有未臻完密之嫌，未可遽为定论，亦专门的研究周公之一巨著也。课徒之暇，因为摘译，以付梓人。

第一章　周公之家系及性行

1. 周公之家系

周公名旦，文王之子，武王之弟，以采邑在周，称周公。《史记·鲁世家索隐》亦云："周，地名，在歧山之阳，本太王所居，后以为周公之采邑，故曰周公。即今之扶风雍东北故周城也。"其地在今陕西省歧山县。

周公父文王有圣德，当别详，此不述。母太姒即文王之正妃。今考太姒为人，如《周南》、《苢覃》、《卷耳》、《螽斯》诸诗，旧说皆咏太姒。

太姒所生同母兄弟凡有十人。《史记》云："同母昆弟十人，唯发、旦贤，左右辅文王。故文王舍伯邑考而以发为太子。"（《管蔡世家》）

周公之夫人为任氏。《左传》宗人衅夏曰："周公娶于薛。"（哀二十四年）薛，任姓之国也。其性行无所考。元子伯禽封于鲁。殁于成王即位之初矣。周公之子，伯禽外，得封者六人。《左传》僖二十四年："凡、蒋、邢、茅、胙、祭，周公之胤也。"

2. 周公之性行

武王、周公，于兄弟中最为杰出，周公天禀异常人，《史记·鲁周公世家》："自文王在时，旦为子孝，笃仁，异于群子。"其少时，既崭然露头角可知。《淮南子·泛论训》："周公事文王也，行无专制，事无由己，身若不胜衣，言若不出古。有奉持于文王洞洞属属，如将不能，如恐失之，可谓能子矣。"此言周公之孝也。《论语·泰伯》亦云："如有周公之才之美，使骄且吝，其余不足观也已！"则其材力之优秀而又谨慎可知。

《孟子·离娄下》："周公思兼三王，以施四事。其有不合者，仰而思之，夜以继日。幸而得之，坐以待旦。"则周公不独恃其才，其励精刻苦，亦非常人所能及也。当《周公》自乞以身代武王之死，其册祝之辞，以告于大王、王季、文王者，谓"予仁若考，能多材多艺，能事鬼神"，虽有所为而言，亦足与《史记》、《论语》所述相发明，知所载之非诬饰矣。

第二章　周公之活动时代

1. 周公相武王

周公历事武王、成王二朝。《史记·鲁周公世家》："及武王即位，旦常辅翼武王，用事居多。"《周本纪》："武王即位，太公望为师，周公旦为辅，召公、毕公之徒，左右王师，修文王绪业。"则周公当武王即位之初，即与太公望共为辅相，当国家经营之任也。

《史记·鲁世家》："武王九年，东伐至盟津，周公辅行。"此所谓武王观兵之役，周公参谋议于帷幕之中也。其出也，为文王木主，载之车中，自称太子发，示非出于私欲，后见机会未至，遂还师，是当有周公之意见参其间，事属密切，不得而详之矣。

《鲁世家》更叙周公佐武王事云："十一年伐纣，至牧野。周公佐武王，作《牧誓》。破殷，入商宫。已杀纣，周公把大钺，召公把小钺，以夹武王，衅社，告纣之罪于天，及殷民。释箕子之囚。封纣子武庚禄父，使管叔、蔡叔傅之，以续殷祀。偏封功臣同姓戚者。"《孟子·滕文公下》亦云："周公相武王诛纣。"《孟子·公孙丑下》："陈贾曰：'周公使管叔监殷，管叔以殷畔也，有诸？'孟子曰：'然。'"是明出周公之计划也。

武王自受命九年至十三年凡五年，周公辅之灭殷兴周，开王业之基，百世经纶犹未大定而武王崩。于是周公之责任愈大，虽不嗣立，然实处与嗣立同样之地位；而周公绝世之才德，遂愈益发扬其光辉焉。

2. 周公之摄位

武王既崩，周公专相成王，当时周公之地位何如乎？古来辨说纷纷，不可不求一明白之解决。则请自成王之身考察之。王肃《孔传》："武王崩，成王年十三。"《公羊疏》引《古尚书说》云："武王崩，成王年十三。"是也。《论衡·率性》："召公戒成王曰：'今王初服厥命，于戏若生子，罔不在厥初生。'生子谓十五。"此谓成王除丧时年十五，亦同《古尚书说》。

今考成王即位年龄，周代遗籍，已无确证。惟武王崩于文王之崩后五年，必不有九十三之寿。而汉儒所传，亦不能悉谓其诬罔。在襁褓之中，固不可信，至十三岁之说，所谓虽不中亦不远，其未达成年可无疑也。成王既未达成年，其不能不赖于他人之辅翼可知，此周公摄政之所不获已也。

夫以后世之情理，测古代之事实，以谓其有乖名分，而不知君臣上下之名分，古代不必如后世之截然其不可易也。况周公当王业草创之际，处非常之境，一有蹉跌，不可挽回，将何以自对于先王之灵。故勇往直前，取非常之处置，此真所谓权道。后世乱臣贼子之将袭迹与否，固非顾虑之所及也。孟子云："伊尹放太甲于桐，民大悦。太甲贤，又反之。"（《尽心上》）伊尹之于太甲，为异姓之卿，尚犹如此。况以周公之懿亲，将以完成文、武之绪业，其践天子之位，岂足深怪哉！

3. 周公之东征

此皆谓周公摄政，乃冢宰摄政之常例，不为成王年幼而摄也。然成王既未达成年，不可谓与周公摄政更无关系，旧来之说，未必定误。《左传》定四年称："周公为太宰。"太宰即冢宰，惟其摄政则决非谅暗中普通之摄政。今观《荀子》、《礼记》以下诸书所见率有周公践天子位之说：

《荀子·儒效》："武王崩，成王幼，周公屏成王而及武王以属天下，恶天下之倍周也。履天子之籍，听天下之断，偃然如固有之，而天下不称贪焉。（中略）成王冠成人，周公归周反籍焉，明不灭主之义也。周公无天下矣。乡有天下，今无天下，非擅也。成王乡无天下，今有天下，非夺也。变埶次序节然也。故以枝代主，而非越也。以弟诛兄，而非暴也。君臣易位，而非不顺也。因天下之和，遂文武之业，明枝主之义，抑亦变化矣，天下厌然犹一也。非圣人莫之能为。"

《礼记·文王世子》："仲尼曰：'周公摄政，践阼而治。'"

《淮南子·泛论训》："武王崩，成王幼少。周公继文王之业？履天子之籍，听天下之政。"

以上所举，《荀子》之文最为有力。其"变执次序节然也。故以枝代主而非越也。君臣易位而非不顺也。抑亦变化矣"云云，说明处非常之境，不得不行非常之权也。据上而论，周公或可有称王之事。

周公之地位，既为太宰而摄政，又复摄位践天子阼，既如前述，其势力之赫奕，可无待言。在周公求以完成文、武之绪业，更无一毫之私心，而盛满难居，人事多不如意，及有大变之起。

《尚书·金縢》曰："武王既丧，管叔及其群弟乃流言于国曰：'公将不利于孺子。'"群弟者，即指同监殷之蔡叔、霍叔而言也。《孟子·公孙丑下》："管叔以殷畔也。"《左传·定四年》："管、蔡启商，惎间王室。"是管叔、蔡叔实诱导武庚也。《史记·鲁世家》："管、蔡、武庚等，果率淮夷而反。"《论衡·儒增》："成王之时，四国篡畔，淮夷、徐戎，并为患害。"则淮夷、徐戎亦应之也。此其形势诚有不可侮者。

当是时，周公不独在外有管、蔡、武庚之异论，在内复有召公之不说。《尚书·君奭》："召公为保，周公为师，相成王为左右，召公不说，周公作君奭。"惟召公不说之说，其来甚古，亦未可一概抹煞，然其所以不说者，先儒颇苦无所说明。

今考《史记·燕世家》："成王既幼，周公摄政，当国践阼，惟召公疑之，作《君奭》。"《汉书·王莽传》云："周公服天子之冕，南面而朝群臣，发号施令，常称王命。召公贤人，不知圣人之意，故不说也。"殆为得其实矣。然召公非上圣，于周公之精神，以天下安危任之一身者，或不免有所不察。观周公之直前勇往，当大难之冲，不能不心疑其自任之太过，及闻周公谆谆剖白之言，乃幡然而悟，此《史记》所以于略叙《君奭》文后，有召公乃说之言也。

周、召关系既如右述，虽不久即得解决，而至于管、蔡、武庚之变，则非复口舌之所能为力矣。当是时，周室经营方策，既已确立，正着着进步之际，周公争之，虽骤遭大变，不以动其心志。《史记·鲁世家》述之云:"周公乃告太公望、召公奭曰:'我之所以弗辟而摄行政者,恐天下畔周,无以告我先王太王、王季、文王。三王之忧劳天下久矣,于今而后成。武王早终,成王少,将以成周,我所以为之若此。'"此最为《金縢》的解。

周公自进东征之师,同时使其子伯禽率师伐淮夷、徐戎。《书序》:"鲁侯伯禽宅曲阜,徐、夷并兴,东郊不开,作《费誓》。"《史记·齐太公世家》云:"及周成王少时,管、蔡作乱,淮夷畔周。乃使召康公命太公曰:'东至海,西至河,南至穆陵,北至无棣,五侯九伯,实得征之。'齐由此得征伐,为大国。"此盖自齐、费双方为牵制之计也。

观此则周公对于处置变乱之方略,颇着苦心之迹。至其征讨时之状况,《史记·周本纪》云:"周公奉成王命,伐诛武庚、管叔,放蔡叔。"《鲁世家》云:"周公乃奉成王命,兴师东伐。作大诰。遂诛管叔,杀武庚,放蔡叔。(中略)宁淮夷。东土二年而毕定。"

周公征讨管、蔡、武庚之本末,概略如右。然《金縢》叙此事甚简单,仅云:"周公居东二年,则罪人斯得。"然自《金縢》之文字观之,实有若为避位居东之意者,刘逢禄《书序述闻》云:"史不书东征而曰居东,不斥管、蔡而曰罪人,缘周公之心而为之讳也。"魏源《书古微》卷八云:"不曰东征而曰居东,不曰管、蔡、武庚皆诛而曰罪人斯得者,史臣缘周公心所不忍而浑其词耳。"可谓得其情事。盖《金縢》追记于数年之后,当然有多少之斟酌也。

周公与成王之间,既无一毫之滞碍,周公乃东征三年而班师,劳归士。大夫美之,作《东山》之时,惟《东山》诗中有"于今三年"之句,而《金縢》云"居东二年",若有不合;然考《金縢》文中"秋大熟"之秋,为二年之秋,而《东山》"果赢之实,亦施于宇"、"熠熠宵行"、"有敦瓜苦"、"仓庚于飞"皆夏时之景,则周公率师凯旋,殆为三年之夏也。

4. 定刑书封诸侯

周公既平武庚、管、蔡之乱,其善后之处置,为定刑书与封诸侯。定刑书者,《逸周书尝麦解》云:"维四年孟夏,王初祈祷于宗庙,乃尝麦于大祖。是月,王命大正正刑书。"又云:"太史筴(夹,举也)《刑书九篇》以升授大正。"大正者,大司寇也。《左传·文十八年》:"鲁太史克对曰：'先君周公制《周礼》。'"又曰："在《九刑》而不忘。"《左传·昭六年》晋叔向亦云："周有乱政，而作《九刑》。"乱政者，即指三年之乱言也。盖周公有所大戒，乃作《刑书》。其书已亡逸而不可考，然其为后来邦典之基础，则可知也。

封诸侯者，《史记·管蔡世家》云："分殷余民为二。其一，封微子启于宋，以续殷祀。其一，封康叔为卫君。"《左传·定四年》云："周公相王室，以尹天下，于周为睦。分鲁公以大路大旗，夏后氏之璜，封父之繁弱，殷民六族，条氏、徐氏、萧氏、索氏、长勺氏、尾勺氏，使帅其宗氏，辑其分族，将其类丑，以法则周公，用即命于周。是以使之职事于鲁，以昭周公之明德。分之土田陪敦，祝宗卜史，备物典策，官司彝器，因商、奄之民，命以《伯禽》（命书之篇名）。而封于少皞之虚。"

此文条氏、徐氏以下，皆殷之豪族也。使之率其宗子族长，辑合其旁族别门，将其远派疏属，法则周公，受命于周之王庭，遂从于鲁公伯禽而就国，以明周公之德。其实则使殷之豪族服从于周耳。

与封卫康叔同时，复封季载于聃。《史记·管蔡世家》云："封康叔为卫君，是为卫康叔"。封季载于冉。冉季、康叔皆有驯行。于是周公举康叔为周司寇，冉季为周司空，以佐成王治，皆有令名于天下。（冉与聃通）聃即那处，今湖北安陆府荆门州也。

《左传·定四年》又云："分唐叔以大路，密须之鼓、阙巩、沽洗，怀姓九宗，职官五正。命以《唐诰》，而封于夏墟。"怀姓九宗，或谓亦殷之豪族。唐叔者，武王之子，成王之母弟也。

《左传·定四年》又述封蔡仲于蔡："王于是乎杀管叔而蔡蔡叔，以车七乘、徒七十人。其子蔡仲改行帅德。周公举之以为己卿士，见诸王，而命之以蔡。"其命书云："王曰：'胡，无若尔考之违王命也。'"则或又在封唐叔之后也。

其它同姓异姓之诸侯分封于各地者尚多，虽非一时行之，然其大体之方针既定，使同姓异姓交错互制。若封太公于齐，则更封伯禽于鲁，封微子于宋，同时封康叔于卫，皆是也。其用意之周到可见矣。

5. 洛邑之营建

然自周公、召公四国征讨之事既毕，乃图营洛，盖有二因。一则镐京居于西偏，四方入贡，道里不均，而洛邑则中央之地，极适于诸侯之朝觐会同也。二则殷之遗民，虽使分处，尚未心服，故营建东都，以大为镇压，亦焦眉之急务也。

王城既成，乃迁九鼎于此，谓之成周，又谓之东都。《左传·宣三年》："成王定鼎于郏鄏，卜世三十，卜年七百。"

成周之成，周公以成王之命晓喻殷民，有《多士》之篇。《书序》云："成周既成，迁殷顽民，周公以王命告，作《多士》。"

6. 礼乐之制作

欲使一代政治达于高尚优雅之域，致太平之盛，不可不制礼作乐。然其本源在人君之一身，本源一乱，礼乐复何为哉？故周公当内外多事之际，与召公共相成王，亲为师保。周公陈《豳风·七月》之时，又以《无逸》为训告。盖无逸与《七月》，皆所谓教之以事而谕之于德者，凡所以养其本源也，《荀子·儒效》云："教诲开导成王，使谕于道，而能撙迹于文、武。"必如此，而后礼乐之制作，不至于徒为也。

《左传·文十八年》云："先君周公制《周礼》。"《尚书大传·洛诰传》云："周公摄政六年，制礼作乐。"周公于一代治绩，发扬其前古未有之光辉者，实在于此。

周公既与召公共营建洛邑，及其成也，乃行郊祀、宗祀之二大祭。《孝经》云："昔者，周公郊祀后稷以配天，宗祀文王于明堂以配上帝。是以四海之内各以其职来祭。"《逸周书·作雒解》曰："乃设丘兆于南郊，以祀上帝，配以后稷。"此即郊祀也。且郊祀之祭，行于洛邑营建之初，其影响自不能及此后明堂宗祀之大。

谓宗祀文王于明堂者，《洛诰》云："周公曰：'王肇称殷礼，祀于新邑，咸秩无文。予齐百工，伻从王于周。予惟曰：庶有事。今王即命曰：记功宗，以功作元祀。惟命曰：汝受命笃弼，丕视功载，乃汝其悉自教工'"此述成王命周公为文王之宗祀也。

所谓明堂者，虽古来诸儒之说纷如聚讼，要为本于周人明堂之古制，而稍稍损益之。盖周之明堂，与夏之世室、殷之重屋粗粗同制。明堂盖取向明而治之义。明堂者，于四堂之中央有五室，即为庙屋，《月令篇》云："明堂太庙。"又云："太庙太室。"晋袁准《诗·灵台疏》说之云：

"明堂太庙者，明堂之内太室，非宗庙之太庙也。"是也。故明堂者，可谓之太庙，又可谓之太室，《周颂》谓之清庙，即明堂之太庙，与天子七庙之宗庙不同。

至言明堂原来之用途者，金鹗《求古录·礼说》二云："明堂所行之礼有三，曰宗祀，曰告朔，曰朝觐。"似为粗得其要。盖明堂者，王者出政教之堂也。然洛邑有之，而镐京则无。焦循之《群经宫室图》卷二又论之云："《周书·作雒篇》言周公作明堂之制。是明堂在东都，而镐京之明堂，无有明文。盖明堂之设，所以朝诸侯，颁政令，祀天帝，宗文王，非诸侯所有。未制礼乐，仍依侯制，无明堂。既卜天下之中，营王城，建明堂于此。而西京不朝诸侯，无明堂也。"

当日用于祭典之乐歌，即《周颂》之《清庙》、《维清》、《我将》等，述文王之功德甚切。

周公行其礼、奏其乐，举行宗祀之大礼，其效果良不虚，四海之内，各以其职来助祭者，皆与之以非常之感动。周公既举行宗祀之大礼，得非常之好果，更进而请成王于洛邑行朝会诸侯于明堂之盛仪。

以上所述，礼乐制作之实地施行之一斑也。《汉书·公孙弘传》："周公旦治天下，期年而变，三年而化，五年而定。"盖即指此等而言。当是时，周之声教洋溢远播，及于四方之夷狄，殆有不止列席于成周之会者。

第三章　周公之晚年

1. 周公之归政

周公既全武王付托之责任，成王年亦稍长，乃归政于王而自退休。《洛诰》云"朕复子明辟。"又曰："予其明农哉！"即露退休之意。然成王则述周公之功德，以示挽留，不遽许也。留周公于洛使专治。以是王于洛行烝祭，祭文王、武王，告留周公于洛而自归镐京。自是以后，周公专主陕以东，召公主陕以西。《公羊传》隐五年云："自陕而东者，周公主之。自陕而西者，召公主之。"是以周公、召公分陕东西而治，在太平之后也。

周公至于七年，益求归政，《洛诰》云："惟周公诞保文、武受命，惟七年。"《逸周书·明堂解》、《尚书大传》、《礼记·明堂位》等皆云："七年致政于成王。"盖即实行《洛诰》所谓"复子明辟"也。

周公之摄王位，盖为不得已之事，出之以非常之决心，后世流弊如何，不暇顾也。至于七年之后，既粗达其目的，乃还政于成王。虽不复统治四海，然居洛邑而治陕东，则不辞焉。

2. 周公之考终

周公既归政，居洛邑，治东方诸国。其后暂退隐于丰而薨。《书序》："周公在丰，将没，欲葬成周，公薨，成王葬于毕。"《史记·鲁世家》云："周公在丰病，将没。曰：'必葬我成周，以明吾不敢离成王。'周公既卒。成王亦让，葬周公于毕，从文王，以明予小子不敢臣周公也。"是周公盖以健康之不胜，故一时退隐，既则自知病将不起，故为此遗言，亦遂不久而薨也。

盖周公之欲葬于周者，为示其于成周之经营，虽不无专擅之嫌，然全为国家之大计，至于臣于成王之意，则实丝毫无易也。成王不从其言，葬之于毕，使陪从文、武之墓者，谓周公非特臣于己，彼其继文、武之遗志而完成其事业，为周室之元勋，他无可比类，所以特表其功德也。

第四章　周公学术思想之概观

1. 周公时代之诗文及学风

欲探周公学术之渊源，不可不考周公时代之学风。欲知周公时代之学风，无如征于其时代及出于其时以前之文章与诗歌。当夏、殷时，传记所载，设有东序、西序、右学、左学之大学，及校与序之小学。周初，于《大雅》之灵台、《文王有声》有辟雍。于《周颂》有西雝，西雝即辟雍也。盖行宴飨仪式之所，略当于大学。《豳风·七月》有"跻彼公堂，称彼兕觥。"《毛传》："公堂，学校也。"是即庠序之类，为小学。既有大小学之设，则教育之行于当时可见。

其教育之结果遗存于今日者，出于殷末周初之诗歌与文章，就于《诗》、《书》二经而可考也。则周初之诗，大概可举者，于《国风》有《葛覃》、《卷耳》、《樛木》等约二十五章。于《小雅》有《皇皇者华》、

《伐木》、《天保》等约十四章。于《大雅》有《大明》、《绵》、《棫朴》等约十二章。于《颂》有《烈文》、《天作》、《我将》等约十九章。惟其中或有周公之作，或非周公作而受周公之影响者，今不能严密区分，姑概略举之如右。

言其文章，于《商书》有《西伯戡黎》、《微子》，于《周书》有《牧誓》、《洪范》、《酒诰》、《梓材》、《费誓》，于《逸周书》有《大匡》、《程典》、《文传》、《武顺》、《和寤》、《武寤》、《文政》、《世俘》、《商誓》、《成开》、《时训》、《尝麦》。逸《周书》之文，或出东周以后不可知，而《和寤》、《世俘》、《尝麦》颇有古色，《世俘》稍不免于夸张。其它于《周书》记周公言行者，有《金縢》、《大诰》、《康诰》、《召诰》、《洛诰》、《多士》、《多方》、《无逸》、《君奭》、《立政》诸篇，皆成于当时史臣之手，亦可窥其文学进步之状况也。

就以上所述，察当时之学风，重人伦，养德性，务为躬行实践，其意散见于各处。且深信天人相关之理，或不免陷于迷信，然亦注意实际的业务，决不自怠。于《七月》、《楚茨》、《信南山》、《甫田》、《大田》、《生民》、《公刘》诸篇，述尚农之意者甚多，可见其思想之坚实而不浮躁。

今自文学上观之，其文章诗歌之发达，诚为可惊。或温润敦厚，或沉痛悲壮，或则高古朴茂，或则雄浑庄严，虽各不同，而莫不赫赫照耀数千载之后，毫不失其光辉。

2. 周公之学问及其著作

周公既生于文学极盛之时代，而于政治界又为前古未有之活动，其于学问上必有所研修无疑。尤其事于事变，进退从容，无所惊惧，且制作礼乐，致太平之盛，苟非素养之深，决所不能也。

《韩诗外传》卷五："武王学乎太公，周公学乎虢叔。"《白虎通·辟雍》："周公师虢叔。"今考虢叔者，《左传》僖五年云："虢仲、虢叔，王季之穆也。"是虢叔为文王之弟。周公以叔父而师之，实为当然之事。

当时所谓学问，必不止于读书习文而已，多实地的为智德上之研修，以发挥其本质之美者。与后世之所谓学问，聊异其趣。然亦未尝不可自其赋诗作文以推察其所学也。今就于《诗》、《书》一考周公之著作，则

《尚书》为史官记录，无出周公亲笔者。《诗》则古来称为周公之作者不少，今择其有据于秦、汉以上之书者如左：

（1）《鸱鸮》（《豳风》）《序》："《鸱鸮》，周公救乱也。成王未知周公之志，公乃为诗以遗王，名之曰《鸱鸮》焉。"其为周公作无疑。

（2）《文王》（《大雅》）。《吕氏春秋·古乐》："周文王处岐，诸侯去殷三淫而翼文王。散宜生曰：'殷可伐也。'文王弗许。周公旦乃作诗曰：'文王在上，于昭于天。周虽旧邦，其命维新。'以绳文王之德。"周公作此诗，盖在武王灭殷之后，感于往事而作耳。

（3）《清庙》（《周颂》）。《汉书·楚元王传第六》刘向《封事》云："文王既没，周公思慕，歌咏文王之德。其诗曰：'于穆《清庙》，肃雝显相。济济多士，秉文之德。'"

（4）《时迈》（同上）。《国语·周语》上载祭公、谋父谏周穆王之言曰："周文公之《颂》曰：'载戢干戈，载櫜弓矢，我求懿德，肆于时夏。'"《史记·周本纪》从之。

（5）《思文》（同上）。《毛诗》孔《疏》："《国语》云：周文公之为《颂》曰：'《思文》后稷，克配彼天。'是此篇周公所自歌，与《时迈》同也。"

（6）《武》（同上）。《吕氏春秋·古乐》云："武王即位，以六师伐殷，六师未至，以锐兵克之于牧野。归，乃荐俘馘于京太室。乃命周公为作《大武》。"则周公之作《武》，由武王之命也。

（7）《勺》（同上）。《春秋繁露·三代改制质文》："周公辅成王，受命作宫邑于洛阳，成文、武之制，作《汋》乐以奉天。"《白虎通·礼乐》："周公曰《酌》者，言周公辅成王，能斟酌文、武之道而成之也。勺、汋、酌皆异文通用。"

以上所述，汉以前以为周公作者，有《鸱鸮》、《文王》、《清庙》、《时迈》、《思文》、《武》、《酌》七篇。此为考论周公之学术思想所决不可缺也。且不止此，如《鸱鸮》之恳到剀切，文王之雄大严正，《颂》诗之庄重简炼，均郁勃有兴国之气象。而《文王》一时，首尾相衔，层层相受，于作诗上开蝉联一法，其文藻亦为后世模楷。其为一代文运先驱诚宜矣。

三月，完成于一九二九年的《墨子》一书，由上海商务印书馆出版，收入商务《百科小丛书》。一九九八年台北联经收入《全集》第六册。兹摘录其大要如下：

序

近代《墨子》的研究，自从卢文弨、孙星衍、毕沅的校勘，下至孙诒让的《闲诂》，积聚了一百年来十数大儒的心力，辟莽开榛，其说日备。最近研治墨学的，有章炳麟、梁启超、胡适、章行严，其它不可胜数。汇集诸家讲《墨》之书，当不在千万言以下。要在一本两三万字的通俗小书里讲一点墨学，实是一件至难的事。倘要是毋剿说，毋雷同，异军特起，别备诸家未备之一格，这更不是轻易做得的。我这本区区的小册，总算还有些自己的创见，极想努力的给同时或以往的学者解决一些墨学里纠纷的问题。像"墨家得名的由来"、"墨子的生卒年代"、"墨学的全部系统"、"别墨和《墨经》"等几处，下至许、宋、尹、惠、公孙诸家和墨学的关系，在本书里均是想独辟蹊径，自造一贯的见解。并不敢徒拾陈言，哗世取宠。至于其间得失，自在读者的公评。

第一章 墨子传略

关于墨子的姓名，两千多年来，都认为墨子姓墨名翟。直到清末江瑔著《读子卮言》，始提出异议，墨非姓氏，乃学术之称，并举八证加以讨论。先生作《墨子》，即采江氏之说。以为"江氏疑'墨'为道术之称，其论极是；至说墨字之义，则尚有未尽。"故又加以补充。从"墨"为古代的刑名之一，如《白虎通·五刑》"墨者，墨其额也"，即黥罪，在五刑中是最轻的，往往罚作奴隶苦工。"故知'墨'为刑徒，转辞言之，便为奴役。墨家生活菲薄，其道以自苦为极，故遂被称为'墨'了。"也举了六证；说明墨为奴役之称的意义。又引汉初将军英布，因受过黥刑，所以司马迁《史记》作《列传》，就以黥布题名。而且从墨字的这些涵义中，也可看出墨家的真精神。

其次是墨子的国籍，旧有宋、楚、鲁三说。先生据《吕氏春秋·爱类篇》："公输般欲为楚攻宋，墨子闻之，自鲁往。"以及高诱注《吕氏春秋·当染篇》也说墨翟鲁人，推论自以鲁人之说为是。

至于墨子的生卒年代，先生考证约在鲁哀公十六年（公元前四七九年）孔子卒年生。"假定是年墨子生，或稍后，至迟亦不出十年。"卒于周安王八年（公元前三九四年），年约八十七岁，或稍轻，至迟亦不过十年。是比较合理的推断。同时就《墨子》原书中的《耕柱》、《贵义》、《公益》、《鲁问》、《公输》等五篇，按墨子的言论行事，以及参照《先秦诸子学说》的记载，制作《墨子事迹年表》，使读者对于墨子其人其事，有更深入的认识。

第二章 《墨子》书的内容

《墨子》一书，《汉书·艺文志》说是七十一篇；《隋书·经籍志》以下，都说是十五卷。今本卷数同《隋志》，篇数只有五十三篇，较《汉志》少十八篇。（内八篇尚有目，十篇并目无之。）近人胡适把他分成五组（见《中国哲学史大纲》卷上），梁启超的意见，和胡氏微有不同。（见《墨子学案》）下面并列两家的说法，再参以著者一己的私见。

是故先生对于胡、梁二人于《墨子》的研究，抱持着肯定和客观的态度，他将问题分为五个组来讨论和比较，指出梁、胡二氏之说的异同是非或可信与否。他在此章末尾说：

上面将《墨子》书的内容，略略分说一过。大概首末两组多伪品不足据。墨子的言行事迹，载在第四组；墨家的学说，载在第二及第三组。第二组里还只是素朴的宗教观的兼爱论，还只是引经据典"上本之于古者圣王之事"的辩证法。第三组里的兼爱主义，却有了幽深的哲学上的论据，和根据自然的科学的辩证。照思想进程讲来，第三组的理论，一定成立在第二组的理论之后。第二组的文字，都不是墨子亲笔，而只是后来墨徒的记述。第三组的文字谅来更不是墨子时所有，他的思想，也并不是墨子当时的思想，所以记载的人也并不说是"子墨子曰"了。照此看来，《墨子》一书，实在是没有墨子的手著在内。

第三章　墨学述要

先生谓:"无论那一派学说,没有经过时间的推迁而不发生变化的。往往看他后来的生长和流衍,格外可以明白他的根柢和泉源。"所谓物有本末,事有终始。墨学的发端,亦正是如此。先生在本章中共分七个子题加以阐述。即一、初期的墨学,包括墨子学说的背景及其系统,墨子的人格与其弟子。二、墨家的巨子制度——墨学的正统派。三、南方墨学的崛起——墨子的再传弟子许行。四、中原墨派的新哲学,包括首倡万物一体论的惠施,以及创建新心理学的宋钘。五、辩者和别墨。六、墨学的衰亡。七、墨者年表。

(一) 初期的墨学

先生说,初期墨学是指墨子时代的墨学而言。也是后来墨学的生长和流衍的根据。研究初期墨学,最重要的则是了解墨子的时代背景,和墨子的人格。

1、墨子学说的背景及其系统。《淮南子·要略》:"墨子学儒者之业,受孔子之术,以为其礼烦扰而不说,厚葬靡财而贫民,久服伤生而害事,故背周道而用夏政。"

先生谓这一节话,除"用夏政"一语不足信外,实在是讨论墨学渊源最可依据的史料。我们要明了墨学的起源,不可不知墨子时代学术界的情形。墨子鲁人,生当孔子卒后,他正是产生在儒学空气极浓厚的国土内,影响他最深切的,自然是儒学。

春秋时代的鲁国,是西周古礼惟一的保藏所。孔子是一个热心恢复古周礼,来矫正当时贵族阶级奢僭的人。但结局,孔子是栖栖皇皇,一生没有得志。在他身后,季孙专鲁,魏斯篡晋;贵族阶级上下维系的古礼,益发崩坏,他们"君君臣臣"的主张,已自绝对不行。墨子正是在这样的环境底下生长起来的。他的痛恶贵族阶级的奢僭,而要加以矫正,是受着儒家的影响;他的重视古官书,时时称道,也是受着儒家的影响。他彻底反对古礼,反对一切近似贵族的生活;因而反对礼乐,反对儒家,又反对仕进。提倡劳役的人生,以自苦为极,把黧墨的生活来做人类普遍的榜样，一半是受着时代的反激，一半是原于他个人的性气。从这样的一个立场，来从事组织他的哲学，他下层的底盘便是"节用"、"节葬"、（节用、节葬，便是非礼）"非乐"、"非攻"、"非命"、"非儒"，这都是反贵族的思想。从这上面，再归纳的提出他兼相爱交相利的"兼爱主义"，和尚贤事能的"尚贤主义"。尚贤足以打倒贵族阶级在政治上的特殊地位，兼爱足以打倒贵族阶级在生活上的特殊地位。"兼爱"、"尚贤"是墨子学说中坚的两大干，他同一的泉源是"反贵族"。从"兼爱主义"上，再进一层，建立他的哲学根据的是"天志"，附带着说"明鬼"。从"尚贤主义"上，引衍出去，建立他的政治理想的是"尚同"。再把"尚同"综合到"天志"上去，遂把初期墨学很厚重的披上了一层宗教的面幕。

"反贵族"是初期墨学最主要的根源，"非儒"占定了他在学术界上的门户与地位，"尚贤"、"兼爱"是墨学的大骨格，"天志"、"明鬼"做了他著书立说最后的护符。墨学的真根柢，本不从宗教的冲动上培植出来，所以初期墨学，虽涂上许多宗教的色彩，到底墨学的生长和流衍，却不会向宗教的路上走。到后来他们的理论，得到了更好的支点，他们也自己把"天志"、"明鬼"的护符揭去了。只有学术上的门户，一旦筑就，却不易打破；而且每每的愈筑愈高，愈筑愈厚。儒、墨的是非，纷争了二百年，直到六国尽灭，贵族阶级尽泯，儒、墨的争论也才终结。其实他们都只是从一个根源上发生，他们的根本精神，都只是一个"反贵族"。儒家只是反贵族的右派，墨家是左派。先秦诸子更逃不出他们两家的范围。墨家因为反贵族的思想，更激昂了一些，所以他们在政治舞台上的活动，却不免落后；他们的事业，也不免偏重到平民社会的一方面来。因此他们政治上的"尚贤主义"，也就呼声不高，不遭受外面显著的反应；同时因为贵族政治的自身崩坏，和时势的逼迫和需要，"尚贤主义"也早已为时代的潮流所容受，外面没有抗拒，就激荡不出精彩，人家转把他们的主张淡焉若忘了。因此"兼爱"一义，遂形成墨学的中坚，做了唯一的柱石。儒、墨的争论，本只偏重在对于礼乐上的见解。……后起孟子，他反对墨学，也便专指着"兼爱"一义。后人遂误认墨学的根本观念只有一个兼爱，又误认墨学的后面带着深厚的宗教性。

2、墨子的人格。先生说，研究一家的学术，不但要认清他的时代背景，还要了解那学者个人的人格和性气，才能识得那一家学术的真相。尤其是墨学，他的伟大和感动性，不在他的学说，而在他的人格。除却墨子那种坚苦卓绝笃实光辉的人格，墨学是享不到人们的欢迎的。在《庄子》的《天下篇》上曾说过：

其生也勤，其死也薄，其道大觳，使人忧，使人悲，其行难为也；……反天下之心，天下不堪。……虽然，墨子真天下之好也，将求之不得也。

这是说墨子的学说，反乎人心，使人不堪；他的人格，却又博人欢爱，叫人有求之不得之慨。这在墨学里边，正是一个根本的矛盾性。墨子自己也曾说过：

《兼爱下》："言而非兼，择即取兼，此言行拂也。不识天下所以皆闻兼而非之者何也。"

这是说世人都反对兼爱的学说，但遇到利害关头的时候，便要去选择真能兼爱的人和他共事。世人批评兼爱的话，只说是："善而不可用。"

墨子说：焉有善而不可用者？

世人不情愿吃自己兼爱的亏，却情愿享别人兼爱的福。这真是墨学进行上一种不可解免的难关。

《吕氏春秋·长利篇》："戎夷违齐如鲁，天大寒，而后门，与弟子一人宿于郭外。寒愈甚，谓其弟子曰：'子与我衣，我活也；我与子衣，子活也。我国士也，为天下惜死；子不肖人也，不足爱也。子与我子之衣！'弟子曰：'夫不肖人也，又恶能与国士衣哉？'戎夷太息叹曰：'嗟乎！道其不济夫！'解衣与弟子，夜半而死。弟子遂活。"

先生指出，在《吕氏春秋·长利篇》中，载着一段很富刺激性的故事，在这故事里能把这一种矛盾性充分地表现出来。我们一定要认识人世间这一种的矛盾性，才能欣赏墨子的为人；才能知道墨学在当时怎样地鼓动人们的心坎，招惹人们的热慕，而到底归于消沉，不能持久。

先生引《墨子·耕柱》中的话指出，可见墨子鞭策他的弟子，也仍不脱这一种矛盾性的气味。又引同书《鲁问》说，这又是在墨子门下痛切的表现那种矛盾性的一个好例。所以《庄子》的《天下篇》上说：

墨翟、禽滑厘之意则是也，其行则非。

又说：

墨子独生不歌，死不服，桐棺三寸而无椁，以为法式。以此教人，恐不爱人。以此自行，固不爱己。

这是说墨子从爱人的本意上，却转不出爱人的行为来，因此说他意是而行非。这又不是墨学上深深的一层矛盾么？墨子处处很严厉的批评世俗的矛盾；但是从世俗的眼光看来，也就觉得墨学自身便是一个矛盾的象征。儒、墨的鸿沟是显然的了。孔子只是一个调和，墨子只是一个矛盾。让他们不信服墨子的说话，却不得不来崇拜墨子的人格。

3、墨子的弟子。《吕氏春秋·有度》说："孔、墨之弟子徒属，充满天下。"《淮南子·泰族训》："墨子服役者百八十人。"孔子弟子向称七十余人，而墨子则有百八十人，在数量上讲来，已较孔子多出一倍以上了。可是孔子弟子《史记》有专传，其名多传于后；墨子弟子，世几莫能举其名。先生曾参考孙诒让《墨学传授考》、梁启超《墨者人表》，以及古籍等，制《墨子弟子姓名表》，列及门弟子禽滑厘以下十八人，但其中仍有几个有问题。再传弟子三人，与三传弟子一人。

关于墨子弟子的生活状况。先生说，墨学兴起，正当曾子、子夏、子思显名的时候，儒术已经煊赫。墨子要把一种刑徒役夫的生活，来反对儒术的贵族化。他要以裘褐为衣，以跂蹻为服，日夜不休，以自苦为

极。推想他那时的一辈信徒,大概是贫贱之士为多。他们的生活,可举一禽滑厘为例:

> 《备梯》:"禽滑厘事子墨子,三年,手足胼胝,面目黎黑,役身给使,不敢问欲。"

役身给使,看来是一辈墨徒普遍的情形。

关于墨子弟子的政治活动。先生说,墨子学说,虽说是竭力反抗贵族的;在实际生活上,一时到底还不能严正地和贵族隔绝。他们的活动,现在可考的,也还只有参加政治事业的一端,比较的详一些。

先生据《公孟篇》说,责仕于师的情形,恐怕也是墨徒中间一件普通的情形罢?在当时的社会上,实业、教育、文化种种无可发展的地步,舍却耕稼劳作,要限止他不向政治路上跑,这是不可能的。孔子早已说过:"三年学,不志于谷,不易得也。"(《论语·泰伯》)在墨子自己虽说是:"度身而衣,量腹而食,比于宾萌,未敢求仕";(《吕氏春秋·高义》)但是对他一辈门徒,为学风的传播上和生活的维持上,也只有帮他们在政治界多尽些介绍游扬的责任。

从《耕柱》、《鲁问》篇看来,墨子为他弟子在政治界上出力运动,实较孔子更为热心了。

原来儒家以礼、乐、射、御、书、数六艺托附于贵族,墨家则以"患难处前后"托附于贵族。他们都是有他们进身的凭借。尽管他们学说上反对贵族,生活上还是同样地要依赖贵族的。儒、墨的相争,到此也便是他们的界限了。我们从这上,又可见到"墨"流为"侠"的消息来。

关于墨子弟子的著述事业。先生说,墨子生前,虽讲述了许多道理;但他自身,似乎没有动手著作,这在前面已经讨论过。今《墨子》书里卷二至卷九计二十四篇与卷十一至十三计五篇,即第二组、第四组各篇文字,至少有一部分,或者出于墨子弟子的记述。确是保存着初期墨学的真精神,和墨子当时口说的一种真情味。照理想来,自然应该是墨子弟子当日的记录,故得有此成绩。即使说有再传弟子、三传弟子一部分的增订,至少最初蓝本是出于墨子的嫡传弟子,是无疑的。

（二）墨家的巨子制度——墨学的正统派

先生说墨子死后不久，墨家组织上，便有一种"巨子"制度的出现。《吕氏春秋·上德篇》说：

> 墨者巨子孟胜，善荆之阳城君，阳城君令守于国，毁璜以为符，约曰："符合，听之！"荆王薨，群臣攻吴起，阳城君与焉。荆罪之，阳城君走，荆收其国。孟胜曰："受人之国，与之有符。今不见符而力不能禁，不能死，不可。"弟子徐弱谏曰："死无益也，而绝墨者于世。"孟胜曰："不然。吾于阳城君，非师则友，非友则臣也。不死，自今以来，求严师贤友良臣，必不于墨者矣。死之，所以行墨者之义而继其业也。我将属巨子于宋之田襄子。襄子贤者也，何患墨者之绝世邪？"徐弱曰："若夫子言，弱请先死以除路！"遂殁头于孟胜前。因使二人传巨子于田襄子。孟胜死，弟子死之者百八十三人。二人已致命，欲反死孟胜于荆。襄子止之，曰："孟子已传巨子于我矣。"不听，遂反死之。墨者以为不听巨子。

这件故事，悲壮已极，真是充满着我上面所说墨家的一种矛盾的精神。他是发生在墨子死后的十年左右。墨家巨子除孟胜、田襄子外，可考见的尚有腹䵍。《吕氏春秋·去私篇》说：

> 墨者巨子腹䵍居秦，子杀人。秦惠王曰："先生年长，非有他子也，寡人已令吏弗诛矣。"对曰："墨者之法、杀人者死，伤人者刑，所以禁杀伤人也。禁杀伤人，天下之大义也。王虽为之赐，令吏弗诛，腹䵍不可不行墨子之法。"遂杀之。

这也是充满墨学的矛盾精神的一件悲壮的故事。上距孟胜的死，大约已有四十四年（公元前三八一～前三三七年）以上。那时腹䵍已老，或者他便是直接着田襄子巨子的传统。此下巨子姓名便不可考。

大概墨家巨子的制度，至少维持了百年之久。……墨家在政治上"尚同"的主张，终算在他学派自身的组织上，约略的试验过。他们学派里，有公共服从的领袖，有粗略的分财共产制，又有团体内自行的法律，像腹䵍所说，真可说是一种有组织有统制的社会。到后来汉代的游侠，还带着他们的一些遗风。我们可以大概的说，墨家的巨子，是从初期墨学以下一脉相承的正统派。

（三）南方墨学的崛起——墨子的再传弟子许行

先生说，墨子虽是北方人，他壮年便到过南方，显过特殊的声誉，他晚年又似死在南方的。孟胜似是墨子死后为首的第一个巨子，他便在墨子所死的鲁阳，建着悲壮激越的榜样，来鼓荡南方人的心灵。墨学和南方人是有特别因缘的。而且南方人比较上，没有北方贵族阶级制度的束缚，对于墨子平民化的学风，易于领受。墨子死后不久，墨学在南方自由新鲜的空气里，便酝酿出异样的色彩来。这便是本节要讲的墨子的再传弟子许行。

怎样说许行是孟子的再传弟子呢？《吕氏春秋·当染篇》说：禽滑黎学于墨子，许犯学于禽滑黎，田系学于许犯，显荣于天下。

禽滑黎即禽滑厘，许犯即是许行。春秋时，晋有狐突字伯行（见《晋语注》），齐有陈逆字子行（哀十一年《左传》），《晋语》韦昭注："犯，逆也。"《小尔雅·广言》："犯，突也。"把狐突、陈逆名"突"、"逆"，字"行"之例，就晓得许行是名犯字行了。《孟子》上说：有为神农之言者许行，自楚之滕，踵门而告文公曰："远方之人，闻君行仁政，愿受一廛而为氓。"文公与之处。其徒数十人，皆衣褐捆屦织席以为食。

这岂不酷肖上文所论一辈初期墨徒的气象吗？他的"并耕主义"，却较墨子思想更为激进。他的"布帛长短同，麻缕丝絮轻重同，五谷多寡同，屦大小同，则价相若"的主张，也自墨团内部那种粗略的分财共产主义上演成的。同时稍后，齐国的陈仲子和许行遥遥相对，也是一个绝端反对贵族阶级生活的人。"

《汉书·艺文志》，墨家有田俅子；《韩非子》、《吕氏春秋》、《淮南子》，有田鸠。马骕、梁玉绳、孙诒让都以为是一人。据先生推想，田俅子即是田系。照古人名字相应之例说来，《说文》："俅，冠饰貌。"《尔雅·释言》："俅，戴也。"《诗》曰："并服俅俅"，"载弁俅俅"，俅俅大概是指冠上的结饰而言。"系者，系也。"（见《易·系辞·释文》）"以下缀上，以未连本之辞。"（见《左氏春秋·序疏》）故名系，字俅，如秦公子系字㬎（通作鞼）之例。"鸠"字乃"俅"字之声近而通借。可见田系即田鸠，学于许行，为墨子三传弟子。他是齐人，或者和陈仲子还有些关系，也未可知。

先生考订许犯与田系为墨子再传与三传弟子，实开前人之所未逮。

（四）中原墨派的新哲学

1、首倡万物一体论的惠施。先生说，初期墨学的动人处，与其说在他的学说，毋宁说在他的行为。南方墨学的真精神，也重在苦行一边，不失墨家面目。他的缺点是：

《庄子·天下篇》："其生也勤，其死也薄，其道大觳，使人忧，使人悲，其行难为。"

中原的墨者，吃不来这苦的，口讲着墨家的学说，但早已不能践行墨家的戒律。所以批评的人说：

《庄子·天下篇》："未败墨子道；虽然，歌而非歌，哭而非哭，乐而非乐，是果类乎？"

这是说后起的墨徒，虽说没有放弃墨子的理论，但是他们歌了哭了，却还高唱着非歌非哭的论调。这不是诬蔑墨家的。《孟子》书上明明记载着一个墨者夷之，给孟子教训了一顿。说：

《滕文公上》："吾闻夷子墨者。墨之治丧也，以薄为其道。夷子思以易天下，岂以为非是而不贵也？然而夷子葬其亲厚，则是以所贱事亲也。"

这便是哭而非哭的一例。他自己厚葬了父母，还来反对厚葬。从这种趋势的下面，墨学便渐渐转变他的方向。行为是放松了，但是理论上却进步了。惠施便是对墨家新哲学上最有贡献的一个人,便是所松放松了行为,却进步了理论中的一个代表。《庄子·天下篇》举惠施历物之意,凡有十条,最后结论是:"泛爱万物,天地一体。"

惠施和孟子同时,一般人专把"兼爱主义"来看墨学,正在那个时候。照上面所讲,初期墨学的真精神,本不专在"兼爱"的理论上;他学说的真泉源,却是"反贵族",他们特殊的标记是"苦行"。许行和陈仲,可算是承受了反贵族和苦行的一部。但是反贵族和苦行,不一定要归宿到兼爱的理论上;讲兼爱理论的人,也不一定要归宿到反贵族和苦行上。初期墨学的理论和行为,从此便渐渐的破裂分化了。

2、创建新心理学的宋钘。先生说,墨学进行上最大的阻碍,便在他的不合人情。《庄子·天下篇》说他:"反天下之心,天下不堪。"这话是尽人首肯的。于是要努力创建一种新心理学,来弥缝这个缺憾的便是宋钘。宋钘的生活,也还不脱初期墨学"苦行"的精神。《天下篇》上说:

其为人太多,其自为太少。曰:"情固欲寡(今误作'请欲固置'),五升之饭足矣。"先生恐不得饱,弟子虽饥,不忘天下。日夜不休,曰:"我必得活哉?图傲乎救世之士哉?"

这是说宋钘对于个人的生计问题,是全不理会的。他说:"我应该不至饿死罢?我出力救世,世人也应该不至于过分傲慢了救世之士罢?"他把自己的学说《天下篇》:"周行天下,上说下教。虽天下不取,强聒而不舍。"

这可见宋钘俨然是墨子再世了。《庄子·天下篇》上说他的主张是:

接万物以别宥为始,语心之容,命之曰心之行。以聏合驩,以调海内。情寡欲(今误作"请欲置之")以为主。见侮不辱,救民之鬭。禁攻寝兵,救世之战。

"心之容"和"情欲寡",是宋钘建筑在心理学上的墨家新哲学的两大标语。怎样叫"心之容"呢?《荀子·正论篇》里有一段驳击宋钘的话，说：

> 荣辱之分，圣王以为法，士大夫以为道，官人以为守，百姓以为成俗，万世不能易。今子宋子乃不然，独诎容为己，虑一朝而改之，说必不行矣。

这是说宋钘不知荣辱之见的普遍和悠久，独把诎容受辱算做一己的道，要想来一朝改革天下人荣辱的成见，这是万万不能的。在宋钘的见解，以谓好荣恶辱，并不是人心自然的真相，只有能宽容，能容恕，才是人心自然的真相。所以说："语心之容，名之曰心之行。"心之行，便是心的自然的趋向了。

怎样叫"情欲寡"呢？《荀子·正论篇》里另有一段驳击宋钘的话，说：

> 子宋子曰："人之情欲寡，而皆以己之情为欲多，是过也。"

这又是宋钘说我们人类把自己的心理看错了。本来人的情欲，只要向少的方面走；而人类自己看错了，以为自己的情欲是要朝着多的方面走。倘使人人能够认明自己的情欲，实在只要少一些，并不是要多一些，则墨家教义里面那一大部分的教训又很易使人乐从，没有什么困难了。这是宋钘特地指点出"情欲寡"来的一番苦心。

不近人情的墨学，宋钘要把他来栽根到人们心坎的深处，使他可以自然发荣滋长。墨家中间出了一个宋钘，不能不说他是有一番聪明底努力的。但是人们能够诎容，能够不要多，消极方面是可以解免了许多人世间无谓的争执和营求，积极方面却又不能鼓励人们去劳作和苦行。我们看墨学的流变上，到底还摆脱不掉那初期墨学的一种矛盾性。

（五）辩者和别墨

先生说，惠施、宋钘，都竭力想把墨学的理论改造得圆满，结果，思想是益发精眇了，那初期墨学的一种苦行劳作的真精神，却终于无法维持而衰歇了。尤其是惠施，他在政治界上的地位，和他妙辩无碍的口才，招惹到人们热烈的兴趣，此后遂有"辩者"和"别墨"的发生。

《庄子·天下篇》："惠施以此（指上文历物之意）为大，观于天下，而晓辩者；天下之辩者相与乐之。"

可见当时妙辩的风气，是惠施开的端。又说：

《天下篇》："辩者以此与惠施相应，终身无穷。桓团、公孙龙辩者之徒，饰人之心，易人之意，能胜人之口，不能服人之心，辩者之囿也。"

原来"辩者"原于惠施，惠施之辩原于墨义。墨子创教，在其自身便充满着一种极深刻的矛盾性。到后来，惠施和那一辈"辩者"，从墨家的"苦行"中解放出来，专在"兼爱主义"的理论上着力，却不期仍逃不出那矛盾性的范围，到底还是"胜人之口，不能服人之心"，不又是一个极显著的矛盾吗？初期墨学的"苦行劳作"，果然是"反天下之心，天下不堪"，便是那"辩者"之辩，在兼爱哲学上的发挥，也只是"饰人之心，易人之意"的不合人情。这一点真可说是墨家始终不渝的特性。

那后起"辩者"中间最著名的自然是公孙龙。公孙龙辩论中间最著名的便是"白马非马"。那"白马非马"一个问题便是一种矛盾性的象征。原来"白马非马"本源也从"兼爱论"来。先生依据《公孙龙子》的《迹府篇》上说的，认为"白马非马"的问题，便是一个"异楚人于所谓人"的问题。有白马不能便说有马，专爱楚人也不能便说爱人。《墨经》上有一条说："仁，体爱也。""兼"是全体，"体"是部分，在《墨经》里是如此分别的。这是说"仁"只是部分的爱，与"兼爱"的爱不同。儒家讲"仁"，墨家讲"兼爱"，儒家主从部分推及他体，墨家以为全体的爱和部分的爱性质上根本不同，不能推类相及的。公孙龙"白马非马"的问题，本来是墨家兼爱主义的新哲学上一个重要的剖辨，偶然拈到一个譬喻，说爱楚人不能就说是爱人，好比有白马不能就说有马，这是何等平常的一句话？可是兼爱的灵魂早已失去了，初期墨学那种感人心动惹人血沸的热忱,早已死灭了。据我看来,"辩者"和墨学的关系,便是这样的。

先生自问道,"别墨"和"辩者"的关系又是怎样的呢?他据《庄子·天下篇》上说:

> 相里勤之弟子,五侯之徒,南方之墨者,苦获、已齿、邓陵子之属,俱诵《墨经》,而倍谲不同,相谓"别墨"。以坚白同异之辩相訾,以奇偶不仵之辞相应,以巨子为圣人,皆愿为之尸,冀得为其后世,至今不决。

他指出,这是"别墨"一名的出处。《庄子》说的倍谲不同是"别墨"中间自己的不同,并不是"别墨"和初期墨学的不同。我们现在可以断定的是:(1)墨家的分裂,互以"别墨"相诮,在《墨经》行世之后。(2)《墨经》并非墨翟或墨学初期的产品,他是代表着墨家后起的新哲学的。

"别墨"一个称号的来源,据《庄子》说是有两点:(1)俱诵《墨经》而倍谲不同。(2)以巨子为圣人,皆愿为之尸,冀得为其后世。因为各争巨子的正统,而所持的理论不同,所以相争不决,互诮以"别墨"。而且"别墨"之称,是在争巨子的正统上起的。巨子是墨家内部一脉相承很有系统的传授,我疑心当时那辈正统派的墨徒,有心争巨子的传统的,他们虽然也采取了兼爱主义里的新兴思想和一辈"辩者"间盛行的问题,来装缀他们的门面,表示他们的时髦,他们一定有许多地方不能绝然脱离初期墨学的一点气象,但是在惠施、公孙龙等身上,似乎找不出一些痕迹来。……他们(复智按:此指胡适与梁启超)俩共同的错误,只在认施、龙即是"别墨"。

(六)墨学的衰亡

先生说,《老子》的书上说:"功遂身退天之道。"初期墨学的精神,本来是发生在反对贵族阶级的特殊生活的,秦人一统,废封建而行郡县,贵族世袭的制度,从此消灭,社会上从此更没有贵族、平民两个绝对相悬殊的阶级,那墨子的学说,早已在功成身退之列,应该消灭了。这不徒墨学为然，即先秦的儒学，又何尝不是如此？而且初期墨学的真精神，那一种苦行劳作的精神，到后进的诡辩派手里，也早已消亡了。严格说来，诡辩的兴起，已是墨学亡了后的事，那里是诡辩太微妙了，墨学才消灭的呢？

一个学派，整个的在某一时期里兴起了，又整个的在某一时期里消灭了，这本来是一件稀有的事，也本来是一句粗略的话。许行高唱着"君民并耕"、"物价均一"的口号，人家说这是农家兴起了。宋钘上说下教的传他"心容"、"欲寡"的道，人家说这是小说家完成了。尹文、惠施、公孙龙大讲他们新鲜的玄理，人家说这是名家盛行了。庄、老著书，提倡"无治主义"、"节俭主义"等等，人家说道家又在那里开始了。本来墨家早已寂寞得无声无臭，除却孟胜、田襄子、腹䵍那几个若存若亡的姓名以外，那里找得到有墨家的影踪呢？何尝是"杨、墨之言盈天下"，何尝是儒、墨为"世之显学"呢？本来思想学术是公开的，不能一家一派把持着专卖的；农家、小说家、名家、道家早已做了墨家的代售处、分发所了。墨家的东西，自有一部分是推销很广的，那里便会消灭？便是反对墨家最烈的孟子，他不是把墨子的"非攻主义"无条件的接受认销了吗？

我们要把古人的学说，和他分家别族，这不是容易的。要把他划分生灭的年代和时期，这又不是容易的。其实只是两句似异而实同的话。一句话是："墨子死了，墨学亡了，便有另一家的学说起来。"一句话是："墨子死了，墨学变了，便有另一派的说法出来。"我是赞成后一说的。

但是墨学是根本上含着一种深刻而伟大的矛盾性的。他在行为的形式上，因为反乎人情，所以不得不变，变向思想一面去；但是他在思想的形式上，又是一个反乎人情，又是不得不变，到后来变得不成一个样子，所以人家到底说墨学消灭了。

墨学是因为他自身的一种深刻的伟大的矛盾性而消灭了，墨学中间可保留的东西，他家都代他保留着。他自身的转变，一方面成为先秦晚年名家末流的诡辩学者，另一方面是西汉初年社会上时撄文网的游侠。诡辩家因学者间的激烈反对而销亡了，游侠因政治势力的诛锄而破灭了。于是墨学只好说是衰亡了，消灭了。到现在，墨子当时所感受的一种时代性，有一部分是复活了，墨学的精神又受到人们的注意。但是不要忘了那墨学自身内部所含的那种深刻而伟大的矛盾性！

（七）墨者年表（见《先秦诸子系年》有关墨子部分）

四月，《评顾颉刚〈五德终始说下的政治和历史〉》，刊于天津《大公报·文学副刊》第一七〇期。一九三五年又收入《古史辨》第五册下编。一九九八年，收入联经《全集》第十九册《中国学术思想史论丛》（三），二〇〇〇年又收入兰台版《中国学术思想史论丛》（三）。页四十七~六十二。兹摘录其大要如下：

> 顾颉刚先生屡次要我批评他的近著《五德终始说下的政治和历史》，为我在他那文以前，曾有一篇《刘向歆王莽年谱》（载《燕京学报》第七期），和他的议论正好相反，我读了他的文章，自应有一些异同的见解。

曾记梁任公在《清代学术概论》里有一番话，大意是说（手边无其书，不能直引），清代一代学术，以复古为解放；最后到今文学家上复西汉之古来解放东汉郑、许之学，譬如高山下石，不达不止，为学术思想上必有之一境。其说良是。惟尚不免自站在今文学家一面，专为清代学术立说。其实所谓"以复古为解放"者，至于晚清今文学派，尚未达到最后一境。

自今以往，正该复先秦七国之古来解放西汉，再复东周、春秋之古来解放七国，复西周之古来解放东周，复殷商之古来解放西周，复虞夏之古来解放殷商，溯源寻根，把中国从来的文化学术思想从头整理一过，给与一种较为新鲜而近真的认识，对于将来新文化新思想的发展上定有极大的帮助。而且这种趋势，正如梁氏所谓高山下石，不达不止。若从西汉以上一段古史，还是浑混模糊，缴绕不清，无论其是喜新或笃旧的学者，总觉是一件不痛快而亟待解决的事。

顾先生的《古史辨》，不用说是一个应着上述的趋势和需要而产生的可宝贵的新芽。至于顾先生自己的见解，有胡适之先生一段话说来最清楚。（《古史讨论的读后感》，见收《古史辨》第一集）他说：

顾先生的层累地造成的古史观的见解，真是今日史学界一大贡献。顾先生自己说："层累地造成的古史有三个意思：（一）可以说明时代愈后，传说的古史愈长。（二）可以说明时代愈后、传说的中心人物愈放愈大。（三）我们在这里，即不能知道某一件事的真确状况，也可以知道某一件事在传说中的最早状况。"这三层意思，都是治古史的重要工具。顾先生这个见解，我想叫他剥皮主义，这个见解起于崔述。崔述剥古史的皮，仅剥到"经"为止，还不算激底；顾先生还要进一步，不但剥的更深，并且还要研究那一层一层的皮是怎样的堆砌起来的。他说："我们看史迹的整理还轻，而看传说的经历却重。凡是一件史事，应该看他最先是怎样，以后逐步的变迁是怎样。"这种见解，重在每一种传说的经历和演进，这是用历史演进的见解来观察历史上的传说；这是顾先生这次讨论古史的根本见解，也就是他的根本方法。

不过在此并不想批评这个见解和方法之是非，及其使用的极限；我只预备根据胡先生这一番话，来认辨顾先生的《古史辨》和晚清今文学的异同。当乾嘉考证学发展到最高潮的时候，盛极而衰，接着就发现很多反抗的思想，尤著的像章实斋、方植之之类，而名物训诂的疆土也已垦辟垂尽，于是有一部分人变而考论《公羊》之所谓"微言大义"，又值外患逼来，变法改制之说兴，遂成晚清之所谓"今文学"。今文学的完成，一面承袭着乾嘉经学的旧观念，要保持孔子和经籍的尊严；一面采纳了一辈反对派的见解，略于名物训诂之琐碎考据，而注重到大义的会通；一面又受了敌国外患的逼唆，急图变法维新，却把旧的经学来勉强装点门面。今文学是如此般完成的。

至于顾先生的《古史辨》，所处时代早已和晚清的今文学家不同，他一面接受西洋新文化的刺戟，要回头来辨认本国旧文化的真相，而为一种寻根究源之追讨；一面又采取了近代西洋史学界上种种新起的科学的见解和方法，来整理本国的旧史料，自然和晚清的今文学未可一概而论。即如胡适之先生所指顾先生讨论古史里那个根本的见解和方法，是"重在传说的经历和演进"，而康有为一辈人所主张的今文学，却说是孔子托古改制，《六经》为儒家伪造，此后又经刘歆、王莽一番伪造，而成所谓"新学伪经"。"伪造"与"传说"，其间究是两样。传说是演进生长的，而伪造却可以一气呵成，一手创立，传说是社会上共同的有意无意而无意为多的一种演进生长，而伪造却专是一人或一派人的特意制造。传说是自然的，而伪造是人为的。传说是连续的，而伪造是改换的。传说渐变，而伪造突异。我们把顾先生的传说演进的见解，和康有为"孔子改制"、"新学伪经"等说法两两比较，似觉康氏之说有些粗糙武断，不合情理，不如传说演进的说法较近实际。

不过顾先生传说演进的古史观，一时新起，自不免有几许罅漏，自不免要招几许怀疑和批评。顾先生在此上，对晚清今文学家那种辨伪疑古的态度和精神，自不免要引为知己同调。所以古史辨和今文学，虽则尽不妨分为两事，而在一般的见解，常认其为一流；而顾先生也时时不免根据今文学派的态度和议论来为自己的古史观张目。这一点，似乎在《古史辨》发展的途程上，要横添许多无谓的不必的迂回和歧迷。

《五德终始说下的政治和历史》那篇论文，便是一个例子。无论政治和学说，在我看来，从汉武到王莽，从董仲舒到刘歆，也只是一线的演进和生长；而今文学家的见解，则认为其间定有一番盛大的伪造和突异的改换。顾先生那篇文里，蒙其采纳我《刘向歆父子年谱》里不少的取材和意见，而同时顾先生和今文学家同样主张歆、莽一切的作伪。下面想就顾先生原文，略略提出几点商榷，敬请教于顾先生，及当代注意此问题的学者。

一　五帝之传说

"五帝"的传说确是发生在战国晚期，然而当时关于五帝传说似乎没有公认的一致。至于邹衍的五德终始之运，当时好像本没有把五帝按德分配，这一层顾先生已说过。《淮南子·齐俗训》也可为顾先生说作证。而同时另有一种像如淳所谓"五行相次转用事，随方面为服"的五帝说，为《吕览·十二纪》及《月令》所载，并不与五德终始相同。（邹衍书本有两种，如淳此注指《主运》，不指《终始》。原文将如淳《主运》注误解《终始》，似误。）五德终始，是"五德之次，从所不胜"的，所以说"虞土，夏本、殷金，周火"；（见《淮南·齐俗训》高诱《注》）而"五行相次转用事，随方面为服"，是东方木，南方火，中央土，西方金，北方水，春夏秋冬相次用事的，如《吕纪》、《月令》及《淮南·天文训》及魏相奏议所说。照次序排列，五行始木，而火，而土，而金，而水，恰恰是五行相生，与终始的相胜说正属相反。而且一年的春夏秋冬，天子所服，应该随时不同，也和终始的虞土尚黄，夏木尚青，殷金尚白，周火尚赤全异。一说注重在时月的政令，而一说则注重在帝德的运移，两说本不同。顾先生原文，好似只着眼在五德终始一派，没有理会另一派的所谓"五行相次转用事"。故如少皡在"五行相次转用事"说的诸家里早有，而顾先生认其为刘歆伪造，因而不信"五行相次转用事"说的诸家。

《史记·三代世表》说："余读谍记，黄帝以来皆有年数。稽其历谱谍终始五德之传，古文咸不同乖异。"可征史公所见先秦古文论终始五德之传，也已"咸不同乖异"，非止一说了。在史公的《五帝本纪》里写定了黄帝、颛顼、帝喾、尧、舜五人，不能说以前没有其它与此不同的传说。最难说的是国语里也有少昊。今文学家既说刘歆割裂《国语》、伪造《春秋左氏传》；顾先生又说"《国语》里的少昊，也是刘歆伪羼"；刘歆何不羼诸《左传》，偏又羼入割裂所余之《国语》？此层极难说明。今文学家遇到要证成刘歆作伪而难说明处，则谓此乃刘歆之巧。或遇过分矛盾不像作伪处，便说是刘歆之疏或拙。恐不能据此以为定谳。

以上是说邹衍的五德终始并不分列五帝。而除《史记·五帝本纪》外，不能断定更没有他种五帝的说法。继此我们也不能说在邹衍以前的古史传说没有超过黄帝以上。

二　五行相胜及五行相生

《宋书·符瑞志》说："五德递王，有二家之说：邹衍以相胜立体，刘向以相生为义。"其实五行相生，是上举"五行相次转用事"的说法；他们本只说时月政令，并不是说五德递王。用五行相生来配搭上五德递王的，在董仲舒的《春秋繁露》里有过，以前有否不可考。《春秋繁露》

第五十八为《五行相胜》，第五十九即为《五行相生》。《五行相生篇》里说："东方木，南方火，中央土，西方金，北方水，天地之气，判为四时，列为五行。"这些话是承《吕览》、《淮南》而来的，便是"五行相次转用事"的说法。而《三代改制·质文篇》里则把"相生"、"相胜"两说法一并采用。可征《时则》、《月令》的相生说，和五帝德运的相胜说，在董仲舒的书里是混并为一的了。

据上所述，五行相生的排列法，在董仲舒的书里早已采用，不俟到刘向，更何论于刘歆、王莽。董仲舒书里讲五行，无宁说是《吕览》、《淮南》一路的气味多些。五德终始说的改造，似乎不用到刘歆时才发动。

三 汉为火德及尧后

汉初尚赤一层，顾先生疑为刘歆伪造。其实《淮阴侯列传》"拔赵帜，立汉赤帜"一语，是汉初旗章尚赤之证，不能说这是刘歆伪造的本领强，所以在"拔赵帜，立汉帜"一语里，又偷偷暗加了一"赤"字。本来把方位配五行颜色之说，在战国时早已盛行，所以秦襄公自以居西陲而祠白帝，汉高祖起兵，自称赤帝子杀白帝子。民间只知秦在西方，是白帝子，楚在南方，是赤帝子，不知道朝廷礼制早是改尚水德。顾先生因疑汉初尚赤是刘歆伪造，遂疑及《秦本纪》、《十二诸侯年表》、《六国表》、《封禅书》"秦祠白帝"的话，全是作伪插入。若果如此，《史记》各处"秦祠白帝"的话，全是刘歆插入，何以造全史五德终始表的定本，又定秦为闰水？这又是自造矛盾。刘歆在《淮阴侯列传》里的伪造太精密，而在《秦本纪》、《十二诸侯年表》、《六国表》、《封禅书》里的伪造，不免又太拙劣罢？

正为今文学家先存一个刘歆伪造的主观见解，一见刘歆主张汉应火德，便疑心到汉初尚赤是刘歆的伪造，再推论到秦人初祠白帝也是刘歆伪造了。又见刘歆说五帝有少昊，便疑心到少昊的书尽是刘歆伪造，便从此推及《左传》、《国语》、《吕览》、《淮南》、《史记》全靠不住了。

现在综括说来，汉廷五德服色之议，前后凡四变；汉初尚赤，只是仓猝起事，承用民间南方赤帝、西方白帝的传说。（东阳少年的"异军苍头特起"，便是要另组织东方苍色军，不和南方赤色军合作。）到后正位称帝，因"天下初定，方纲纪大基"，未遑改制，实在也因没有相当的学者来干这麻烦的事，故袭秦正朔服色而主水德。这是一变。至汉武帝太初改历，用夏正建寅，而服尚黄，主土德；因为秦为水德，土克水，汉承秦后，用"五行相胜"之说自应尚黄。这是再变。然而从此以后，又有一辈学者出来主张汉为火德的。直到王莽篡汉，自居土德，火生土，已改用了"五行相生"说，是为三变。前后共成四变。何以汉武以后一辈学者又要翻新说汉为火德呢？这里也有一种原因。

上面说过，董仲舒把五帝编配入五德，而又改用了相生说，早和本来的五德终始不同。《史记·五帝本纪》断自黄帝，恐也多少受董仲舒的影响。《史记·五帝纪》里的"炎帝"，明是董子《繁露》里的"赤帝"。顾先生却把炎帝和神农分开，说神农是黄帝以前的天子，而炎帝大约是当时诸侯中的一个。然而若是诸侯中的一个，便不该称炎帝。

董仲舒于五帝转移、早采取五行相生之说，而三王循环，仍主逆数，只因为迁就子丑寅"三正"，主张汉该行夏时之故，上面也说及。一到太初改历以后，历法的争议既决，对五行转移的系统上，无所用其顺、逆两数之并行，所以一辈学者自然而然的走上采取一致顺数的路了。既然采取五行相生顺数的一边，《吕览》、《淮南》之说自当为一辈学者所引据，而伏羲、少皞自然要加入古史系统里来。《汉书·郊祀志》说："刘向父子以为帝出于震，故包羲氏始受木德。其后以母传子，终而复始，自神农、黄帝下历唐、虞、三代，而汉得火。"荀悦《汉纪》也说："刘向父子推五行之运，以子承母，始自伏羲，迄于汉，宜为火德。"这是一致采取相生顺数的主张。五行始木，从《吕览》、《淮南》到董仲舒，是一路的。至于汉为火德，当时甘忠可、谷永一辈人似都这样说。据此在当时据五行相生说而定汉属火德的，决不止刘向、歆父子一家私议，更不是刘歆一人伪造。

此外还有"汉为尧后"之说。昭帝时，眭弘上书明说："汉为尧后，有传国之运。"汉是否尧后，自为另一问题；然在昭帝时已有此说，决非以后刘歆伪造，也可断然无疑了。总述上论：

（一）五德转移改取相生说，不取相胜说，远在刘向前。

（二）重新主张汉为火德说，在刘向同时稍前。

（三）汉为尧后说，也起刘向前。

可见承认上三点，则少昊插入五帝里已是必然的了。至于汉人不认秦承周而汉承秦，所以秦人不能占一德位，这也是董仲舒以下几乎可说是公认的理论。何以今文学家定要说刘向云云尽是刘歆假托，而把刘向以前的一切证据一概抹杀，要归纳成刘歆一人的罪状呢？遵守今文家法的人如此说，考辨古史真相的为何也要随着如此说呢？

以上推论，只说明少昊插入五德终始里，决不是刘歆时无端伪造出来，不过在刘歆手里才正式大规模地写定一遍；正如《史记》的《五帝本纪》，也只是到司马迁手里把以前传说正式像模象样地写定一遍，却不能说这全是司马迁伪造。

现在再综述上陈意见：

（一）五帝传说虽出战国晚期，然邹衍以前，古史上的传说早有远在黄帝以前的，不能说黄帝前的古史传说尽出衍后。

（二）邹衍五德终始与《吕览》、《月令》等所说五行相次用事并不同，不能并为一谈。

（三）黄帝以下的古帝传统，先秦古文颇有乖异，不能即据《史记》一家否认其他的传说。

（四）秦襄公祠白帝，汉高祖称赤帝子，乃据五方色帝的传说，与终始五德说无涉。

（五）秦尚水德，汉尚土德，始是根据五德终始以相胜为受的说法。

（六）董仲舒《春秋繁露》里并采五行相胜、相生两说，而五帝分配五德，早取相生说，已与五德终始说不同。

（七）太初改历后，学者多趋向改用五行相生说的一边，乃承董仲舒而来，并非刘向创始。

（八）五行相生说自《吕览》、《淮南》五方色帝而来，本有少晫,并非刘歆在后横添。

(九)以汉为尧后,为火德,及主五行相生三说互推,知少昊加入古史系统决不俟刘歆始;刘歆只把当时已有的传说和意见加以写定。(或可说加以利用。)

(十)刘歆、王莽一切说法皆有沿袭,并非无端伪造。

若根据上列见解,顾先生原文所引各种史料及疑点,均可用历史演进的原则和传说的流变来加以说明;不必用今文家说,把大规模的作伪及急剧的改换来归罪于刘歆一人。

这一篇简率的批评,并不想为刘歆、王莽做辩护,更不想为东汉古文学燃死灰。也只想比西汉的今文家更进一步,本着战国之学来打破西汉之学(其实还是晚清今文家的西汉之学),也只想为顾先生助攻那西汉今文学家的一道防线(其实还是晚清今文学家的防线),好让《古史辨》的胜利再展进一程。

五月,《国学概论》由商务印书馆印行。一九五六年,商务在台北重印。一九九四年,收入联经《全集》第一册。二〇〇〇年,素书楼文教基金会·兰台出版社整理新版印行。兹摘录其大要如下:

上 篇

第一章 孔子与六经

中国文化,于世界为先进。古代学术思想,当有研讨之价值。然夷考旧文,茫昧无稽;虽有美盛,未可苟信。当孔子时,夏、殷之礼,已为无征。(复智按:《国学概论》书自此以下每段皆有引文,大多从略之。)

《论语·八佾》有"杞、宋不足征"之语。

当孟子时，成周书籍，亦复不传。

荀卿有"文灭节绝"之叹。

《荀子·非相》："是以文久而灭，节族久而绝。"

韩非有"非愚则诬"之讥。

《韩非子·显学》："孔子、墨子俱道尧、舜，而取舍不同，皆自谓真尧、舜。尧、舜不复生，将谁使定儒、墨之诚乎？无参验而必之者，愚也。弗能必而据之者，诬也。故明据先王，必定尧、舜者，非愚则诬也。"

故言古者不可不慎。余于此编，盖将略而弗论，论其可知者，自孔子始然于中国学术具最大权威者凡二：一曰孔子，一曰《六经》。孔子者，中国学术史上人格最高之标准，而《六经》则中国学术史上著述最高之标准也。自孔子以来二千四百年，学者言孔子必及《六经》，治《六经》者亦必及孔子。则《六经》之内容，及孔子与《六经》之关系，终不可不一先论也。

今言《六经》，略分三部：一《易》、《春秋》，二《诗》、《书》，三《礼》、《乐》。分条述之如次：

（一）《易》《春秋》

《易》之为书，本于八卦。八卦之用，盖为古代之文字。因而重之，犹如文字之有会意。

引而伸之，犹如文字之有假借。

卜筮如拆字。

系辞如签诗。

《周易》起于殷、周之际，明周家之有天下，盖由天命。《易》之内容，其实如斯。孔子言易，见于《论语》。

因人之无恒而叹其不占，与南人之言同类并举，亦博奕犹贤之意，非韦编三绝之说也。至《十翼》不出孔子，前人辩者已多，则易与孔子无涉也。

孟子称"孔子成《春秋》而乱臣贼子惧",《春秋》之出孔子,自来无异议。然谓孔子《春秋》一依旧史,无所变改乎?则"伯于阳"之不革,何以逃"遵乖习讹"之讥?

谓修辞正名,俱有深意乎?则五石六鹢之先后,亦难免"穷乡曲学"之诮。

若谓仅事记录,不异诸史,则孔子不如丘明。

若谓文主褒贬,义逾衮钺,则南、董贤于仲尼。

回护层出,疑难蜂起。《三传》纷纭,未有定是。所以知几发愤,有"未喻"、"虚美"之惑。

介甫逞臆,有"断烂朝报"之喻。

惟范宁持平,同讥《三传》。然谓据理通经,不能因经显理,则借后儒之理,以说先圣之经,固无赖乎有经也。

章绛抉实,等贯经、史。然谓经有丘明,传有仲尼,则攘左氏之贤,以成孔子之圣,亦乌在其为圣耶?

今称情而论,则《春秋》诚有功于文献。

而粗略简陋,殆不胜后儒之尊美也。

《汉书》曰:"《易》本隐以之显,《春秋》推见以知微。"二书一言天道,一言人事,治孔学者尤乐道。

故说经之有门户,自《三传》始。而图书之辩,于后为烈。迷山雾海,使学者惶惑沉溺于其中,更不知孔学之真相,则经生儒者之过也。

(二)《诗》《书》

《论语》有言:"子所雅言,《诗》、《书》、执礼,皆雅言也。"又曰:"兴于《诗》,立于礼,成于乐。"《史记·孔子世家》遂谓:"孔子以《诗》、《书》、礼、乐教。"此犹可也。至谓孔子删《诗》、《书》,则无征于《论语》,无征于《孟》、《荀》,秦火以前,无此说也。且今传《诗》、《书》,出秦火之后,亦不复当时孔子诵说之旧本。

纵复睹孔门之旧,而《书》乃当时之官书,《诗》乃昔人之歌咏,亦不足为万世之经典,千祀之常法也。又况后之治《书》者,先劳精于今、古文之真伪,治《诗》者又耗神于齐、鲁、韩、毛之异同。将以考索古代文献之真相，则斯已耳。若谓从此以明孔子之大道，立千古之常法，将以为尊经崇圣之宝典者，则又经生儒者之过也。

（三）《礼》《乐》

《汉书·艺文志》："礼自孔子时而不具，至秦大坏。"则孔子时已不见有《礼经》矣。《论》、《孟》言"礼"皆明礼意，着于行事，不在简策。《汉书》所称《礼经》，乃今《仪礼》十七篇，而《春秋》二百四十年列国君大夫行礼，绝不一言及之。且其书与孔子之意多违，盖出周末战国之际。

"乐"与《诗》合，本非有经。又礼乐应时而变。魏文侯听古乐，则昏昏欲睡。庄子称古今之变，犹猿狙之异周公。孔子不云乎："礼云礼云，玉帛云乎哉？乐云乐云，钟鼓云乎哉？"今使考索孔子当时玉帛钟鼓之制度法数，而曰我将以复孔门之礼乐，则又经生儒者之过也。

综上以言：孔子以前未尝有《六经》，孔子亦未尝造《六经》。言孔子者，固不必专一注重于后世之所谓《六经》也。

今考《楚语》载申叔时论教太子，列举古代典籍甚详备：以休惧其动。教之《诗》，而为之导广显德以耀明其志，教之《礼》，使知上下之则。教之《乐》，以疏其秽而镇其浮。教之《令》，使访物官。教之《语》，使明其德，而知先王之务用明德于民也。教之《故志》，使知废兴者而戒惧焉。约而举之，不出《诗》、《书》两类。则古人学问，可以一字尽之，曰惟"礼"而已。故古人言学，皆指"《诗》《书》礼乐"。

至增孔子《春秋》与《诗》、《书》、礼、乐而为五，又增卜筮之《易》而为六，而因以名之曰"经"，此皆后起之事，非孔子以前所本然也。《论》、《孟》不言"经"。

"经"之称昉《墨子》，有《经·上下篇》。荀子儒家，始称"经"，始以《春秋》与《诗》、《书》、礼、乐连称。然犹不知"六经"，又不以《易》为"经"

秦人焚书，则曰"《诗》、《书》百家语"，而《易》为卜筮之书，独不禁。其谓"《诗》、《书》"，统指孔、墨以前旧籍。"百家语"，则儒、墨以下私书也。《易》在秦时，人犹知其为卜筮书，非儒家之一经也。荀卿屡举《诗》、《书》、礼、乐、《春秋》而不及《易》，《孟子》七篇，无一字及《易》，知《易》不与《诗》、《书》、礼、乐、《春秋》同科。尊《春秋》齐于《诗》、《书》、礼、乐者，其论始于孟子，定于荀卿。并《易》与《诗》、《书》、礼、乐、《春秋》而言之者，则儒、道、阴、阳合糅之徒为之。其事起于汉，见于刘安、马迁、董仲舒、贾谊之书，而亦犹弗称之谓《六经》也。

司马氏之言曰："儒者以六艺为法，六艺经传以千万数。"（《论六家要旨》）明"六艺"中自分经传，而经传不限于"六艺"。汉之"六艺"，则惟《五经》，以其无《乐经》也。然不能仅言礼而无乐，则增《五经》而称"六艺"。古自有"六艺"，指礼、乐、射、御、书、数。

今以称简册，则亦汉人之说。其明称"六经"者，一见庄周书，后成于王莽。

第二章　先秦诸子

古者治教未分，官师合一，学术本诸王官，民间未有著述。此在周时犹然。自周室之东，而天子失官。大人不悦学于是官学日衰，私学日兴，遂有诸子。后人言诸子学者，皆本刘歆《七略》，有"九流"之目。近人胡适力辨其非。

> 胡适《诸子不出于王官论》凡分四端：一、刘歆以前论周末诸子学派者，无九流出王官之说。二、九流无出王官之理。其最谬者，莫如以墨家为出于清庙之守。三、九流乃汉儒陋说，未得诸家派别之实。四、驳章太炎说。

今考诸子师授渊源，以及诸家所称引，则其间多有出入，可以相通，固不能拘泥于九流、六家之别。遑论所谓"某家者流，出于某官"之说哉？故谓王官之学衰而诸子兴可也，谓诸子之学一一出于王官则不可也。开诸子之先河者为孔子。孔子生当东周之衰，贵族阶级犹未尽坏，其时所谓学者则惟"礼"耳。礼者，要言之，则当时贵族阶级一切生活之方式也。故治国以礼，行军以礼，保家、守身、安位，亦莫不以礼。

今约而言之：则凡当时列国君大夫所以事上、使下、赋税、军旅、朝觐、聘享、盟会、丧祭、田狩、出征，一切以为政事、制度、仪文、法式者莫非"礼"。

礼之兴，由于故事之遗传。而至春秋时，民族之演进既久，政治之范围日扩，历史之成例日增，即礼制典章亦日繁。又以列国交通，踵事增华，而礼文日密。更复习俗不同，风尚互异，周人既失其制，诸侯各自为政。朝聘往来，又不得不博闻多识，以资应付。又竞争日烈，治赋理财，需材孔殷。而其时贵族君大夫奢汰之风日甚，上下相僭，既乖旧礼，又多不能从事学问，身亲政务。于是礼日以增，亦日以坏。乃益有需于知礼之士，而儒业大起。

> 刘师培《论孔子无改制之事》："《说文》：'儒，术士之称。'儒犹今日恒言所谓读书人"。又术士可以入为王官，古代平民之升进者，惟术士一途。故儒以待用为宗旨。即《儒行篇》所谓"待聘""待问""待举""待取"也。

孔子亦其一人也。

> 刘师培《孔学真论》："周室既衰，史失其职，官守之学术，一变而为师儒之学术"。集大成者厥惟孔子。

考孔子所谓"学"者，亦重在熟谙掌故，明习礼文。盖治掌故以明礼，习礼文以致用，固当时之学问然也。即孔子所以见重于时人者，亦惟在其知礼。然孔子之知礼，则异于人。人之知礼者以应世，而孔子则以矫世。孔子之意，以谓当时之乱，由于贵族之不守礼。

孔子以平民儒士，出而批评贵族君大夫之生活，欲加以纠正，则亦非先例之所许也。故曰："天下有道，则庶人不议。"明其为不得已焉。所谓诸子学者，虽其议论横出，派别纷歧，未可一概，而要为"平民阶级之觉醒"，则其精神与孔子为一脉。此亦气运所鼓，自成一代潮流。治学者明乎此，而可以见古今学术兴衰起落之所由也。

当孔子在时，其门弟子多仕贵族为家臣。逮孔子卒，而儒益大昌，曾子见尊于费君，子夏教授于西河，然季孙专鲁，魏斯篡晋，皆非孔子"君君臣臣"之道，而曾子、子夏勿能正。盖至是而西周以来贵族阶级所以维系永久之礼，则已荡弃无存矣。

《日知录》："自《左传》之终，以至六国称王，凡一百三十三年，史文阙轶，考古者为之茫昧。"如春秋时，犹尊礼重信，而七国则绝不言礼与信矣。春秋时犹宗周王，而七国则绝不言王矣。春秋时犹严祭祀，重聘享，而七国则无其事矣。春秋时犹论宗姓氏族，而七国则无一言及之矣。春秋时犹宴会赋诗，而七国则不闻矣。春秋时犹有赴告策书，而七国则无有矣。邦无定交，士无定主，此皆变于一百三十三年之间。史之阙文，而后人可以意推者也。

儒者本务知礼，而礼终不可行。学术随世风而变。则进取者急功利而明法，李克、吴起、商鞅其选也。求之孔门，则"足食足兵，民信之矣"，冉求、季路之遗也。高尚者矜气节而傲礼，田子方、段干木、子思其著也。求之孔门，则箪食瓢饮，陋巷自乐，颜回、闵损之类也。其异军特起别树一帜者为墨。墨家始于墨翟，亦学儒者之业，而变其道。墨非姓也，墨盖刑徒役夫之称。为墨徒者，多以裘褐为衣，跂蹻为服，日夜不休，以自苦为极。

故"儒"者，譬今之所谓绅士；"墨"者，譬今之所谓劳工也，必贵族阶级既坏，而后"儒""墨"之争论乃起。故孔子之正名复礼，本贵族之见地而言之也。墨子之天志、兼爱，本平民之见地而言之也。惟墨学之兴，尤足为平民阶级觉醒之特证也。

循此以下，至于七国称王，周礼尽废，而平民学者之气焰亦益张。其时立说纷歧，益臻烂漫，约以言之，有许行倡"并耕"之说。陈仲主"不恃人食"之义。此彻底反对贵族阶级之生活，传墨学之真精神者也。

墨子之反对礼乐，仅求王公大人之强力听治，一意政事，未尝明白反对政治之生活也。庄周、老子书，倡无治之论，乃更为许、陈进一解矣。故道家之论，实源于墨。此非深辨先秦诸子学说流变之真相者，不能知也。

如淳于髡、田骈、稷下先生一派。（今按：稷下养士始齐威王，下历宣、湣、襄王不衰。）外收不仕之高名，内慕禄养之实利，较之田子方、段干木而地位益尊者也。

外此如孟轲为儒家宗，然专论仕礼，与孔子所谓礼者不同。盖当孟子时，苏、张一派，专骛仕进，猎禄利，其行谊最卑鄙。许行、陈仲之徒，以苦行不仕骄世，亦仅止于独善，未足拯斯民于水火。稷下诸先生，则逞谈辩，溺富贵，名实兼营，而实无心于世局。独孟子志切救世，又不愿屈节枉尺以求合，其志行殆庶几于孔子之所谓中道。用行舍藏，知我者谁。故于士之出处进退之礼，独祥哉其言之。故孟子所谓礼者，已非孔子之礼，而其意则犹是孔子之意也。

同时有庄周，却聘不仕，迹近陈、许。倡无治之论，足为"并耕"张目。称神仙之术，足为"蚓操"解嘲。此亦闻墨家之遗风，故非礼乐，弃政治，而流入于冥想者也，此皆就其对于生活之见地而言。若就其对于阶级之思想论之，则惠施承墨学之绪风，而言"泛爱万物，天地一体"。

故先秦诸子，截而言之，可分三期：一、孔、墨之兴为初期。当时所讨论者，质言之，即贵族阶级之生活，究当若何而始得谓之正当是已。二、陈、许、孟、庄为第二期。当时所讨论者，质言之，即士阶级自身对于贵族阶级究应抱若何之态度是已。三、此以下为第三期，当时讨论之中心，厥为士阶级之气焰与扰动，若何而使之渐归平静与消灭是已。

故初期之问题中心为"礼"，中期之问题中心为"仕"，末期之问题中心为"治"。此虽未可一概而论，而统观诸家学术思想之流变，要亦不离于此矣。今次述末期思想，亦得三派：

一老子。老子史实之不可信，昔人已多言之。今按其思想议论，实出战国晚世。大要在反奢侈，归真朴，承墨翟、许行、庄周之遗绪，深言奢侈之有害无益。及其不可久。重农耕，弃圣智，而觊无治。皆针对当时学者阶级之扰动，而谋所以为宁静整顿之方也。

其次为荀卿,重倡礼治之论。其言礼之起源,本于人类生活之需要。而曰"礼者养也",则礼之范围,已普及人类全体,较之孔子之仅言贵族礼,与孟子之仅言仕礼,所谓"礼不下庶人"者,荀卿之意,特为博大精深。然荀卿论礼,即言"养",又言"别",言"分",而分之枢机管于人君。

荀子欲本此而别造人伦,复位阶级。其与古异者,则古人本阶级而制礼,先有贵贱而为之分也。当荀子世,则阶级之制殆于全毁,乃欲本礼以制阶级,则为之分以别其贵贱也。荀子之分阶级之贵贱者,则一视其人之志行知能以为判。曰"大儒",为天子三公。曰"小儒",为诸侯、大夫、士。曰"众人",为工、农、商、贾。去世袭之敝,存阶级之善。其意亦为当时平民学者之扰动而谋所以宁静整顿之方也。然人类生活,为之明分等级,为固定之形式,其事终已不可行。则荀子之说,徒足以导奖奢侈,排斥异己,为专制者所借口,而荀学遂为秦政渊源。则学术世变,其交互影响之间,良可深长思也。其论墨子(参见《荀子·富国》)可以明先秦学派争论焦点所在。

盖囊括而言,先秦学派,不出两流:其倾向于贵族化者曰"儒",其倾向于平民化者曰"墨"。儒者偏重政治,墨者偏重民生。法家主庆赏刑罚,原于儒;道家言反朴无治,原于墨。故一主礼,一非礼。一主仕进,一主隐退。一尚文学,一主劳作。此当时学术界分野之所在也。……要之自春秋之末,贵族阶级一旦崩坏,而社会组织于以大变,此实当时一大事。故自孔子以下学者精神所注,莫非讨论人类政治与生活两问题。

又其次为韩非。非本学于荀卿,而好《老子》书,遂融两家之说,倡法治之论。于当时学者阶级之气焰,尤深愤慨。盖至其时,在上者之政治,几退处于无权,而社会风尚趋舍,一惟学术界之马首是瞻。平民学者意气之发舒,已达极点,而其内部之以膨胀而分裂,与其缺憾之表襮于外者,亦日甚而愈不可掩。于是老子、荀卿皆起为反抗之论,而韩非之言尤为激烈,遂有"以法为教,以吏为师"之主张。

其疾文学,反圣智,重劳作、驱民归农之意,与许、陈、庄、老一路。惟许、陈、庄、老意在无治,而韩非则主以法治,此其异也。自孔子至于韩非,其学说思想之流变往复,大率如此。

外是复有阴阳家一派，盖亦晚出。其著者为邹衍，兼综儒，道以立说。其学盛行于燕、齐。

今邹衍之书已不可见，然当时学风推衍，迹象犹多可寻。大抵以自然界现象，比类之于人事，则庄、老之自然，与儒家礼乐，同出一贯。又以阴阳天地表君臣上下尊卑，取形名法家之旨，近于专制，为在上者所喜。

自人心向倦，百家熸歇之际，荀、韩之说得志于秦廷，而东方学术，惟推阴阳独步。下迄汉儒、流风愈扇。因逮后世，余烬不灭。推陷廓清，未见其时。先秦绚烂精悍之学派，其归根结穴所在，上之为专断之政，下之为荒唐之想。学者三复于此，其亦将深慨而不置也。

第三章 赢秦之焚书坑儒

诸子争鸣，至战国晚季而益烈，是非樊乱，议论百出。秦统一天下，学术随政治而转移，乃亦有渐趋统一之倾向。吕不韦著《春秋》，意在荟萃群言，牢笼众说，借政治之势力，定学术于一是。其后获罪而死，其功未竟。李斯得志，遂以高压锄异说，而先秦学术蓬勃之气，至是而熸。阳翟、上蔡之兴仆，亦当时学术史上一重要关捩也。故凡秦一代之政，皆源于荀、韩，而百家之学遂定于一尊。盖诸子之兴，本为在下者以学术争政治。而其衰，则为在上者以政治争学术。其最著者，为焚书与坑儒之二事。

焚书一案，其机发于博士之议政，其制定于使学者以吏为师。至于秦人焚书，论者不一。有谓秦人所焚，仅属民间之书，而博士官所职则不焚者。

今依史事论之，焚书起于博士之议政，岂有博士所职概置不焚之理？惟王充谓秦人焚书，仅焚《五经》，不及诸子，其说最可信。

然百家虽未尽毁，亦不许民间私藏，必博士官乃得有之。故秦王曰："吾前收天下书不中用者尽去之。"此收书而不尽焚之确证也。其谓不中用者，即指《五经》之类矣。《焚书令》所谓："非博士官所职，天下敢有藏《诗》、《书》百家语者，悉诣守尉杂烧之。即是收天下书，不许民间私藏也。仲任，汉人，博学多识，其言必可信据，自异于后人之推想也。同时岐亦言之，稍后王肃亦言之，上考《史记》凡言秦焚书事，亦与王充、赵岐之说合。皆谓秦人焚书，仅主《诗》、《书》、史记，不及诸子。所以焚诸侯史记者，为其多刺讥。所以焚《诗》、《书》经籍者，为其古今异制。"

又《诗》、《书》皆古文，与秦文不合。秦既一天下文书，罢其不与秦文合者，则古文书与新朝官书抵触，不合时王之制，在无用之列，故尽遭焚灭也。而许慎之言尤详。（见许慎《说文序》。至许氏说六国新文，变易古体，至秦人同文字，而古体遂绝，则其语仍可信据。）

盖晚周之际，通行文字，本有二别。一为古文，即宣王以下东周相传之文字也。一为今文，则六国以来新兴之文字也。盖简策之用既广，文字之变日繁，其日就孳乳而渐趋于简易，固非人力之所能制也。

至于六国新文，虽亦互有不同，然其时交通殷繁，文学游说之士，或朝秦而暮楚，或传食于诸侯。如稷下先生、平原宾客，皆广招异国之人。苏秦上书于七国，荀卿遍游于天下。吕氏著书，集诸侯之士，则七国文字之无大乖违可知。秦既得天下，同书文字，六国之文，以同时相通而见存，东周之文，以异时相隔而见废，亦至易想见之事也。自焚书令后一年，有坑儒之事。

其端肇于求仙之无效，侯、卢之亡去。其事止于坑犯禁者四百六十人。其波及于发谪徙边。秦人焚书坑儒，事具如此。推其渊源，皆由荀、韩。荀主法后王，诛奸人，故秦禁诽上而坑儒士。荀主正名，故秦同书文而烧古籍。韩言："明主之国，无书简之文，以法为教，无先王之语，以吏为师。"（《五蠹》）故秦收书，禁语《诗》、《书》，而令学者以吏为师也。秦人亦专伸一家之学，而行古者政学合一之制耳，非尽灭学术使无存也。秦亦有儒、有师、有博士、有著述，秦主政学复合，即是绝诸子之学脉也。拨去经籍，遂开汉人今古文之争。汉之学风，迥异先秦，其转移之间，乌得谓非秦人之影响耶？则始皇、李斯之功罪，学者细究于先秦与两汉学风之不同而可知。书之尽焚与否，儒之尽坑与否，固非谳书之所重也。

第四章　两汉经生经今古文之争

言两汉学术者，莫不谓其尊孔子，崇儒术。自汉武黜百家立《五经》博士而经学盛，至刘歆而经学有"今古文"之争。此昔人之说然也。

第溯其源，考其实，则孔子之时，既未尝有经，汉儒之经学，非即孔子之学也。若今古文之别，则战国以前，旧籍相传，皆"古文"也。战国以下，百家新兴，皆"今文"也。秦统一文字，焚《诗》、《书》，古文之传几绝。汉武之立《五经》博士，可以谓之古文书之复兴，非真儒学之复兴也。逮博士既立，经学得志，利禄之途，大启争端。推言其本，则《五经》皆"古文"，由转写而为"今文"；其未经转写者，仍为"古文"。当时博士经生之争今古文者，其实则争利禄，争立官与博士弟子，非真学术之争也。当汉初兴，承秦之敝，学术无可言者。及孝惠除挟书之律，孝文广献书之路，天下众书，往往颇出。然其时君臣，率尚黄、老，治百家今文。

而文帝使掌故晁错，从伏生受《尚书》，又闻申公为诗最精，以为博士（《汉书·楚元王传》）。又为《论语》、《孝经》、《孟子》、《尔雅》置博士（赵岐《孟子题辞》）。则古文儒学亦稍稍苗。逮孝景时，辕固为博士，遂明白以古文书开争议。时有河间王好古籍，亦为立博士，古文书遂益见重。

武帝立，赵绾、王臧以争儒术见杀，而董仲舒、公孙弘以《春秋》对策见信，古文《六艺》卒以得势。且其书多存古代事迹，而晚世"今文"，托古创制，寓言无实，使人难信。故学者考索古先文物，必取信于《六艺》。此其意司马迁为《史记》已详发之。

且黄、老、申、韩之说，皆起战国晚世，本以治衰乱，非所以处升平。汉兴，疮痍未复，则黄、老自然与民休息之说胜。文、景图治，济之以刑名申、韩。董仲舒，治《公羊春秋》之大儒也，其言天人相与之际，以灾异之变言《春秋》，皆非孔子以来儒者之本义，亦非《公羊》之本旨。

近儒考论汉代经学渊源，谓自荀子。然荀子不云乎？曰："天行有常，不为尧存，不为桀亡。应之以治则吉，应之以乱则凶。"是乌见其所谓"天人相与之际"者？今考仲舒之论，盖多与《淮南》相类。仲舒《春秋繁露》，其言亦多出黄老刑名。

盖仲舒之学，实主阴阳。阴阳之论，盛自邹衍，貌近儒说，而实源于道家。然实未明"自然"之意也。夫既有"使之然"者，则又必有"使之使之然"者，循是上推，谁为最后之使耶？既破天帝而主阴阳，则最后之一因既失，循环无端，终亦归于自然矣。此仲舒天人相与之论，实本于阴阳家言，而与"上帝临汝"、"民视民听"之意不同，而又比附儒说，排斥自然，以自别于黄、老百家之大概也。夫阴阳之说，破弃神权，别寻因果，要不可谓非学说之一进步。故仲舒虽尊孔子，明仁义，而终不失为汉儒之学也。

其次有刘向，亦西汉大儒，然亦以阴阳灾异说经，无异于仲舒，其它汉儒说经，类无弗主阴阳者。故汉儒之经则本"古文"，其所以说经者，则尽本于战国晚起"今文"之说也。

汉宣帝评儒生（《汉书·元帝纪》："帝为太子时，柔仁好儒，见宣帝多用文法吏，以刑名绳下，尝侍燕从容言：'陛下持刑太深，宜用儒生'宣帝作色曰：'汉家自有制度，本以霸王道杂之，奈何纯任德教，用周政乎？且俗儒不达时宜，好是古非今，使人眩于名实，不知所守，何足委任？'乃叹曰：'乱我家法者，太子也！'"则尤可见汉廷用儒之真相矣），皆可以见汉代之风尚。故谓自汉武以后，《五经》置博士，为古文书教授开禄利之途则可也。谓自此儒术独用则否。以当时经生博士，本与秦前儒术不同，而汉廷亦非真用儒术故也。

秦时博士掌通古今。汉博士属太常，仅为礼官，掌故待问，不颛门教授。时以经生为博士者，文帝时有申公、韩婴，景帝时有辕固生，皆治《诗》。有胡母生、董仲舒，皆治《公羊春秋》。然《儒林传》云："孝文本好刑名之言，及至孝景，不任儒，窦太后又好黄、老术，故诸博士具官待问，未有进者。"则其时博士犹未为学官也。及孝武置五经博士，而后博士始为经生所独擅。故王充言："博士之官，儒生所由兴也。"

然为增立博士，每启争端。其著者：孝宣时有《公羊》、《谷梁》之争。《谷梁》终亦得立博士。孝哀时，有刘歆求立《毛诗》、《古文尚书》、《逸礼》、《左氏春秋》之争。则后儒所谓今古文相争之第一案也。

章帝时,有贾逵、李育争《公羊》及《左氏》优劣;桓帝、灵帝时,有何休与郑玄争《公羊》及《穀梁》、《左氏》优劣。此皆当时所谓今古文之争也。其争点以《左氏》为主,其用意在请立官置博士,与禁抑其立官置博士而已。

且当时所谓今古文者,考其实,亦均为"今文"而非"古文"。故前汉有"今文"之实,而未尝有"今文"之名。后汉则有"古文"之名,而无"古文"之实者也。则当时所谓争者,岂不在于文字之异本、篇章之多寡而已哉?岂不在于立官置博士而已哉?

以上叙《五经》今古文异同,大略粗具。以今考之,《易》、《诗》二者,当时本无大争。《古文尚书》与《逸礼》皆在篇章多寡之间。《春秋》则《公羊》与《左氏》绝殊,远非文字异同篇章多少之类,在当时自为相争焦点。《公羊》空谈,终不如《左氏》实事。故《左氏》虽见抑遏,未得立官,而私学日盛,卒以大行。则其是非得失之数,固不操于汉廷之博士,而实操于学术之公评也。《论语》、《孝经》虽有今古文而未起争端。

大抵今文诸家,上承诸子遗绪,用世之意为多。古文诸家,下开朴学先河,求是之心为切。无今文之启行,则经学无向荣之望。无古文之后殿,则经学无坚久之效。此自学风推移,与时消息,非尽人意。而晚近学者,张皇幼眇,谓当时今古壁垒,若何森严,彼此界划,判若鸿沟,寻其渊源,为之部署,怪言奇论,相生无穷,将以辨孔学之真相,决是非之定谳,则亦徒劳之事也。

第五章 晚汉之新思潮

自汉武置《五经》博士,利禄之途,人所竞趋。至于东汉,而经学遂臻全盛。然物极则反,事穷则变,于是有抱革新之思想,出其独见,以与习俗时风相抗衡,而开思潮之新向者,则会稽王充其人也。盖汉儒说经,其功力所注,厥有两途:一曰谶纬。一曰传注。谶纬杂以方士,传注限于师法。二者皆利禄之所致也。谶纬虽有不同,(《四库提要·易纬》："案儒者多称谶纬，其实谶自谶，纬自纬，非一类也。谶者，诡为隐语，预决吉凶。纬者，经之支流，衍及旁义。")

然皆原于阴阳，为汉儒本色。及王莽托言符命，光武信重图谶，而此风益甚。

传注解说之勤，亦动辄数十万言。

故汉儒之学，用力虽勤，而溺于迷信，拘于尊古，至其末流，弊益彰著。王充则对此潮流而下锐利之宣战书者也。其著述传后者为《论衡》。其自述著作之意，则在批评世俗传说，以期符于真实。

其对当时传统思想，为有力之攻击者凡四：一为反对天人相应阴阳灾变之说，一为反对圣人先知与神同类之说，一为反对尊古卑今之论，一为反对专经章句之学，以尊古卑今之见，守专经章句之业者，此则汉儒之通病，为习"今古文"学者所同然也。上举四点，诚为汉儒短处。王充能得其症结，施以批导，于是视听一新，风尚丕变。而其转移三百年学术思想，开后来之新局者，则在退孔、孟而进黄、老，轻闻见而重心知。其影响于当时之学术界者甚大。王符著《潜夫论》，仲长统著《昌言》，崔实著《政论》，刘劭著《人物志》，应劭著《风俗通义》，皆"指评时短，讨摘物情"，弃章句而慕"超奇"，有王氏之风焉。外如蔡邕、王朗、孔融、王粲、曹植、阮籍，其人言论行事，皆足以鼓荡一世，为人心所归仰；而莫不舍两汉之旧风，慕王氏之新趋；则其魔力之大，为如何矣？然考其所论，指摘儒生，评弹世俗，诚已卓越。而开示大道，标揭正义，所以牖民定俗，以觉世之迷罔而达之于天德者，则王氏犹非其任。其议论之所至，每多缺憾。而尤以绝端之命定论为甚。盖墨家"非命"，所以戒人之惰。儒家"知命"，所以劝人之勤。两家立说，皆本人事。王充则"从道不随事，合黄、老之义"，一守"自然"而主命定，其初特以破《公羊》天人感应之说，而矫枉过正，使人爽然失其用力之意。

至其重心知，蔑耳目，尚思辨，略证验，惟求理论之一贯，不问事实之效应；故虽深疾虚妄，冀悟迷惑，而后人之受其影响者，转在彼而不在此；则亦非王氏之初愿也。

第六章　魏晋清谈

东汉之季，士厌于经生章句之学，西方学者，会萃京师，渐开游谈之风。至于魏世，遂有"清谈"之目。及正始之际，而蔚成风尚。何晏、王弼为时宗师，竹林诸贤，闻声继起。至于王衍、乐广，流风愈畅。典午既东，此风盛于江左，习尚相沿，直至隋业一统，始见革除。

此三百年间之风气，自古学者，率致轻蔑之意，且盛加非难，甚则以谓乃五胡之乱所由兴焉。虽间有持平之论，然于当时三百年学术风尚主要精神所在，则未见有为之抉发者。是毁誉抑扬，要为不得其真也。盖凡一时代之学术风尚，必有其一种特殊之精神，与他一时代迥然不同者。必明乎此，而后可以推阐其承先启后之迹，与其功罪得失之所在也。余尝谓先秦诸子，自孔子至于李斯，三百年学术思想，一言以蔽之，为"平民阶级之觉醒"。今魏晋南朝三百年学术思想，亦可一言以蔽之，曰"个人自我之觉醒"是已。此其端，肇自王充，倡内心批评之说，传统之尊严既弛，而个人之地位渐以襮著。又值世乱，生命涂炭，道义扫地，志士灰心，见时事无可为，遂转而为自我之寻究。今举当时风会所趋，言论行事，倾动一世，后人所目为清谈家派数者，一以"自我觉醒"之一语观之，即可以得其真精神之所在，而知我言之不诬也。盖王、何学风，首贵"体无"。

故平叔（张湛）有"无名"之论，辅嗣有"无累"之辩，必无名无累，而后可以无物。亦必无名无累，而后可以明我也。此其意畅发之于嵇、阮。故其讥世俗也，则曰："以多自证，以同自慰。"又曰："以多同自减，思不出位。"曰："多恃前言以为谈证。"又曰："溺于常名，莫能自反。"

此皆未晓无名之旨，因以见制于外者也。曰："各求其好，恣意所存。"又曰："心奔于欲，不适所安。"曰："劳躬役物，自毕臊秽。"又曰："怀欲求多，诈伪要名。"

此皆未晓无累之趣，因以见制于内者也。外不能识无名，内不能达无累，则我之为我者仅矣。故必破樊笼，脱牵制，一体于无，而后可以明我也。故其标学的也，则曰："舒网笼世，开模范俗。"又曰："物情顺通，越名任心。"然而未尝薄事为也，未尝轻礼乐也，未尝泯贤愚，忘善恶，谴是非也。

要其意，在于笃伪薄而守志，明无为之趣，葆自我之真。二人文章具在，考其议论，乌有如后世所拟议哉？迹其行事，亦以感激于世变，而遂致谨于言行，进不敢为何晏、邓扬，退亦不愿与媚权附势者伍。虽古之箕子佯狂，夷齐避世，亦若是则已耳。

世徒以其薄周、孔斥经典而排之，然孔子思狂獧，而孟子曰归洁其身，如嵇、阮者非耶？自此以降，风尚既立，流弊亦起。故阮籍有"不得复尔"之戒，乐广有"何必乃尔"之讥，嵇含有"玄虚助溺"之叹，戴逵有"无可奈何"之嗟。此则古今一体，先后同患，固非当时之独病矣。然下逮东晋诸士，其摆脱缠缚，力葆我素之态度，则固始终未有变也。

然晋人之所谓"我"者，终亦未能见"我"之真也。何则？晋人以"无"为本，趋向不立，则人生空虚，漂泊乘化，则归宿无所。知摆脱缠缚，而不能建树理想。知鄙薄营求，而不免自陷苟生。故晋人之清谈，譬诸如湖光池影，清而不深，不能具江海之观，鱼龙之奇；其内心之生活，终亦浅弱微露，未足以进窥夫深厚之藏，博大之蕴也。然自宋、齐以下，渐尚博涉，《老》、《庄》、《易》理，各有前辈陈说，必当探究，无取虚说。又兼佛学东来，儒术复盛。学者之精神，又渐转而向外。而自晚汉以来，魏晋相承，所谓"内心批评""自我觉醒"之真义，则又渐远而渐失矣。学风之迁变，其循环往复之迹，率如此也。

第七章　南北朝隋唐之经学注疏及佛典翻译

论一时代之学术者，首贵乎明其思想主潮之所在，此固也。然参伍错综，有其新苗，有其旧遗，旁衍横溢，潜滋暗长于时代主潮之下，而与为推迁。逮夫时换代变，风尚翻新，则此潜滋暗长者，乃跃起而为新时代之归向。此又治学术史者所不可不知也。季汉以来，迄于魏晋，本内心批评之精神，而极于自我之发见，一惟以个人小己为归宿。此三百年间学术风尚之主潮也。于是而有两汉旧传之经籍，循此潮流而蜕化其面目焉。有印度新来之佛教，循此潮流而长养其势力焉。至于南北朝以下，隋唐一统，清谈既歇，而经学、佛教，遂平分学术之天下。溯其渊源，莫非流转滋长于清谈一派主潮之下者也。今分端述其梗概如次：

（一）经学注疏

经学自郑玄注经，折衷异同，而博士家法，遂成废弃。中经丧乱，至于魏代，而今文全绝，古文独传。自是有王肃之伪证，有杜预之曲说，有王弼以《老》、《庄》注《易》，有何晏、皇侃以玄虚说《论语》，有范宁之破弃颛门以解《穀梁》，皆可以见经学之移步换形，日失其本来面目也。自后南北对峙，学风互异。北人守旧，犹重朴学，理晚汉之坠绪。南人趋新，多尚清谈，有两晋之遗风。

至于隋人一统，而北学终亡，南宗独盛。足征风气所趋，无可逆转。经学之尊严，亦且受清谈之洗礼，而后得以延其年寿也。及唐人造《五经》义疏，一仍隋旧，行南废北，至是益定。自此科举取士，相沿遵用，迄于宋代，递嬗勿变。而间有增益，所谓《十三经注疏》者也。言其统一之盛，虽汉武博士有弗逮。然趋于利禄，务在出身，名存实亡。固不足以预夫学术思想之流变焉。

（二）佛典翻译

佛教之入中国，盖在汉末桓、灵之后。

自此以迄中唐，凡七百年，其重要之工作有二：一曰："经典翻译"，一曰"西行求法"。盖佛教为外来之学，其托命在翻译，亦自然之数也。译事不足满其欲，乃起而亲行求法，又必至之理也。论译事托始，亦当自后汉桓、灵时。

自此以往，译业进化，可分三期：一为外国人主译期（自东汉至西晋），二为中外人共译期（东晋、南北朝），三为本国人主译期（唐贞观至贞元）。其翻译界代表人物，初期有安世高、支娄迦谶诸人；第二期有鸠摩罗什、觉贤、真谛诸人；第三期有玄奘、义净诸人。总计前后所译篇数，在五千卷内外。

此真当时吾国民一大事业也。（此上均根据梁启超《翻译文学与佛典篇》）至于求法运动，亦起三国末年，迄于唐之中业，前后殆五百年。其有姓名事迹可考者逾百人。莫不冒万险,历百艰,而无所屈挠。其于学问力求真是之欲望,与其于宗教悲悯众生、牺牲一己之信心,其热忱毅志,为何如耶!(以上据梁启超《千五百年前之中国留学生篇》)

盖佛教初来,正值季汉祸乱,三国分裂,人心厌世,趋慕虚无;小乘教义,既投时好,又与庄老清谈,时有相合,播莳联络,融合益利。逮夫译事渐盛,其幽深邃密之论,潜移思想之进程,庄老清谈一派浅薄空虚之个人主义,日就衰退,而大法之寻求,妙义之探检,其热烈向往之心,遂旋转一时之风气。隋唐之世,大乘教义,遂握中国思想界之权威。王侯众庶,莫不醉心。而盛极之后,衰象亦见,循至佛寺为逃赋之地,僧众为避役之业。则在上之士大夫,以明经掇青紫,在下之小民,以佞佛避徭课。面目犹是,精神已非。前所谓经学、佛教平分学术之天下者,终亦同不免于空虚萎缩之势也。故自玄宗时,于佛教屡有裁抑,至武宗有废佛令,而佛教遂不振。

盖五百年来之大乘教义,其发挥完全,组织圆密,逐步进展,以至于盛极而转衰者,其情势恰如人之寿而老,瓜之熟而落。而禅宗以"不著语言,不立文字,直指本心,见性成佛"为教义者,独光昌盛大。衍及宋、明,益滔滔披靡天下。理学诸儒,援以说经,而孕儒学之新生焉。

下　篇

第八章　宋明理学

言中国学术者,有一伏流焉,即阴阳五行家言是也。其说远肇古初先民,迷信传说,及六国邹衍,推附之以儒、道精义,而其学乃大成。迄于秦汉,方士、经生,相为结合,以迎媚时主,而其学乃大盛。东汉以降,儒术渐替,庄老代兴,而阴阳家言之依附滋长如故也。其时乃有道教之创立。

同时有魏伯阳,著《周易·参同契》,因《易》以言养生,后世言修炼者祖之。其后魏晋学者如管辂、嵇康、郭璞、葛洪,学术渊源,虽不一派，而皆汲阴阳之流，缘饰以儒、道之言。亦一时风会之所趋也。

至南北朝而有寇谦之，有陶弘景，均能上结帝王之知，而道教之传遂大。至李唐之兴，自谓与老子同氏，益见推尊。五代杂乱，迄于宋，隐士道流之风益甚。故自宋言之，当时所谓学术思想者，惟道院而已耳，惟禅林而已耳。盖儒术衰歇，自晚汉已然。虽以传统尊严，制科所在，注疏词章，仅为利禄。粗足语夫学问之真者，转在彼而不在此也。惟长生久视之术，既渺茫而莫验，涅盘出世之教，亦厌倦而思返，乃追寻之于孔孟《六经》，重振淑世之化，阴袭道院、禅林之绪余，而开新儒学之机运者，则所谓宋明理学是也。

理学初兴，有濂溪（周敦颐）、百源（邵雍）、横渠（张载），此三人者，学风皆相似。濂溪之学，著者曰《太极图说》。盖先论宇宙本体，而推极之于人生之正道。其于宇宙，仅为惟物的说明，以阴阳五行为骨干，而不取先古神帝创造之说。其于人生，则主与天地合德之大我。其立说根据，依藉于周易，而来源则实始于方外之道士。同时百源邵雍，亦喜研论宇宙本体，与濂溪并见推重。其学以图书象数为主，而尤精于数理。其书著者为《皇极经世》，源亦出于方外。亦先言宇宙本体，推而及于人生之大道。

至横渠《正蒙》，以易理阴阳言本体，而推及夫人道，亦与濂溪、百源者大同。而横渠之学，亦先泛滥于老、释。今观其书，于老、佛之说，辟之者精，则知其所受影响者深也。

故要而论之，此三人者，皆以惟物之观念，说明宇宙之本体。皆以化小己为大我，奉为人道之正鹄。其思想渊源，皆受方外老、释之影响，而研极阴阳五行，尤与道家为近。又皆依藉《易》辞以成其说。虽相互之间，多有出入不同，要之一时学风如此，则皎乎不可诬也。

其后有二程（明道与伊川），而学风乃一变。二程之于周子，虽尝早年受学，然其后学成，于濂溪即不甚推重。至太极图，则二程生平，更未一言道及。于康节图数之学，亦致不满。于横渠亦多异同，谓《正蒙》立言有过，而极推其西铭。

盖《西铭》亦言万物一体，而与《太极图》、《皇极经世》、《正蒙》诸书之极言宇宙本原者则别。二程爱言工夫，不喜讲本体，又重内心之直证，而轻物理之研寻，较之濂溪、百源、横渠，彼则道家之气息为重，而此则禅味之功深也。此又宋学之一转手也。

则二程之勿尚玄言，专贵真修，断可识矣。而二程论学，亦自有别。明道之学，首本"识仁"。"仁者浑然与物同体"，则仍是体认大我之意。然只就此心当下识取，则不须远索之于人物未生、宇宙未分以前，冥漠虚无之境，而必为太极无极、阴阳五行之纷纷也。故曰："识得此理，以诚敬存之而已，不须防检，不须穷索。"盖濂溪、百源、横渠，皆不免悬空探索，造一宇宙缘起、人物本源之理，而以工夫为凑合。明道则鞭辟近里，谓心苟不懈，存久自明，即以吾心为宇宙，即以本体属工夫，而更不劳有勉此赴彼之迹也。故识仁而后可以"定性"。

"性无内外"，则物我一体也。"心普万物而无心，情顺万物而无情"，即工夫即本体，重心情之体合，而无取乎知识之穷索，亦不必私意为迎合。此明道之所以异夫《太极图》、《皇极经世》、《正蒙》诸书者也。故曰："当处便认取，更不可外求。"是程子之意，不徒弗贵别寻本体，亦无须另立工夫也。其曰"诚敬存之"，诚敬已是吾心自然之体段，亦即天理自然之功能，更无着力处矣。即不得已而必言工夫，则亦惟有一"敬"字。

然"敬"只是持守之事，其人苟一无所知，亦复何以为守？故明道又言须先在"致知"。故曰："学在知其所有，又在养其所有。"此即"致知"与"敬"之二语，亦即"识得此理，以诚敬存之"之意也。大程子之学，率具如是。至于伊川，亦主反求心性，而不尚外索，则与伯子同途。

其曰"性即是理，心即是道"，曰"性外无物"，又曰"太虚皆是理"，要皆以宇宙之大，消纳于我之一心。显与明道相似，而视濂溪、康节、横渠，则不同也。其论工夫，则曰："涵养须用敬，进学则在致知。"亦仍是大程"敬"与"致知"之二语。惟明道偏于敬，而伊川则重在致知。故同一言工夫，而一主存养，一主理解，遂多与明道异趋。故曰："只知用敬，不知集义，却是都无事。"又曰："诚敬不可勉强，有诸中必形诸外，德容安可妄学？"则已侧入致知一路。而其言致知，亦与明道"识得此理，当处认取"之意不同。

盖伊川既主"性即是理"、故以穷理为尽性。既主"性外无物",故谓一草一木皆有理,须是察。于是又自致知一转而为"格物穷理"焉。盖同一合内外之道也,伯子向其内,而叔子向其外。故明道则曰"物来顺应,以明觉为自然"者,而伊川则曰"学者先要会疑,学莫贵于思,不深思则不能造于道"也。然伊川虽主穷理深思,理会及于天地之大,草木之细,而终自与濂溪、百源、横渠诸人为不一道者;盖濂溪、百源、横渠,皆先悬空穷得一宇宙万物之理,而后以我之心合之,宇宙万物在我心之外,而其言宇宙万物之理者为无验。伊川则以穷天地草木之理为尽心知性之功,即以天地草木为我心之体,不俟再为凑合,而其言天地草木之理者为有验。何验之?曰:即验之于吾心。

　　故曰:"入道莫如敬,未有能致知而不在敬者。"此伊川之学,所由同于明道,而二程之与濂溪、百源、横渠所由绝然判迹者也。而伊川之说,尤为开展而精辟。理学家之壁垒,至是遂大定。且二程之学,以天地万物归之一心,转不免视心太尊,视己太高,有狭隘孤立之弊。明道已言之曰:"不得以天下万物挠己,己立后自能了当得天下万物。"在明道和易温厚,其言尚不为病。至于伊川,峻厉之气,严毅之守,足以尊师道,而亦足以招物怨。循至有洛、蜀之党争。

　　理学家精神,本在求万物一体之仁者,而其弊至于"面前路窄",有"容不得人行"之概,则亦自伊川始之也。程门诸子,率承二程之风,而多流于禅悦,亦二程之学脉则然。

　　南渡以下,挺生朱子,而宋学乃臻极盛。朱子学于延平李侗,号为得洛学正传。论其学风,则于伊川尤近。大要亦主"涵养须用敬,进学则在致知"二语,而侧重致知一边。然朱子辨析益精,推衍益详,自致知之说,进而为格物,转而为穷理。虽一本小程之意,而开展精辟,面目又变。其最著者为《大学补传》。以吾心与物理判别而言,与伊川"性即是理"之说实已迥殊。盖伊川之言致知,尚徘徊于内外心物之间,至考亭乃始断然主向外之寻索也。此又宋学一大转步也。然考亭谓:"即凡天下之物,莫不因其已知之理而益穷之,以求至乎其极。"其愿宏矣,其志伟矣,而未可以骤几也。于是又自格物穷理一转而为信古人、读古书焉,又归其要于《学》、《语》、《庸》、《孟》之四书焉。

盖朱子信心甚强，于四子书尤毕心尽力，遂以信古者为自信，镕铸众说，汇为一垆。言其气魄之远大，议论之高广，组织之圆密，不徒上掩北宋，盖自孔子以来，好古博学，殆无其比。而又能以平实浅近之涂辙，开示来学，使人日孳孳若为可几及。于是天下向风，而宋学遂达登峰造极之点。然同时学者，遂乃于考亭并致辨难，多树异同。盖一学派极盛之日，即伏其向衰之机，此已为学术史上一常例；而宋学自朱子而组织大备，亦自朱子而分裂遂显，盛衰之征，即同时见于一人之身。则尤一至可玩味之事也。其与朱树异者，以象山为最著。象山之言曰："心即理也。此心此理，不容有二。"又曰："尧舜曾读何书来？若某则不识一个字，亦须还我堂堂地做个人。"鹅湖之会，异同在此。

盖象山之说，近于明道，晦庵则近伊川。当二程时，"识"、"存"、"敬"、"义"，已成两端，而乖张未显；至是引申推极，各走一路，遂至如东西之不可合也。

外是而有陈龙川、叶水心，则骎骎乎敌国矣。龙川之评儒，曰："不着实，不适用。"曰："义利王霸，一头自如此说，一头自如彼做。说得虽甚好，做得亦不恶。"而谓："儒不足以尽成人之道。"然龙川尚仅主事功，而水心则精辨于学术。于曾子、子思、孟子皆有讥。此二人者，凡其所排击，皆中肯要，可谓宋学之净友也。然言其气魄之远大，议论之高广，组织之圆密，与夫开示之平实浅近，则并时诸贤，皆无以逾乎朱子，而宋学之一尊以定。经沧海者难为水，自是以降，理学向衰，而宋亦垂亡矣。明初学者，不出考亭范围。自阳明出，而理学之天地乃一新。阳明早岁，曾以格物致病。乃谓"物无可格，格物工夫，只在身心上做"。

故阳明言工夫，要在"事上磨炼"，而主于"诚意"。亦曰"谨独"。亦曰"立志"。其实皆求能"诚意"耳。诚意之极，即是"知行合一"。"致良知"则即是"诚意"也。故"格物"、"致知"、"诚意"三者，一以贯之。即心即理，即知即行，易简直捷，无他道也。而推其极，亦归于"以天地万物为一体"。

及阳明出，单提"致良知"一语，从行事着眼，而后"吾心"之与"外物"，"居敬"之与"穷理"，皆可以沟贯而无阂。盖明道、象山偏于内，其失也涵养持守而无进学，不免于空疏。伊川、晦庵偏于外，其失也记诵博览而无凑泊，不免于支离。惟阳明即本吾心之真诚发露，而一见之于行事，即知即行，相寻而长，乃可以超乎居敬穷理之上，而收心物兼济，内外交尽之功也。故言宋明理学者，濂溪、横渠究极宇宙万物本原一派，终不免为断港绝潢。虽朱子《格物补传》之说，汪洋恣肆，汇为大观，亦复非朝宗所极。而明道"识仁"之意，至姚江出而言"致良知"，乃然后心物兼赅，体用一源，为可以无遗憾也。故理学之有姚江，如百川之赴海，所谓不达而不止者也。姚江之学，一传而为泰州，遂有淮南格物之说，以"反己"为格物工夫。

故宋明儒者，虽一面热忱追求天地万物一体之"我"，转辞言之，特本"我"而谓之天地万物之一体在是焉。姚江言"致良知"，而泰州言"反己安身"，心斋不得不谓阳明之肖子矣，然其终失阳明之传者，亦在泰州。

于是而末流病痛，遂有不可胜言者。明之季世，东林、蕺山，于姚江流弊皆有诤救，然景逸格物之说，谓"反身即格物，心明即天理"，则犹是阳明一派。蕺山"慎独"，推本于濂溪，意在将北宋以来，程、朱、陆、王，歧教异趋，一壁打通，然亦不出居敬旧路。惟论理气心性，足破宋人义理，气质两橛之病。而较淮南格物说，若为展廓。自此又一转手，遂开清初诸儒之学。而理学风流，亦从此而歇矣。

今要以言之，则宋明六百年理学，自濂溪《太极图说》，康节《皇极经世》，横渠《正蒙》，下至阳明之"致良知"，心斋之"安身"，蕺山之"慎独"，皆不出寻求"天地万物一体"之意，惟渐寻渐细，渐求渐近，乃舍本体而专论工夫，舍外物而专重我心，乃归结于即以我心独知之独体，为天地万物一体之体焉。此则六百年理学趋势之大要也。余论先秦子学，为"阶级之觉醒"，魏晋清谈，为"个之发见"，则此六百年之理学，亦可以一语括之曰："大我之寻证"是已。……要其宗旨血脉所在，则与夫老、释者不同也。后世或专以迹涉老，释为理学家病，亦岂为知理学之真哉？

第九章　清代考证学

言清代学术者，率盛夸其经学考证。固也。然此在乾嘉以下则然耳。若夫清初诸儒，虽已启考证之渐，其学术中心，固不在是，不得以经学考证限也。盖当其时，正值国家颠覆，中原陆沉，斯民涂炭，沦于夷狄，创巨痛深，莫可控诉。一时魁儒畸士，遗民逸老，抱故国之感，坚长遯之志，心思气力，无所放泄，乃一注于学问，以寄其守先待后之想。其精神意气，自与夫乾嘉诸儒，优游于太平禄食之境者不同也。又况夫宋、明以来，相传六百年理学之空气，既已日醲日厚，使人呼吸沉浸于其中，而莫能解脱。而既病痛百出，罅漏日甚，正心诚意之辨，无救于国亡种沦之惨。则学者怵目惊心，又将何途之出，以为我安身立命之地，而期康济斯民之实？此又当时诸儒一切己之问题也。

于是而推极吾心以言博学者，有黄梨洲。辨体用，辨理气，而求致之于实功实事者，有陈乾初。不偏立宗主，左右采获以为调和者，有孙夏峰、李二曲、陆桴亭。绝口不言心性，而标"知耻博文"为学者，有顾亭林。黜阳明而复之横渠、程、朱，尊事物德行之实，以纠心知觉之虚妄者，有王船山。

并宋明六百年理学而彻底反对之者，有颜习斋。明气质之非恶，明"静""敬"之不可恃，明章句诵读之不足以为学，而要之以理学之无益于人国。而后六百年相传之理学，乃痛击无完肤。

夫学术犹果实也，成熟则烂而落，而新生之机，亦于是焉苗。清初诸儒，正值宋明理学烂败之余而苗其新生，凡此皆其萌蘖之可见者也。故梨洲、乾初尚承蕺山之绪，不失王学传统，夏峯、二曲、桴亭则折衷朱、王之间，亭林则深摈理学于不论不议之列，船山则黜明而崇宋，习斋乃并宋而斥之也。然其于六百年之理学为穷而思变则一也。言夫其所建树，则梨洲、亭林、船山、习斋四家为尤大。

船山善言玄理，独出诸儒。而学风湮沉，少所影响。梨洲尤长史学，一传而为四明万氏，再传而为鄞之全氏，所谓"浙东学术"者也。习斋论学，深斥纸墨诵读之业。然其弟子李恕谷，已不能尽守师说。而要括言之，惟在一"礼"。礼贵酌古准今，则不能不有事于考核，亦势之所必至也。恕谷至京师，与季野极相得，于是北方颜、李之学，遂与南方浙学相合。

盖梨洲本多方，其言心性者，承理学之传统。其经世致用，则为言史论政。其矫明人语录空疏之病，而以考古为根柢者，则为经学。季野不喜言心性，乃遁而穷经。其学自《明史》而外，尤长于古礼。一旦闻恕谷之说，即以穷经考礼为性命根源，宜乎其欣合而无间也。

当是时，先辈遗民经世兴复之志，既不得一施设，而言政制者渐以荒失。时独有一刘继庄为能实治其事。其言西北水利，尤为千古伟论，是以发明中国民族二千年盛衰消长之机。然言无可验，其势不长，终亦沦为绝学。而异族猜忌，文字之狱屡兴。凡及前代史实，尤触忌讳。

于是诸儒结舌，乃不敢治近史，性理之学又不可振，然后学人之心思气力，乃一进于穷经考礼之途，而乾嘉以下所谓"汉学"者以兴。故清初诸儒，博综经世多方之学，一转而为乾嘉之穷经考礼者，盖非无故而然也。时惟亭林，倡"经学即理学"之语，乃若与季野、恕谷之说合。又其学尚搜讨，铢积寸累，陋者可以自藏，于是遂受一世推崇。后人因群目以谓汉学开山。阎、胡诸人，亦同见推尊。而于当时各家学术异同离合之故，不复深考，则亦不足以语夫其递遭转变之真也。

汉学之兴，盖分二派：一自吴之苏州，一自皖之徽州。苏州之学，成于惠栋。其为学也，尊古而守家法。继先天图象之辨而言汉易，又因易而言明堂阴阳，故苏州学派多信纬术。盖其学风惟汉是尚，宜有此也。徽州之学，成于江永、戴震。江之治学自礼入。东原出而徽学遂大，一时学者多以治礼见称。皆能条理密栗，识断精审，上溯古义而断以己之律令，与苏学殊焉。而东原之学，尤为博大精深，几几乎非复考礼穷经之所能限。其著述最大者为《孟子字义疏证》一书。其大要在抨击宋儒之言理。谓其理、欲之辨，乃以意见祸天下。谓："古之言理者，就人之情欲求之，使之无疵之谓理。""通天下之情，遂天下之欲，权之而分理不爽之谓理。"人之大患在于私与蔽，故曰："人之不尽其材，患二：曰'私'曰'蔽'。""去私莫如强恕，解蔽莫如学。"而先务则重知。此戴学之大要也。自是以往，汉学遂臻于大盛。然其精神所注，卒均不脱于其所谓圣人之遗经,而惟日孳孳于故训与典章制度之间,则不徒吴派为然,虽皖派、戴学亦莫弗然也。

故戴氏弟子之传其学者,皆治字义、名物制度而不敢及于义理。而段、王小学,尤推绝业。此承东原"由声音文字以求训诂,由训诂以寻义理"之教者也。同时如焦循、阮元,皆主其说。则稍稍纵言及于义理,即戴氏"圣人理义存乎典章制度"之意也。虽吴派学者,亦不出于古训、古礼之考核。故彼辈之所谓"实事求是"者,实未能实事以求是,以考古以求是也。故吴、皖之学,推其极,终不出亭林"经学即理学"之一语,而与浙东之以文献证性命,颜、李之以习行修身心者,皆无当也。当汉学盛时,出而树反汉学之帜者,则有章实斋、方植之。实斋犹及与东原同时,正汉学全盛之日。

其所著《文史通义》,于当时汉学频为深刻之攻击。曰:"《六经》皆史也。""古人之学不遗事物,未尝离事而言理。""舍天下事物人伦日用而守六籍,不足与言道。""搜罗遗逸,襞绩补苴,不足与言学。"故学务当今而贵实用。因谓圣人学于众人,大成集于周公。而卒归宗于浙东之学,言史,言经世,言性命,言行事,言学问,一以贯之,而溯源于阳明之教。

盖戴派学者,其持论本与浙东王学相通。而其学问从入,则为亭林博雅一途。故于亭林"经学即理学"之语,终不免受其牢笼。自章氏之论出,则顾氏之说自破,而吴、皖学者考核古训、古礼之精神,亦且废然而知返也。其后今文学派继起,乃于章氏之说,时有采获焉。

盖尝论之:当两汉经学极盛之际,而有王仲任;当两宋理学极盛之际,而有叶水心;当清代汉学极盛之际,而有章实斋。三人者,其为学之径途不必同,而其反经学尚实际之意味则同。是亦足见浙学精神之一端也。方植之著《汉学商兑》,成于道光时,较章氏书为晚出。其论训诂之不得真,古制之不足追,与夫义理之不必存乎典章制度,皆亦言之有理。虽所见不能如章书之大,要亦当时汉学一有力之反响也。盖乾嘉诸儒古训,古礼之探究,其终将路穷而思变,亦观于二氏之言而可知矣。于是继吴、皖而起者,有《公羊》今文之学。

治《公羊》者,始于常州。刊落训诂名物,而专求其所谓"微言大义"者,显与皖派戴、段之徒,取径不同。盖其渊源所自,亦苏州惠氏尊古而守家法之遗,而又不甘为名物训诂,遂遁而至此也。其后以信公羊而信今文,又以信今文而疑及古文,于是汉学家之以尊古始者,乃遂以疑古终焉。至于康有为出,著《新学伪经考》,而后疑古之思,乃达于极端焉。

又为《孔子改制考》,然后清儒古训古礼、师传家法之研求,乃一转而入于创法立制、论政经世之涂焉。又为《大同书》,则其理想与今世所谓世界主义、社会主义多合符契,益复非区区经生考核之所能范围焉。

盖清自咸、同之际,洪、杨倡乱,江南荼毒,文献荡尽,学者不克复振其业。又自鸦片战后,外患迭乘,志士扼腕,思自湔祓,经世致用之念复起。而海禁既开,西学东渐,穷经考古,益不足以羁絷其智慧。康氏以今文《公羊》之说,倡为变法维新,天下靡然从风,而乾嘉朴学亦自此绝矣。训诂考证之业,固已路穷必变,而其推转之机,亦时会之有以促成之也。

时惟定海黄以周、德清俞樾、瑞安孙诒让,尚守朴学矩矱。然亦抱残守缺,弗能为风会宗矣。

今综观有清一代学术,则顾氏"经学即理学"一语,不可不谓为其主要之标的。彼辈欲于穷经考古之中,发明一切义理,其愚而无成,可弗待言。然乾嘉诸儒以下,其治学方法之精密,则实有足多者。

盖自有清儒之训诂考核,而后古书可读,诚为不可埋没之功。其学风之朴诚笃实,亦自足为后人所慕仰。然其间工诣既有高下,得失亦复互见。最其所至,实亦不过为考史之学之一部。又以限于时代,缺点尚多。发扬光大,正有待于以后之努力。要其风尚所归,略与两汉经生及隋唐注疏,翻译同其情趣。以视夫先秦、魏、晋、宋、明诸朝,直抒己见,称心而道者,则为不同道也。此则清代汉学之大较也。

第十章　最近期之学术思想

凡一时代学术思潮之变迁,其作始也简,其将毕也巨。从其后而论之,莫不有其递遭转移之迹,与夫盛衰兴替之所以然。若有大力挟之而趋,一时学者恃入乎其括,循乎其机,随逐推迁,不能自主,有不知其然而然者。顾当其未变之先,与夫方变之际,则虽有大智,亦不能测其所将届。而其可变者,固若百其途而靡已也。今将论最近期之学术思潮,则革命以还,为时不及二十年,萌蘖仅生,干体未立,固若无可为说。惟其承先启后之迹,则亦有可得而微指者。较而论之,不越两途:一则汲旧传之余波,一则兴未有之新澜。鼓荡回激,汇为一趋。此历代学术之移步换形,莫不如此,正不独最近一期为然也。言其承接旧传之部,则有诸子学之发明,龟甲文之考释,与古史之怀疑。三者,盖皆承清儒穷经考古之遗,而稍变其面目者也。清儒研治群经,于诸子即多所董理,校勘训诂,卓著成绩。

至于最近学者,转治西人哲学,反以证说古籍,而子学遂大白。最先为余杭章炳麟,以佛理及西说阐发诸子,于墨、庄、荀、韩诸家皆有创见。绩溪胡适、新会梁启超,继之,而子学遂风靡一世。群经训诂名物之琐琐,则几于熄焉。此其一也。清儒治经,首本字义,《说文》遂为必治之书。余波流衍,及于钟鼎古籀。

最近殷虚书契出,罗、王二氏为之考释,而龟甲古文之学,遂掩《说文》而上之。据此以考古礼古史,有非清儒穷经之所能到者。此又一途也。清儒以尊经崇圣,而发疑古辨伪之思,在晚近今文家而大盛。

今则百尺竿头,更进一步,去其崇圣尊经之见,而专为古史之探讨。若胡适之、顾颉刚、钱玄同诸家,虽建立未遑,而破弃陈说,驳击旧传,确有见地。此又一途也。此三者,皆已自清儒开其端,而稍变其途径以益进焉者也。然以言夫最近学术思想之轩然大波,以特异于前人者,则尚不在此。盖自前清道、咸以来,外侮日逼。当时士大夫鉴于国势之不振,已渐有求通洋务之说。其先特注意于船炮之仿造,以谓西人之胜我者,坚甲利兵则已耳。

其次则翻译格致实学。甲午败后,康、梁乃言变法,则以《公羊春秋》孔子改制之说为缘饰。戊戌政变,康、梁逃亡,志士一趋于革命,则以宋、明遗民为鼓吹。洎夫民国创建,而政象杌陧,国运依然,乃进而谋社会文化思想道德之革新,以蕲夫一切之改造;始专意为西方思想之输入。此则民五以来所谓"新文化运动"者是也。

新文化运动，倡自胡适之、陈独秀，以文学革命为旗帜，以社会道德思想一般之改进为目的，以西洋之科学与民治为趋向之标准，以实验主义的态度，为下手之方法。至于民八"五四"之学生运动，而新文化运动之趋势遂达于最高潮。自此以下，一般青年之误解新文化运动的意义，而转趋于堕落放纵的生活者，既日繁有徒，而新文化运动之自身，亦自改进社会、文化、思想、道德方面，仍转而入于政治之途。于是青年之激进者，相率加入政治革命上实际之活动，而率流于过激。其退婴者，则遯入于文艺之途，而率流于浪漫颓废。

而所谓新文化运动者，遂不得不为功成之身退矣。又当新文化运动进行方锐之际，对于本国旧有文化、思想、道德，每不免为颇当之抨击，笃旧者已不能无反感。欧战以后，彼中之自讼其短者，时亦称道东方以寄慨。由是而东西文化之争论遂起。其最先发为有力的议论者，为梁启超之《欧游心影录》，次之有梁漱溟之《东西文化及其哲学》，皆于新文化运动有补偏救弊之意。然于西方之科学、民治，则根本皆无所反对。其所谓东西文化者，亦不能有严正之区分。

盖其言论之影响于时代思潮之进程者，舍为新文化运动补偏救弊之外，亦不能有若何积极的强有力之意味也。同时稍后有《学衡杂志》，为美国"人文主义"之介绍。有张君劢、丁文江等为科学与人生观之论战，虽各引依西说，仍不脱以前东西文化争论之意义，特为其余波旁澜而已。于此而有深闳博大之思，足以鼓动全国，以开未来学术思想之新机运者，则为孙中山先生之"三民主义"。

先生本革命活动之经验，而创"行易知难"之说，又定"三民主义"以为救国之方针，其于恢复民族固有道德智识能力，以恢复民族固有之精神者，尤言之深切而著明。

盖尝论之：自清季以还，外侮日逼，国人之不自安而思变以图存者亦日切。至于最近之十余年，则凡文字、学术思想，家国社会伦常日用，无一不有急激求变之意。而独有一迟回瞻顾而不忍变者，则吾民族文化之自信是已。盖吾国自古以来，常以一族孤立，独创其文化；而外族之环我而处者，其文化程度皆下我远甚。虽亦屡受外患之侵凌，而屈于武力者，常伸于文教，曾不足以摇撼吾文化之自信于万一也。其间惟印度佛教之来，若足以与我固有文化相抗衡，而转移吾人之视听。然歆其说者，不必畏其力，犹得有从容承受消化之余地。吾族所遇劲敌，固未有若今日之甚者。彼一方盛炫其声明文物之光昌美盛，若诚有胜于吾历古相传之所自夸而自满者；而一方又肆其暴噬恶攫之能事，使吾望之而深畏焉，思之而有余憾焉，若又感其与吾历古相传之所自夸而自足者，为根本之不相人焉。于是当吾民族消沉、国家危亡之秋，徘徊瞻顾，以歆以惜。吾历古相传之文化，为吾先民之所郑重宝爱以相授受者，固犹有可以兴国而保种之效乎？抑将沉沦不复，求自存于天地之间者，惟舍此而他图乎？又彼之为我所既歆羡焉而且畏憾之者，固与吾之所固有，为若是之不同类乎？固犹有承受消化以转为吾物之地乎？凡此皆最近学者困心衡虑所日夜以讲、纷纭而争者，亦固吾全民族之所迷惘不安，朝夕在念，以求一切实之解决者也。盖凡此数十年来之以为变者，一言以蔽之，曰求"救国保重"而已。凡此数十年来之以为争者，亦一言以蔽之，曰求"救国保种"而已。其明昧得失有不同，而其归宿于救国保种之意则一也。然而有以救国保种之心，而循至于一切欲尽变其国种之故常，以谓凡吾国种之所有，皆不足以复存于天地之间者。复因此而对其国种转生不甚爱惜之念，又转而为深恶痛疾之意，而惟求一变故常以为快者。

夫至对于国种生不甚爱惜之念与深恶痛疾之意，而惟求一变以为快，则其救国保种之热忱既失，而所以为变者，亦不可问矣。"三民主义"之精神，始终在于救国，而尤以"民族主义"为之纲领。民权、民生，皆为吾中华民族而言。使民族精神既失，则民权、民生，皆无可附丽以自存。所谓民有、民治、民享者，亦惟为吾民族自身而要求，亦惟在吾民族自身之努力。舍吾中华民族自身之意识，则一切无可言者。此中山先生革命精神之所在，不可不深切认明者也。其于中山学说为透辟的发挥者，有戴季陶氏。

戴氏极言中国国民自信力之消失，人的意义与做人的根本之忘却，而谓"三民主义"之原始的目的，在于恢复民族的自信力。惟有复兴中国民族文化的自信，然后可以复兴中国之民族。亦惟中国文化之复兴，然后世界人类才能得真正的和平。

戴氏又谓今中国之乱源，静的方面，在于物质文明之不兴；动的方面，在于道德之堕落。故求达三民主义之目的，第一在恢复民族的道德，第二在努力学西洋的科学。而民族的结合，则有赖于一种意识的力量与信仰，而不能单靠理智。至于最近数年间思想知识界之成绩，只是不明确的精神、物质之争，无气力的东西洋哲学之辨，盲目的守旧，失心的趋新而已。此戴氏持论之大旨也。

要而言之，则此十七年之学术思想，有可以一言尽者曰：出于"救国保种"是已。故救国保种者，十七年学术思想之出发点，亦即十七年学术思想之归宿处也。而言夫其所争，则多有所不必争者。学固不患夫多门，而保种救国之道亦不尽于一途。舍其所以为争者而观之，则今日学问界所共趋而齐赴者，亦可以一言尽之，夫亦曰："吾民族以前之回顾与认识者为何如"，与夫"吾民族此后所希望与努力者将何如"而已。

尝试论之：皇古以还，吾民族文化真相，今犹无得而详矣。要之成周以降，则中国古代文化学术一结集综整之期也。

如风之郁而动，如食之积而消。先秦之际，诸子争兴，是为学术之始变。秦人一炬，古籍皆烬，至于汉室，国力既盈，又得为结集综整之事。至晚汉、三国、两晋以往，则又学术之一变也。隋唐盛世，上媲周、汉，则又为结集综整之期。至于十国扰攘，宋人积弱，迄于元明，则又学术之一变也。满清入主，康雍乾嘉之际，又一结集综整之期。至于今世变日亟，国难方殷，则又学术将变之候也。而其为变之兆，有已得而见者。余尝论先秦诸子为"阶级之觉醒"，魏晋清谈为"个人之发现"，宋明理学为"大我之寻证"，则自此以往，学术思想之所趋，夫亦曰"民族精神之发扬"，与"物质科学之认识"是已。此二者，盖非背道而驰、不可并进之说也。至于融通会合，发扬光大，以蔚成一时代之学风，则正有俟乎今后之努力耳。夫古人往矣，其是非得失之迹，与夫可镜可鉴之资，则昭然具在。后生可畏，来者难诬，继自今发皇蹈厉，拨荆棘，开康庄，释回增美，以跻吾民族于无疆之休，正吾历古先民灵爽之所托凭也。学术不熄，则民族不亡。凡我华胄，尚其勉旃！

五月，《儒家哲学》一文，载于《南开周刊》第一一一期。（存目）

八月，《惠施公孙龙》一书，由上海商务印书馆印行，收入商务《国学小丛书》，后经修订，一九七七年，台北东大图书公司辑入《中国学术思想史论丛》（二）出版。一九九五年，联经《全集》收入第六册。另参见二〇〇〇年兰台版《中国学术思想史论丛》（二）。兹据《全集》本摘其大要如下：

一　惠施传略

惠施，宋人，与庄子友善。《庄子·天下篇》称："其学多方，其书五车。"并指其《历物》之说："其言反人，与众不适，众惟以善辩名之。"然庄子极重施，施卒，庄子过其墓，顾叹谓从者曰："自夫子之死也，吾无可与言者矣！"其见推如此。今其书均不传；《汉书·艺文志》名家有《惠子》一篇。今亦佚。

施游梁，见白圭，说之以强，白圭无以应。施为惠王定法，示诸先生，诸先生皆善之；献诸王，王亦善之；以示翟翦，翟翦曰："善而不可行。"然王益信施。施既见亲信，而梁惠王败于齐，太子申见杀，王召施而问焉，曰："夫齐，寡人之雠也，怨之至死不忘。国虽小，吾常欲悉起兵而攻之，何如？"施对曰："不可。臣闻之，王者得度而霸者知计。今王所以告臣者，疏于度而远于计。王不如因变服折节而朝齐。"王曰："善。"乃使人报于齐，愿臣畜而朝，田婴遂内魏王而与之并朝齐侯再三。至梁惠王后元元年，梁、齐会徐州相王，惠施为主谋，遂开六国称王之局。

时惠施既相梁，梁王请令周太史，更著其名，比于管仲，名曰仲父。尝令施之楚，令犀首之齐，施因令人先之楚言曰："魏王令二子者出，将以测交也。"楚王闻之，郊迎施。施又为韩、魏交，令太子鸣质于齐。

其后张仪至梁，欲以秦、韩与魏之势伐齐、荆，而惠施欲以齐、荆偃兵。群臣左右，皆为张仪言。王果听张仪，施见逐之楚，楚王受之。冯郝曰："逐惠子者，张仪也；今王受之，是欺仪也。宋王之贤惠子，天下莫不知，王不如奉惠子而纳之宋！"楚王曰："善！"乃奉施而纳之宋。时梁惠王后元十三年也。遂与庄子交游。

及惠王薨子襄王立，张仪去，惠施重至魏。其明年，五国伐秦，不胜，魏欲和，使施至楚。其后四年，当魏襄王之五年，齐破燕，楚、魏憎之，施复与淖滑使至赵。时田需贵于王，施告之曰："必善左右！今子虽自树于王，而欲去子者众，则子必危矣！"是后施遂卒，不复见。

论曰：惠施虽笃学，其政事亦可观，能行其意。相惠王，主亲齐，楚以偃兵，梁惠晚节，多赖匡辅。王亦排众议而信施，不可谓非贤王也。卒听张仪，君臣隙末，惜哉！时宋偃王行仁义，重好惠施，顾施不安于宋，其殆如孟轲之于滕君耶？观施之告田需，知其忧魏者深矣。要为异于三晋权诈之士也。史迁既不详其事，后人于施多讥评，余故列表其志节焉。至其论学之意，余当别著，兹不论。

二　惠施历物

《庄子·天下篇》称惠施多方，其书五车，今皆不可见。所传惟历物之意，惠施自以为大，观于天下，以晓辩者，辩者相与乐之。则知历物之意者，实惠施学说之结晶，而影响于当时之思想界者甚大。尝鼎一脔，亦足以见惠施学说之大意也。其言曰：（略）

近人章炳麟、胡适，先后为之解义。余兹所论，较之二氏，不无异同，学者自为比观可也。大抵历物要旨，在明天地一体，以树泛爱之义。至其文理，当如下解：

> "至大无外，谓之'大'；至小无内，谓之'小一'。无厚不可积也，其大千里。天与地卑，山与泽平。"

此言"宇"（四方上下曰宇）。凡立形占位者皆有外，亦莫匪有内。举凡有外者而谓之"一"，则无外矣；无外是至大也。举凡有内者而谓之"一"，则无内矣；无内是至小也。是何物耶？曰"宇"。"宇"者统凡立形占位者而一言之也。凡形位之有外，必为形位，则亦宇也，故宇无外；其于内也亦然。故宇一也，而至大焉，而至小焉，至大至小亦一也。

统凡立形占位者而名之曰"宇"，而宇无形位。（庄子曰："有实而无乎处者，宇也。"）无形位故无厚不可积。宇无厚，故天与地等卑，山与泽齐平，自宇而言之也。山之于泽至高，天之于地至远，而曰"无厚"，此至大为至小也；不可积而大千里，此至小为至大也。直所从言之异也。

"日方中方睨，物方生方死。"

此言"宙"（古往今来曰宙）。凡言变，不能一时，必兼古今。一时之变，方至于今，而所至即已古矣。故中睨死生，异变而同时。统凡成变占时者而一言之曰"宙"，宙合凡有方既为无方既，犹宇合凡有内外为无内外。故自宙言之无时变。（庄子："有长而无乎本剽者，宙也。"）无时，故死生中睨同变。无变，故死生中睨同时。此亦所从言之异也。

"大同而与小同异"，此之谓"小同异"；万物毕同毕异，此之谓"大同异"。

此言"物"（物兼事言）。事同有时变，物同有形位。时变同有古今，形位同有内外，此为小同；有古今内外故有异，此为小异。宇徙为宙，宙化为宇。一久而分万所，故见宇。一所而异万久，故见宙。无所则无久，无久则无所，故宇宙一体而不可析。析之者，乃世之言思然也。故宇之与宙也实同，特所从言之异也。宇宙现象，一连续比较而已。连续故见有事，比较故见有物。自一物之连续而总言之曰"事"，自一事之比较而析言之曰"物"。物无非事，事无非物，故事之与物也实同，特所从言之异也。事与宙皆言其时变，物与宇皆言其形位。舍宇宙无事物，舍事物无宇宙。故事物之与宇宙亦同。同无内外，同无古今，是谓"毕同"。析其毕同者而有宇宙事物之异；析其宇宙事物而有古今内外之异。古今内外之间，又各自有其古今内外之异焉。循此而至于"毕异"，此之谓"大同异"。是亦所从言之异也。至此而宇宙事物之体明矣。

以上三节历说物之本体也。

"南方无穷而有穷。"

此承"无内外"言。"南""北"自位而言。在我谓之南，在彼不谓之南，彼自别有其南也。各自有其南，则南为无穷；各不自以谓南，则南为有穷。

"今日适越而昔来。"

此承"无古今"言。"今""昔"自时而言。方我适越，则曰今日；及其抵越，乃云昔来。

"连环可解也。"

此承"无古今"言。夫时无起迄，无方既，是连环也。析而言之曰"今世"，则一世为今。更精而析之曰"今岁、今月、今日"，则岁月日为今，均有起迄有方既。惟所言以谓之"今"，是连环可解也。此犹言地域之无穷而有穷也。

"我知天下之中央，燕之北越之南是也。"

此承"无内外"言。中无定位，居燕之北者，不自以为北，而以燕为南焉，彼则自以为中也。居越之南者，不自以为南，而以越为北，彼亦自以为中也。中之无定位，犹今之无定时也。

以上一节四句，历说物之变相也。

"泛爱万物，天地一体也。"

此立论正旨。事物异同，皆由名言。既知天地一体，故当泛爱万物也。

以上一节两句，历说应物正道也。

三　惠学钩沉

"流落人间者，泰山一毫芒"，"惠施多方，其书五车"，今可得而征者，惟《历物》十句，则亦惠氏一毫芒也。余读《庄周》、《吕览》，惠氏之遗文佚事，往往有见。既为之作传略，复比论其学术条贯，俾研惠学者，资豹窥焉。

（一）曰尚用

惠子墨徒也，墨学主用，惠子亦然。《庄子·外物》惠子谓庄子曰："子言无用。"惠之不满于庄者，曰其无用，则惠子论学之主用可知。然惠子好辩，人之论惠子，亦常以其文辩无用讥之。

（二）曰重功

孟子有志功之辨（《滕文公下》彭更问一节），凡尚用者率重功。

（三）曰勤力

尚用重功，则不得不勤力。墨子道："日夜不休，以自苦为极，曰：不能如此，非禹之道也。"（《庄子·天下篇》）惠施亦然。惟墨翟苦行，施则深思，此其异。惠子之"外神劳精"，犹夫墨子之"摩顶放踵"也。此墨、惠之同风也。

（四）曰明权

尚用重功，不徒勤于力，又将明于权。墨家屡言之，曰："利之中取大，害之中取小。"（《墨子·大取篇》）匡章谓惠子曰："公之学去尊，今又王齐，何也?"惠子曰："今王齐，寿黔首之命，免民之死，何为不为?"（《吕氏·爱类》）此惠子用权之大者。

（五）曰本爱

凡所为尚用重功勤力而明权，皆有所本，曰本之于爱。墨翟唱兼爱之说，惠施亦曰"泛爱万物"焉。

（六）曰去尊

墨家之爱无差等，惠施亦曰"天地一体，故主平等而去尊。"

（七）曰偃兵

主兼爱，因及非攻寝兵，又墨、惠之所同。

（八）曰辨物

墨、惠之学有其同，亦有其异。本于爱而主尚用重功，而言非攻寝兵，其同也。其论所以有爱则异。墨本天志，而惠则辨物。故曰："泛爱万物，天地一体也。"其所以泛爱万物，由于天地本属一体。此惠施持论所以异于墨翟，亦惠施学说特创之点，最为其精神之所在也。

《庄子·天下篇》:"惠施历物之意,以此为大,观于天下而晓辩者。南方有倚人曰黄缭,问天地所以不坠不陷风雨雷霆之故,惠施不辞而应,不虑而对,奇为万物说,说而不休,多而无已。"

历物之意,已具别释,至其"偏为万物说"者,今已不可见。盖尝论之,古之持论者,或本于天帝,或溯之古圣贤王,或内反之于己心,或以时王政令法度为断,或归之于群事。至寻诸自然,索诸物理,则孔、墨、李克、吴起、孟轲、宋钘、许行、陈仲之徒所未道,其风实始于惠氏,而庄周则同时之闻风兴起者也。

《庄子·秋水》:"庄子与惠子游于濠梁之上,庄子曰:'鯈鱼出游从容,鱼之乐也。'惠子曰:'子非鱼,安知鱼之乐?'庄子曰:'子非我,安知我不知鱼之乐?'惠子曰:'我非子,固不知子矣。子固非鱼也,子之不知鱼之乐全矣。'庄子曰:'请循其本'。子曰'汝安知鱼乐'云者,既已知我知之而问我,我知之濠上也。"

濠梁之辩,千古胜话,虽二贤闲游,机锋偶凑,非关理要,而即此推寻,亦有可得而论者。惠别物以辨异,庄即心以会通,此二子之殊也。惠子思深刻镂,文理密察,正与其平日持论大类。而庄则活泼天机,荒唐曼衍,无畔岸,无町畦,亦其大体然也。今观庄周书,皆极论万物,天地山泽,鲲鹏蜩鸠,樗栎大椿,瓦砾矢溺,莫不因物以为说,本物以见旨,以惠氏历物之风也。惟庄主无情,惠主有情;庄主不益生,惠主益生。故惠承墨家之遗绪,庄开老聃之先声。同为自然物论之大宗,创一时风气,辟积古拘囿,岂不豪杰之士哉!

(九) 曰正名

辨于物,则知名相之繁赜,而言思之不精,于是而主正名。此亦惠学之本干,所由成其一家言者也。《庄子·齐物论》:"惠子之据梧,以坚白之昧终。"《德充符》:"天选子之形,子以坚白鸣。"坚白之辨,惠施唱之,而公孙龙之徒承之。

（十）曰善譬

惠施论泛爱，去尊、偃兵，此承乎前以为统者也。其辨物、正名，此建乎己以成家者也"辨物""正名"为其体，而"善譬"为之用。

《说苑·善说篇》："客谓梁王曰：'惠子言事善譬，使无譬，则不能言矣。'王因谓惠子曰：'愿先生言事直言无譬也。'惠子曰：'今有不知弹者，告之曰弹之状如弹，则喻乎？'曰：'未也。'曰：'弹之状如弓，以竹为弦，则知乎？'曰：'知矣。'惠子曰：'夫说者固以所知喻其所不知而使人知之，王曰无譬，则不可矣。'王曰：'善。'"

凡辩者所论，皆有所譬。惠氏一家之学，具兹十事，虽不能备，固当粗见涯略耳。

四　公孙龙传略

公孙龙，赵人，或云魏人，又云字子秉，未详其信否。燕昭王二十八年，既破齐，而公孙龙游燕，说昭王以偃兵，王无以应。

龙既不得志于燕而返赵，赵惠王问曰："寡人事偃兵十余年矣，而不成，兵不可偃乎？"龙对曰："偃兵之意，兼爱天下之心也；兼爱天下，不可以虚名为也，必有其实。今蔺、离石入秦，而王缟素布总；东攻齐得城，而王加膳置酒；是非兼爱之心也。此偃兵之所以不成也。"

时平原君为相，好士。龙客平原君所，平原君加敬礼。其后秦围邯郸，虞卿欲以信陵君之存邯郸为平原君请封。公孙龙闻之，夜驾见平原君曰："今信陵君存邯郸，而君请封，是亲戚受城而国人计功也，此甚不可。"平原君曰："诺。"遂不听虞卿之言。而益厚待公孙龙。

龙有口善辩，持白马非马之论。鲁人孔穿适赵，与龙会平原君家，穿曰："素闻先生高谊，愿为弟子久，但不取以白马非马耳。请去此术，穿则请为弟子。"龙曰："先生之言悖。龙之学正以白马非马，去之则无以教。夫学于龙者，以智与学不逮也。今教龙去白马非马，是先教也。"孔穿又与公孙龙论于平原君所，深辩至于臧三耳。

及齐使邹衍过赵，平原君见公孙龙，及其徒綦母子之属，论白马非马之辩，以问邹子。邹子曰："不可！彼天下之辩，有五胜三至，而辞正为下。辩者，别殊类使不相害，序异端使不相乱，抒意通指，明其所谓，使人与知焉。不务相迷也。故胜者不失其所守，不胜者得其所求，若是故辩可为也。及至烦文以相假，饰辞以相悖。巧譬以相移，引人声使不得及其意，如此害大道。"坐皆称善（见《史记·平原君列传·集解》引刘向《别录》），公孙龙由是见绌。

又传公孙龙见魏王，告以七说，曰："有意不心，有指不至，有物不尽、有影不移，发引千钧，白马非马，孤犊未尝有母。"（见《列子·仲尼篇》，未审所据。）一时怪之，不能明其指意之所在也。

龙著书十四篇（见《汉书·艺文志·名家》）至唐时而残，今存《白马》、《指物》、《通变》、《坚白》、《名实》凡五篇。篇首有《迹府》一篇，疑非原书也。其论似惠施，与《墨经》相出入，盖亦源自兼爱之旨，为墨学旁枝，余当别论其意，兹不著。

论曰：公孙龙说燕、赵以偃兵，谏平原君以让封，谅哉其为乐道慕义之君子也。龙之恂恂退让，不溺仕宦，而笃志于文学，可谓贤士矣。至其持论精微，世俗不深晓，多致讥评。未足为龙损也。邹衍骋怪迂之辩，燕、齐遂有神仙方士、人主方醉心，过赵而龙遂见黜；一进一退之间，岂不宜也哉！后人于此，可以觇当时学术兴衰之机矣。

五 《公孙龙子》新解

序

《汉书·艺文志》名家《公孙龙子》十四篇、《隋志》、《群书治要》、《意林》皆不录。《旧唐志》三卷。又一卷，陈嗣古注；又一卷，贾大隐注。通志一卷，亡八篇。今《道藏》本上、中、下三卷，与《唐志》同，凡六篇。则《唐志》所称三卷，殆亦止六篇，与《通志》一卷亡八篇者，篇数正合。今传本亦六篇，当即唐以来旧本。而考首篇《迹府》，与下五篇文字不类，殆前人所为序言，而后人误列为本书；则龙书之传而可信者，实仅五篇。又考扬雄《法言》，称"公孙龙诡辞数万"（《吾子》）今传五篇文字，仅得二千言；则龙书之传者，真无几也。龙在战国晚世，以雄辩耸动天下，故《庄子》书称"儒、墨、杨、秉四，与惠施而五"，秉即龙字也。荀子著书，亦屡引其言，以致驳诘。足证其在当时为学派一大宗矣。因为别作《新解》、正其字句之讹，贯其义解之理，虽不能复睹龙书之全，而即此求之，亦可以见其为学持论之大概矣。

白马论

"'白马非马'，可乎？"曰："可。"曰："何哉？"曰："马者所以命形也；白者所以命色也；命色者非命形也。故曰'白马非马'。"曰："有白马，不可谓无马也；不可谓无马者非马也（古也、邪通用）？有白马为有马，白之非马何也？"曰："求马，黄黑马皆可致。求白马，黄黑马不可致。使白马乃马也，是所求一也。所求一者，白者不异马也。所求不异，如黄黑马有可有不可，何也？可与不可，其相非明。故黄黑马一也，而可以应有马，而不可以应有白马。是白马之非马审矣。"

今按："白者不异马"，乃据常识言之。下文"白者非马"，乃公孙龙离白于马之论也。离白于马，因离白马于马，又离坚白，使一切离而止于独，此名家正名之旨也。

曰："以马之有色为非马，天下非有无色之马也，天下无马可乎？"曰："马固有色，故有白马。使马无色，有马而已耳，安取白马？故白者非马也。白马者，马与白也。马与白（马），'非马'也。故曰白马非马也。"

今按：吾友屠君正叔谓此处疑有脱文。应作"白马者，马与白也。马与白，非马也。故曰白马非马也。"意谓"命形"之马加"命色"之白，不得复以马称，犹之一加一不得复为一也。今从之。常识谓白属于马，故马可以包白马，公孙龙则谓马命形，白命色，各有所主，不相属，故曰"马与白"，乃马形之外更增白色，非单举马形所可范围，故曰"马与白非马"。马与白非马，故曰"白马非马"。

曰："马未与白为马，白未与马为白，合马与白复名白马，是相与以不相与为名，未可。故曰'白马非马'未可。"

今按：难者据常识立论，白属于马，则"马""白"相与为一。公孙龙离白于马，谓马形白色，各成其一，则马之与白不相与而为二。今只一实（马），而云是两名（白马，即白与马），是相与以不相与为名也。

曰："有白马不可谓（无）（有）马者，离白之谓也。是离者，有白马不可谓有马也，故所以为有马者，独以马为有马耳，非有白马为有马。故其为有马也，不可以谓马马也。"

今按：此乃公孙龙离白于马者持之，"离者"之称，即指公孙龙持离坚白之论也。难者谓诚如"离者"之论，独以马为有马，有白马即非有马，然则有黄黑马亦非有马，而天下无无色之马，则"离者"之称有马，其实不可以称于任何一马。故曰："其为有马也，不可以谓马马也。"马马连称，即任何一马之意，犹人人即任何一人之意也。

指物论
物莫非指，而指非指。

今按"物"者实体，"指"者名相。今有一物，抚之则坚，视之则白，名之曰石，坚、白、石皆即指也。离坚白无石，离名相无体，故曰："物莫非指。""指"对"物"而言，名相以指对实体而言。苟无实体，则名相所指对者应是无所指对，故曰："而指非指。"

"天下无指，物无可以谓物，非指者天下无（原文'而'误）物，可谓指乎？"

今按："指""物"对待之名。无名相则无以喻物，无物亦无名相可立也。"天下而物"当作"天下无物"，字之误也。

"指也者，天下之所无也；物也者，天下之所有也；以天下之所有为天下之所无，未可。"

今按：此乃难者之辞。据常识立论，物乃实有，故曰："天下之所有"。名相虚立，故曰："天下之所无"。今曰："物莫非指"，是以有为无，故不可也。

"天下无指，而物不可谓指也；不可谓指者非指也？非指者，物莫非指也。"

今按：此为公孙答辞。常识认物乃实体，非名相，不悟即此物非名相一语，已落名相矣。故据物非指之论，便可断言物莫非指。

"天下无指者，生于物之各有名，不为指也。不为指而谓之指，是无（原文'兼'，误）不为指。以有不为指之无不为指，未可。"

今按：此又难者之辞。其意谓我所谓天下无指者，如石有坚白之名，坚白自属于石体，不得谓石以外有与石对立之坚白，即不得为有与实体对立之名相也。故曰"物之各有名不为指"也。今以坚白为与石对立，以名相为实体对立，而称之曰指，则"不为指而谓之指"，天下且无不为指也。

"且指者，天下之所兼。天下无指者，物不可谓无指也。不可谓无指者，非有非指也。非有非指者，物莫非指。"

今按：此谓指既为天下之所兼，自不专属于一物，不得谓生于物之各有其名也。此又公孙答辞。谓"指"乃凡物之所兼，非物物所各有。

舍物而言，固不可谓天下有离物之相。就物言之，亦不可谓天下有无相之物。夫何故？以所见一切世间物非有非相故。非有非相，故曰："物莫非指。"

通变论

曰："二有一乎？"曰："二无一。"

"二"者，共名类名也；"一"则别名私名也。自名学言之，名有"外举"、"内函"二义。外举弥少，内函弥多；外举弥增，内涵弥减。故一类之通德，不能包各别之特撰。如云元素，其意义仅指不可分析之物质，而于金属善导电热及激光反射等，均非所及。故曰"二无一"也。

曰："二有右乎？"曰："二无右。"曰："二有左乎？"曰："二无左。"

右即一也、左亦一也。如元素一名，虽包括金属及氢氧砒磷之类，然既不具金属之特性，亦不备氢氧砒磷之专德，故曰："二无右，又无左也。"

曰："右可谓二乎？"曰："不可。"曰："左可谓二乎？"曰："不可。"

一物之私名，与一族之别名，皆不能包括一类之公名。故白马不可以谓马，右与左均不可谓二也。

曰："左与右可谓二乎？"曰："可。"

《墨子·经说下》云："牛不二，马不二，而牛马二。则牛不非牛、马不非马，而牛马非牛非马无难。"彼云牛马，即此谓左右也。左不可谓二，右不可谓二，而左与右可谓二者，即"牛不二马不二而牛马二"之说也。

曰："谓变非（原文非下有'不'，疑衍文，今删）变，可乎？"曰："可。"

今按：《墨子·经说下》云："偏去莫加少，说在故。"《说》云："偏，俱一无变。"如手足合称曰四肢，四肢分名为手足，无论合称之与分名，而于手足之属性无变也。

曰："右有与，可谓变乎？"曰："可。"曰："变奚（原作'只'无义，疑'奚'之误，今改）？"曰："右。"

今按：右与左合而称二，是右之变也。然右之为右自若，故曰："变非变。"如合手足而称四肢，而手足之为手足自若也。

曰："右苟变，安可谓右？苟不变，安可谓变？"曰："二苟无左又无右，二者左与右。"

此如生物一名，乃合动物植物两名而成。苟无植物，即不必有动物之目。故曰："二苟无左又无右，二者左与右"也。

曰："羊与牛惟（与'虽'通）异，羊有齿，牛无齿，而牛之非羊也，羊之非牛也（此两句原作'而羊之非羊也，牛之非牛也'，失义，今改），未可，是不俱有而或类焉。羊有角，牛有角，牛之而羊也，羊之而牛也，未可，是俱有而类之不同也。"

今按：羊牛俱有齿，据《墨经》亦谓牛有齿，此云"羊有齿牛无齿"等，特假借言之，大意谓俱有者不必为类，如鲸有鳍，蛇有鳞，皆不与鱼为类是也。凡以明所取以为分类之异同者，多变而不可拘也。

"羊牛有角,马无角;马有尾,羊牛无尾;故曰:'羊合牛非马'也。非马者,无马也。无马者,羊不二,牛不二,而羊牛二。是而羊而牛非马可也。若举而以是,犹类之不同。若左右,犹是举。"

今按:羊牛有尾,人尽知晓,此云无尾者,亦犹上节云牛无齿,同为借设之辞,未可泥看。故虽牛有角,羊有角,本不必即以此为类。但自"马"之一观念言之,则牛羊皆以有角异于马,斯牛羊为类也。牛有角,马无角,而牛马亦不必不为类。故曰:"犹类之不同。"言辨物异同之本乎分类也。所谓"左""右"者,如牛羊之同为非马,石室木屋之同为非砖造耳。故曰:"若左右,犹是举。"

"牛羊有毛,鸡有足。谓鸡足一,数足二,二而一故三。谓牛羊足一,数足四,四而一故五。故曰:'牛合羊非鸡。'非有以非鸡也。"

今按:牛与羊均四足,人见牛羊之足,自感其为类。鸡二足,人见鸡足,自感其与牛羊之足为不类。故鸡足为一感,其数二为又一感;牛羊之足为一感,其数四为又一感。故曰:"牛羊足五,鸡足三"也。谓牛羊有毛,则鸡亦有羽;谓牛羊有足,则鸡亦有足。虽以牛羊足五鸡足三不必为类,然亦未有以见牛羊与鸡之果为不类也,故曰:"非有以非鸡。"

坚白论

"坚白石三,可乎?"曰:"不可。"曰:"二,可乎?"曰:"可。"曰:"何哉?"曰:"无坚得白,其举也二;无白得坚,其举也二。"

今按:常识谓石乃本体而包白色坚质,则是三也。公孙龙倡惟象之论,名相实体,泯而为一,名相之外,别无所谓本体。石也,白也,坚也,皆意象也,皆名相也。视之见白,名之为石。抚之得坚,亦名之为石。就名相言,均之二也。故曰:"其举也二。"

曰："得其所白，不可谓无白；得其所坚，不可谓无坚；而之石也之于然也，非三也（读为'邪'）？"

今按：此难者据常识，谓坚白实有其物存于石体，故云然也。

曰："视不得其所坚而得其所白者，无坚也；拊不得其所白而得其所坚者（原文无'者'据文意今增）无白也（原文'无'字上有'得其坚也'四字，疑衍，今删）。"

今按：公孙龙似不认意象外别有存在，名相以外别有实体，故云然。此可谓之"唯名论"。

曰："物白焉不定其所白，物坚焉不定其所坚，不定者兼，恶乎其石也？"

今按：公孙龙唱名相独立之论，主惟象之义。白只是白，不定为何物之白，坚只是坚，不定为何物之坚，乌得为石有坚白？则仍是"一二不相盈"也。

又按："不定者兼"。《指物论》云："指者，天下之所兼"，是"兼"即指也。白可以指石，亦可以指马；坚可以指石，亦可以指金，故曰"不定"。坚白之不定，即离乎物而有坚白也，故曰："恶乎其石？"

曰："循石。非彼无石，非石无所取乎白，坚白不相离（原文'石不相离'无义，今改）者，固乎，然其无已。"

今按："循石"者，犹庄周、惠施辩于濠梁之上而曰"请循其本"也。公孙龙谓坚白乃不定之兼，而难者请循石而论，谓非坚白诚无石，然非石则亦无所取乎坚白也。

曰:"目不能坚,手不能白,不可谓无坚,不可谓无白。其异任也。其无以代也。坚白域于石,恶乎离?"

今按:难者仍谓白色坚质,同一石体,不能以吾人感官之异能而谓坚白之不同域也。

曰:"坚未与石为坚而物兼,未与为坚而坚必坚,其不坚石物而坚,天下未有若坚而坚藏。"

今按:"物莫非指",即"不坚石物而坚"矣。"而指非指",即"天下未有若坚而坚藏"也。

"石其无有,恶取坚白石乎?故离也。离也者因是。力与知果不若因是。"

今按:坚乃自坚,白乃自白坚白,不域乎石,则石乃无有矣。石既无有,更何取于坚白之石哉?坚白既不域乎石,则坚白固可离也。"因是"者,因其当前之经验,拊坚则谓之坚,视白则谓之白,如是以来者亦因是以往,一本乎自然之符。若是者,虽有大力知巧果敢,所不若也。

离也者,天下故独而正。

今按:内离"能知",外离"所知",惟存一"知",故曰"独"也。"正"者,彼彼止于彼,此此止于此,泯内外,绝前后,如是而来者,因是而止也。

名实论

"天地与其所产焉,物也。物以物其所物,而不过焉,实也。实以实其所实,不旷焉,位也。出其所位,非位;位其所位焉,正也。以其所正,正其所不正。(以其所不正),疑其所正。"

今按：名家中公孙龙一派持论，重"止"不重"推"，故曰："言多方殊类。"彼举其然以为推，则我举其不然者以为正。正即止也，然后可使位其所位而不过，此最正名之精义也。常识抚石之坚则联想及于其白、视石之白则推论及于其坚。又以名相而推及于本体，以一马而泛同于马马。名家皆举其不然者而正之。故当时讥之曰："以反人为实，而以胜人为名。"（见《庄子·天下篇》）以其好举人之不然者也。

"其正者，正其所实也。正其所实者，正其名也。"

今按：物莫非指，故正其所实即是正其名。

"其名正，则惟乎其彼此焉。谓彼而彼不惟乎彼，则彼谓不行；谓此而此不惟乎此，则此谓不行。其以当不当也，不当而当（原文无，疑传写脱误，据下文'以当而当'补），乱也。"

今按：《墨经·说上》："是名也，止于是实也。"又《墨经上》："彼不可两也。"皆惟乎其彼此也。即彼惟乎彼，此惟乎此也。

"故彼彼当乎彼，则惟乎彼，其谓行彼；此此当乎此，则惟乎此。其惟行此。其以当而当也。以当而当，正也。"

今按：《墨经下》："正，类以行之。"又《经上》："正，因以别道。"道即行也，与此处"其谓行彼"之"行"同义。类与别，即此处所谓彼此也。此一称谓行乎此，彼一称谓行乎彼，即《庄子·齐物论》所为之"两行"。

"故彼彼止于彼，此此止于此，可。彼此而彼且此，此彼而此且彼，不可。"

今按：此谓正名惟在别其彼此。彼止于彼，此止于此，则名正而可。若名之彼此，而彼且此焉，此且彼焉，则不正而不可也。

"夫名，实谓也。知此之非此也，知此之不在此也，则（原文作'明'疑误，依下文'则不谓也'改）不谓也。知彼之非彼也，知彼之不在彼也，则不谓也。"

今按：《墨子·经说上》："所以谓，名也；所谓，实也。"小取篇："以名举实。"此"名实谓也"之义。"名""实"即犹"指""物"也。

"至矣哉！古之明王。审其名实，慎其所谓。至矣哉！古之明王。"

今按：龙之五论，归极于正名。正名之意，归极于古之明王。法家循名责实，儒家曰："必也正名乎！"《大学》以修、齐、治、平本之于"格物"；"格物"者，亦犹"物以物其所物而不过焉"者也。故曰："知止而后有定。""为人父，止于慈；为人子，止于孝"。儒家言"止于善"，即犹名家之言"正名"矣。《大学》又曰："自天子至于庶人，一是皆以修身为本。"此犹公孙龙所谓"离则天下独而正"也。《大学》出周末秦初，岂其书亦有取于公孙龙之旨欤？后世儒者，尊大学为入德之门，而斥公孙以诡辩，然双方思想实有相涉，不可诬也。

迹府　附
今按："迹"与"并"同。"府"者"聚"也，言其事迹具此也。

"公孙龙，六国时辩士也；疾名实之散乱，因资材之所长，为守白之论，假物取譬，以守白辩。"

今按："守白"一辞，既不见于公孙书中，亦不为同时他家称引，当为造此迹府文者杜撰无疑。《迹府篇》载孔穿与公孙辩难，又见《孔丛子》。《迹府》作者或尚在《孔丛》伪书之后，固可出魏晋以下也。

"龙与孔穿会赵平原君家。"

按：孔穿与公孙龙相辩于平原君家，其事又见《吕氏春秋·淫辞篇》，殆为先秦故实。考其年时，当在公孙龙与邹衍相辩之前，详余著《先秦诸子系年》。其文盖袭取《孔丛》以及《吕氏春秋》，前后重复，冗沓无章。兹略。

六　公孙龙七说

《列子·仲尼篇》载公孙龙告魏王七说：（一）有意不心。（二）有指不至。（三）有物不尽。（四）有影不移。（五）发引千钧。（六）白马非马。（七）孤犊未尝有母。

今按：《列子》伪书，未可信，而此引七说，则陈义精卓，堪与今传公孙龙"五论"之旨相发，殆非后人所能伪。又其先后排列，皆有次第，可与惠施《历物》十句同为二人学说概括之说明；伪为《列子》书者，盖有所袭取之也。其魏牟解义，如"无意则心同"，"无指则皆至""尽物者常有"，及"孤犊未尝有母，非孤犊也"四条，仅随文转语，未有确解。"影不移，说在改也"则取之《墨经》，"白马非马，形名离也"则取之于《公孙龙子》之《白马论》（"形名离也"疑系"形色离也"之讹，观注引《白马论》语自见）；而发引千钧，势至等也，一条，实为袭取《墨经》而误其义。此亦伪为《列子》书者，自以己意解之，以足成其文耳，未足与语公孙龙学说之大体也。余故为新释，发明其意，俾可与"五论"大旨相关贯焉。

（一）有意不心

此从内心言。英人穆勒约翰云"凡吾心之所觉者，皆意也。""意者，心之觉，而非心之本体。人心于物，所谓知者，尽于觉意。至其本体，本无所知，亦无由知。心之本体，固亦物也。故虽为吾心，而吾之所知，不逾此绵绵若存之觉意。至于能思能感之内主者，则固不可思议也。"（严译穆勒《名学》部甲）公孙龙谓惟有觉意，更无心体，故曰："有意不心"也。

（二）有指不至

此从外物言。公孙龙谓惟有表象，更无质体，故曰："物莫非指"；既无质体，则表象无所指，故曰"有指不至"也。

上两条，从心物两面逼拶说来。见物体不可知，惟有表象；心体不可知，惟有觉意。而觉意之与表象，则同于一名。如坚之与白，谓之吾心之意觉也可，谓之外物之表象也无不可。然果何如而始为心与物乎？则天地万象，惟尽于名也。

（三）有物不尽

此从空间之排列言。今依常识，确指外物而言，则一马尽于一马之体，一石尽于一石之体，无所谓"有物不尽"也。然若本心之意象而论则不然。在物之象，即在心之感。感必有所离，斯象不能尽。而凡属物名，皆本感象，故曰"有物不尽"也。

（四）有影不移

此从空间之连续言。前影方灭，后影方生，人多认后影为前影。新吾与故吾异，而人谓之吾。名相不足以符大化，故白马之谓白，白石亦谓之白。坚石谓之坚。而不知白与白相离，坚与坚不相域，则天下且无坚白，乌取坚白之石哉？

然则凡所谓指德表象云者，实皆取异地异时相异之觉而赋之以同名耳，故"有影不移"，而"影"之名则移也。

（五）发引千钧

此承"有影不移"言，仍从"时间先后"以阐发"正名"之旨也。夫一发至脆也，千钧至重也，一发引千钧必绝。然引一时也，绝又一时也，不引则不绝矣。俗见发绝，为发不能引千钧，而不知先引而后有绝也。此公孙龙从时间一面细为分析，以见"名"之当"离"不当混也。

（六）白马非马

此承"有物不尽"言，仍从"空间之异同"以阐发"正名"之旨也。常人必谓白马乃马者，系确指外物一马而言，则白马固不能谓之非马，今公孙龙本其唯名之旨，不据外物实体立论，而从吾心感象发议，则白马乃非马矣。"马"象之外，又增"白"象，故曰"白马非马"也。此公孙龙从空间一面细为分析，以见"名"之当"离"不当混也。

上两条仍从时空两面逼拶而来，以一再阐明"正名"之义也。

（七）孤犊未尝有母

今按此七说之结论，"正名"之总归也。上释六句，约得二义：（1）心物本体不可说，可说者惟表象意觉。（2）名代表表象意觉，表象意觉则常变，故正名功夫当求分析以离而止于独。

此则"名"之分析之极例也。若确据外物言，此犊今虽无母，往日必曾有母可知。此在名学，谓之缺憾之名。同时而涵二德，一曰本有，一曰今无。而公孙龙则据名而论，谓既称孤犊，即未有母，方其有母，不称孤犊也。故苟曰孤犊，即是未尝有母矣。此公孙龙"正名"之例也。故惠施《历物》，着眼在大一小一，毕同毕异，而归宿于泛爱万物天地一体之论。公孙龙"七说"，主辨在心物感象，而归宿于正名审实各止其所之旨。则惠施显然犹是墨家面目，而公孙龙则离而渐远，乃纯粹为名学之讨究矣。要其渊源所自，同出墨派，则为不可诬耳。

七 辩者言

《庄子·天下篇》载辩者言二十一事，谓辩者以此与惠施相应，又称桓团、公孙龙辩者之徒。则此二十一事者，固施、龙学说之支流与裔也。余既论施、龙学说大意，因并释二十一事备参证焉。二十一事者：（1）卵有毛。（2）鸡三足。（3）郢有天下。（4）犬可以为羊。（5）马有卵。（6）丁子有尾。（7）火不热。（8）山出口。（9）轮不辗地。（10）目不见。（11）指不至，至不绝。（12）龟长于蛇。（13）矩不方，规不可以为圆。（14）凿不围枘。（15）飞鸟之影未尝动也。（16）镞矢之疾，而有不行不止之时。（17）狗非犬。（18）黄马骊牛三。（19）白狗黑。（20）孤驹未尝有母。（21）一尺之棰，日取其半，万世不竭。

余论施、龙学说，不越下列四端，而此二十一事，胥得分附以资证论。

（一）天地事物，可以析至毕异之小一。

（二）天地事物，可以总为毕同之大一。

此惠施《历物》十句所以证明其天地一体之说者也；

（三）天地事物，尽于吾心之觉意与外物之表象，而所谓心物之本体则不可知。

（四）名字言说，取以表意相晓，贵在即喻而止。用相推证，则流转而多失。

此公孙龙"五论"、"七说"所持以为正名审实之辩者也。今传辩者二十一事，则此四纲以下之散目也。试为分列而略论之如次：

1. 论小一毕异

"一尺之棰，日取其半，万世不竭。"

今按：司马云："棰，杖也。若其可析，则常有两；若其不可析，其一常存。故曰万世不竭。"（《庄子释文》引，下同。）此"小一"之说也。

"矩不方，规不可以为圆。"

今按：规矩，物质实体，方圆乃意象，凡物质实体皆不与意象相符也。

凿不围枘。

今按：此"毕异"之说也。

龟长于蛇。

俞樾云："此即莫大于秋毫之末而太山为小之意。"(《诸子平议》)

今按：《墨子·经下》："异类不比，说在量。"此言凡事物之殊类者，不能持以相较也。言太山为小，秋毫为大；龟为长而蛇为短也。

白狗黑。

今按：长短相较，黑白相形。白狗之白，视之白雪之白，则白犹为黑矣。凡云龟长蛇短，白狗黑者，皆以明万物毕异，因宜立名，无定制也。

以上五条，皆从"空间"分析，以见"小一毕异"之旨。

飞鸟之影未尝动也。

今按：此亦毕异之说也，惟改从时间言之。常识认为同此一影，其实乃诸异影，刻刻改换，非一影也。

"镞矢之疾，而有不行不止之时。"

司马云："形分止，势分行。形分明者行迟，势分明者行疾。"

今按：《墨子·经上》："止，以久也。"其实久暂无分，皆久也。长宙之间，孰为暂而孰为久？故镞矢之疾，可以谓之不行，又可以谓之不止。谓矢不止，人尽知之；谓矢不行，人所不知。良以矢之所经，即矢之所止。以势而言则行，以形而言则止也。此视鸟影一喻，尤较入细，要以见小一毕异之旨也。

轮不辗地。

成玄英云："夫车之运动，轮转不停。前迹已过，后涂未至，除却前后，更无辗时。是以轮虽运行，竟不辗于地也。"

今按：此与飞矢不行同理。成疏谓前迹已过，后涂未至，若除却此

"前后"一观念,则车常止而未辗。此即分析时间至于极微以为言也。

以上三条皆从"时间"分析,可见"小一毕异"之旨。

"郢有天下。"

今按:此亦秋毫太山之喻也。郢有天下,犹后世云"一物一太极"矣。惠施《历物》,本从"大一""小一"两面分说,而公孙龙正名,则似偏重小一之毕异,于大一之毕同,少所阐发。今考辩者言,亦多论小一,不及大一,此可以见学说流变之趋向。

2. 论大一毕同(缺)
3. 论心物本体不可知

火不热。

今按:司马云:"一云:犹金木加于人,有楚痛。楚痛发于人,而金木非楚痛也。如处火之鸟,火生之虫,则火不热也。"此证物本体不可知。

目不见。

《墨子·经说下》云:"知以目见,而目以火见,而火不见。"《公孙龙子·坚白论》云:"白以目见,目以火见,而火不见。则火与目不见而神见。"目有时无火则不见,此目不见之说也。目既不见,必待神见,神又何从而见?若神必待目而见,则神亦无见。然人生确有此见,故《坚白论》又云:"神不见而见离。"待神见,此见即离诸待而独立也。此证心本体不可识。

鸡三足。

《公孙龙子·通变论》云:"谓鸡足一,数足二,二而一故三。谓牛羊足一，数足四，四而一故五。牛羊足五，鸡足三。"此"鸡三足"之正解也。鸡足数之则二，而二足同一象曰鸡足。故一为象，一为数；象则一，数乃二。二与一为三，故曰"鸡足三"。

黄马骊牛三。

今按：此亦据意象言，若实据物，则黄马骊牛为二，如鸡足之为二矣。今言"黄马骊牛三"者，牛为一象，马为一象，而牛马相处，相互有类似之点，又别为一象。故牛马虽二物，而在我之意象中，则非二而三也。

狗非犬。

《墨子·经说上》云："二名一实，重同也。""重"乃累增之意。故凡甲含乙内皆曰"重"。《尔雅·释畜》："犬未成豪曰狗。"则"犬"为一名，"犬而未成豪"为又一名，两名累增，并成一实曰"狗"。谓名虽孕重，实则同一也。此吾国古名家之说也。论其根据，则亦本于意象。辩者正名，一以意象为主。《公孙龙子》有《白马论》，云："白马非马"，亦此意。

以上三条，皆据心物本体不可知之意进一层言之，见名字言说之悉本于意象也。

指不至，至（《庄子》原文本无，今本"至"字衍）不绝。

今按："指"者，物之表象；"指不至"者，人所知见仅限于物之表象，不能至物之本体也。故《指物论》云："物莫非指"，即此意。"指不绝"者，舍表象则无所知见，故人不能离绝表象以为知见。《指物论》云："天下无指，物无可以谓物。"即此意。

此一条正言万物知见，在我惟意象，在外惟表德，无心物本体可言也。

4. 论名言推证多失

山出口。

成玄英云:"山本无名,名出自人口。在山既尔,万法皆然也。"

今按:当时辩者,既认心物本体不可知,则凡属名言,皆出人为,更无客观之实在可知。山出口,亦不认有山体。而人自名之曰山,故曰"山出口"也。

孤驹未尝有母。

李云:"驹生有母,言孤则无母,'孤'称立则'母'名去也。"(《释文》引)

今按:古名家巨擘,自推惠施、公孙龙二人。其立说虽有不同,而其不认常识之所谓物体者则同。故惠施从"大一""小一"以证天地万物之一体,则不啻谓天地万物惟名无实也。而公孙龙以"有意不心""有指不至"证心物之皆虚。心物既虚,则在我惟意象,在物惟表德,而更无客观实体之存在矣。今立于百体而谓之驹,又兼增以"无母"之义而称之曰孤驹,其为无母,无可辩矣。

"驹"是幼马之称,"孤"乃无母之词,今以一物而兼二义,则此物之决为无母无辩。

"马有卵。"

马为胎生,无卵可知,而云"有卵",此非正言实认为有,乃欲破执遣滞,故为假论,以资反折也。与泰山秋毫之喻,实同一例。且"胎"与"卵"皆是一名,名必各有所止。不知止而为推,则马胎在腹,亦可谓之卵。鸡卵出腹,亦可谓之胎。故知辩者此论,乃为破不为立也。

"卵有毛。"

司马云："胎卵之生，必有毛羽。鸡伏鹄卵，卵不为鸡，则生类于鹄也。毛气成毛，羽气成羽，虽胎卵未生，而毛羽之性已著矣。故曰卵有毛也。"（据《荀子·不苟篇》杨倞《注》引。较《释文》为略。）然卵诚有毛乎？此与马有卵之辩同。若必相推，则无是处矣。故辩者遂以立其"孤驹未尝有母"之论。此公孙龙所谓：是仲尼异楚人于所谓人，而非龙异白马于所谓马者悖也。

"犬可以为羊。"

司马云："名以名物，而非物也。犬羊之名，非犬羊也。非羊可以名为羊，则犬可以名羊。郑人谓玉未理者曰璞，周人谓鼠腊者亦曰璞，故形在于物，名在于人。"如司马说，此条仍与前两条同义，皆以为破，非为立也。

"丁子有尾。"

成玄英云："楚人呼虾蟆为丁子。"

今按：此条亦与前三条同义。皆率意为推，故作怪奇之谈以显其不然。庄子云："人皆尊其知之所知，而莫知恃其知之所不知而后知。"（《则阳》）以辩者持论之全体观之，此皆反喻激辩，以戒人之止于其所不知也。

以上六条，皆正名知止，以见草率为推证之非，而要本于名之无客观之实在性。

统观辩者持论，不出三点：1.万物毕异，则宇宙可谓无物。2.名属意象，则名言实为不实。3.名不可推，则知无所用。虽亦言之成理，持之有故，而义归破坏，无所建立，又不堪推扩运用，则宜其不能服人之心也。然考其来历，自有本源。组织精密，亦有条理。余兹所解，自谓通观大体，较得古人之真相。因附诸施、龙学说之后，俾有志探讨古代名学之君子，论定其究竟焉。

八　名墨訾应辨

余既论究惠施、公孙龙学说，定其为墨家，然近人方有"名、墨訾应"之论，以名家与墨说为相訾，谓施、龙非墨徒，则不可以无辨。考之《荀子·正名篇》颇不为然。

今按：篇中"见侮不辱"、"人情欲寡"，皆宋钘之说也。"圣人不爱己"，本《墨子》。"杀盗非杀人"出《小取篇》。以上皆墨家之论。"山渊平"，乃惠施语。而荀子此文，题为"正名"，而所举均属墨说，此名即为墨之证一也。以惠施言与墨、宋之说杂举错列，是名即为墨之证二也。近人造为名、墨相訾之论者，未考之此耳。

且为名，墨相訾之论者，其说本于《庄子·天下篇》："相里勤之弟子，五侯之徒，南方之墨者，苦获、已齿、邓陵子之属，俱诵《墨经》，而倍谲不同，相谓'别墨'，以坚白同异之辩相訾，以觭偶不仵之辞相应，以巨子为圣人，皆愿为之尸，冀得为其后世，至今不决。"

据文义论之，相谓"别墨"者，谓以"别墨"相诮，言非墨家之正统也。（梁氏《墨经校释》有此说）故虽相訾謷，而俱诵《墨经》，则所尊奉者一也。谓"以坚白同异之辩相訾，以觭偶不仵之辞相应"，则知凡持坚白之辩，觭偶之辞者，皆出于墨，不得别分持坚白之论者为名家，而訾之者乃为墨家也。故为墨家议论自有前后之出入分歧则可，谓墨家之后流而为名家，亦无不可；谓墨家与名家相訾则不可。

且"名家"之称始于汉，先秦无是号也。然观《庄子·天下篇》，以宋钘、尹文并举，其学以禁攻寝兵为外，以情欲寡浅为内，是显系墨家后裔。禁攻寝兵者，墨、禽之遗教。情欲寡浅者，宋、尹之新说也。荀子《非十二子篇》以墨翟、宋钘并称，则可证宋钘、尹文之为墨徒矣。尹文为墨徒，而其书入名家，岂不足为"名源于墨"之的证乎？（《汉志》名家自尹文、惠施、公孙龙、毛公外，尚有成公生、黄公皆秦时人，疑亦墨氏之后起也。）墨学本尚苦行，继则济之以文辩，施、龙则文辩之尤著而忘其苦行者也。一学派之随世推移，如儒之自孔而孟而荀，荀、孟之间，亦有异同，固不得谓荀之非儒，则于施、龙为墨徒之说，独有何疑耶？

九　再辨名墨訾应

名、墨訾应之论，唱自章士钊，余既为文辨之。越两月，得读其《章氏墨学》及《揣钥录》，再略引驳正如次。

章氏云："考墨子兼爱大义，最为当时所误解。如孟子诋之为无君，荀子非之为不足以容辨异，县君臣（《非十二子篇》），皆是也。惠施起而和之，谓墨义如此其僈差等，然则天与地卑，山与泽平亦可也。"（《章氏墨学》，见《甲寅》一卷二十三号。）

夫"天与地卑"、"山与泽平"，明为墨氏无差等之言论，章氏亦知之，乃不谓惠、墨同义，因谓惠以讥墨。不知此出《庄子·天下篇》，明标为惠子自唱之说，非惠子持以讥人之说也。今谓惠子持此以讥墨，则《天下篇》所谓"泛爱万物，天地一体"者，亦为惠子讥墨之说可乎？

章氏又云："《史记·礼书》：'礼之貌诚深矣，坚白同异之察，入焉而弱。'按：儒家言礼，辨贵贱，有差等，与墨家言兼爱根本相反。古者名、墨之说不同，有时立义适相背驰，如坚白同异为名家言，即针对墨义而发者也，论者不暇深考，每混而同之，此处似以坚白同异之察代墨子兼爱之本说，可见从古论思之不密也。"（章氏《揣钥录》，见《甲寅》一卷三十二号。）

今按：《史记》之文袭自《荀子·礼论篇》。夫荀卿为先秦大师，其持论皆有根柢，其辟墨尤有精诣。惠施之卒，去荀卿不远；公孙龙则与荀同时；既施、龙之说，与墨背驰，又谓惠施和孟、荀以难墨。（见上引）岂有荀子不知，而顾混而同之之理？其论思之不密，当不如是其甚。章氏生二千年后，尚论古人遗意，不明据当时确切可信之说，而转曰"此古人之误，此其论思之不密"，古人既不复起，则亦乌往而不可为说者！若苟有平心之士，即观于荀子此文，当已不难翻然深信于我名、墨同源之论而不复疑也。

十　坚白盈离辨驳议

近人栾调甫唱坚白盈离之辨（见《哲学》第七期栾著《读梁任公〈墨经校释〉》），谓古人论坚白者有盈宗、有离宗。墨主盈、杨主离；惠主盈，公孙主离。其言辨之若明析，而按之实无根。一时研墨之士，颇相称引，亦不可以不辞而辟也。《庄子·天地篇》："夫子问于老聃曰：辩者有言曰'离坚白若县寓。'"栾氏据之曰："坚白之辩，孔子时已有之，是为离宗，墨子起而反之唱盈宗。"此不识学术流变者之言也。此不辨古书真伪者之言也。庄子寓言，何可尽据？《天地篇》益晚出，不足为典要。孔子时无老聃，更何论坚白之辩？《庄子·骈拇》又有之曰："骈于辩者，累瓦结绳，窜句游心于坚白同异之间而敝跬誉无用之言，非乎？而杨墨是已。"栾氏又据之曰："杨氏出，本离宗，与墨者盈宗为辩。"此又不明文理者之言也。不习考订者之言也。夫杨氏为我，则闻之矣。杨朱离坚白，未之前闻。辩坚白者乃墨徒，与杨无涉也。庄子《齐物论》又有之曰："非所明而明之，以坚白之昧终。"《德充符》又言之曰："天选子之形，子以坚白鸣。"皆以言惠施。栾氏又据之曰："庄子称惠施辩坚白，不称其离坚白，则惠施亦盈宗。"嗟乎！栾氏之妄若是。今考之惠施之《历物》，曰："万物毕同毕异。"此一人而为异说也。又考之《墨经》，曰："无坚得白。必相盈也。"（《经说下》）又曰："见不见离，一二不相盈，广修坚白。"此一书而为异说也。则固孰为盈而孰为离者耶？彼以此其然也，则我以此其不然者正之，此辩者之道也。且言多方殊类异故，则不可偏观也。谓辩者之言坚白，有"盈""离"两义，此可也。谓盈之与离，有所然，有所不然，此亦可也。谓盈之与离其义相反而相成，此亦未始不可也。若栾氏之说，则未见其可焉。

十二月，《周初地理考》，刊于《燕京学报》第十期。收入一九九八年联经《全集》第三十六册《古史地理论丛》。其大要如下：

序

忆余在一九二二年之秋，任教于厦门集美学校，始读《船山遗书》，于其辨屈原沉湘乃在汉水，不在洞庭，而深有契悟，乃草小文一篇刊载报端。越四五年，撰述《先秦诸子系年》，详申其义。因念古代民族迁徙，以旧居之名名其新邑，此为古史每多异地同名最好一说明。乃续为《周初地理考》、《古三苗疆域考》诸篇，则已在一九三一年之后。……余之所论，虽引端于船山，而凡所发现，则实为古今所未及。……有关此等材料，搜罗难尽，凡所论列，亦容有误；但得者最少当占十七八，失者最多不过十二三；则惟待后人续治此业者之再为订正矣。

一　总　说

言周初地理者，无弗谓后稷封邰在武功，公刘居豳在邠县，太王迁岐在岐山，皆在今陕西西部泾、渭上流。至文王、武王乃始邑于毕、程、丰、镐。周人势力自西东渐，实始于此。此二千年来公认之说，未有疑其为不然者。然吾尝读《书》之《禹贡》，《诗·大雅》之《绵》、《公刘》诸篇，及于梁、岐、漆、沮、周初地望、众说纷纭，莫衷一是，何其乱而难理也。又尝会之于《左氏》、《纪年》、《孟子》、《史记》，凡古籍之称及周初行迹者，众说綦淆，一贯之要难。积疑既久，而后知二千年公认之说，亦未见其固可据也。以今考之，周人盖起于冀州，在大河之东。后稷之封邰，公刘之居豳，皆今晋地。及太王避狄居岐山，始渡河而西，然亦在秦之东境，渭、洛下流，自朝邑西至富平。及于王季、文王，廓疆土而南下，则达毕、程、丰、镐，乃至于谷、洛而止。夫而后《禹贡》、《大雅》、《左氏》、《纪年》、《孟子》、《史记》诸书，及始可通。而周人行迹所经，及夏、商、周三代盛衰兴亡，华戎势力消长角逐之势，乃始可得而明也。其说虽创，其证则密。

盖古人迁徙无常，一族之人，散而之四方，则每以其故居迻而名其新邑，而其一族相传之故事，亦遂随其族人足迹所到，而递播以递远焉。如舜，冀州之人也。耕历山，渔雷泽，陶河滨，妻尧二女于妫汭，其事皆在今山西之蒲州。然今山东济南有历城，泺水出焉，俗谓之娥姜水，以泉源有舜妃娥英庙故也。城南对山，山上有舜祠，山下有大穴，为之舜井，舜耕历山亦云在此，其山在县南五里，其凿凿如此。然而后人不之信者，以蒲州之传说并存弗替故也。使蒲州之迹早泯，而历城之说独著，则舜固可以为鲁人。而不幸冀州周初古迹，则年远荒晦，鲜有存者。即复有存，人亦莫之知。即复知之，亦复不敢信。而周起西裔之说，遂若无可置疑。然苟为之博稽古籍，条贯而通说之，将见二千年长湮之史实，终将复白于后世也。

二　姜氏篇

周人之先为后稷，后稷母曰姜嫄、今请先言姜！姜姓诸族，盖亦居晋。何以言之？神农炎帝称烈山氏。可考订者六事，即：

（一）炎帝烈山以声变转为厉山、界山，在山西介休，后误以为介推焚山事。

（二）神农后帝榆罔国榆次，属太原。

（三）伯夷即许由，其冢在箕山，属解州平陆。

（四）姜姓四岳其先皆在晋。

（五）古惟霍山称太岳，"四岳"之称起于周。

（六）姜嫄为有邰氏女，即台骀氏，其墓在闻喜。

《礼·祭法》曰："厉山氏之有天下也，其子曰农，能殖百谷。"贾逵、郑玄皆云："烈山，炎帝之号。"《一统志》："厉乡在德安府随州北，今名厉山店。"郦道元《水经注》即以厉乡为烈山氏生处。今考古帝传说，皆在冀州，姜氏诸族，其后可考者，亦多在冀，而稼穑故事，亦始冀州，何以烈山氏生于随州之厉乡？盖晋地亦有随。《一统志》："随城在汾州府介休县东，后为士会食邑。"此晋地有随也。《后汉书·郡国志》介休有界山，有绵上聚子推庙。"厉"之与"烈"，"界"之与"厉"，皆以声转相通。然则介休之界山，即厉山、烈山也。其地本在晋之随城，后乃误而迻之于德安之随，则犹历山之自蒲而之历也。窃疑汉魏以来相传焚山之事，即自古烈山氏之遗说也。古之稼穑，其先在山坡，以避水潦，烈草木而火种曰菑畲，故神农氏又称烈山氏。后即以烈山为厉山、界山，乃误及于介之推。因以炎帝之"烈山"，误传为介推之"焚山"。此姜姓炎帝烈山氏，其传说故事始于晋之说也。

且姜嫄之在晋，有可得而确指者，则闻喜有姜嫄墓是也。今《闻喜县志》载其邑人翟凤翥《涑水编姜嫄墓记》谓：邑西北三十五里有冰池，世传后稷弃此，诗云"寘之寒冰"是也。池东为姜嫄之墓，山后荒垄数十亩，为有邰氏坟。稷播谷于此始，故其山曰稷。上有后稷陵，下有姜嫄墓。则是姜嫄之葬，在晋之闻喜也。今考姜嫄为有邰氏女，邰亦作骀，《路史·疏仡纪》高辛氏上妃有骀氏曰姜嫄是也。闻喜于古为台骀氏邑。台骀之称有骀，犹陶唐之称有唐也。《左传》昭公元年：晋侯有疾，叔向问于子产曰："寡君之疾，卜人曰实沉、台骀为祟，史莫之知，敢问此何神也？"子产曰："金天氏有裔子曰昧，为玄冥师，生允格、台骀，台骀能业其官，宣汾、洮，障大泽，以处大原，帝用嘉之，封诸汾川，今晋主汾而灭之矣。"由是而论，台骀氏所处太原，兼带汾、洮，在河东，障大泽，实相当于今之闻喜，即姜嫄之有邰，而后稷之所生也。

三　后稷篇

后稷生闻喜，其说犹不止上举。明李汝宽《闻喜县城北门外重修后稷庙记》亦言之曰："先朝儒臣吕枏氏序《稷山县志》，谓其邑去后稷所产之地甚迩，而后稷始穑于此，邑因是名。"是以谓后稷产闻喜，而始穑于稷山也。《太平御览·隋图经》曰："稷山在绛郡，后稷播百谷于此山。"盖古者播谷，常择山地，以避水涝。后稷之于稷山，则犹神农之于介山，舜之于历山也。

继此有附论者，一为大禹之会诸侯于会稽，二为禹娶涂山氏女，三则禹之治水是也。

禹会诸侯于会稽，后世言地理者，率谓会稽在浙江绍兴。禹迹之远，近人疑之者多矣。余考《吕氏春秋·有始览》言"九山、九塞"，曰："何谓九山？会稽、太山、王屋、首山、太华、岐山、太行、羊肠、孟门。何谓九塞？大汾、冥阨、荆阮、方城、殽、井陉、令疵、句注、居庸。"然则九山者，其八皆在大河两岸；万不能会稽一山，独在浙江之绍兴。则古人所谓会稽，必别有所指，而非后世浙江绍兴之会稽，断断然矣。其次为九塞，自殽以上皆在大河两岸，井陉以下稍远，亦均冀州山。九山九塞，独会稽僻在南越，决不类。

然则会稽果何指？考《越绝书》：禹救水到大越，上茅山，大会计，更名茅山曰会稽。《吴越春秋》则谓：禹周行天下，还归大越，登茅山以朝四方群臣，遂更名茅山曰会稽之山。盖初言大禹治水功绩，极于大河而止，未及江淮。禹之行迹，殆亦在大河两岸，冀、雍、豫三州之间，当时所谓中国诸夏者耳，本未谓其远至南越。且《吴越春秋》言"还归大越"，其非江南之越可知。盖越亦河北晋地也。《逸周书·世俘解》："吕他命伐越"，为商邑近畿国，则古在河北有越也。茅山者，《左传》文公三年："秦伯伐晋，自茅津济，封殽尸而还。"《水经·河水注》："河水东过陕县北，河北对茅城，故茅亭，为茅戎邑，津亦取名焉。"然则茅山者，以茅城、茅津推之，其地望正在河北大阳，所谓大夏之虚也。故曰禹还归大越，登茅山以朝四方。而《吕览》、《淮南》言九山，亦推会稽为首，良以为大禹邦国之所在也。称大越者，越夏以声转而讹，如吴虞、田陈之类也。以此论之，禹会诸侯于会稽，会稽山本称茅山，以地望推之，其相当于河东大阳之山乎？《水经·河水注》大阳之山亦通谓之为薄山者是也。

《尚书》："舜陟方乃死"，陟方乃死者，陟方而乃死也，方即房矣。《孟子》："舜生于诸冯，迁于负夏，卒于鸣条。"今按：《老子》"万物负阴而抱阳"，负指北方言。负夏犹云北夏。南夏在伊、洛、嵩、华之间，北夏则在河北晋南矣。《路史》："今帝墓在安邑，有鸣条陌。"《山海经·海内南经》云："苍梧山，帝舜葬于阳，丹朱葬于阴。"又《大荒南经》："赤水之东，有苍梧之野，舜与叔均之所葬也。"张京俊《舜陵辨》谓今蒲州东南有苍陵谷，去妫汭水不远，意中条山古必有苍梧之名，故《檀弓》诸书，皆云舜葬苍梧，并举《纪年》原注鸣条有苍梧之山为证。（引详《通志·古迹考七》）今考《平阳府志》："临晋县有二巂山，在县东北三十五里，南北错峙，《隋志》桑泉县有三巂山，今土人只称大巂小巂焉。"疑《史记》舜葬江南九巂，亦自此误。则旧说舜葬地本近安邑。盖舜至丹朱封国而死，岂亦如商帝乙猎渭滨而暴卒，其事皆秘，莫可明论。或不仅如《史通》所疑"陟方之死为文命之志"之说也。惟舜卒鸣条，丹朱葬地与舜相毗，亦在鸣条附近，而丹朱封房，舜陟方乃死，今安邑县东北实有方山，地望正合。茅山又名防山。故知防也，方山，房也，皆一山之异名，其为近于安邑鸣条之山显然也。

次请论涂山！《尚书》："禹娶于涂山，辛壬癸甲。"《左传》哀七年："禹合诸侯于涂山，执玉帛者万国。"后世言地理者，皆谓涂山在今安徽寿春。今以会稽之例推之，江淮非禹迹所到，寿春之说疑不然也。《水经注》："伊水出陆浑县之西南王母涧，涧北山上有王母祠，即古三涂山也。"《方舆纪要》："三涂山在河南府嵩县西南十里。"窃疑禹娶涂山氏女，即此王母。《史记·夏本纪》："舜崩三年丧毕，禹辞辟舜之子商均于阳城，天下诸侯皆去商均而朝禹，禹于是遂即天子位。"

禹娶涂山，辛壬癸甲，启呱呱而泣，予弗子，亦近其家邦。禹避阳城，返旧居也。武帝元封元年正月诏："朕用事华山，至于中岳，见夏后启母石，翌日亲登嵩高"云云。师古曰："启母涂山氏女也。"其后禹、启皆都安邑。故会稽、涂山两会之地望即得，而夏人有天下之大势自显。后世言地理者，胥失之，则宜乎古史之湮而弗彰也。

《逸周书·度邑解》有之，曰："自雒汭至于伊汭，居易无固，其有夏之居。我南望过于三涂，北望过于岳鄙，顾瞻过于有河，宛瞻延于伊洛，无远天室。"此有夏之疆土也。起于伊嵩，止于冀方，此大禹之行迹也。《孟子》引《书》曰："洚水警予。洚水者，洪水也。"晋人都绛，洚水殆即指晋绛附近，则洪水所被之灾区可从推矣。（知伯曰：绛水可以灌平阳。）以今推之，古者大禹治水之说，其殆始于蒲、解之间乎？盖蒲、解之地，东西北三面俱高，惟南最下。河水环带，自蒲潼以下迄于陕津砥柱。唐、虞故都正在其地，所谓鸿水之患者，其殆在斯也。贾让有言："大禹治水，凿龙门，辟伊阙，析底柱，破碣石。"依实论之，禹之治河，上不及龙门，下不至碣石，当在伊阙、底柱之间耳。

夏禹治水之业既定，而后稷教稼之地亦可得而推。《隋图经》窦苹曰："稷播种百谷于稷山，西南去安邑六十里。"（引见《通志·古迹考一》）盖禹、稷同仕虞廷，禹治水，稷教稼，其事相需。而禹都安邑，稷封有邰，在今闻喜，其地亦相近。蒲、解之民，困于河、涑之患，逐高而居，北逾中条之山，溯涑水之上流，耕于介山、稷山一带之原地，其情亦相似。故《閟宫》之颂曰："是生后稷，俾民稼穑，奄有下土，缵禹之绪。"若后稷封邰远在扶风，何说于所谓"奄有下土，缵禹之绪"耶？参之以《诗书》百家之言，凡其及于禹、稷者，而知后稷教稼，断在晋冀，不在秦雍也。

四 公刘篇

兹可考订十六事，其大要如下：

（一）公刘居豳，为避夏桀，证其先在晋疆。

（二）不窋失官，自窜戎、狄之间，仍在晋。

（三）夏桀时犬戎入居邠、岐，岐为狐岐山，在汾域。

（四）《禹贡》："治梁及岐"，为吕梁、狐岐，证古称狐岐为岐山。

（五）狐岐由狐戎得名。

（六）"豳"字本作"邠"，因临汾水为邑而名，与郊、酆一例。

（七）春秋时周人自述先世西土所极，止于岐、毕，不举豳，证豳在岐、毕东。

（八）据《汉志》右扶风栒邑有豳乡，推证古邠邑近河东荀城。

（九）邠在河东临汾古水之滨，公亶父居之，称古公。

（十）古水东有梗阳城，为大姜邑。

（十一）《公刘》诗："于胥斯原，于京斯依"，为晋九原，一名九京，即古山，又称鼓堆。

（十二）《诗》称笃公刘，与古公亶父同例，皆以邑名。"笃"、"董"声转，推公刘先居董泽，在涑域。

（十三）涑水经周阳邑，即不窋所奔，至公刘乃迁汾。

（十四）《公刘》诗："涉渭为乱，芮鞫之即"，始为周人渡河而西之证，在公刘后。

（十五）汉美阳得古鼎，张敞误说。

（十六）《豳风·七月》乃晚起晋诗。

《史记·周本纪》所载："后稷之兴在陶唐、虞、夏之际，皆有令德。后稷卒，子不窋立。不窋末年，夏后氏政衰，去稷不务，不窋以失其官，而犇戎、狄之间。不窋卒，子鞠立，鞠卒，子公刘立。公刘虽在戎、狄之间，复修后稷之业，务耕种，行地宜，百姓怀之，多徙而保归焉，周道之兴自此始。故诗人歌乐思其德。公刘卒，子庆节立，国于豳。"然考《大雅·公刘》之诗曰："笃公刘，于豳斯馆。"《匈奴传》亦云："夏道衰而公刘失其稷官，变于西戎，邑于豳。"则迁豳而居，实始公刘，不自庆节也。至于公刘，则略当夏桀之世。汉娄敬之对高祖曰："周之先自后稷，尧封之邰，积德累善十余世，公刘避桀居豳。"是也。夫曰避桀居豳，是其本居相近也。此即据公刘避桀之言，而知周人在公刘之先，固犹居晋，近于夏室，决不远在泾、渭之间也。

然则何以言"不窋失官，犇戎、狄之间"乎？曰：古者晋地自汾水上流，太原、晋阳固皆戎、狄也。祝佗言"成王封唐叔于夏虚，疆以戎索"，则西周之初，晋之为国，固在戎、狄之间也。

五　太王篇

兹可考订十事，周人自太王以后，逾梁山，至岐下，辟丰镐，西迁活动的地域，以及与史籍所载之异同。十事条列如后：

（一）《诗绵》："民之初生，自土沮、漆"，在朝邑、华阴之间。"古公亶父，陶复陶穴"，"古公亶父"四字衍。

（二）"来朝走马"，为朝邑之朝坂。

（三）《诗皇矣》："度其鲜原，居岐之阳"，在咸阳北。

（四）成王岐阳之蒐，即在鲜原、毕陌，为丰、镐近畿。

（五）宣王猎漆、沮，在朝邑、华阴之间，不在扶风。

（六）岐周亦与鲜原、毕程同属一地。

（七）《禹贡》："荆、岐既旅"，荆山在朝邑，岐山即峨山，在泾阳。

（八）平王封秦襄公为诸侯，赐之岐以西之地，岐即岐丰，太王所迁，非美阳岐邑。

（九）太王去邠，逾梁山，在韩城。

（十）西周周、召采邑，皆在陕西凤翔府境，故周初地名多移殖于此。

六　王季篇

兹可考订十一事，于周人所遇之戎敌，所谓"太王之去邠居岐，避狄人之侵也"之解说，兼及史册所载关于鬼方、畏方、鬼方氏、鬼戎、西落鬼戎、山戎、犬戎、畎戎、燕京之戎、余无之戎、昆夷、畎夷、淮夷、淮畎、赤狄、玁狁、獯鬻、荤粥等等之辨证。条举如下：

（一）《绵》诗："混夷駾矣"，即王季所伐西落鬼戎，为周人渡河后新敌。

（二）殷高宗伐鬼方，次于荆，乃陕西荆山，鬼方即鬼戎，在泾、渭下流。

（三）槐里、犬邱、槐谷、鬼谷，皆以鬼戎得名。

（四）据《大、小盂鼎》、《梁伯戈》推论鬼方居邑，辨王国维说。

（五）王季伐燕京戎，即太王所避之狄，在太原汾水上流。

（六）犬戎即燕京戎，其族起于东，在汾域，而分殖于西，至渭域。

（七）古九夷有畎夷，亦称东夷，后人以为西羌，证古代戎患起于东北，不起于西土。

（八）古太原晋阳本称燕，为诸戎根据。

（九）王季伐余无、始呼、翳徒诸戎皆在晋。

（十）熏粥、猃狁、淳维、匈奴皆一族，与犬戎、鬼方、混夷皆由"燕"声递变。

（十一）《诗·六月》："整居焦获，侵镐及方"，镐为高都，方为安邑，获则瀵泽，为赤翟居地，即燕戎之东支。

七　文王篇

兹可考订四事：

（一）文王母太任，妻太姒，皆出东国。生岐周，卒毕郢，皆在东土。

（二）《诗皇矣》："密人不恭，侵阮徂共"，密、阮、共皆在泾水下流，近丰、镐。

（三）吕尚，河内人，钓滋水，遇文王，即霸水，在渭水下流，不在宝鸡。

（四）武王伐纣，及庸、蜀、羌、髳、微、纑、彭、濮人，皆在周之东南，大河两岸，非西南僻远之蛮夷。

文王建周，而后始有武王伐纣，代商而有天下。文武德能，固由天赋，而庭训未尝不占重要因素。

夫"挚仲氏任，自彼殷商，来嫁于周，曰嫔于京。"此王季之妇，文王之母也。"在洽之阳，在洽之涘，于周于京，缵女维莘。"此文王之妻，武王之母也。两世之娶，皆在东土，未尝远及凤翔岐山之偏也。

《大雅·皇矣》之诗曰："密人不恭，敢距大邦，侵阮徂共。王赫斯怒，爰整其旅，以按徂旅，以笃周祜。"旧说密须在安定阴密县，共、阮皆在泾州，有共池。窃考其说，盖似未然。何者？夫曰"密人不恭，敢距大邦"，又曰"依其在京，侵自阮疆，陟我高冈"，则周、密之为争，盖至逼至近也。夫岂密人之国，远在安定，而有其事？又曰"度其鲜原，居岐之阳，在渭之将"，此密难已平，卜居新土，所谓笃周祜而对天下者，乃在鲜原岐阳。则周、密之争，又决不远至千里之外安定山谷之间，断断然也。其后乃及伐崇。曰："帝谓文王，询尔仇方，同尔兄弟，以为钩援，与尔临冲，以伐崇墉。"盖尝论之，灭密之与伐崇，为文王建周两大事，故《皇矣》之诗人，尤缕悉而道之也。而密、周之争，衅自密启。自阮来侵，陟我高冈，矢我陵而饮我泉，其势至蹙。而周人之为胜，亦至仅焉。及其灭密须，居岐阳，国威方新，遂以南伐而及崇土，则周、崇之战，自周开之。攻御之形既异，强弱之势亦变。故文王灭密须而国基乃定，及其伐崇而弘规乃展也。

一九三二年　壬申　三十八岁

一　国内大事

一月二十八日，日军进攻上海，此即"一·二八"事变。我十九路军对日寇进行奋勇抵抗。上海各界成立反日救国联合会。

美国照会中、日政府注意《九国公约》。中央政府迁至洛阳办公。美国发表宣言，否认日本一切在华违约行动。

三月九日，由日本扶植的日伪满洲国宣告成立，溥仪在长春就伪执政，年号"大同"。十四日，国际联盟调查团李顿等人由日抵沪。调查团报告书在日内瓦、南京、东京同时发表。明白认为日本侵略中国东北。国府宣称不承认伪满洲国。

蒋中正就军事委员长职。国府迁回南京。

二　事略

胡适在北平创办《独立评论》周刊。先生继续在北大任教。时胡适任文学院院长，治哲学，然北大此时历史学风甚炽，顾颉刚、傅斯年、孟心史、陈援庵、蒙文通、汤用彤、陈寅恪等对史学均有专长，而顾颉刚办《禹贡》，陶希圣办《食货》，两杂志内容充实皆一时风行，故历史系成了热门。胡适也不授中国哲学史，改授中国白话文学史，相对的哲学系颇为冷寂，故主张停开。而胡著《中国哲学史》亦仅成上卷。关于老子年代问题，胡主早于孔子，先生则主晚于孔子，且在庄周后。两人曾多次讨论。先生曾谓胡，君讲先秦哲学史，主张思想必有时代背景。中国人所谓知人论世，即此义。惟既主老子早于孔子，则老子应在春秋时代，其言亦当根据当时之时代背景而发。君书何乃上推之《诗经》，即就《诗经》来论时代背景，亦不当泛泛分说乐天派、悲观派等五种人生观，认为乃老子思想之起源。当知乐天、悲观等分别，历代皆有，唐诗宋词中何尝无此等分别。即如最近世，亦复有此五等分别。何以老子思想独起于春秋时代，仍未有所说明。且如老子以下，孔子、墨子各家思想，亦各有其时代背景。君书自老子以下，即以思想承思想，即不再提各家思想之时代背景，又何故。胡谓，君之《刘向歆父子年谱》未出，一时误于今文家言，遂不敢信用《左传》，此是当时之失。然对先生第二问题，则未回答。

北大所开选修课"近三百年学术史"，为时一年，先生拟改为"中国政治制度史"，商之于系主任陈受颐，陈颇犹豫，盖当时系务实由傅孟真幕后主持。傅意中国自秦以下政治，只是君主专制，今改民国，实行民主，以前政治制度，可勿再究。先生则谓：如言实际政治，以前制度可以不论。但治历史，以前制度纵使如何专制，则不能不知。而自秦以下，政治制度延续二千年，亦必有其存在之价值，焉可弃置不问。经力争结果，遂获允开。孰料初开此课，学生可自由听讲，一月后定选，竟寥寥无几。当时法学院院长周炳霖则认为，政治系同学只知西洋政治，不知中国政治，今文学院开此课，应令学生前往听讲，遂有政治系学生全班选修此课。稍后历史系同学亦来选修，乃知中国君主专制政治，亦有可讨论者，非一无是处。先生所编授课讲义，后成《中国历代政治得失》一书印行。（以上参见兰台版《八十忆双亲师友杂忆合刊》，页一五五、一五九～一六〇。）

三 著述

五月，《再论〈老子〉成书年代》，刊于北京大学《哲学论丛》。收入联经《全集》第七册《庄老通辨》，页七三～一一九，其大要如下：

前　言

老子事可论者，一其人事迹之真伪，一其书著作之先后。余疑《史记》所传老子姓氏邑里事业及其子孙后裔，颇不可信，已别详于《先秦诸子系年》，此篇则专就《老子》成书年代特加讨究。

（一）

今先就《老子》书中对于当时政治社会所发种种理论而推测其历史背景，则其书应属战国晚年作品，实无疑。老子言："不尚贤，使民不争。"（三章）"尚贤"乃墨家最先主张。此缘当墨子时，贵族世袭之制，以次崩坏，弊害昭显，墨子遂针对时病，发挥尚贤新义。在其先孔子时，虽亦有意矫正当时贵族政治之弊害，而仅及正名，似尚未能彻底破除以前"血统亲亲"之旧观念，而明白提出尚贤之新主张。下及战国中期，于是学者尚贤理论，乃始一变而为政治上之真实情况。更后而尚贤制亦见弊害，乃复有箴对时病，而发为"不尚贤"之教者；此则必在战国中期以后。

然《老子》书虽明倡"不尚贤"之论，而在其无意中，实仍不脱尚贤之旧观念。此证《老子》成书年代，必是正值尚贤思想浓厚之际。故其书中每以"圣人"为理想中之最高统治者，此即战国中晚期尚贤思想无形之透露。今检《老子》书，言及"圣人"者几三十处，而十之七八，皆指政治上之最高统治者而言。故《老子》书中之政治理想，实由一理想中最贤明之统治者而发为"不尚贤"之治，此即其书晚出之显证也。

尚贤理想之推展至极，则政治上之最高统治者必当为一圣人。而圣人之子，则不必仍是圣人也，因此而有禅让论之兴起。此等"禅让"思想，亦应在墨家提倡尚贤主义之后而始盛。故万章问孟子："人言至于禹而德衰"，亦因禹不传贤而传子，故疑其为德衰。"传贤""传子"之争，正是"尚贤"与"亲亲"之争。亦即春秋战国思想上一大分界也。而当春秋世，则殊无"传贤""让国"之说。若以推比之于《老子》书之所言，则《老子》书之为晚周时人见解，固自无疑矣。

老子曰："持而盈之，不如其已。揣而锐之，不可长保。金玉满堂，莫之能守。富贵而骄，自遗其咎。功遂身退，天之道。"此处"功遂身退"一语，后世传诵已熟，遂视若寻常，无可诧怪矣。然此语实非春秋时代贵族世袭制度未破坏时人之所能道。此因春秋时，贵族世袭，既不由功立而始进，亦不以功成而许退。及于春秋之末，游士渐兴，皆以羁旅建功业，而不获善其终。孤危之士，乃始有"功遂身退"之想。其议畅发于蔡泽之说范雎，其言曰："四时之序，成功者去。"又曰："功成不去，祸逐于身。"又引《书》曰："成功之下，不可久处。"《老子》书亦本此等当时之实际情况与社会之共同意想而为说耳。老子又曰："功成而弗居。夫惟弗居。是以不去。"（二章）此等语，显皆出战国中晚游士升沉之际，非往昔贵族世袭时代之所可有也。

老子又曰："是以欲上民，必以言下之；欲先民，必以身后之。是以圣人处上而民不重，处前而民不害，是以天下乐推而不厌。"（六十六章）如老子言，以一圣人居天下之上，而百姓众民居一圣人之下，而此在上之一"圣人"者，又必有待于天下众民之乐推而"不重""不害"焉，而后可以安其位。则试问此等观念，岂果天子诸候卿大夫封建制度未破，贵族世袭制度未坏，国之大事，专在"礼乐征伐""惟祀与戎"之际之所能与知乎？

《老子》书，称在上者曰"圣人"，曰"侯王"，又曰"人主"，曰"万乘之主"。考"主"者，在春秋时，乃卿大夫之称。及三家分晋，田氏篡齐，"主"称乃移及于大国之君，而始有所谓"万乘之主"。今曰："万乘之主而以身轻天下"，又曰："以道佐人主者，不以兵强天下"（三十章），则以"主"与"天下"对称，又不止于万乘之主矣。此亦证《老子》成书时，在其观念中，仅有"王天下"、"一天下"，而更无"合诸候"、"霸诸侯"。而此王天下一天下之主，则是梁惠王、齐威王之流也。可知著书者偶一下语、而其当身之时代背景，历史意象，即显露无可掩，诚所谓昭然若揭。如此之例，以定《老子》书之晚出，而更何可疑乎？

《老子》书又曰："朴散则为器，圣人用之则为官长。"（二十八章）老子言政治，在上者为圣人，在下惟百姓，而与圣人分治天下者则为官长；官长则等如有司，如器。大朴散，始有分司别用之器。此亦是战国晚年人之观念。当知古今大哲人著书立言，彼其书中所蕴蓄之义理，固可超越时代，历久常新；而其书中义理所由寄托而表现之若干具体意象、观点及其所供驱使以表达其义理之若干特有辞语，则终无可以超脱其成书之时代背景，断可言也。

《老子》书言在上治人者，曰"圣人"，曰"官长"，而在下被治者则曰"百姓"，其非春秋时人语，已如上举。今再进而一究其言及在下百姓之有待于在上治人者之所以治之者之又属何事乎？在老子书，则首先言及百姓之"好智"。故曰："爱民治国，能无智乎？"（十章）又曰："民之难治，以其智之多。"（六十五章）"故以智治国，国之贼；不以智治国，国之福。"（六十五章）"好智"之次，则曰"多欲"。故曰："圣人之治，……常使民无智无欲。"（三章）又其次则曰"好动"。盖尚智多欲则好动，其事相引而起。故曰："使民重死而不远徙。"（八十章）又曰："我好静而民自正。"（五十七章）又其次则曰"不畏死"。故曰："民不畏死，奈何以死惧之？"（七十四章）又曰："民之轻死，以其求生之厚，是以轻死。"（七十五章）

凡此种种，所谓"尚智"、"多欲"、"好动"、"轻死"，凡《老子》书中所认为民之难治者尽在此，故尤为圣人为治之所先也。则试再问，当春秋时，亦有此等现象否？此乃王官之学，流散入民间，诸子兴起，百家竞鸣，乃始有此现象。

《老子》书言民间之"多欲"，则曰："大道甚夷，而民好径。朝甚除，田甚芜，仓甚虚，服文彩，带利剑，厌饮食，财货有余，是谓盗夸，非道也哉！"（五十三章）夫其曰"朝甚除而田甚芜"，则是在朝者尚贤好智，故在野者弃耕耘而竞仕宦，故致甚除于朝而芜于野。此种景象，又岂春秋时所有乎？亦岂战国初期之所能有乎？又曰："服文彩，带利剑，厌饮食，而财货有余"，当知此辈皆来自田间，故至于野甚芜而仓甚虚，此亦显是战国晚期游士食客之风既盛，乃始有之也。至于"服文彩，带利剑，厌饮食，财货有余"，若老子之说，则在孟尝、春申、信陵、平原四公子之门。且武器之有剑，亦始春秋末年，然尚不为当时社会士流普遍之佩带品。《论语》仅言"射""御"，何尝有所谓"带利剑"？此即仅就一器物之微，而已足征其书之晚出矣。

又《老子》书云："人多伎巧，奇物滋起；法令滋彰，盗贼多有。"（五十七章）当春秋时，贵族世袭之制犹未破坏，故曰："刑不上大夫，礼不下庶人。"当时治国者知有"礼"有"制"，而不知有所谓"法"。法令之起，亦当在战国也。（此层详见先生《周官著作时代考》。）

凡此皆据《老子》书推测其所论政治社会各项背景，而知其书之晚出而无可辩护者。

(二)

先秦显学、实惟"儒"、"墨"两家，此韩非已言之。其后起诸家，则"法"源于儒；"农"、"名"、"道"家源于墨；"阴阳"家兼融儒、道，最为晚出。（此处论证，略见先生《国学概论》第二章《先秦诸子》，详论散见《先秦诸子系年》。）在儒、墨之初期，其议论大体，归于反抗当时贵族阶级之骄僭，而思加以改革。儒义缓和，可称右派。墨义激进，当为左派。墨主"兼爱"，论其思想底里，亦为反对当时贵族阶级之特权。而墨家之所以证成其"兼爱"之说者，曰"天志"，此为墨家思想之初期。继此以往，墨说又大变，虽亦同主兼爱，而所以需兼爱之理据，则不复远推于"天志"，而别创为"万物一体"之论。其所以证成万物之为一体者，主要则在于对物名之种种综合与分析。为此主张者，后世目之为"名家"，而惠施其魁杰也。（先生有《墨辨探源》一篇，论此较详。）（复智按：《墨辨探源》一文，今收入《中国学术思想史论丛》第二册。）

庄子与惠施相反，彼乃承认惠施万物一体论之新见解，而反对其论证之方法者。而庄子于此，则自创新义，主于从实际事物作观察，而认出万物实体之随迁化，变动不居，故曰："凡物无成与毁，复通为一。"（《齐物论》）又曰："假于异物，托于同体。"（《大宗师》）此"假于异物托于同体"之变，在庄子谓之为"物化"。物化之分析，至于最后一阶段，则有其大通合一，至细而不可察者，庄子名之曰"气"。故曰："与造物者为人，而游乎天地之一气。"（《大宗师》）精而论之，则皆一气之运行也。庄子又称此天地万物之一气之运行者曰"道"。故曰："道乌乎往而不存。"（《齐物论》）盖儒、墨初期立论，其实皆上本于天志，而归极于人事。此不仅墨子然，即孔子亦然；即其后之孟子，亦无不然。而惠施之所以创立"万物一体"之新说者，其意在别求一说以证成墨家之兼爱论。庄子则取惠施"万物一体"之意，而深观乎物化，于是乃有所谓"乌乎往而不存"之"道"。

"道"字之新观念，可谓由庄子而确立。故庄子言道，乃远与孔孟儒家之言道不同。而自有此道字之新观念，于是往者"天地创造万物"之素朴的旧观念遂破弃，不再为思想界所重视；此则庄子思想在当时一种最有价值之贡献也。今论墨子思想之最大贡献，在能提出平民阶级与贵族阶级之一体而平等；惠施思想之贡献，在能超出人类范围，而论点扩及乎宇宙万物，以寻求其平等之一体；庄子思想之贡献，在能继承惠施，进而打破古代相传"天神创世"之说，而别自建立其"万物一体"之新论证。故自墨子以下，其所谓"爱"者，已绝非昔人之所谓爱。自惠施以下，其所谓"物"者，更绝非昔人之所谓物。而自庄子以下，其所谓"道"者，又绝非昔人之所谓道矣。此乃先秦思想进展一线索之可确指以说者。

今《老子》书中言"道"，则显近于庄子，而复有其不同。其一曰：道先天地而存在。故曰："有物混成，先天地生。……吾不知其名，字之曰道。"（二十五章）又曰："道，……渊兮似万物之宗，……吾不知谁之子，象帝之先。"（四章）其次老子言道，始分"阴""阳"。其书曰："万物负阴而抱阳，冲气以为和。"（四十二章）至是乃确指此天地万物之一气者，又分"阴""阳"两性。

惠施之后复有公孙龙，其学亦承袭惠施。然龙之为学，复与施异。彼乃不谈万物一体，而专意于辨"名""实"。至《老子》书，所用"名"字，其涵义乃与庄子突异。盖老子又兼采公孙龙思想也。故老子书开首即曰："道可道，非常道；名可名，非常名。"谓天地万物尽于"道"，此庄周之说也；谓天地万物尽于"名"，则公孙龙之说也。两说绝不同，《老子》书乃混归于一。此《老子》书犹较《公孙龙》为晚出也。

老子继是而曰："无名，万物之始；有名，万物之母。"（一章）推《老子》书作者之意，盖当万物"无名"之际，乃所谓"道"；及其"有名"，则已非道而是"器"矣。故道乃在器之先。今《老子》书，开宗名义，即以"道""名"二者兼举，此非庄周与惠施、公孙龙各得《老子》精义之一偏，乃老子自汇此两家而合说之耳。

故老、庄思想，其显然不同处，有可得而略说者。在庄子则即万物之迁化而认其是道，在老子则推寻万物生成之本原而名之曰"道"；其异一也。故在庄子则当境即是，"因是"而已，即物化，即道真；而在老子则道生万物，且其间尚有层次。其言之凿凿者，如曰："道之为物，惟恍惟惚。惚兮恍兮，其中有象。恍兮惚兮，其中有物。"在道与物之间，别有"象"之一级。"象"字在哲学思想上有地位,盖自《老子》与《易传》始。老子之所以必于"道""物"之间,增出此"惚兮恍兮其中有象"之一级者,因欲牵合于"无名万物之始"而为说也。此又老、庄之相异二也。

次及《老子》书中之人生论,则其说似又别有据,而且与其宇宙论部分不相条贯。请继此再加申说。《老子》书,其言人生涉世之道,大体从宋牼来。《庄子·天下篇》:宋牼"以禁攻寝兵为外,以情欲寡浅为内。"是宋牼始倡"情欲寡浅"之义也。然今《老子》书,固亦力持"情欲寡浅"之说者,故曰:"少私寡欲。"(十九章)"绝学无忧。"(二十章)"少则得,多则惑。"(二十二章)"余食赘行,有道不处。"(二十四章)"祸莫大于不知足,咎莫大于欲得。"(四十六章)此皆发明"人情欲寡不欲多"之义也。

庄子又称:"宋荣子举世而誉之而不加劝,举世而非之而不加沮,定乎内外之分,辨乎荣辱之竟。"(《逍遥游》)此宋牼提倡墨家"非斗",而别创为"荣辱"之新界说。《老子》书中类此说者亦极多。故曰:"强大处下,柔处上。"(七十六章)"弱之胜强,柔之胜刚,天下莫不知,莫能行。"(七十八章)"圣人之道,为而不争。"(八十一章)"夫惟不争,故天下莫Y与之争。"(二十二章)又曰:"知其雄,守其雌,……知其荣,守其辱。"(二十八章)此皆以"不斗争"为教也。

《韩非子·显学篇》称宋子又曰:"是漆雕之廉,将非宋荣之恕;是宋子之宽,将非漆雕之暴。"宽与恕,皆心之能容也。宋牼以心能宽恕,能容受,为心之自然功能,故曰:"语心之容,名之曰心之行。"而归其说于人心之"能容"。能容则自可无争,无争则欲求自减。人能明乎此,则苦行自刻,安之若性,而墨家"兼爱"之精神,推行不难矣。然今《老子》书亦言"容",故曰:"知常容,容乃公,公乃王,王乃天,天乃道,道乃久。"(十六章)特提"容"字,即宋子语"心之容"也。自孔、墨、孟、庄,言人心之德性者详矣,然皆不及此"容"字。

若谓《史记》称老聃,其人其事,未尽可信,《老子》书五千言不必定出孔子前,则今老子书中之思想明与庄周、公孙龙、宋牼诸家相涉,其书宜可出诸家后,乃有兼采各家以成书之嫌疑也。

以上自学术思想之流变言之，疑《老子》书出宋牼、公孙龙同时稍后之说也。

(三)

然《老子》书果诚晚出，则在文字文句之间，其为晚出之迹，亦终有其不可掩者。即如前举"道生一，一生二，二生三，三生万物"，语本《庄子》。"乐杀人者不可以得志于天下矣"，其语与《孟子》"不嗜杀人者能一之"(《梁惠王》)极相似，亦可断为战国时人语，非春秋前所有。而余观老子书，专就其文字文句求之，仍有确然可以断其为晚出，而不尽于上举者。老子云："天地不仁，以万物为刍狗；圣人不仁，以百姓为刍狗。天地之间，其犹橐籥乎？虚而不屈，动而愈出。"(五章)

此处"刍狗"两字极可疑。《庄子·天运篇》谓"刍狗之未陈也，盛以箧衍，巾以文绣，尸祝齐戒以将之。及其已陈也，行者践其首脊，苏者取而爨之而已。"天地之间，虚而不屈，动而愈出，有弟而兄啼，时一过往，全成陈迹，神奇又化为腐臭，故曰天地不仁，以万物为刍狗；圣人与化为人，则以百姓为刍狗也。《老子》书中之语，当与《庄子·天运篇》所谓刍狗者同义，则文义明白而易解。其出于《天运》章之后，应属无疑。

老子云："天下之至柔，驰骋天下之至坚，无有入无间。"(四十三章)《庄子·养生主》则云："彼节者有间，而刀刃者无厚，以无厚入有间，恢恢乎其于游刃，必有余地矣。"是谓以"无厚"入"有间"也。今《老子》书乃谓以"无有"入"无间"，此亦袭《庄子》，而加深一层为说者。

老子又云："益生曰祥，心使气曰强。"(五十五章)"益生"见《庄子·德充符》："不以好恶内伤其身，常因自然而不益生。""心使气"见《庄子·人间世》，曰："一若心，无听之以耳，而听之以心。无听之以心，而听之以气。气者，虚而待物者也。"故老子因之，曰："益生曰详。""祥"者，不祥。又曰："心使气曰强"矣。"强"当作"彊"，即"僵"之借字也。(此说据马叙伦《老子核诂》)然则不引庄子之说，则老子此语之义即不显。此亦可证老出于庄后，胥与上引诸条一例也。

又老子曰："专气致柔，能婴儿乎？"(十章)焦竑曰："心有是非，气无分别，故心使气则强，专于气而不以心间之则柔。"焦氏此解，于《老》书"专气"义，最为恰适。夫心气问题，亦在庄周、孟子书中始有之，《论语》、《墨子》犹绝不见"心""气"兼言成为一论题者，何以远在孔子以前，遽已有此等语？故若抹去《孟》、《庄》书而专治《老子》，则终将无说以通。则《老子》书之晚出于庄周，又复何疑耶？

上之所举，皆据文字文句间求之，虽其事若近琐碎，然亦足证《老子》书确有晚出于庄周之嫌疑也。再次，请本古人著书之大体言，则亦可证成《老子》书之确为晚出者。

春秋之际，王官之学未尽坠，学术不及于民间，私家以著书自传者殆无见。至于孔门儒家，始播王官六艺为家学。然孔子《春秋》本之鲁史，订正礼乐，亦不出王官六艺之范围。《论语》之书成于孔门，记言记事，仍是往者史官载笔之旧式也。下逮《孟子》七篇，议论纵横，其文体若已远异于《论语》，然亦不脱记事记言之陈式。此皆当时著书体例之最早之法式也。下至《庄子》，号为"荒唐"矣，然其书寓言十九，虽固妙论迭出，而若仍困于往昔记言记事之陈格；文体因循，犹未全变。然已能裁篇命题，如内篇《逍遥游》、《齐物论》之类，较之以《梁惠王》、《公孙丑》名篇者，自为远胜矣。惠施之书五车，惜后世不传，不审其体例。《墨子》书最先当是《贵义》、《公孟》诸篇，体类《论》、《孟》者先传。今其书如《天志》、《尚同》、《兼爱》、《尚贤》，一义一题，虽亦有"子墨子曰"云云，然固不拘于对话；此其文体，殆决不出《孟》、《庄》之前矣。至《公孙龙》、《荀子》书，乃始为严正之论体，超脱对话痕迹，不复遵袭记事记言之陈套，空所依傍，自抒理见。然《荀》书如《议兵》诸篇，亦复仍遵旧规也。至《老子》书，洁净精微，语经凝练，既非对话，亦异论辨；此乃运思既熟，融铸而出，有类格言，可备诵记，颇异乎以前诸家之例矣。若老子著书早在前，则何其后起诸家之拙，而文运之久滞而不进乎？

今读《老子》书，开首即曰："道可道，非常道；名可名，非常名。"此决非"子曰学而时习之"，以及"孟子见梁惠王"之例，可相比拟。必求与《老子》书粗可比类者，如《公孙龙》"物莫非指，而指非指"，及《中庸》"天命之谓性，率性之谓道，修道之谓教"，以及《大学》"大学

一九三二年　壬申　三十八岁

之道，在明明德，在亲民，在止于至善"之类，此皆于一篇一书之开端，总挈纲领，开宗明义，要言不烦；此其为文体之进展，必皆出于战国之晚年，而不能早出《论》、《孟》、《庄子》之前。此又据于当时文体之演变，而可定其成书年代之先后也。

"诗"与"史"与"论"之三者，可谓是古代文学自然演进之三级。若至《老子》书，其文体乃"论"之尤进，而结句成章，又间之以韵，此可谓之论文之诗化，其体颇亦杂见于《庄子》，至《荀子》书而益多有。《老子》书则竟体以韵化之论文成书也。如此言之，则《老子》书之文体，其决不能先于《论语》一类之对话，为记事记言之史体者，又断可决矣。

近人辨《老子》书晚出，始梁任公，所举诸证，皆属坚强，优足以资论定矣。继而为辨者，又复新义络绎，时有可取。余兹所陈，若几于买菜之求益焉。而仓猝成文，所欲言者，犹憾有未尽。要自别辟蹊径，足补梁氏诸人未尽之绪。抑近人虽疑《老子》书晚出，而犹多谓其当在庄子之前者；然即以《老子》书屡称"侯王"、"王侯"一端言之，齐、魏会徐州相王，为六国称王开端，其时已当惠施、庄周之世。（六国称王事，先生《先秦诸子系年》有详考。）则《老子》书至早不能在庄周前，抑又明矣。

五月，《老子辨》一书，由上海大华书局出版。

复智按：本书包括四篇论文，即一、《关于〈老子〉成书年代之一种考察》。二、《再论〈老子〉成书年代》。三、《孔子与南宫敬叔适周问礼老子辨》。四、《老子杂辨》。前两篇后收入联经《全集》第七册《庄老通辨》书中，已摘要见前。后两篇则收入《先秦诸子系年》。兹摘录其大要如下：

（一）孔子与南宫敬叔适周问礼老子辨

孔子适周问礼于老聃，其事不见于《论语》、《孟子》。《史记》所载盖袭自《庄子》。而《庄子》寓言十九，固不可信。后人必信为真者，徒以有《曾子问》从老聃助葬日食诸语为之旁证故也。然其事若断为在定公之九年，其年既无日食，则《曾子问》所载为虚。阎若璩《四书释地续》所举四说，云《史记》载适周在昭公之二十年者。《史记》特叙孔子适周事于昭七年后，二十年前，含混其辞，未尝实指为在昭公二十年也。此自是阎说之误。《水经注》（按此引皇甫谧《高士传》）十七年适周之语，特以史载孟僖子之死在孔子十七年下，遂从而为之说，错谬益不可信。昭公二十四年之说，既具如诸家之驳。且《索隐》但解僖子之死与使其子学礼在二十四年，亦何曾谓二十四年适周问礼。此皆由误读古书而来。至《庄子》五十一之说，则又与《礼记》相舛。郑环《孔子世家考》谓："定公九年，孔子为中都宰，无籍敬叔之请车，而亦无暇适周矣。"是五十一之说，又难凭也。即诸说之自相矛盾，亦足见其事之非信史矣。

且孔子适周见老聃问礼一事，又不徒其年岁之无考而已也。汪中《老子考异》曾列举三疑。今按：汪氏疑楚人隐者不为周史，是也。抑余犹有辨者：《庄子》云："孔子南之沛，见老聃"，则固非适周。后人混而论之，亦非也。南荣趎见老子，亦南行七日七夜而至。则《庄子》书中之老子，固一南方之隐者。惟《天道篇》谓"孔子西藏书于周室，见老聃，翻十二经以说"，此则汉人之语。何者？藏书乃秦人焚书以后乃有此想。（姚鼐云：谓圣人知有秦火而预藏之，所谓藏之名山。）十二经乃六经六纬，皆非战国时所有。则明非庄子时书。且本篇又云老聃免而归居，则孔子虽欲西至周，而仍见老聃于沛耳。史公《老子传》虽本《庄子》，已远非《庄子》原书之本相。此必史公旁采他书，混为一谈，窃恐老子为周守藏史之说或犹出《庄子》之后也。

又按《春秋左氏传序正义》引沈氏云："《严氏春秋》引《家语·观周篇》云：孔子将修《春秋》，与左丘明乘，如周，观书于周史，归而修《春秋》之经，丘明为之传，共相表里。"所引与今《家语·观周篇》文不同。然则初本谓孔子适周，乃为修《春秋》而观书，与左丘明偕。其信否且勿论，而一事两传，遂谓孔子与南宫敬叔往见老子也。《韩诗外传》三《说苑·敬慎》皆谓孔子适周，于太庙见欹器，而《荀子·宥坐》及《淮南子》均谓在鲁桓公之庙。足征传说递变，初不谓其适周者，寖假而遂以为适周。初不谓其见老子，寖假亦遂以为见老子也。

《史记·十二诸侯年表序》："孔子明王道，干七十余君，莫能用，故西观周室，论《史记》旧闻，兴于鲁而次春秋。"此亦谓孔子如周为修《春秋》，然未言在何年。林春溥《孔子世家补订》乃谓："《春秋》哀公十四年五月庚申朔，日有食之，盖孔子是年复适周。《曾子问》从老聃助葬，应在此时。"不悟鲁哀公十四年，西狩护麟，乃孔子《春秋》绝笔之岁，未必孔子是年始有志作《春秋》，乃往观书于周室。且是年六月，陈恒弑其君，孔子三日斋而请伐齐。时孔子已年老，岂四月五月至周，六月返鲁，为此道路之仆仆耶？且纵谓孔子适周，彼其时已德尊道成，岂犹琐琐问日食小节于老聃。林氏强为比附，何也？

《世家》云："南宫敬叔言于鲁君适周事。"崔述云："敬叔岂无车马竖子者，而必待鲁君之与之？"凡此皆足以见孔子适周见老子之为传说，非信史。

故孔子见老聃问礼，不徒其年难定，抑且其地无据，其人无征，其事不信。至其书五千言，亦断非春秋时书，此当别详，兹不具。

（二）老子杂辨

今按前人汪中《老子考异》立五证。虽未全塙，要为千古卓识，可以破孔子见出关著五千言之老子之传说矣。顾犹多未尽者。余尝谓老子之伪迹不影，真相不白，则先秦诸子学术思想之系统条贯终不明，其源流派别终无可言。今请详为申辨。虽若荒诞无稽，然亦足以备一说。上与司马迁所谓"或曰即老子或曰非也"云云相等例。较之《朱韬·玉札》及《神仙传》诸书，犹且远胜万万也。

1. 太史儋与老聃

窃谓秦汉之际言老子，凡有三人，而往往误以为一人。此三人者，一为孔子所见，一为周太史儋，而又一则尚在晚世。

庄周称孔子所见为老子，又曰老聃，而老聃与太史儋每易混。《史记·老子传》："老子姓李氏，名耳，字聃。"《说文》："聃，耳曼也。"《吕氏春秋·不二篇》作老耽。《说文》："耽，耳大垂也。"耽耳亦作瞻耳。《说文》："瞻，垂耳也。南方有瞻耳国。"瞻耳又作儋耳。《山海经·大荒北经》有儋耳之国。《后汉书·明帝纪注》云："儋耳，南方夷。"盖古人传说，边荒有儋耳之国。南人固谓在南荒，北人则谓在北荒也。汉《老子铭》："聃然，老旄之貌也。"古人以耳大下垂为寿者之相，至今俗犹然。故高年寿者称老子，称老聃，老耽，亦得称老儋。以其年老，而曰老聃，（郑注《曾子》问云："老聃，古寿考者之称也。"）以其为周史官，则曰太史儋。故儋之与聃，每易混说而为一人也。

2. 太史儋与詹何

其又一人则为詹何。《说文》："何，儋也。儋，何也。"儋、何二字，盖一义两音。《古今人表》周儋桓伯，《左传》儋作詹。则老聃、太史儋，又易与詹子相混。高诱注《淮南·览冥》云："詹何，楚人知道术者也。"则詹何为南方之道者，与老聃似。《吕氏春秋·审为篇》："中山公子牟谓詹子曰：身在江海之上，心居乎魏阙之下，奈何？詹子曰：重生。曰：虽知之，不能自胜。詹子曰：纵之。"是与道德之意五千言似。《吕览·重言篇》："圣人听于无声，视于无形，詹何、田子方、老耽是也。"是犹以詹何与老耽为两人。老聃在田子方前，非太史儋即孔子所见。而詹何在田子方后，则为与公子牟并世之人也。

3. 太公任即老聃

而余观战国言老子，其混并牵涉之迹，犹不止此。《庄子·山木篇》："孔子围于陈蔡之间，七日不火食，太公任往吊之，为言不死之道，告之以意怠之为鸟，教以进不敢为前，退不敢为后。"夫太公亦老者之称，犹云老子也。任者，《齐语》："负任儋何。"《孟子》："门人治任将归。"注："任，担也。"《释名》："儋，任也。"任、儋声近义通。则太公任犹云老子聃，即老聃矣。《庄子》书本成于众手，此独不曰老聃而云太公任，其实即一人也。

4. 任公子即詹何

《庄子》书有太公任，又有任公子。太公任即老聃，而任公子则为詹何。《外物篇》："任公子为大钩巨缁，五十犗以为饵，蹲乎会稽，投竿东海，旦旦而钓，期年不得鱼。"任公子即詹子也。何以言之？《淮南·览冥训》："詹何之鹜鱼于大渊之中"，此即五十犗以为饵之钓也。故詹何者，据《庄子》任公子之故事言之，乃一隐沦江海渔钓之君子也。（又按《淮南·说山》："詹公之钓，得千岁之鲤。"《御览》八百三十二引《阙子》云："任公子冬罗鲤于山阿，众人皆以为惑，既而鹢鹦击黄雀，触公子罗者千万数。"任公子罗鲤，即詹公之钓鲤也。此又二人为一人之证。）

5. 环渊即关尹

与詹何齐名者有环渊。其人亦以钓称。《史记·孟荀列传》云："环渊，楚人，学黄老道德之术，因发明序其指意，著《上下篇》。"《汉书·艺文志》道家有《蜎子》十三篇。班固《注》云："名渊，楚人，老子弟子。"师古曰："蜎，姓也。"（应劭《风俗通·姓氏篇》："环氏出楚环列之尹，后以为氏。楚有贤者环渊，著书《上下篇》。"张澍《辑注》曰："环渊亦即蜎渊也。隗嚣将环安，公孙述将环饶，吴有环济，著《要略》。"则环乃本字，蜎乃借字。《楚策》范环、《史记·甘茂传》作范蜎，此蜎环相通之证。）《文选》枚乘《七发》："若庄周、魏牟、杨朱、墨翟、便蜎、詹何之伦"，注云："《淮南子》虽有钩针芳饵，加以詹何、蜎蠉之数，犹不能与罔罟争得也。宋玉与登徒子偕受钓于玄渊。《七略》蜎子名渊。三文虽殊，其人一也。"是环渊亦名便蜎、蜎蠉，又名玄渊，亦称蜎子，与詹何齐名。

余又疑环渊即关尹。环关渊尹，特方音之一转移耳，非有两人也。凡先秦之称关尹，即汉世之所谓环渊矣。《庄子·天下篇》以关尹、老聃并称，刘安、枚乘以詹何、便蜎俱举。盖以老聃为詹何也。而其故事传说之流变，则尤有离奇荒诞之甚者。夫环渊为沉沦江海之钓客，而关尹则为抱关山谷之官尹，何以谓之为一人？此则犹詹何之蹲钓于会稽，而史儋则骑牛而过关。史儋、詹何既误混为一，橘渡淮则为枳，隐沦渔钓之处士，自亦可变而为抱关守谷之关尹矣。迁《史》博古，故称环渊，而所得犹未尽，不知环渊之即关尹耳。今试就其故事之演变论之，则詹何、便蜎之游于钓，与史儋、关尹之遇于关，其孰为真，孰为妄乎？曰：论其情则皆妄也。夫语及史儋、关尹、詹何、便蜎之事，固已自古多妄，荒渺难稽矣，又何从而必为之明据确说哉？

盖孔子所见之老子，其始为南方一隐君子，渐变而为北方之王官，一也。孔子之见老聃，其先为草野之偶值，渐变而为请于国君，以车马赴天子之朝，而北面正弟子之礼，以执经而问道，二也。其先为老死而友人哭，渐变而为莫知其所终，三也。何以攀老子为王官，则以误于太史儋。何以谓关令尹强之著书，则以误于詹何、环渊。盖詹何、环渊之隐乎钓，有其事未必有其技。太史儋之遇关尹，则有其名未必有其人。

孔子之见老聃，虽有其人，而其事则未必有如后世之所传也。

6. 涓子即环渊

余考环渊之事，犹有说者。环渊既称蜎子，亦作涓子。《御览》八三四（又七三六）引《列仙传》："涓子者，齐人，钓于泽，得符于鲤鱼肠中。"又九三六引《列仙传》云："涓子，齐人也，好饵术，接食其精，至三百年，乃见于齐，著《天地人经》四十八篇。后钓于河泽，得鲤鱼腹中符，隐于岩山，能致风雨。"又六七〇引《集仙录》云："涓子，齐人也，饵术，著《三才经》。淮南王刘安得其文，不解其旨。又著《琴书》二篇，甚有条理。"据此诸书，则蜎子传说，又有可得而论者。盖其初本以蜎子为楚人，其后乃以涓子为齐人也。云"三百年乃见于齐"，则亦谓其初非齐人矣。初为钓者，后为仙人，乃谓其得鲤鱼肠中符。《御览》九三六又引《列仙传》云："琴高，赵人也。以鼓琴为宋康王舍人。行涓彭之术，浮游冀州涿郡间，二百余年。"是传说之流播而至燕也。此以涓彭连称，则涓子亦大年，犹詹何为老聃，亦大年也。《御览》九三五引《符子》："太公涓钓于隐溪，五十有六年，未尝得一鱼。鲁连闻而观焉，曰：钓所以在鱼，无鱼何钓？太公曰：不见康王父之钓耶？念蓬莱，钓巨海，摧岸投纶，五百年矣，未尝得一鱼，方吾犹一朝耳。"是涓子亦称太公涓，犹如任公子称太公任。下及鲁连，则固晚世齐人之说也。

7. 臧丈人误太公望

继此有附辨者，则吕尚钓渭滨之说是也。在《庄子》之外篇《田子方》有之，曰："文王观于臧，见一丈人钓，而其钓莫钓，非持其钓有钓者也，常钓也。文王欲举而授之政，而恐大臣父兄之不安也。欲终而释之，而不忍百姓之无天也。于是旦而属之大夫，曰：昔者寡人梦见良人，黑色而髯，乘驳马而偏朱蹄，号曰：寓而政于臧丈人，庶几乎民有瘳乎！诸大夫蹴然曰：先君王也。文王曰：然，则卜之！诸大夫曰：先君之命，王其无他，又何卜焉。遂迎臧丈人而授之政。三年，文王以为大师，北面而问曰：政可以及天下乎？臧丈人昧然而不应，泛然而辞，朝令而夜遁，终身无闻。"今按：此即吕尚钓渭滨之说之由来也。《庄子》寓言无实，本属虚造。彼所谓臧丈人者，臧姜同声，即后世所谓姜太公也。而诸书言钓者，有太公涓、太公任，故事传说，遂皆与姜太公有涉。曰：

"吕尚钓于磻溪三年不获"，此即太公涓钓五十六年未尝得一鱼之说也。又云："获大鲤，得兵钤于鱼腹中"，即涓子鱼肠得符之说也。（《路史后纪》四，吕尚作吕涓，注引《符子方外》作太公涓。即太公望渔钓乃由太公涓误传一证。）而史公不深考，博采杂说，乃亦云："太公望以鱼钓奸周西伯，西伯将出猎，卜曰：所获非龙非骊，非虎非熊，所获霸王之辅。于是猎，果遇太公于渭之阳，与语，大说之。曰：自吾先君太公曰：当有圣人适周，子真是耶？吾太公望子久矣，故号之曰太公望，载与俱归。"此其事荒诞无稽，自来已多疑者。而无知其出于《庄子》臧丈人之说也。

年老而称太公，亦由称丈人老子也。故太公也，丈人也，老子也，皆一而二，二而一者。使吾言而可信，史公自以臧丈人之寓言，为姜太公之实事，则固可无疑于吾老子之诸辨也。

8. 孔子所见老子即老莱子

然则孔子所见之老子固何人乎？庄周述孔子、老聃，其固羌无故实，尽出虚构乎？曰：不然。庄周之言老子，其先固据《论语》也。《庄子·外物篇》："老莱子之弟子出薪，遇仲尼，反以告老莱子。曰：'是丘也'，召而来。仲尼至。曰："丘去汝躬矜，与汝容知，斯为君子矣。"《大戴记·卫将军·文子篇》，孔子语子贡以近古之贤者，自伯夷、叔齐以下十许人，曰："德恭而行信，终日言不在尤之内，贫而乐也，盖老莱子之行也。"而独不及老子，是即以老莱子为老子也。《史记·仲尼弟子列传》："孔子之所严事，于周则老子，于楚老莱子。"乃分老子与老莱子为二人。

余考《楚策》："或谓黄齐曰：不闻老莱子之教孔子事君乎？示之其齿之坚也，六十而尽，相靡也。"《孔丛·抗志篇》谓老莱子教子思，《淮南》又以为商容教老子，一语之传，讹谬如此，其不足信据可见。

9. 老莱子即荷筱丈人

然则《庄子》杂篇之老莱子者何所来？余尝为之搜根掘柢，而知其即《论语》之荷筱丈人也。余考《庄子》书，畏累虚、亢桑子之属，皆空语无事实。马迁已先言之。而老莱子实有其人。莱者，除草之称。子路"遇丈人，以杖荷筱，子路问曰：子见夫子乎？丈人曰：四体不勤，五谷不分，熟为夫子？植其杖而芸。"其事明见《论语》。而丈人之姓字不传。后之记者异其辞，因谓之老莱子，盖犹云芸草丈人也。《史记》："老子姓李氏，莱李亦声近。"刘向《别录》云："老莱子，古之寿者。"丈人即寿者也。老莱子之即荷蓧丈人，夫复何疑，而犹纷纷为氏老氏李氏莱之辨哉？

10. 老莱子与狂接舆

《庄子》书原本《论语》造说者，尚有狂接舆。《人间世》："孔子适楚，楚狂接舆游其门"云云，即本《论语·微子篇》："楚狂接舆歌而过孔子，孔子下，欲与之言，趋而避之，不得与之言"一事。接舆佯狂，故歌而不言。狂人晦其姓名、故云接舆。孔子下者，下车也。庄生易其辞云：游孔子之门，则宾朋之访问，不类狂者行径矣。（阎若璩《四书释地续》："顾麟士曰：接舆必是不知姓名，因其迎车而歌，而强名之以纪。其名如荷蒉之类，非真其人字接舆。邢昺《疏》云尔，殊附会。余谓孔安国注已如是。又《庄子·人间世篇》如是，岂惟邢昺。"今按《微子篇》所载，如长沮、桀溺、荷蒉、晨门、荷蓧丈人，无一真姓字，何独疑于接舆？顾说真有见。故余既疑老莱子之即荷蓧丈人，又疑接舆之即沮、溺也。论古者必欲字字而实之，句句而信之，则亦无怪乎其必河汉于我言也。）

传说多变，颠倒随宜。而考古者必据此以证列子、老莱子之辈行先后，宜多见其窒也。

11. 老子误伯阳

上述孔子见老子，实本《论语》荷蓧丈人，变文称老莱子，又变而为老子，为老聃，因误涉于太史儋，又误涉于詹何，又有太公任、任公子。与之相因而起者，复有涓子、环渊。又讹而为关尹。一事流传，辗转错出，至于不可辨识。其牵涉离奇有如此，而犹未也。余考老子传说，尚有牵涉更甚者。《史记·老子传》："老子姓李氏，名耳，字伯阳，谥曰聃。"王念孙《读书杂志》力辨之，曰："《史记》原文，本作名耳，字聃。姓李氏。今本姓李氏在名耳之上。字聃作字伯阳，谥曰聃。此后人取神僊家书改窜之耳。"其辨极是。然余考以伯阳为老子，其源亦甚旧，而实为牵涉离奇尤甚之说也。《周本纪》："幽王二年，三川震，伯阳甫曰：周将亡矣。"（又见《周语》）《集解》："韦昭曰：伯阳甫，周大夫也。唐固曰：周柱下史老子也。"又云："幽王得褒姒，太史伯阳读史记，曰：周亡矣。"则伯阳盖幽王之史官。是则后人不仅以孔子见老聃为即太史儋，尤且以为即伯阳甫。自幽王二年下至孔子卒三百余年，老聃之寿乃至此。抑犹未也。《墨子·所染》，《吕氏春秋·当染》，并称："舜染于许由、伯阳。"高诱《注吕氏》云："伯阳盖老子也。舜时师之。"自舜至孔子，年世不可考。姑依旧说，则老子寿近二千岁。说之离奇至如此。然人亦知其难信，乃断断致辨于《史记》无字伯阳云云。然去此一语，老子岂遂尽成信史乎。

12. 续耳即老聃

《吕览·本味篇》："尧、舜得伯阳、续耳然后成。"毕沅云："续耳，《韩非子》作续牙，《汉书·人表》作续身，皆隶转失之。"余谓续耳即聃也。《说文》："聃，耳曼也。曼，引也。"《鲁颂》毛《传》："曼，长也。"续字正有引长之义。《山海经》有儋耳，又有离耳。注：即儋耳也。《初学记》引《韩诗》："离，长貌。"《文选·西京赋》："朱实离离。"薛《注》："离离，实垂之貌。"耳垂在肩上，故称离耳，又云续耳。离续相反为训，益知续耳即聃。据此则云续耳为尧舜友，其意实指老聃。然此无足怪。伯阳在周幽王时，可以上友尧舜。安见老聃与孔子同时，即不得前及唐虞哉？《汉书·古今人表》伯阳、续身皆列三等，俨然自古实有其人者，见古人之轻信而好诞也。

13. 李耳即离耳

余观老子传说流变，亦有以极平实而化为荒诞者，如《论语》荷蓧丈人化而为《庄子》太公任之类是也。复有极荒诞而化为平实者，如离耳、续耳为尧、舜师，复化而为孔子师李耳之类是也。《史记·老子传》："老子姓李氏，名耳。"余意李耳即离耳也。离李声近，聃即离耳，因讹云姓李名耳矣。莱子、离耳亦声近。谱牒之家，于古人得姓所自，每喜推究，详其来历。独于老子姓李无可说。若知李耳之为离耳，则纷纷之辨，固可尽废。而自老子得李姓耳名，遂若其人极平实，真为孔子师，真著道德之意五千言。而后世遂不敢复以荒诞疑之。嗟夫！此所以荒诞之必化为平实矣。

14. 老子师商容

《荀子·大略》："武王始入殷，表商容之闾，释箕子之囚，哭比干之墓。"《史记·乐毅传》："燕王喜遗乐闲书，箕子不用，商容不达。"皆明以商容为人名。《淮南·缪称训》："老子学商容，见舌而知守柔矣。"《主术训》高诱《注》："商容，殷之贤人，老子师。"又曰："商容，神人也，商容吐舌示老子，老子知舌柔齿刚。"商容，殷贤，岂得下为老子师乎，故不得不谓之神人。后人知其不可信，乃转以商容为商之礼乐官名，非人姓名，此皆不免以古人语必无误而强为之说耳。夫老子已为舜友，岂不及师商容哉？宋于庭《过庭录》云："《史记·殷本纪》表商容之闾。郑玄云：商家乐官，知礼容，所以礼署称容台。《乐记》释箕子之囚，使之行商容而复其位。郑《注》：行犹视也。使箕子视商礼乐之官。贤者所处，皆令反其居也。"又谓："老子不能与商容相接。商容即殷礼，老子为守藏室史，守藏为《归藏》殷易，故所业亦殷礼。"此非以古人凡语为无误，而强为之说乎？

15. 老子弟子文子

老子师有商容，其弟子则有文子。《韩非·内储说上》："齐王问于文子曰：治国何如？曰：夫赏罚，利器也。君固握之，不可以示人。臣犹鹿兽也，惟荐草而就。"此文子盖即尹文子。犹陈仲子亦单称仲子也。《汉志》道家有《文子》九篇，班《注》云："老子弟子，与孔子并时，而称周平王问，似依托者也。"今按庄子好言老子，其所称老子弟子，如南荣趎、庚桑楚、扬子居之徒，顾独不及文子。太史公载诸子，亦缺文子。

老子之误，由庄子之寓言，文子之误，则由尹文之变称。今《文子》书皆袭《淮南》，并采《庄子》，则其书最先当出汉世，犹在马迁后。班氏《注宋子》云："其言黄老意。"宋钘《尹文》并称，汉人以宋钘为黄老，故伪为尹文书者，亦引老子为言，而以尹文为其弟子。汉代伪书讹说不少，不得以汉时有二书，即证先代有两人也。

16. 孔子比老彭

老子既为《论语》之荷篠丈人，而世有谓《论语》实别自有老子者，是亦不可以不辨。《论语·述而篇》："子曰：述而不作，信而好古，窃比我于老彭。"包曰："老彭，殷贤大夫。"郑曰："老，老聃。彭，彭祖。"此观两说，以包为胜。《吕氏春秋·情欲篇》："虽有彭祖，不能为也。"《注》："彭祖，殷之贤臣，治性靖静，不欲于物。盖寿七百岁。《论语》所谓窃比于我老彭是也。"此皆老彭即彭祖之证。若兼指彭祖、老聃，则老聃在彭祖后，应云彭老，不应云老彭。以此推之，知郑说之误。窃比于我老彭者，犹云窃比我于老彭，犹云窃自比于老彭也。

谓老子即伯阳者，以其为史官。谓老子即彭祖者，以其享高寿。其实则伯阳之为史，彭祖之高寿，皆已在无可考信之列，而况谓其即孔子所见之老子乎？

17. 战国言老子之真相

今综述上陈，则战国言老子，大略可指者，凡得三人。一曰老莱子，即《论语》荷篠丈人，为孔子南游所值。二曰太史儋，其人在周烈王时，为周室史官，西入秦见秦献公。三曰詹何，为楚人，与环渊、公子牟、宋玉等并世。自以老莱子误太史儋，然后孔子所值之丈人，遂一变而为王室之史官。自以环渊误关令尹，然后太史儋出关入秦，遂有人强之著书。夫《论语》之丈人，已为神龙出没，一鳞半爪，不可把摸。太史儋以神谶著，詹何以前识名，益复荒诞。今以三人传说，混而归之一身，又为之粉饰焉，则宜其去实益远。今为分别条理，则孔子所见者，乃南方芸草之老人，神其事者由庄周。出关游秦者，乃周室史官儋，而神其事者属秦人。著书谈道，列名百家者，乃楚人詹何，而神其事者，则为晚周之小书俗说。其混而为一人，合而为一传，则始《史记》。而其牵而益远，以老子上跻尧舜，下及商初，则人知其妄，可勿深论也。

18. 老子之子孙

《史记》载孔子见老子，姓氏、名字、里居、年世，及其师弟子之传，既一一为之详考其来历，而深著其荒诞不足信如上述。顾犹有疑者，则老子之子孙是也。

《史记》："老子之子名宗，宗为魏将，封于段干。宗子注，注子宫，宫玄孙假。假仕于汉孝文帝，而假子解，为胶西王卬太傅，因家于齐焉。"马迁述老子子孙，详实如是，岂得以为虚？顾实有可疑者：梁氏《志疑》云："史公既疑老莱子即老子，又疑太史儋即老子，史以传信，奈何恍惚以惑后世？传中载其国邑、乡里、姓名、字号、官守、出处，以及其子孙，则非异类矣，而曰莫知所终，曰莫知然否。将所谓子孙者，聃耶？莱耶？儋耶？"此可疑一也。汪中《老子考异》，据魏安厘王四年，段干崇割地，据为魏将封段干者，乃儋之子，是汪氏谓崇即宗也。然其事在周赧王四十二年，上距烈王二年太史儋入秦，亦一百零一年。儋之入秦，苟宗为初生，是宗年逾百岁，犹为魏将，有是理乎？可疑二也。且凡人之称其祖先，妄诞者多矣。商、周自谓出稷、契。稷母履大人迹，契母吞玄鸟卵。又将一一据其子孙，而信其祖先耶？则《史记》虽详列老氏之子孙，终不足以跻老子于信史也。

19. 《老子》书之年代

老子之辨既定，则今传道德五千言者，又出何人之手乎？曰：此已无可确指。其成书年代，亦无的证，可资论定。据其书思想议论，及其文体风格，盖断在孔子后。当自庄周之学既盛，乃始有之。汪氏以为太史儋之书，亦非也。纵有太史儋，其人乃在庄周先，此书犹当稍晚，不能出儋手。

今不得已而必为《老子》五千言寻其作者，则詹何或庶其近之。《老子》曰："道可道，非常道，名可名，非常名。"此乃庄周、公孙龙以后书耳。魏牟问于詹子，其年粗合。至荀子云："老子有见于诎，无见于信。"或其时已有《老子》书。以詹何年世言之，亦当在庄周、荀卿间也。然则，必不得已而求今道德五千言之作者，与其归之孔子时之丈人，与秦献公时之周史，无宁与之公子牟、楚襄王同时之詹何为得矣。

余考《老子》书，盖兴于齐，出于庄周、宋钘之后，荀卿已及见，至韩非、吕不韦已大行。此所谓道德之意五千言者，其殆果出于河上丈人之手乎？人之曰"丈人"，犹书之曰"老子"也。若丈人老寿，得跻百岁，或者其卒世，犹可出荀卿后。且邹衍出燕惠王后，秦人已上归之齐威、宣时。今丈人当晚周，汉人何难升诸孔子之前哉？要之推迹黄老真源者，当寻索于此，以视犹龙一传，迷离惝怳，固远为近于情实。而詹何以渔钓称高年，其得为河上之丈人亦宜。年世既合，邦邑亦近。故曰与不得已而必求道德五千言之作者，则不如归之詹子之为适也。

六月，《周官著作时代考》，刊于《燕京学报》第十一期。收入《两汉经学今古文平议》，一九五八年香港新亚研究所初版印行。台湾初版于一九七一年，由三民书局总经销。一九七八年复由东大图书公司据原版影印发行。一九九八年收入联经《全集》第八册。二〇〇一年七月，北京，商务印书馆出版，页三一九~四九三。今摘其大要如下：

（一）关于祀典

1. 论五帝祀之来历

《周官》记祀五帝，凡有九处："（1）《天官太宰》。（2）《掌次》。（3）《地官大司徒》。（4）《充人》。（5）《春官小宗伯》。（6）《司服》。（7）《秋官大司寇》。（8）《小司寇》。（9）《士师》。"《诗》《书》只言"天"、"帝"，而无"五帝"。"五帝"乃战国晚起之说。

祀"五帝"，其事兴于秦。《史记·封禅书》云："初，秦襄公攻戎救周，始列为诸侯。居西垂，自以为主少皞之神，作西畤，祠白帝。其牲用骝驹、黄牛、羝羊各一云。""秦宣公作密畤于渭南，祭青帝。其后秦灵公作吴阳上畤，祭黄帝。作下畤，祭炎帝。""汉高祖二年，东击项籍，而还入关。问：'故秦时上帝祠何帝也？'对曰：'四帝，有白、青、黄、赤帝之祠。'高祖曰：'吾闻天有五帝，而今有四，何也？'莫知其说。于是高祖曰：'吾知之矣，乃待我而具五也。'乃立黑帝祠，命曰北畤。"

据此，可证五帝祠，乃秦人特创。且秦人亦只祠白、青、黄、赤四帝，尚无黑帝。直至汉高祖入关，始足成"五帝"。其前不见有五帝祠。

五帝祠直到秦始皇统一后，才正式采用。何尝是春秋前所有？又何尝是周公之所定？

2. 论五帝分祀

秦祀四帝，是否按方位排列，已难详考。及吕不韦宾客著《春秋》，始有"东郊迎春，南郊迎夏，西郊迎秋，北郊迎冬"之说。此乃战国晚年五行学者理想上之冥构，何尝为当时之实制？除《周官》及《吕氏春秋》两书有颇相类似之说而外，更无其它切实根据可证。后人书言古代礼制，多出冥构，愈讲愈细，而愈不可据，即此可举以为例矣。

3. 论帝、昊天上帝和五帝的分异

《周官》言"天"者凡三处："（1）《天官司裘》。（2）《春官大宗伯》。(3)《典瑞》。"言"昊天上帝"者凡两处："（1）《春官大宗伯》。(2)《司服》。"言"上帝"者凡六处："(1)《天官掌次》。(2)《春官大宗伯》。(3)《肆师》。(4)《典瑞》。(5)《大祝》。(6)《秋官职金》。"

郊天祀帝，本属周家旧制。祀五帝之说，则起于战国末世，而始采用于秦。《周官》只说五帝分兆四郊。照理推想，既将五帝兆位分列东西南北四郊，自应于春夏秋冬四时分祀。否则同时兼祀四郊五帝，于情理似欠合。而细玩《周官》原书，实无五帝四时分祀之迹象可求。若只就《周官》原书看，似乎"季夏祀中央黄帝"的说法，在《周官》成书时，其说尚未完成，因此《周官》作者亦未及采用。直要到吕不韦著《春秋》，才始于四时四郊分祀五帝有一番精详的规定。亦正因其书并非史实记录，故于兼罗各种素材而加以组织时，终不免有漏洞与裂痕也。

4. 论郊丘异同

论"郊""丘"异同，此乃引起后来诸儒在礼制上纷然争论一极复杂的问题。孙诒让《正义》卷十一谓："'帝'之与'天'，虽可互称，而此经则确有区别。通校全经，凡云'昊天'者，并指圜丘所祭之天。凡云'上帝'者，并指南郊祭受命帝。"

此乃主"郊"、"丘"两祭不同之说者，可谓是属于郑玄一派。然若说郊、丘两祭不同，（1）须说圜丘祭在冬至。而南郊祭则在立春；此层留待下辨。（2）须说圜丘所祭乃昊天，而南郊所祭为受命帝，此层可先剖说。"受命帝"云云，当系邹衍之徒主张"五德终始"一派学说者所提出。《淮南·齐俗训》高诱《注》引《邹子》曰："五德之次，从所不胜，故虞土，夏木，殷金，周火。"

邹衍之徒之"五德终始"说，后代早已失传，此为仅存可考之语。……《史记·封禅书》有云："邹子之徒，论著终始五德之运，及秦帝而齐人奏之"，此谓五德以"相胜"为转移，"受命帝"之说，即源于此。

今《周官》书虽有五帝祀，但并未说明要时分祀，一年而遍，即不得认《周官》所言为与《吕览》、《月令》相同。而《周官》书亦并未采及五德转移及受命帝的说法，此一层尤为显著。则何得妄为附会，强分"昊天"和"上帝"之不同，而谓一是"天"而一是"受命帝"乎？只因郑玄到孙诒让此一辈人，误认《周官》之书，乃古代一部典礼之实录，又误把《周官》与《吕览》、《月令》及邹衍后学一派所主张之五德转移受命而王之终始说，统混为一，认为是同一事之多面，又误认为其自古已然，在周公时而早已勒为定制。所以要勉强用受命帝的说法来分别《周官》书中之"昊天"和"上帝"。此乃愈求会通，而愈陷于纠纷，不如分别各自为说，转可得古人与古书之真相也。

5. 论冬至祭及立春祭

其次则有"冬至祭"和"立春祭"的歧点，其实此乃一历法问题。依照三统旧说，夏正建寅，殷正建丑，周正建子，则三代之正月便已各自不同。据今推论，周正建子，显然是确有其事的。而春秋时晋国便用建寅夏正，可见在当时，已不像有天下共遵的正朔。《周官》的著者，我疑他是晋人。因此，他常不免把晋国所行的夏历，与当时旧传的周历，此两种不同的历法，兼罗并用。因此，在一种制度里，常常含混地行使了两种历法。

《周官》书里以岁时序事，均先言"正月"，次言"岁终"，再言"正岁"。是在一个朝廷上，而同时行用了两个正朔，这正和上举祭天了还祭五帝同样的滑稽。此岂周公所制？又岂春秋所有乎？

郊天之礼，从冬至到启蛰，从周正到夏正，从大报本返始到祈农事，把一种重农的主张加进去，也不可不说古人在宗教思想、祭神观念中，也有一番进步。但后儒却把这一段历史上生长流化的事变，看成为一种政治上固定呆板的制度。而忽略了其时间性之推移，而以为是一时并存之事，则宜乎有许多的纷争了。

《周官》作者，兼采了各种素材，集合拼凑，不免有漏洞，有破绽。一面既改用夏历，一面又沿袭周正。遂使后来注家，横生许多猜疑曲解，而郊天大礼，遂为从此以下一大争案。

6. 附论汉以后郊

汉文帝十五年，有司礼官皆说："古者天子夏躬亲礼祀上帝于郊，故曰郊。"文帝遂于夏四月幸雍，郊见五畤。至武帝元光二年，始以冬十月幸雍祠五畤，此为岁首行郊礼。而元鼎四年十一月冬至立泰畤于甘泉，天子亲郊见，期日夕月，是为汉人以冬至郊天之始。其后直至太初元年改历，以正月为岁首。此后天汉元年正月，幸甘泉，郊泰畤，便以岁首，不以冬至。及宣帝神爵元年，正月幸甘泉，郊泰畤，三月幸河东，祠后土，便是循行武帝天汉后故事。元帝初元二年正月，幸甘泉，郊泰畤。亦仍沿武帝天汉以来故事，于岁首正月郊泰畤，而雍五畤则与汾阴后土并祠三月也。至成帝建始元年十二月，始罢甘泉、汾阴祠，作长安南北郊。明年正月，罢雍五畤，以正月郊祠长安南郊，三月祠后土北郊。以下至永始二年冬十一月，又幸雍，祠五畤。三年冬十月，尽复甘泉泰畤、汾阴后土、雍五畤。绥和二年帝崩，皇太后诏复长安南北郊。哀帝建平三年，又复甘泉泰畤、汾阴后土祠，罢南北郊，然不亲至。平帝元始五年，王莽又奏复长安南北郊。

此乃西汉一代郊天祀地，典礼无定，种种变动之一个大结束。王莽、刘歆"发得《周礼》"，得所根据，遂定为日冬至祭天，日夏至祭地之说。而对于向来之岁首郊天，则转觉无从强合。然亦从《周官》书中"冬至郊天"一语上生歧也。故西汉自文帝以来，虽稽古未密，然因循随俗，转走上了古人岁首祀天之老路。至王莽、刘歆，考古工深，较诸前人，遥为精密，而转觉于事情欠合，乃不得不造出此种种勉强之说耳。今若谓莽、歆伪造《周礼》，则试问对于以上之种种演变，又将如何解说乎？

7. 论方泽祭地

连带着"圜丘祭天"，又有所谓"方泽祭地"。考之古籍，似乎古人只有社祭，别无地祭。然而《周官》之书，则实有令人入迷处。《春官·大司乐》云："冬日至，于地上之圜丘奏之，若乐六变，则天神皆降，可得而礼矣。……夏日至，于泽中之方丘奏之，若乐八变，则地示皆出，可得而礼矣。"原来《周官》著者，正在阴阳的对偶上玩把戏。一面是"天神"，一面为"地示"；一在冬日至，一在夏日至；一在地上之圜丘，一在泽中之方丘；一乐六变，一乐八变。如此安排，何等整齐？

而且《周官》书中又明说："冬日至，圜丘祭天；夏日至，方泽祭地"，显与原来郊社旧规不合。可见《周官》书中所谓"夏日方泽祭地"，较之原来社祭、时间和地位，早都变了，而《周官》著者，却并未在其书中说明方泽之祭之并非社祭，又并未将圜丘方泽的地位分说清楚。其实则社祭和北郊，北郊和方泽，凡此异同，本只是纸上空言，无中生有，而后儒偏要据此力争，辨成北郊之决非方泽，社祭之决非北郊，此正如谓南郊非圜丘，祈谷非南郊，同一无聊，同一入迷。其误正在不知《周官》一书，乃学者一时理想上之冥构，而并非史实记录。然若究其实，则《周官》既非史录，而后人强自为之分说，终不免愈说愈歧，而到底无着落处，此亦所谓郢书燕说也。

8. 论朝日夕月

相当于"天地"者有"日月"。然观《郊特牲》："郊之祭也，迎长日之至也，大报天而主日也。兆于南郊，就阳位也。"可见古人对日之尊礼，实远出尊月之上。自从庄周《齐物论》出世，一辈信仰自然主义的道家后起，到处向自然界寻觅那些相反相成，对等并立的事物，来完成一套配偶哲学的把戏。然后"地"和"天"偶，"月"与"日"配。然而古人观念，则并不如此。即观《周官》书，虽已用了"方泽祭地"来配搭"圜丘祭天"，却也还没有把"秋分夕月"来配搭"春分朝日"。此亦只可算是《周官》著者一时疏忽，精神有顾不到处，还待后人之增添了。

《国语·周语》："内史过曰：'先王有朝日、夕月，以教民事君。'"《鲁语》亦云："天子大采朝日，小采夕月。"读者试就上引两节对比，便知"夕月"定是后起饰说，而非原始礼制了。这正因战国后起人本着天地间一阴一阳各成配偶的观念，故于"冬至南郊祭天"之外，要加上一个"夏至北郊祭地"，于"春分东门朝日"之外，要加上一个"秋分西门夕月"，一一把来成双作对。而《周官》作者，则既已增出了"方泽祭地"，却还未顾到"秋暮夕月"。此则只可说是在道家配偶哲学下的理想的礼制之尚在发展的途程中，而没有完全成熟也。

9. 论就日食月食

最可证明古人对日月观念之变迁者，当推日月食一例。春秋日食三十六，而绝不提及月食，可见时人重视日而月则否。惟《春秋》日食三十六，而记载鼓、用牲于社者仅三次。则似乎伐鼓、用牲，确是非常之事，并不每逢日食，即照例举行。《三传》对救日食礼之主张不一，正见在当时，本无一种确定的法制仪文，为一辈诸侯所当普遍奉行。抑且日食有久有暂、有甚有不甚。故或有奔走相告，惊诧为灾异谴告者，亦有忽然而过，漫然不加重视者。其须伐鼓、用牲而救与否，亦胥视当时现象而定。故《春秋》二百四十二年，所记日食，亦仅三十六次，亦非一一伐鼓，用牲而救也。下至《汉书·五行志》引董仲舒、刘向、刘歆诸人说，乃始一一为此加上了一种上天谴告的说明。此正时代意见之不同，未可一概而论也。

故《春秋》不载月食，而《周官》书中又不同。如云："救日月，则诏王鼓。"（《地官·鼓人》）"凡日月食，四镇五岳崩，大傀异灾，诸侯薨，令去乐。"（《春官·大司乐》）是《周官》对日食、月食，一样重视，一样要救，显与《春秋》有歧。《周礼》著者，显然存有一套在他当时流行的阴阳配偶的哲学观念，日食要救，月食也要救。正如祭天了，定必要祭地，此都是那阴阳两两相对的一套玩意儿在作祟。此等全出庄生《齐物论》之后，又何尝是春秋时所有？更何尝是周公之所定乎？若《周官》书诚出刘歆伪造，则何以对救月食事，亦无痕迹可求乎？

10. 论阴阳男女

上论天地、日月之祭，处处足以证明《周官》书出世，定出阴阳学说盛行之后。书中用"阴阳"字凡十二见。除《山虞》、《卜师》、《柞氏》诸条意义较为常见外，《周官》书中所用"阴阳"二字之涵义，实非常广泛。要言之，气有阴阳，声有阴阳，礼乐有阴阳，祭祀有阴阳，狱讼有阴阳，德惠有阴阳，一切政事法令莫不有阴阳。事事物物，均属阴阳之两面。故日名"太阳"，月呼"太阴"，余可类推。于是把整个宇宙，全部人生，都阴阳配偶化了。此等思想，自当发生在战国晚年阴阳学盛行之后，此殊无可疑者。

根据上述，证《周官》书出战国晚世，当在道家思想转成阴阳学派之后；而或者尚在吕不韦宾客著书之前，故《周官》书中并未采及五帝四时分祀之说。及秦帝而齐人始奏邹子之徒所为五德终始之说，《周官》著者似亦不及见，故"受命帝"等诸说，书中亦未有。此可以定《周官》成书之准确年代矣。

（二）关于刑法

《周官》乃一部讲政制的书，然其书中一切制度，是否为西周初年周公所订，昔人早多怀疑。上章据天地日月祀典，证此书乃学者理想冥构，并非史实记录。其成书应在战国晚年，非春秋前所有。今再从政制方面考察，益足证成前说，互相发明。

1. 论法的观念之成立

《周官》书中有极为明显之一事，足以证其书之为晚出者，即其书对"法"的观念之重视是也。"法"字在古书中很少用。《小戴礼》有云："礼不下庶人，刑不上大夫。"古人治国，只知有"礼"与"刑"耳。故《诗》《书》中"法"字极少见。《左传》昭公六年，记郑人铸刑书。其事在当时，尚属创举，叔向谏书中，竭力举出当时政治意识上可有的种种手段和名字来劝止子产。凡所谓"义"、"政"、"礼"、"信"、"仁"、"忠"、"和"、"敬"等皆是，而独无所谓"法"。子产刑书，时人亦只名之为"辟"，不称为是"法"也。试检《论语》，孔子谨云："为政以德"，"为邦以礼"。又曰："政者，正也"，"道之以政，齐之以刑，民免而无耻。道之以德，齐之以礼，有耻且格。"凡此皆未及"法"字。

战国法家兴起，首推魏国之李悝。今《周官·天官·大宰》开始便云："以八法治官府。"此下说到"法"字处不胜列举。即此已见《周官》书决非周公所著，亦决非春秋前所有矣。

2. 论法律公布之制

《周官·天官·大宰》又云："正月之吉，始和（宣）布治于邦国都鄙。乃县治象之法于象魏，使万民观治象。"《地官·大司徒》、《夏官·大司马》、《秋官·大司寇》亦同云："布教、政、刑于邦国都鄙。"至是始把国家一切政治、教、刑律等，全都包括在"法"的一概念之下。而且一切"法"又都得公开宣布。此乃何等进步现象？

大抵通观《周官》全书，三百六十官，殆无一官无法制，亦殆无一官无禁令。而此等法制禁令，又惟恐其在下者之不知。于是必逐时逐年，竭力用意于向下宣布与申述。此等情况，则正合于《老子》所谓"法令滋彰"之一语。故《老子》曰："法令滋彰，盗贼多有。"然则《老子》书只是批评了《周官》书里的情形，而《周官》书也只记载了《老子》书里所批评。此两书时代大概相近。临孝存谓"《周官》是一部黩乱不验之书"，实非无见而云也。

3. 论五刑

"五刑"之制，见于《周官·大司寇》之《司刑》，其言曰："掌五刑之法，以丽万民之罪。墨罪五百，劓罪五百，宫罪五百，刖罪五百，杀罪五百。"此有名的"五刑"，一向认为是唐虞以来之旧制，其实亦属后起。《周官》以前，"五刑"之名，仅见于《周书》之《吕刑》。而《吕刑》亦是一篇晚出书也。《吕刑》云："苗民弗用灵，制以刑，惟作五虐之刑曰'法'，杀戮无辜。"

此处特地点出"五虐之刑曰法"一语，即已是《吕刑》晚出铁证。

且五刑成立，亦非一时俱起。大辟、宫刑以及劓、刖之刑，在春秋时已屡见。而少见有墨。至于墨面，此乃当时东南民族一种时俗风尚耳。黥墨之风，传至中国，而变成为一种刑罚，其事当在南方越民族与中原交通频繁之后。而今《周官》"五刑"，墨为第一，此岂诚周公之所制？又岂为春秋前之所常有乎？

4. 论五刑以外之流放

五刑中之墨刑，本非春秋前所有，上文已论过。亦有春秋前极通行之刑名，而五刑中转不再见者。轻刑如割耳，重刑如流放皆是。《尚书·康诰》云："劓刵人。"《吕刑》亦言："爰始淫为劓、刵、椓、黥。""刵"是割耳之刑。《左传》："师缚示之俘馘。"（僖二十二年）"馘"同是割耳。劓刵之刑，大抵亦仅施行于小民。至于卿大夫贵族犯罪，则别有一种惩戒之法，最著者为幽囚和流放。

《左庄六年传》云："夏，卫侯入，放公子黔牟于周，放甯跪于秦。"又《襄二十九年传》云："秋九月，齐公孙虿、公孙灶放其大夫高止于北燕。"可见流放乃春秋时对待卿大夫所极常见者。

下至战国便不然。当时仅知"法自贵者始"，更不言"刑不上大夫"。大夫既可用刑（以后竟至具五刑），自无需再流放。《夏官·大司马》有云："放弑其君则残之。"似在《周官》著者心中，只知有臣放其君，不知有更常见的君放其臣。《周官》著者其生已晚，一时记不尽前代事。而即此一端，亦足证《周官》书出世远在春秋之后矣。

5. 论什伍相收司连坐之法

当春秋世，社会不安，常见有所谓盗贼之记载。而其事已起于春秋之中晚。郑子产死，子太叔为政，郑国多盗。鲁襄公三十一年，子产使晋，亦云晋国盗贼公行。襄公二十一年，《左传》载鲁多盗。循至战国初年，大概盗贼已确然成为政治家一种注意之对象。李悝著《法经》，其主要对象便为盗贼。其《网捕》两篇，用意专在盗贼之劾捕。故曰："王者之政，莫急于盗贼"，此诚战国时代人理论也。

其后商鞅入秦变法，大体承李悝《法经》。《史记·商鞅传》云："卫鞅定变法之令，令民为什伍，而相收司连坐。不告奸者腰斩，告奸者与斩敌同赏。"此处之所谓"奸"，大体即相当于李悝《法经》之所谓"盗贼"也。

而今《周官》书中，却载有和李悝"网捕"、商鞅连相坐同性质之制度。《地官·大司徒》云："令民五家为比，使之相保；五比为间，使之相受。"故《周官》"刑职"，在于："以诘邦国，以纠万民，以除盗贼。"（《天官·小宰》）盗贼成为政治家值得注意之对象，此乃春秋以后之事。此种严密防禁盗贼之制度，又岂是周公所制，而为春秋以前之所有乎？

6. 论作内政寄军令

一个政治家理想应有之功能，固不当仅止于防禁人民之为盗贼，彼固当诱导为盗贼者，使其能转向于对国家有利之途径。在战国初年，求能诱导人民有利国家，其事尚简，在内则务农耕，在外则事战斗，故李克（即李悝）、吴起、商鞅，皆以法家而兼擅兵农之能事。《秋官·大司寇》云："以五刑纠万民：一曰野刑，上功纠力；二曰军刑，上命纠守；三曰乡刑，上德纠孝；四曰官刑，上能纠职；五曰国刑，上愿纠暴。""五刑"之最先，故谓其犹不失三家规矩也。

在《士师》有"五禁之法"："一曰宫禁，二曰官禁，三曰国禁，四曰野禁，五曰军禁。"此亦田野与军旅并言。其实皆是农战并重之遗旨也。而此种理想之发展至于最完密者，则为上托于管子之所谓"作内政而寄军令"。《管子》和《周官》两书，显然同是战国晚年一辈学者之理想，惟周官则似乎在制度上格外写得精密与出色些而已。其实只专就寄军令于内政之一节而论之，此为管仲霸诸侯之阴谋，犹较为近情也。

7. 论入矢金赎罪

《周官·秋官·大司寇》有云："以两造禁民讼，入束矢于朝，然后听之。以两剂禁民狱，入钧金，三日乃致于朝，然后听之。"其实入金矢赎罪，亦为"作内政寄军令"之一面。其制可证之于《管子》。《管子·中匡篇》云:"甲兵未足,请薄刑罚,以厚甲兵。于是死罪不杀,刑罪不罚,使以甲兵赎。死罪以犀甲一戟,刑罪(旧误"罚",依王校改)以胁盾一戟,过罪以金钧(旧误"军",依王校改)。无所计而讼者,成以束矢。"

可见令民人束矢然后听其讼,正为欲厚甲兵,并不取其矢之直。《周官·秋官》之《职金》亦云:"掌受士之金罚、货罚,入于司兵。"罪金而入于司兵,其为给治兵之用显然矣。故知《周官》与《管子》两书,仍是战国晚年人说话也。

(三)关于田制

《周官》讲经济,最重要者自然是田制。井田有无,历来辨论甚多,大概言之,井田该是有这么一回事的。周人开国,本已是一个耕稼民族,随其势力之东展,懿亲功臣,分封各地。他们是大地主,为他们耕垦土地者,则是他们的耕户。《左昭七年传》,楚国芋尹无宇曾谓:"封略之内,何非君土?食土之毛,谁非君臣?"此乃当时之实情也。在其颁给领土,督导耕垦之际,自可大体上划分疆界,平均分配。一夫治田一方(百亩),一方(百亩)和一方(百亩)间,有着畔岸和沟洫。一纵一横,如此般划分着。此即所谓井田之大体规模也。《崧高》之诗有之,曰:"王命申伯,式是南邦。因是谢人,以作尔庸。王命召伯,彻申伯土田。王命傅御,迁其私人。"要封一个申伯,先为之筑城(作庸),再为之划地(彻土地),然后为之移民(迁私人)。此乃当时封建之应有顺序也。

至其所以名为井田者,或是数家同井,资为灌溉,为当时耕垦土地一个自然的区分。或是阡陌纵横,形如井字般,略如后世所述井九百亩之制度。至于用数目字来精密叙述,则多半出于后来学者间之理想和增饰。整齐呆板,并非真相。然不能因此遂疑古代并无井田。至于《周官》书中之井田制度,则多半出自战国晚年一辈学者理想中所冥构。然而亦有许多有来历,有根据,正可从此推论《周官》之成书年代。

1. 论公田制

《诗经·小雅·大田》云:"雨我公田,遂及我私。"此为西周田制有公田之证。孟子尝谓:"惟助为有公田。"

今就情理推想,当时贵族阶级划地授田,不一定全是一夫百亩。至于"助法"之与"贡法",亦未见是贡法在前,而助法在后。如《大田》诗所云,显见西周定有公田,故孟子又云:"虽周亦助也。"助法之大体,谓是:"方里而井,井九百亩,其中为公田。八家皆私百亩,同养公田。"

此种制度之内在精神,并不在八家与百亩之数字之硬性规定,而在其有"公田"与"私田"之区别。公田不必在中央,一井(即一组)不必定是八家。所谓"八家同井,井九百亩,中为公田"者,此乃是公田制里一个最象样最整齐的模范格局。而所谓"私田"者,则只是耕户各私其田亩垦治之所获,而并不是私其田亩之所有权。此种制度,在权利观念尚未十分发展成熟,私有权观念尚未坚强产生,亦未见其不可行。然而权利观念之生长和进展,终于不可避免。于是"雨我公田,遂及我私"之歌颂,遂不免变成如何休所谓"不肯尽力于公田"之情况。耕户之不肯尽力于公田,即是助法制度要崩坏改革之先机。

于是在贵族阶级中,自有人会想到把公田一并颁给了耕户,而在耕户们各自耕种的田地上,派他们缴纳额定的租税。此即所谓"校数岁以为常"之"贡法"也。如此说之,应是助法先行,而贡法后起。

《春秋》鲁宣公十五年:"初税亩。"《谷梁传》云:"古者什一,藉而不税。井田九百亩,公田居一。私田稼不善,则非吏;公田稼不善,则非民。初税亩者,去公田而履亩十取一也。"此乃春秋时鲁国开始改革公田藉(助)法,而创行履亩而税之贡法之明证。

其次论"彻法"。"彻"字在先不像是一种税制之名称。《诗·公刘》:"彻田为粮。""彻"字有开列之义,"彻田为粮",只是开派田亩,令众垦治,以为粮食。《江汉》诗又云:"王命召虎,式辟四方,彻我疆土。""彻"和"辟"同是开辟义。秦制有"彻侯",得划分田土,此"彻"字则仍还是援用的古义。

今按:鲁宣公十五年初税亩,乃是废公田,行贡法。试再来看《周官》,则似乎《周官》书中,已全没有保留公田之旧制。至于西周田制之所谓公田为助,则反不见于《周官》。试问《周官》之书,何能为周公之所制?又何尝是春秋前之所有乎?

2. 论爰田制

田制初兴,应属附有"公田"之"助法"。每一组耕户各有他们应该担负的一块公田。故公田助法废，即无异于井田废。而废公田以外，另有兴"爰田"一事，亦为废井田之先声。

《左传》僖公十五年："晋于是乎作爰田。"《晋语》作"辕田"，是为爰田制之初见。《汉书·地理志》云："秦孝公用商君，制辕田，开阡陌。"是为辕田制之再见。孟康云："三年爰土易居，古制也；末世寖废。商鞅相秦，复立爰田。上田不易，中田一易，下田再易。爰自在其田，不复易居也。"

大概初行井田时，只是几家同一井，各受田一方，同耕公田一方，如此而止。到后才定出"三年爰土易居"的办法。使"肥饶不得独乐，硗埆不得独苦"。一辈农民，过了三年，大家有一个机会互相易地。正为有三年一易居之机会，一辈耕户，在其大地主治下，过了不如意生活，三年之后，不免想迁徙远去，投奔新主人。孟子亦云："死徙无出乡。"赵岐《注》："徙，谓爰土易居，平肥硗也。不出其乡，易为功也。"

然而三年爰土易居，总是件麻烦事。一旦爰田制推行，各耕户可以自爰其处，不复易居换土。这一来，此一块土地之所有权，虽未明白规定转归耕户自有，而其田地之成为此一家耕户之永业，实渐渐从此栽根。田地所有权之观念既变，公田为助之税法无形中亦必随之而变。

本来三年一易地者，现在可以永不纷更。如此则耕者皆得有其永业，故为国人所喜。要之均等授地，公田为助，乃一种较先的制度；而分等授地，自爰其处，为一种较后的制度。证之《左传》，其事可信。而《周官》书中讲田制，则亦采取较后起之爰田制。故在《周官》书中，乃惟见有后起之爰田制，更不见先行的公田制。则《周官》之为战国晚出书，更复何疑乎？

3. 论封疆沟洫

战国时，孟子云："仁政必自经界始。经界不正，井地不均，谷禄不平。是故暴君污吏，必慢其经界。经界既正，分田制禄，可坐而言也。"可见"经界"实为井田制里最重要一元素。废公田，行爰田，也可说是当时田制上进步了，而慢经界则是一大退步。这里最主要的，自然是一人口问题，尤与封建与井田之变动有关。

所谓"封疆"。各处的侯国，各处的卿大夫采邑，各处的邑、里、乡、社，他们各有所谓封疆。高高地筑成一带土堤，堤下随着一带深沟，围在他们的所谓邑、里、邦国之外。《史记·商君列传》云："凡为田开阡陌封疆，而赋税平。"大抵人口日密，田亩日辟，"开阡陌"乃是一种自然趋势。故井田之废，实与人口日增，田亩日辟有关也。

然所谓"开阡陌封疆"一语，其尤重要者，当在"封疆"而不在"阡陌"。封疆既为井田与封建之同一要征，因此，废井田，开封疆，亦如等于废封建。其实秦之废封建，行郡县，大体亦是商鞅先创之。史记所谓"赋税平"，在封建时，各区封略中之人民，受各个封君之支配，则赋税如何得平？今改行县制，县令直接朝廷，受同一制度之支配，则赋税自然平。

《周官·遂人》云："凡治野，夫间有遂，遂上有径；十夫有沟，沟上有畛；百夫有洫，洫上有涂；千夫有浍，浍上有道；万夫有川，川上有路，以达于畿。"这是何等宽大整齐、平正通达的景象？沟树封疆，乃是早期小国寡民之所有。而千夫、万夫，则是后来地辟民稠之景象。待到千夫、万夫，那些沟树封疆，早已消失。可见《周官》作者究是生得晚了，所见早是"开阡陌封疆"后之状态，乃又从而加上一番想象中阡陌封疆之描写，把疏的规模，来装在密的现实上，遂成这样大块整齐的田制。

沟洫本以通水利，而考古代诸夏水患，惟晋为烈。其次则河南，于六国为魏。当时山西、河南沿河两岸，水患最盛。因此亦出了许多水利专家。窃疑《周官》作者，当为晋人，一面是承袭了李悝、吴起、商鞅，讲究法制、农事、军政；一面则注意水利，盛言沟洫之制，是西门豹、白圭、史起之遗教。

上文三节，第一论公田之废弃，第二论爰田制之推行，第三论封疆之破坏，都是古代井田制度消失之最大现象。《周官》一书，论其大体，都已是跟着时代，采用了当时新兴的局面。依据上论，《周官》还只是像战国三晋人作品。远承李悝、吴起、商鞅，参以孟子，而为晚周时代的一部书。

（四）其　他

1. 论《周官》里的封建

《周官》所记封建，决非古制真相，前人辨难已多。兹姑举一点言之。井田本随封建而来，而《周官》书中，却从井田上来造封建，先后倒置，显见非史实记录。即如孟子，亦何尝不想从正经界开始，而达到分田制禄，重新厘订封建世禄的古规模？显见《孟子》、《周官》同为战国以下人思想，而《周官》说来愈细，乃愈见其为晚出耳。如《地官·小司徒之职》云："乃经土地而井牧其田野，九夫为井，四井为邑，四邑为丘，四丘为甸，四甸为县，四县为都，以任地事。"

此乃先有了井田规划，才分丘、甸、县、都等区域。无异于说先有田制，再造都鄙，显违古代情实。今《周官》谓"四井为邑"，于古于后，全无可证。

至论公、侯、伯、子、男五等封爵，其实也如此。《尧典》："肇十有二州，封十有二山，浚川。"《周官·大司徒职》："凡造都鄙，制其地域而沟封之。""封"即《尧典》所谓"封山"，"沟"即"浚川"也。封山、浚川，皆"肇十有二州"之事。今按：《周官》之书，把整个中国划分五等封爵，已属一种理想。《尧典》却又把中国划为十二州，显是战国晚年封建制已崩溃、郡县制已兴起以后人思想。《尧典》、《周官》用同一理想，同一字面，一写《周官》，遂成五等封爵，一写《尧典》，遂成十二州。而其同为晚周以下作品，则以两两相对比而益显。

2. 论《周官》里的军制

封建井田军制，都是一套相联。《周官》言井田封建，并非古制真相，则其言军制可知。下文姑举数条为例。

其一论车乘及卒伍：《夏官·大司马》云："凡制军，万有二千五百人为军。"古以车战，军制应以车计。《周官》仅云一军万二千五百人，而不及车数，显是其书晚出之证。

其二论舆司马及行司马：《周官·大司马》政官之属，有："大司马，卿一人。小司马，中大夫二人。军司马，下大夫四人。舆司马，上士八人。行司马，中士十有六人。"今考春秋时诸夏用车战，而戎狄则以步卒。故隐九年北戎侵郑，郑人患之，曰："彼徒我军，惧其侵轶我。"晋居山西，与群狄为邻。昭公元年，中行穆子与群狄战，始决意毁车为行。《周官》军制有"舆司马"、"行司马"，即证其书出晋人，在春秋后矣。

其三论国子与庶子：《地官·师氏》有"国子"，《天官·宫伯》有

"庶子"。庶子又见于《外饔》、《酒正》、《司士》、《大仆》、《象胥》、《掌客》诸职。证之《赵策》，左师触詟愿以其少子补黑衣之缺，以卫王宫，正与《周官》所谓"国子"相近。至于"庶子"来源，亦与国子并无十分区别。如商鞅以卫诸庶孽公子为魏相公叔痤中庶子，甘茂孙甘罗事秦相吕不韦为庶子，此等均属近臣侍从，并不一定能随军战斗。其实只见庶子亦是战国新制，春秋以前并无见。然亦正可证周官乃战国时代产物也。

其四论余子：《地官·小司徒》："凡国之大事，致民；大故，致余子。"今按："余子"之名亦起战国。《秦策》："范雎为梁余子。"《赵策》："燕、赵久相攻，士大夫余子之力尽于沟垒。"此皆战国时始有"余子"之名之证。余子者，正是尚未壮有室，而亦已登上了国家之军伍役籍也。而《周官》作者勒为定制，一则曰"竭作"，再则曰"致余子"，又曰"皆征之"，若不到战国之晚年，使民严酷，当不致如此。

其五论军门称和：《大司马》："遂以狩田，以旌为左右和之门。群吏各帅其车徒，以叙和出，左右陈车徒。"郑《注》："军门曰和，今谓之垒门。"今按：军门称"和"，亦战国人语也。《齐策》："秦攻齐，威王使章子将，与秦交和而舍。"军门称"和"，大概是车战改徒战后语，此亦证周官晚出，非春秋前书矣。

3. 论《周官》里的外族

《周官》大司寇司隶，掌四翟之隶，一蛮隶，二闽隶，三夷隶，四貉隶。有闽、貉而无戎、狄，甚为可怪。《诗经》及《左传》言及外族，主要者乃戎、狄，其次始及蛮、夷。"貉"字惟《韩奕》之诗"其追其貊"一见。春秋以后书，用"蛮、夷"字渐多于"戎、狄"，而"貊"字亦渐见。《论语》有"蛮、貊之邦"，《孟子》有"貉道"。今《周官》书亦以"貉"字代替了"戎、狄"地位。《大司马》"九畿"、《职方氏》"九服"有"蛮、夷"，无"戎、狄"。《秋官·象胥》："掌蛮、夷、闽、貉、戎、狄之国使"，"戎、狄"列最后。其书为战国晚出甚显。盖自春秋晚期以后，东南外族，渐占重要地位，而戎、狄已远攘，少人注意。故战国时代人，多言蛮、夷，少言戎、狄也。至于"闽"字，不仅《诗经》、《左传》中少见，即《孟》、《荀》、《管》、《墨》诸书中亦未有。

《周官》究是一部极晚出之书，亦即此而可决矣。

4. 论《周官》里的丧葬

《地官·掌蜃》："掌敛互物蜃物，以共闉圹之蜃。"《左传》成公二年："宋文公卒，始厚葬，用蜃炭。"今考《昭公二十年传》："海之盐、蜃，祈望守之。"蜃是海疆物产，岂周初已定蜃炭闉圹之制？《地官掌蜃》，明是春秋以后葬用蜃炭已成习俗，而《周官》作者本以为说。

5. 论《周官》里的音乐

《春官·大司乐章》讲论音乐，有云："以乐舞教国子，舞云门、大卷、大咸、大磬、大夏、大濩、大武。"此所谓"六乐"，大磬以上，春秋前颇少见。《左传》襄公二十九年，吴公子札在鲁论乐，也仅及韶、夏、濩、武，没有云门、大卷、大咸。若说"鲁用四代之乐"，何以孔子在齐始获闻韶？季札闻乐，本非当时情实，仅是战国时人一种传说，而《周官》尚在其后。

而《大司乐章》所述三大祭，都只有宫、角、征、徵而无商声，这也是历来极费讨论的问题。此外复有一问题，为历来诸儒所未经注意者，即其中所讲音乐能致物怪鬼神之理论是也。春秋以前，似绝未见此等说法。即季札论乐，《论语》孔子论乐，都不涉及音乐能致物怪鬼神事。

今考音乐能致物怪鬼神，及乐戒商音二事，其实全起战国。其证则在《韩非子·十过篇》，篇中所述"卫灵公之晋，至濮水之上所闻之音。及与晋平公会师涓、师旷所奏清商之音。此故事极生动，不必晋平公时确有其事，而战国时确有此说。清商乃亡国之乐，靡靡之音，所谓"濮上之声"者是，所以周官三大祭皆不用商，正为其是濮上遗声也。《周官》六乐，变致羽物，乃至于六变致象物，全从此种故事中来。

且即以《大司乐章》所谓必用何种乐舞而后鬼神乃可得而礼者，此亦晚周、先秦、燕、齐方士之绪论也。今《周官》著者讲音乐，亦谓此种乐舞，而后鬼神乃可得而礼，是岂周公之所著？又何尝为春秋以前之所有乎？

六月，《秦三十六郡考》，刊于《清华周刊》第三十七卷第九、十合期《文史专号》。其中附篇《秦三十六郡考补》，刊于《禹贡半月刊》第七卷第六、七合期。收入《古史地理论丛》，一九八二年由台北东大图书公司出版。一九九八年收入联经《全集》第三十六册，《古史地理论丛》页二五九～二七二。兹摘录其大要如下：

《史记·秦始皇本纪》载始皇二十六年从廷尉李斯议，分天下以为三十六郡；按之班氏《汉书·地理志》，列举秦郡，适得三十六。三十六郡中，南海、桂林、象郡，置于始皇三十三年。九原郡据《匈奴传》，赵有雁门、代郡，云中三郡以备胡，九原特云中北界，未置郡也。三十三年蒙恬辟河南地四十余县（《本纪》作三十四县），盖以此置九原。则九原亦不当在三十六郡内。（全祖望说）又《秦始皇本纪》三十五年除道道九原抵云阳，自是九原之名始见。明始皇三十二年前未有九原郡也。（王国维说）

然则《汉志》所列三十六郡，南方之南海、桂林、象郡，北方之九原，皆在始皇二十六年后。始皇二十六年所分天下三十六郡者，《汉志》实尚缺其四。历来考史者于此颇多争议。或主三十六郡乃秦一代郡数，以班说为信。（钱大昕《潜研堂集》）或以三十六郡乃始皇二十六年所分，后此所置者不与。（裴骃《史记集解》）今从后说，再为补列：

（一）广　阳

《水经·㶟水注》，秦始皇二十·年灭燕，以为广阳郡。全祖望《汉书地理志稽疑》遵之，故知《水经注》实可信。

（二）楚　郡

《楚世家》》，王负刍五年，秦将王翦、蒙武破楚国，虏楚王负刍、灭楚，名为楚郡云。其事在始皇二十三四年。全祖望曰："秦灭楚，置楚、九江、泗水、薛、东海（东海后置，说详后）五郡。又《陈涉世家》有陈守。全祖望曰："楚郡即陈郡也。楚郡治陈，故亦称陈郡。"

（三）黔　中

《秦本纪》，昭襄王三十年，伐取巫郡及江南，为黔中郡。《汉志》亦失载。

（四）闽　中

《东越列传》，秦并天下，废闽越王无诸及越东海王摇，以其地为闽中郡。据《秦始皇本纪》，二十五年王翦遂定荆江南地，降越君，置会稽郡。则闽中置郡，亦当在是年，而史失载。或闽中之置稍后，故史不与会稽并及。然至迟亦在二十六年定天下为三十六郡时也。

增此四郡，则适符三十六郡之数。其它尚有秦时郡名可考者为：

（五）东　海

《陈涉世家》秦嘉等围东海守庆于郯。守乃郡官名。及《降侯世家》因东定楚地泗川、东海郡，皆秦时已有东海郡之证。班《志》东海郡高帝置，盖误。

然东海郡固何时所置乎？惟《始皇本纪》三十五年有云："于是立石东海上朐界中，以为秦东门。"窃疑秦廷分置东海郡，殆即其时。至是，秦之疆土，南北大扩，乃遂立石东海中，标为秦东门，以夸其盛德广业焉。而遂划置东海一郡，其名与南海相映照，其事亦一时之隆典。而东海郡或即置于此年，固不妨为此推论。

故知桂林、象郡、南海、九原四郡之立，当在始皇二十六年定天下为三十六郡之后；而东海郡之立，则犹在桂林、九原四郡之后。至是凡得五郡，合之以前三十六郡，秦郡之确可考信者，凡四十一郡也。

后　记

诸家考秦郡，纷纷无定论，而皆有所失。惟全谢山《汉书地理志稽疑》所得最多。不列桂林、象郡、南海三郡，其得一也。又退九原，二也。据《楚世家》、《秦本纪》、《六国年表》补黔中郡，三也。据《楚世家》补楚郡，四也。而据《水经·漯水注》补广阳一郡，尤为创获，五也。《汉志》列记秦三十六郡，谢山退其四，补其三，已得三十五，故曰得最多。其微可议者，不列闽中，而以东海足三十六之数耳。谢山惟谓始皇置，不知其年。然据《始皇本纪》，王翦定荆江南地，降越君，置会稽郡，在二十五年。而闽中置郡实亦在是年；即较晚，亦当在二十六年分郡时。谢山不据此推定其年者，盖由既列东海，不得不出闽中，故曰不知其年矣。今据《始皇本纪》三十五年，"立石东海上朐界中以为秦东门"一条，推证东海分郡应在此时，则闽中自当列三十六郡内无疑。

考古之事，往往愈后愈密，所得转胜于前人，然亦有不尽然者。裴骃注《史记》，已不列桂林、南海、象郡，而钱竹汀力非之，实为一歧；谢山退九原，补广阳，所获远超前人，真所谓博而笃者。王静安《观堂集林·秦郡考》，主驳竹汀之说；其退九原补广阳，皆本谢山，而又不全遵信，又转生歧，遂有四十二郡、四十八郡之拟议。王氏既知秦郡之不止于三十六，而又过泥钱氏六数为纪之论，故强以四十二、四十八足之。钱、王两家，精思博识，大略相似，而于此俱失之，良可憾也。

竹汀考秦郡，专据《汉志》驳裴骃。又曰："读史之病，在乎不信正史而求之过深，测之太密。"静安驳竹汀，乃尽置诸家，惟于《史记》中求之。然考史者往往有正史所缺而旁见于诸家，亦有前人失载而转详于后籍。若专从正史，尽弃诸家，一本前人遍疑晚记，则得失亦参半，未能全是也。《水经·㶟水注》言秦始皇二十一年灭燕为广阳郡，《史记》、《汉书》皆不载。谢山据以补《史汉》缺佚，其识卓矣。王氏之论曰："由今观之，此郡之果名广阳与否，虽不可知，然其置郡之说，殊不可易。"夫置郡之说既不可易，则当时诚有此郡；郡名之果为广阳与否，无足深疑也。且于其置郡之说既不可易，又何从而致疑其郡名之未必可信？王氏又言之，曰："三十六郡之分，在始皇二十六年。齐国灭近在是年之春，距燕之亡亦不过一岁。二国新定，未遑建置。故于燕仅因其旧，置缘边五郡，于齐，略分为齐与琅邪二郡，其于区划故未暇也。"此辨尤疏失。齐灭即在是年，已得分置二郡。燕灭尚在前，何反不遑建置？且秦灭辽东在始皇二十四年，灭蓟尚远在二十一年，距二十六年分郡已五年。齐尚得间分设两郡，燕缘边亦得仍设五郡，皆近在一二年内；蓟灭已五年，何独不遑仍其旧都而建一郡乎？则凡谢山之说，王氏所谓无以易者，实皆未之守。故王氏之失，在先悬一格以定考辨之从违，而复不能坚守。亦由谢山之所以证《水经》者，其论先立于不败，仍不得不折而从之也。

且王氏于二十六年前置郡，既一一寻之《史记》，而《楚世家》明有"灭楚，名为楚郡"一语，谢山特据以补《汉志》之缺，王氏文中顾绝不及，亦可怪也。王氏所考无楚郡，而有陈郡，为全考所无。王氏考得陈郡，又明见全氏书，顾不会合为说，而于《楚世家》楚郡一名始终不提。殆以言楚郡，则其建置当在二十六年前。而王氏必抑之二十六年后，以符其秦人制郡必以六数之说耳。王氏既称尽置诸家，专于《史记》中求之，更不应置此不论。又既见全氏书，亦不应于楚郡、陈郡异同不剖辨也。

全氏考秦郡识超前人者凡三处：一曰退九原，王氏承袭以为说；一曰补广阳，则王氏微变之；一曰增楚郡，则与王氏陈郡名异而实同。全氏所得已多，惟失闽中一郡，王氏已纠之。然转自生歧，遂有四十二郡、四十八郡之推臆。而秦初郡三十六之究竟，仍无定论。则考史之事，所由迂折纷歧，而未必后来之必胜前人矣。

王先谦《汉书补注》独尊谢山，谓较前人核实，可称有识。然于闽中一郡，失亦相因，未能有所献替。静安考秦三十六郡、既不列广阳、陈郡，乃别寻陶、河间两郡以足之，然证论颇未惬。近人朱偰曾加驳正。（见北京大学《国学周刊》第二卷第十九期。又王氏论河间置郡，引《赵策》及《史记·甘茂传》为证，其实其时河间为吕不韦封邑，非秦郡，朱辨未及。）朱说三十六郡，入闽中，去东海，结论与余全符，惟不论东海置郡年，则仍不足为前人解纷。

今悉去鞿靮，专本《史》《汉》明文，旁参《水经注》，定著秦初郡三十六，得四十一，其余则建于楚汉之交，如谢山说，庶为近是。

十二月，《古三苗疆域考》，刊于《燕京学报》第十二期。收入《古史地理论丛》一九八二年台北东大图书公司印行。一九九八年收入联经《全集》第三十六册《古史地理论丛》，页八三～一一六。兹摘其大要如下：

古籍言三苗疆域者，莫备于《魏策》吴起对魏武侯之言。曰："昔者三苗之居，左有彭蠡之波，右有洞庭之水。汶山在其南，而衡山在其北。恃此险者，为政不善，而禹放逐之。夏桀之国，左天门之阴，而右天溪之阳。卢睾在其北，伊洛出其南。有此险也，然为政不善，而汤伐之。殷纣之国，左孟门，右漳釜。前带河，后被山。有此险也，然为政不善，而武王伐之。"

此言三苗左彭蠡右洞庭，盖非后世江域之彭蠡、洞庭也。何以言之？江域洞庭在西，彭蠡在东。此言左彭蠡右洞庭，以左孟门右漳釜例之，则左是西，右是东，与江域彭蠡、洞庭左右适得其反。故《水经·沔水注》引吴记，谓以太湖之洞庭对彭蠡，则左右可知。而郦氏非之曰："既据三苗，宜以湘江为正。"然于左右方位终无说。《史记·吴起传》直易其文为昔三苗氏左洞庭右彭蠡，此史公自据江域彭蠡、洞庭方位言之。然吴起又何以谓"汶山在其南，衡山在其北"乎？史公并无以解，而删去不录。《韩诗外传》则改为衡山在南，岐山在北，然岐山又何山乎？自今论之，吴起所言三苗故居本不在江域。汉后人强以江域地理为附会，宜其枝梧难通也。故先从山脉论起。

（一）汶　山

《禹贡》："导嶓冢至于荆山，内方至于大别。岷山之阳至于衡山，过九江，至于敷浅原。"又："岷山导江，东别为沱。"《史记》岷山皆作汶山。言其地望，则《汉书·地理志》蜀郡湔氐道，云："《禹贡》岷山在西徼外，江水所出。"岷山即为汶山。

然余观《禹贡》导山一节而不能无疑。吴澄谓（据胡氏《禹贡锥指》引）："岷山南至衡山，至为荒远，相距数千里，不知山脉何以相承？若谓治山旁水，更不可通。又衡山在江南，九江在江北，敷浅原又在江南，其文参错，经意尤难究悉。"阙所不知，其识最卓。而余谓《禹贡》衡山实不在江南。

（二）衡　山

《史记·秦始皇本纪》，始皇二十八年："西南渡淮水，之衡山南郡，浮江至湘山祠。"是衡山在江北淮南也。《封禅书》记武帝："巡南郡，至江陵而东，登礼灊之天柱山，号曰南岳。浮江自寻阳出枞阳过彭蠡，礼其名山川。北至琅邪。"是武帝祀天柱，即承始皇祀衡山，非二地也。以秦皇、汉武时衡山尚在江北，知《禹贡》衡山亦不在江南。魏默深氏（见魏氏《书古微释道山·南条阴列》附）辨秦汉南岳衡山即指潜霍，在江北淮南。而余考《禹贡》衡山，似犹不在潜霍。

据《汉书·地理志》："南阳郡雉县衡山，澧水所出，东至郾入汝。"《水经·汝水注》："汝水又东得澧水口，水出南阳雉县，亦云导源雉衡山，即《山海经》云衡山也。又见《淯水·潕水篇》。《说文》亦谓："澧水出南阳雉衡山。"是南阳雉县有衡山，其山东西横列，正值《禹贡》荆州之北，故曰："荆及衡阳惟荆州。"盖谓荆州在荆山及衡山之阳也。

范书《西羌传》："西羌之本出自三苗，姜姓之别也，其国近南岳。"章怀太子注："衡山也。"今按：汉人多指南阳衡山为南岳，东河王谏王仲宣，谓"振冠南岳"是也。张载《剑阁铭》："岩岩梁山，积石峨峨，远属荆衡，近缀岷嶓。"亦荆衡连称。《禹贡》衡阳之衡，正是马融《广成颂》衡阴之衡，并不止潜霍，更无论祝融矣。

（三）再论汶山

《禹贡》衡山之地望既得，乃可进而论汶山。《齐语》："桓公南征伐楚，济汝，逾方城，望汶山。"韦《注》："汶山，楚山也。"《管子·霸形篇》云："遂南伐楚，逾方城，济于汝水，望汶山。"是汶山必在楚方城之南汝水之上游可知。《水经·汝水注》："汝出鲁阳县大盂山蒙柏谷西。"《淮南·地形训》："汝出猛山。"焦循《孟子正义》谓："蒙谷即孟山，而'孟'与'盂'形近而讹，大盂山即猛山也。"

余疑猛山、蒙谷，其先或由汶山声转而讹。又《史记·封禅书》："桓公南伐至召陵，登熊耳山以望江汉。"《齐世家》则谓："南伐至召陵，望熊山。"《汉书·地理志》："弘农卢氏，熊耳山在东，伊水出。"《水经·伊水篇》："伊水出南阳·鲁阳县西蔓渠山。"《一统志》："伊水出卢氏县东南百六十里之鸾山，一名闷顿岭，即蔓渠也。"余按：蔓渠、闷顿与汶、嶓声尤相近。盖蔓渠、闷顿乃熊耳之俗称。而《史记》所谓桓公望熊山者，其实即《齐语》之汶山也。

又《竹书纪年》（《太平·御览》一百三十五引）："后桀伐岷山。"《楚辞·天问》："桀伐蒙山。"此所谓蒙山者，未知即鲁阳？蒙柏谷否。而要之汶山一名，所被必广。正如蜀西岷山、南阳、熊耳之例。相其地望，大约在鲁阳境内，而汝水、伊水皆出其阴。《禹贡》所谓"岷山之阳至于衡山"者，正此自西北斜趋东南之一脉。入汉诸水出其阳，入汝诸水出其阴，而此则江、汉、河、淮一分水岭也。上不在雍、梁，下不至湘、皖，当在今河南省境内，正周初周公、召公、鲁、燕封地，所谓二南（燕即郾，在郾县，召陵，鲁在鲁山，傅孟真先生《大东小东说》已言之，见《历史语言研究所集刊》第二本。）汶山既在鲁境，故鲁之东迁而有汶水，亦余主古地名随民族迁徙一旁例也。

云"导嶓冢至于荆山，内方至于大别"者，《汉书·地理志》："六安国安丰县，《禹贡》大别山在西南。"俞正燮说之云（见《癸巳存稿》卷一《书禹贡地理古注考后》）："《禹贡》大别即《左传》大别。《左传》小别、大别在汉北。其质言江夏界者，晋以后始名之，非古也。《唐六典·水部·十道》山川云：大别在淮南寿州霍山县，明《中都志》大别在霍邱县，犹是古义。"

余谓山脉连绵，往往数百里间可被一名，此诚有之。按之《水经·涢水注》："涢水南过江夏安陆县西，又南径石岩山北，即《春秋左传》定公四年吴败楚于柏举，从之及于清发。盖涢水兼清水之目矣。"洪亮吉云（释《大别山》，引见前）："大别山又在霍邱县西南九十里。则自大别西至柏举，实不出三十余里。……柏举至清发又约百三四十里，皆自东北而渐至西南。（按此实自东至西，非自东北至西南，洪文微误。）自此上推内方，汉北叶县之方城，而下及皖之潜霍诸山，亦以至于大别一语为括。是知当《禹贡》成书时，潜、霍尚无南岳衡山之号。故《禹贡》不举衡霍，而言大别。则汶山之阳至于衡山者，更知其非江湘之衡岳，而汶山之非蜀西之汶阜者亦益显。盖《禹贡》导山嶓冢以下一节，尽在豫、鄂、皖三省大江北岸，昔人强分三条为四列者，亦无当也。

由上所论，《禹贡》汶山正与《齐语·管子》之汶山地望相符，而《魏策》吴起所言"汶山在其南"者，其所指亦属一地，盖可推见。古三苗疆域，当在今河南鲁山嵩县卢氏一带山脉之北，亦居可见也。

（四）再论衡山

云"衡山在其北"者，此与《禹贡》汶山之阳至于衡山又不同。盖"衡"者横列之名，凡长山连绵，皆得称之。今依鲁山、卢氏诸山，向北推寻，疑《魏策》所谓衡山，乃指今山西南部河岸诸山，《禹贡》所谓"壶口雷首至于太岳"者而言。《括地志》云："此山西雷首，东至吴坂，长数百里，随地异名。"《通典》：雷首在河东县，此山凡有八名。历山、首阳山、薄山、襄山、甘枣山、中条山、渠猪山、独头山也。"

窃疑此山在古代，宜亦可有衡山之目。且"衡"之与"方"，古以音近相通。《孟子》："一人衡行于天下。"《注》："衡，横也。"《齐语》："以方行于天下。"《注》："方，横也。"是衡行即方行，为"衡""方"相通之证。则山脉之横行而称衡山者，亦宜得称方山。楚有外方、内方。

《郡国志》曰："叶县有长山曰方城。"此足证长山之称方矣。

而余考河东安邑县东北亦有方山。《水经·河水注》曰："太史公《封禅书》称华山以西名山七，薄山其一焉。徐广曰：蒲阪县有襄山。知襄山在蒲阪。"是河东诸山，起自蒲阪，即称薄山也。而《河水注》又云："大阳之山……亦通谓之为薄山。"是河东诸山，西起蒲阪，东极大阳，统可以薄山总目也。而薄山、方山，实亦一声之转。余考是山又称防山、房山，皆即方山之异称。而方山则以长山连绵得名。以此推之，古代于此山容有衡山之号，非尽无稽矣。

余又考《吴越春秋·吴太伯传》谓："太伯仲雍知古公欲以国及昌，古公病，二人托名采药于衡山，遂之荆蛮。"证之《左传》僖五年宫之奇曰："太伯虞仲，太王之昭也，太伯不从，是以不嗣。"不从者，谓太王之自邠迁岐，逾河而西，而二人未之从也。疑古籍自有称太伯虞仲采药衡山而之荆蛮者，衡山即指河东大阳之虞山、虞阪而言。此山即自蒲阪以迄大阳，统得薄山之称，亦均可有衡山之号也。

《史记·封禅书》禹封泰山，禅会稽。《正义》引《括地志》："会稽山一名衡山，在越州会稽县东南十二里。"余考周初地理，定会稽在河东大阳，正与虞山同地。《括地志》所谓会稽一名衡山，又足为余衡山乃河东山之切证。惟云在越州者，则自是地名递播递远后之误说，所当分别而观也。

又云荆蛮者，《吴越春秋》云："禹巡天下，登茅山以朝群臣。乃大会计，更名茅山为会稽山，亦曰苗山。"《水经·河水注》："大阳有茅亭，故茅戎邑。""茅""蛮"一声之转，其先即称苗。吴起所谓"三苗之国，衡山在其北"者，自河东蒲阪以至安邑，在古本三苗之土，宜可称为蛮也。荆即《禹贡》"荆及衡阳惟荆州"之荆。古三苗疆域，南极荆山，而春秋时荆山之苗尚盛，故常连称荆蛮。遂以太伯虞仲之居河东衡山者亦称之荆蛮也。此以《吴越春秋》言衡山，证太伯虞仲初未远逃江南。而河东诸山古亦称衡山，于此亦得一助证。盖书出虽晚，而其取材往往有可资考古之借径者，其例尚多，固不仅此而已也。

（五）彭　蠡

《禹贡》："嶓冢导漾，东流为汉。又东为沧浪之水，过三澨，至于大别南，入于江。东汇泽为彭蠡。东为北江，入于海。"自汉以来，均谓彭蠡即鄱阳，在江南，无异说者。及宋朱子始疑之（见朱子《彭蠡辨》），蔡沉并申其说。然朱子、蔡沉并不疑汉以后以彭蠡为鄱阳之非，而转疑《禹贡》本文之误。下逮清儒，惟崔述、倪文蔚、魏源诸人，始献异议。然后知禹、彭蠡之非鄱阳而实在江北。崔氏之言曰（见《崔东壁·遗书·夏考信录》）："《汉书·地理志》豫章郡彭泽县下注云：'《禹贡》彭蠡泽在西'，番阳在彭泽南，而云在西，则彭蠡自别一地，非番阳明矣。又云：'水入湖汉者八，入大江者一'，不以彭蠡称番阳而称湖汉，则番阳自名湖汉，非即彭蠡，又明矣。"倪氏之说曰（见倪氏《禹贡说》，刻《续清经解》中）："《史记·封禅书》，上巡南郡，至江陵而东，登礼灊之天柱山，浮江自寻阳出枞阳过彭蠡云云。汉寻阳在江北，枞阳在今安庆东境。……使彭蠡为鄱湖，岂既出枞阳，复上溯五六百里而过彭蠡耶？……武帝过彭蠡，北至琅邪，并海上，是彭蠡界扬徐之交。"魏氏之说曰（见魏氏《书古微》卷五《释道·南条·九江篇》）："鄱阳在昔不名彭蠡，止谓之湖汉水……其时彭蠡泽则在湖口下游，小孤山左右，为今彭泽县对岸。《山海经》赣水出聂都东山，东北注江，入彭泽西。庐江水出三天子都，入江彭泽西。此皆彭泽在九江下游北岸之明证。"

总观三家之说，彭蠡之在江北，非鄱阳，断无疑者。而余以为彭蠡始名，则犹不在长江而在大河。盖彭蠡本一通名，苟水流湍急，回旋如螺者，皆可以得彭蠡之称。而江域文化自河移植，其山川土地之名亦往往由河域播迁而来。循此推求，河域宜可有彭蠡之目。而河水湍急，则莫逾孟津之隘。《吕氏春秋·爱类篇》有云："昔上古龙门未开，吕梁未发，河出孟门，大溢逆流，无有丘陵沃衍，平原高阜，尽皆灭之。名曰鸿水，禹于是疏河决江，为彭蠡之障，干东土，所活者千八百国。"

此彭蠡在河域，指龙门以下急流而言之确证也。后人仅知彭蠡在大江以南，于《禹贡》江北之彭蠡，尚不得其解，更何论于《吕氏》文所举河水之彭蠡哉？且言河域彭蠡者，其证尚不仅于《吕氏》，又见之于《淮南》之《人间训》。其文曰："禹决江疏河，凿龙门，辟伊阙，修彭蠡之防。"《北堂书钞》四引作："凿昆龙，开吕梁，修彭离。"是则彭蠡指龙门、吕梁以下河流而言，更无疑义。可证古者河流历此有彭蠡之称矣。

(六) 洞　庭

吴起言三苗疆域，谓"汶山在南，衡山在北，彭蠡左而洞庭右"。汶山、衡山、彭蠡三者，既得其所在，则洞庭一地，自可推寻而得。请先言江域洞庭。江域称洞庭者有二，一为湖南洞庭湖，一为江苏太湖。左思《吴都赋》"集洞庭而淹留"是也。则其先洞庭亦通称，其后乃成湖南洞庭湖之专名耳。

《山海经·海内东经》："湘水……入洞庭下。"郭《注》："洞庭地穴也，在长沙巴陵。今吴县南太湖中有包山，下有'洞庭'穴道，潜行水底，云无所不通，号为地脉。"《水经·沔水注》言太湖有苞山："春秋谓之夫椒山，有洞室入地潜行，北通琅邪东武县，俗谓之洞庭。"若以彭蠡之例推之，凡水之潜行暗达，地脉相通者，宜俱可有"洞庭"之目。而其先起则亦在大河之域。(《唐书·地理志》，酒泉有洞庭山，出金。) 余以"洞庭"二字之声义，及《魏策》吴起言三苗疆域之四至求之，则河域洞庭盖即《禹贡》之荥波也。

《禹贡》："导沇水，东流为济，入于河。溢为荥，东出于陶丘北，又东至于菏，又东北会于汶，又北东入于海。"吴澄说之曰（引见胡渭《禹贡锥指》卷十五)："济既入河，其伏者潜行地下，绝河而南，溢为荥泽，再出于陶丘北。溢者言如井泉自中而满，非有来处，如菏泽被孟猪之被。出者言在平地自下而涌，非有上流，如某水至某处之至。荥泽后既填塞，陶丘亦无窦，济渎故道不可复寻矣。"

是谓济水入河后，别有一脉潜行地下，遇空窦既涌出，故一见于荥泽，再见于陶丘也。此与"洞庭"地穴之义亦复相通。故知荥泽之与洞庭，不徒声近，兼亦义似。语出一源，殆无疑也。荥之为名，既为伏流涌出、地脉潜通之公名，故河域称荥泽者亦不尽于一地。《淮南·本经训》："尧乃使羿诛凿齿于畴华之野，……断脩蛇于洞庭，禽封豨于桑林。"洪亮吉云（引见刘文典《淮南鸿烈集解》)："畴华当即《国语》依畴、历华二地。"是畴华亦春秋郑地，在河域，则洞庭之不在大江以南亦从可知。若依余说，洞庭即河域之荥泽，则洞庭、桑林地望正近。《庄子·天运篇》："黄帝张咸池之乐于洞庭之野。"成玄英《疏》："洞庭之野，天地之间，非太湖之洞庭也。"苟如余说，洞庭即荥泽，固可称洞庭之野，不必以湖不称野疑之，而曲说为天地之间矣。然则洞庭称野，其在河域，正犹大野之例，又可识矣。

（七）三苗疆域

据上所论，古者三苗疆域，盖在今河南鲁山嵩县卢氏一带山脉之北，今山西南部诸山，自蒲阪、安邑以至析城、王屋一带山脉之南，夹黄河为居，西起蒲潼，东达荥郑，不出今河南北部山西南部广运数百里间也。《尚书》言舜"窜三苗于三危"，又称"分北三苗"，而吴起则谓禹灭三苗。舜禹事迹，正在河陕之间。与三苗疆土同域。若谓三苗初居江南、洞庭、彭蠡间，舜禹远迹南征，又窜之西北数千里外之三危，则其事颇涉荒诞，固不如余考之较近情实矣。

一九三三年　癸酉　三十九岁

一　国内大事

一月三日，日本帝国主义出兵侵占山海关，旋占承德，据热河，进攻华北。全国群情激愤。国联明白否认伪满洲国。

宋哲元率二十九军收复被日军占领的喜峰口阵地，并屡次打败日军的进攻。

中日《塘沽协议》签字。

蒋令川、陕、豫、鄂、湘、赣、粤、闽八省总动员剿共。

国民政府废两改元，确定银本位币制。十一月"闽变"成立中华共和国人民革命政府，后我国加入海上安全公约。

庐山会议。

二　事略

续在北大任教。

时国民政府令中国通史为大学必修课，北大虽已遵令办理，惟一时难觅专任教授，故此课程分聘当时北平史学界，不专限北大一校，治史有专精者，分门别类，于各时代中各别讲授，先生亦分占一席。但通史分讲，由于各人史观不同，必致史识有所差异。先生在课堂上明告学生，谓此通史一课实大不通，此堂教授所讲，不知前一堂教授所讲为何，又不知下一堂如何接续。不论所讲谁是谁非，而彼此实无连贯、头绪纷繁，将使学生难以会通，不得要领。当时有人建议，通史固不当分别由多人担任，但求一人独任，事亦非易。或由先生任前半部，陈寅恪任后半部。然先生仍感不妥，自谓可一人独任。于是校方遂聘先生独任此课。合上古史秦汉史共主讲三门。

先生主讲中国通史，上下五千年，统宗会元，条理一贯，至为精彩生动，口耳相传，除文学院新生必修外，文学院高年级学生，他院诸生以及校外学生，均相偕来旁听，致每堂听众常达二三百人，坐立皆满，深受学生的欢迎。所授内容立意必于一学年之规定时间内讲授完毕，决不有首无尾，中途停止，有失讲通史一课之精神。时寓南池子，距太庙甚近，庙侧有一大草坪，参天古柏成林，景色幽蒨。草坪设有茶座，每课前准备，必先一日下午去太庙，古柏荫下，泡茶一壶，反复思索，通史纲要内容，求一本全部史实，彼此相关，上下相顾，一从客观，不骋空论。制度经济，文治武功，莫不择取历代之精要，阐其演变之相承。而尤要者，在凭各代之当时人之意见，陈述有关各项之得失。治乱兴亡，孰当详而增，孰宜略而简，提纲挈领，分门别类，逐条逐款，定其取舍。上自太古，下及清末，兼罗并包，成一大体。北大所讲之通史体系，即为尔后撰写《国史大纲》的蓝本。（以上参见《八十忆双亲师友杂忆合刊》，页一六〇～一六二。）

三　著述

四月，《儒家之性善论与其尽性主义》，刊于上海《新中华月刊》一卷七期。收入《中国学术思想史论丛》（二）。一九七七年，台北东大图书公司印行。一九九八年收入联经《全集》第十八册《中国学术思想史论丛》（二）。二〇〇〇年，素书楼文教基金会·兰台出版社整理新版印行，页一～一五。兹摘其大要如下：

儒家思想形成中国民族历史演进之主干，这是无疑的。广播在下层的是社会风俗，英华结露而表显在上面的是历史上各方面的人物。而传衍悠久，蔚为一民族之文化。然而儒思想是中国民族性之结晶，是中国民族文化之主脉。并不是儒家思想造成了中国民族之历史与其文化，乃是中国民族内性之发挥而成悠久的历史与文化者，其间最要的一部分，则为儒家思想。

儒家思想，是强烈的情感主义者，而很巧妙地交融了理智的功能。儒家思想，是强烈的个己主义者，而很巧妙地调和了人我、内外的冲突。儒家思想，是强烈的现实主义者，而很巧妙地渗透了一切神天不可知界的消息。现在暂从其性善论和尽性主义方面加以阐发。

性善、性恶,是先期儒家一个极重要的争论,而结果则全折入于性善论之一途。性善论实在是儒家思想一个中心的柱石。荀子是主张性恶的,他说:"古者圣人以人之性恶,以为偏险而不正,悖乱而不治,故为之立君上之势以临之,明礼义以化之,起法正以治之,重刑罚以禁之,使天下皆出于治,合于善也;是圣王之治而礼义之化也。"这可算是性恶论一个极坚强的证据。

然而我们试从反面想来,圣人究竟也只是人类中的一分子。孟子说:"圣人与我同类者。"这就变成性善论了。所以主张性恶论者,不得不把"圣人"和"人"分作两等看;而性善论者,则"圣人"和"人"仍是同等。所以性善论者主张平等,而性恶论者却不得不主张阶级。性善论者主张自由与启发,而性恶论者却不得不主张束缚和服从。性善论者主张"明善诚身",性恶论者却不得不主张"化性起伪"。其间是非,此处暂勿深论,而性善论终究是儒学正论,则可无疑。孟子论性善也有一番极好的论证,他说:"盖上世尝有不葬其亲者,其亲死则举而委之于壑。他日过之,狐狸食之,蝇蚋姑嘬之,其颡有泚,睨而不视。夫泚也,非为人泚,中心达于面目。盖归反虆梩而掩之。掩之诚是也,则孝子仁人之掩其亲,亦必有道矣。"

这可算是性善论一个最亲切的明证。本来,儒家的性善论,正从历史的进化上着眼。(这一点,清儒焦循《孟子正义》里颇有发挥。)孟子又说:"尧舜性之也,汤武反(复智按:阮元校勘刻本《十三经注疏·孟子》,及蒋伯潜广解本等《孟子·尽心篇》原文均作"身","尧舜性之"者,言尧舜之仁,出于天性,是"安仁"者也。"汤武身之"者,言汤武能身体力行之,是"体仁""行仁"者也。先生引文作"反",字异义同,当有所本)之也。"

"性之"、"反之"是怎样说的呢?譬如上举"其颡有泚"的人,他"非为人泚,中心达于面目"正是他天性的流露,所以叫"性之"。旁人见其如此,恍然大悟,想到从前父死不葬,定为狐狸所食,蝇蚋所嘬;他以后再逢母丧,定必效法那人虆梩而掩;这所谓"反之"。反之者,谓反之吾心而见其诚然。圣人只是"先得吾心之所同然"。他的长处,便在把人类心里一种潜藏的标准发现而提供给大众，好让大众觉悟追求或享受。那种标准，正为其是我内心潜藏着的标准，一旦如梦方醒地给人叫醒，所以才觉可贵，所以才得为人类公认的标准。孟子说："心之所同然者，何也？谓理也，义也。圣人先得我心之所同然耳。"又说："规矩，方圆之至也。圣人，人伦之至也。"规矩便是方圆的标准，圣人便是人伦的标准。

孟子说："尧舜性之，汤武反之。"正是说尧舜乃上古之圣人，在他们以前文化未启，一切都是他们创作；他们在天性流露的分数上多了些，所以说是性之。汤武已是中古之圣人，在他们那时，文化已稍稍有个基础，可是当着桀纣乱世，文化的标准又迷惘了，汤武却能反之于己，重把上古圣人创建的标准提供出来；他们是反身而见其诚然的分数多了些，所以说他们是反之。然而入细讲来，尧舜亦未尝非反之。譬如舜居深山，与木石居，与鹿豕游，还是一个深山的野人。可是即在深山野人里面，并不是没有天性流露。舜所闻到的善言，见到的善行，不消说只是深山野人之天性流露，并不是荀子之所谓"圣王之治"、"礼义之化"。可是舜却一经启发，即便沛然若决江河，自己走向善的路上去。

孟子又说："万物皆备于我矣，反身而诚，乐莫大焉。""汤武反之"的"反"，即是"反身而诚"的"反"。至于"万物皆备于我"一语，也为后人误解。原来"物"字正是"标准"的意思。譬如说"有物有则"，"则"是方式，是模样，是标准。"物"字的意义也是一例。（此层顾亭林《日知录》也说过。）孟子的话，用今语译来，正是说："一切的标准，都本潜藏在我的内心，我只一反省而见其诚然，觉得那标准正合我心所要求的一种趋向，那便是外部的规范和内部的自由欣合一体，这自然是快乐的了。"

《中庸》上也说："自诚明谓之性，自明诚谓之教。""自诚明"，相当于孟子之所谓"性之"。"自明诚"，相当于孟子的所谓"反之"。那一性一反之间，天人交融，外内相发，明诚一体，便完成了人类的进化。人类只本着那天性，自然能寻向上去，走上进化的大道，所以说是性善了。舍却这条路径，人类亦别无进化之可能。

以上是儒家的"性论"和"性善论"。以下再说儒家的"尽性论"

和"止至善论"。

儒家事事爱立一个标准，性的标准便是"善"。达乎"至善"，才算是尽其性。未达乎至善，便是未尽其性。正因儒家论性，有一个最高可能的标准，那个标准便是善，便是仁、义、礼、知。但是仁、义、礼、知之善，终是在性分以内。儒家便在人性中抉择出仁、义、礼、知的善来作为尽性的最高可能的标准。正如人类并不全是尧、舜、孔子，而尧、舜、孔子要为人类中的一人，儒家便在人类中抉择出尧、舜、孔子几个圣人来作为做人最高可能的标准一样。至于尧舜般的善言、善行，并非不可能，虽说也有困难，到底可以战胜，所以儒家鼓励着人们说："人皆可以为尧舜。"劝人努力向上追求，达到那最高可能的标准。

孟子尽性主义的见解，到《大学》里才尽量地发挥。《大学》开首的三纲领说："大学之道，在明明德，在亲民，在止于至善。"明我之明德，即所以亲民；而此明我之明德以亲民，便是至善了。让我举一实例来说：譬如"孝"，便是我之明德，"德"是性之充实而又表著的名词。人性本有"孝"，及其充实而表著于外，遂形成一种德。明我之明德，便是亲民。只此行为，即名"至善"。止于至善，即是尽性。

朱子说："'止'是至而不迁之义。"我们要达到那至善的标准而更不迁移，才得为止至善。《大学》上又说："为人君止于仁，为人臣止于敬，为人子止于孝，为人父止于慈，与国人交止于信。"仁、敬、孝、慈、信，都是至善。我们只求达到那至善的标准而更不迁移。这话看来似易，其实则难。周公以文王为父，其孝易。舜以瞽瞍为父，其孝则难。舜以尧为君，其敬易。周公以成王为君，其敬则难。尽性的境界，决不是一蹴即几的。所以《大学》上又提出八条目的步骤来："古之欲明明德于天下者，先治其国。欲治其国者，先齐其家。欲齐其家者，先修其身。欲修其身者，先正其心。欲正其心者，先诚其意。欲诚其意者，先致其知。致知在格物。"

那里面"格物致知"的训解，为宋、明以来诸儒热烈的争点，据我看，"格物"的"物"字，正是孟子"万物皆备于我"的"物"，是一种方式、模样、标准的意思。《礼记》里说："仁人不过乎物。孝子不过乎物。""物"正是规范、标准。仁人无论如何不逾越他仁的标准，孝子无论如何不离弃他孝的规范。这便是"止于至善"。

孟子说:"待文王而后兴者,凡民也。若夫豪杰之士,虽无文王犹兴。"又说:"君子以仁存心,以礼存心。仁者爱人,有礼者敬人。爱人者人恒爱之,敬人者人恒敬之。有人于此,其待我以横逆,则君子必自反也:我必不仁也,必无礼也,此物奚宜至哉?其自反而仁矣,自反而有礼矣,其横逆犹是也,君子必自反也:我必不忠。自反而忠矣,其横逆犹是也,君子曰:此亦妄人也已矣,如此则与禽兽奚择哉?于禽兽又何难焉?"这真是"行有不得则反求诸己"的真榜样,这才是格物的真工夫,才是豪杰无所待而兴起的真行径。如此才能至于至善而不迁,如此才是儒家明善诚身的真哲学。

《中庸》里也说过:"诚之者,择善而固执之者也。博学之,审问之,慎思之,明辨之,笃行之。"择善固执便是格物,博学、审问、慎思、明辨、笃行便是致知。格物、致知都是诚意的工夫。故儒家的性善论决不是现成的,而是不断作为的。他要把"天性的自然"与"人道的当然"打成一气,调和起来,这是儒学的见解。人们善意的为着他人,而即以完成其自己,这样聪明而公平的办法,到底是没有不胜利的。所以说:"忠恕违道不远。""能尽其性,则能尽人之性。"

儒家抱着这样一个见解和理论,所以说:"君子素其位而行,不愿乎其外。素富贵行乎富贵,素贫贱行乎贫贱,素夷狄行乎夷狄,素患难行乎患难,君子无入而不自得焉。"《中庸》上说:"诚者,非自成己而已也,所以成物也。成己,仁也;成物,智也。性之德也,合内外之道也,故时措之宜也。"这样阔大圆融的理论,似乎比《荀子·天论篇》里的"戡天主义"实在要强些。

《中庸》又说;"道并行而不相背,万物并育而不相害。"人、己的调和,人、物的调和,归极于人与天的调和,那便是《中庸》所谓"赞天地之化育"、"与天地参"。孟子上说:"可欲之谓善,有诸己之谓信,充实之谓美,充实而有光辉之谓大,大而化之之谓圣,圣而不可知之谓神。"

这是人、神的合一。可算是儒家实践伦理的最高境界。而实际还只从"善"字栽根。善只是一个"可欲",只是人们自己内有的性向。从近代语言说之，只要把握你自己性分内在的一种真诚之情感，用恰当的智慧表达出来。也因智慧恰当的表达，而完成了你自己的性分。这是《中庸》所谓"自明诚"、"自诚明"，明、诚交融，达到天、物、人、己一贯的地位，才是"尽性"，才是"止至善"。这里是儒家思想最基本的渊泉，也是儒家思想最大的规模。

一九三三年　癸酉　三十九岁

一九三四年　甲戌　四十岁

一　国内大事

闽变平定。

林森连任国府主席。全国经济委员会成立农村复兴委员会。

二月，推行"新生活运动"，提倡尊孔读经。

五月，红军自江西开始西撤。

立法院三读通过宪法草案全部。

二　事略

仍在北大任教，兼清华课，又兼任燕京大学、北平师范大学教授。

先生在北大任中国通史课时，常有日本学生四五人前来旁听。课后或发问，始知此辈在中国已多历年数。有一人，在西安邮局服务已逾十年，并往来北平、西安，遍历山西、河南各地。乃知此辈皆日本刻意侵华前之先遣份子。并常至琉璃厂、隆福寺，各大旧书肆，访问北平各大学教授购书情形，熟悉诸教授治学所偏好，以备一旦不时之需。其处心积虑之深细，无不至，可惊，亦可叹。（参见同上书，页一六三～一六四。）

三　著述

二月，《评日人泷川龟太郎〈史记会注考证〉》，刊于天津《大公报·图书副刊》十三期。三月，刊于北平国立图书馆《图书季刊》一卷一期。笔名梁隐。收入东大《中国学术思想史论丛》（三），一九九八年收入联经《全集》第十九册《中国学术思想史论丛》（三），二〇〇〇年素书楼文教基金会·兰台出版社整理新版印行，页三五～四六。兹摘其大要如下：

兹论其书用力所在，自以"考证"一部为尤。前人对此，成书单篇、散札零条，为量已巨。今欲一一包罗，其势实难。然比辑之体，义贵兼陈。必求肤辞尽删，异议具列。提要钩玄，该备众歧。作者即有己见，谊列最后。而去取从违，则一待读者之自为抉择。遇有省削，以节篇幅，则认为然者应稍详，认为否者可稍略。而灭没不载，尤当审慎。否则宁两详而并著，勿偏信而孤守。余观泷川氏此书，颇不能然。粗举訾及，聊以示例。

首先《考证》与史实有关歧异之处凡七条：即一、卷一《五帝本纪》，六六页："总之不离古文者近是。"考证引沈涛说，谓"古文"即是《尚书》。而沈说则极无理据。又泷川自按"古文"不止《尚书》一经，而是主斥《尚书》，岂非徘徊两可，徒见辞费。何不节引王国维氏《观堂集林·史记谓古文说》数十字，以备比观？二、卷四《周本纪》，五六、五七页："召公、周公二相行政，号曰共和。"《考证》凡近千字。首引崔述比论《史记》、《竹书纪年》语。崔说本不足守，而泷川氏又自谓《庄子·让王篇》许由、共和皆子虚乌有，则更属无据轻断。三、卷四《周本纪》，五九页："宣王不修籍于千亩。"《考证》全不提及史册《竹书纪年》、《左传》、《后汉书·西羌传》等足资互证。只取阎若璩说一条。阎说极勉强，何以独有取？四、卷四《周本纪》，六五页："《集解》：《汲冢纪年》曰：'自武王灭殷，以至幽王，凡二百五十七年也。'"按：此条《集解》语可疑，朱右曾《汲冢纪年存真》有详说。《考证》一字不及，而引崔述空论百数十字。五、卷五《秦本纪》，四八页："献公二十三年，与魏晋战少梁，虏其将公孙痤。"今按：此条，梁玉绳《史记志疑》有百余字考订，极详审，而《考证》一字不录。六、卷五《秦本纪》，五一页："孝公十年，卫鞅为大良造，将兵围魏安邑，降之。"今按：《魏世家》惠王三十一年徙大梁之说，清儒辨之者非一家。此乃治六国史极大节目，泷川氏不之知，则此下考证，疏谬必多。七、卷五《秦本纪》，七五至八一页："十月，宣太后薨。"《考证》引文失当，既不能自出一说以解前纷，则应两引以待读者之自穷。

其次可删者，如卷四《周本纪》，四二页："康王卒。"《考证》据古钞本"卒"作"崩"，又引梁氏《志疑》论书"卒"字失义例百数十字；赘辞，可删。其它则如卷一《五帝本纪》，二一页，论帝挚崩，帝尧立，引吴裕垂说百许字。又二三页"百姓昭明，合和万国"，自发议论二百字。卷三《殷本纪》，一一页，论汤武革命，引洪迈、崔述说凡六七百字。又三四页，论武庚作乱，引俞鸿渐说逾四百字。卷四《周本纪》，六六页，论平王东迁，引《通鉴辑览》说百数十字。凡此之类，与校勘、音义、考释均无关。

太史公著《史记》述三千年事，缔构固已艰难，不无疏失舛误。然自晋太康中得汲冢古籍，有魏人《纪年》，当时荀勖、和峤、杜预诸人，即据以校《史记》之误。下逮张氏《集解》、司马氏《索隐》，于《史记》、《纪年》异同，复备列次，清儒继续对校，而后史公所收种种材料，自相冲突不可解处，渐有条贯可寻。今泷川书于此似未注意，不仅不能续有发明，且于前人成绩，亦欠领解。卤莽灭裂，不胜觑缕。姑举其一二大者言之。

（一）《史记·魏世家》惠王、襄王、哀王三世，据《纪年》实仅惠、襄两世。泷川氏书亦已采纳。（卷四，页四、页二十五。）然于惠王迁都一节，仍循《史》误。且于此事独取梁玉绳说，又采陈仁锡一条，凡一百许字，更于此事痛痒绝不相关。

（二）自惠成推而上之，魏文侯、武侯年，《史记》亦与《纪年》不同。《纪年》魏史，自较《史记》为信。泷川氏不之辨，其注"魏文侯受经子夏"一节，引洪迈、梁玉绳、陈仁锡说凡二百字（卷四十四，页八），全不得要领。

（三）《史记》载齐湣王伐燕，当据《孟子》、《国策》作宣王。此层泷川氏书亦知之。然于湣王元年仍尊梁玉绳说。清儒辨此者甚众，崔述《孟子事实录》有一条论此事，颇已明洽。泷川氏极爱引崔书，独于此一字不及。而顾引俞樾寥寥二十字，欲以抹搬一切（卷四十六，页十四），可谓不知别择之甚矣。

（四）《越世家》楚威王伐徐州，适当齐威王时。叶大庆《考古质疑》据此以证《史记》之误，崔述取之，梁玉绳非之。泷川书独取梁氏数十字（卷四十一，页十七），又其偏守无识之一证也。

（五）《燕世家》："燕人共立太子平，是为燕昭王。"《考证》引梁氏《志疑》一条，谓昭王名平，太子不名平。然《志疑》原文（见卷九）尚有小注"孙待御疑昭王即公子职"十字。泷川氏纵不检孙书具引，即不必将此十字删去。洪氏《四史发伏》亦主从《纪年》及《赵世家》燕王为公子职。挽近北燕戈兵出土，正有"郾王职"名，乃为孙、洪说作证。此见《考证》孤主一家，往往而失。

（六）又如孔子生年，有一年之差，国人争论二千年不决。泷川氏独取俞樾一说，而俞氏说何以独是，泷川别无一言，而惜乎其诚之不足以副也。

其它训释字义未洽者亦伙，不一一备举。

三月，《评夏曾佑〈中国古代史〉》，刊于天津《大公报·图书副刊》第二十期。以笔名"公沙"发表。收入东大《中国学术思想史论丛》（九）。另收入联经《全集》第二十三册《中国学术思想史论丛》（九）。二〇〇〇年，素书楼文教基金会·兰台出版社整理新版印行，页二三四~二四五。兹摘其大要如下：

夏著《中国古代史》，自有其存在价值，可以不随三十年之潮流而俱去。其价值有二：一为编写此书之意义，二为编写此书之方法。论其意义，夏氏自叙有云："智莫大于知来。来何以能知？据往事以为推而已。故史学为人所不可无之学。洎乎今日，既无日力以读全史，而运会所遭，人事将变。目前所食之果，非一一于古人证其因，即无以知前途之夷险。又不能不亟读史。是必有一书，文简于古人而理富于往籍，其足以供社会之需乎？"此虽寥寥百字，而于通史之意义及任务，已宣发无遗。近人治史，能具此目光者转少。窃愿国内学人全以夏氏之言写史，以夏氏之言读史，于史学界风气必将丕变。

论其编写之方法，夏书第一篇《凡例》有云："是编每时代中于其特别之事加详，而于普通之事从略。如言古代则详于神话，周则详于学派，秦则详于政术是也。"第二篇《凡例》有云："本篇用意与第一篇相同，总以发明今日社会之原为主。文字虽繁，其纲只三端：一关乎皇室，凡为一代兴亡所系者无不详，一人一家之事无不略。一关乎外国者，事无大小,凡有交涉,皆举其略。一关乎社会者,如宗教风俗之类,每有大变化时详述之,不随朝而举。"此等处非极有识力,极有眼光者不能道。即将来继夏氏而起者,欲写一扼要动人之通史,恐仍不能出此范围也。

今进而论夏书之内容,则瑕瑜互见,尚多不足以自赴其《凡例》之所欲到者。姑略论一二,以备读此书者之参考。

第一篇

第一章 太古三代

夏书写此一段,以神话为主眼,故使三十年后读者,乃不觉其陈腐,若尚有一读之价值。然上古神话为一事,历史真相又为一事。决不能以上古传说多神话,遂并其真相不问。若上古史之真相不显白,则以下必有无从说起之苦。观于夏书第十四节《黄帝之政教》,详述今日中国所有文化,若皆黄帝所发明;则夏氏除认上古传说多神话以外,于上古史之真相实并无所知。故此下第二章春秋战国,夏书即有无从说起之苦。因其于上源发脉处不甚清楚,故遇下重要处亦把捉不住也。

第二章 春秋战国

夏氏谓:"其时中国尚为无数小国,其事并无统纪,不能不以表明之。"故书中全部录入《史记·十二诸侯年表》、《六国表》,又顾栋高《春秋大事表》五《列国爵姓及存灭》,凡三表,竟占全书五分之一。其实三表均多疏谬处。苟于当时史事真知灼见,亦未尝不可提要钩玄,加以改为。今夏氏既不能有所订正,又不能将其所谓"与史事关系极切处"加以说明,仅为此驾空之大言,直钞三表,聊充篇幅,最为无味。

其述七国史,因七国并于秦,遂特设"秦之自出"、"秦之列王"、"六国对秦之政策"诸节。不知战国形势,全不是如此一会事。(秦在战国初期,远不如梁、齐诸国之重要。又夏氏认纵横为当时列强外交之二术，亦大误。）又第二节"诸侯之大概"，叙春秋二百四十年事，并能指出当时戎狄形势；而于二十一节记载戎狄之灭亡，不知戎狄之重要时期在春秋，不在战国也。要之，夏氏书于春秋战国时局之推迁，实是并不认识。读此书者，亦必将懵无所得。其病源则由对上流已认不清，故下段更无办法也。

夏氏自谓于周代详其学派，然夏氏处处不脱当时今文经学家之习气，必认孔子为教主，故于其前特设"孔子以前之宗教"两节。而于第七节述孔子世系，特及其形貌。并特设"孔子之异闻"一节。连篇怪说，而谓："古义实如此，改之则《六经》之说不可通。"又谓："凡解经者必兼纬，非纬则无以明经，此汉学所以胜于宋学。"不知今文经学之盛行，特道、咸之下经学之末途。乾嘉以前所谓汉学何尝如此？治史者对于孔子之认识，是否定必须从纬书怪说入门？论语为孔门宝训所寄，明白剀切，何以转不称引发挥？夏氏并不能从当时史实上看孔子，自更不能从将来影响上看孔子，而只以宗教之教主与西汉纬书之怪说及清末今文经学之偏见相拟议，又何从见得孔子之真相？（夏书虽欲极力推尊孔子，而所得影响适得其反，其故亦在此。）

第二篇

第二篇夏氏似欲竭力说明秦皇、汉武之政术及于此后中国史之影响，而并无精切透宗语。其述汉史以外戚为主，西汉外戚之祸凡六节，东汉宦官、外戚冲突亦六节，然并不能指出外戚擅权之背景。只是缕述其事态，而不能看穿事态之外幕以明其底里。至王莽变法，以历史意义言之，至少有两大节目应为说明：一是战国末年以迄西汉之学术思想，不认有万世一姓之帝王，而主张五德终始、三统循环之历史辨证法。谓四时之运，功成者退，王者亦当择贤让国。其说汇通于《易经》、《老子》之阴阳，而归本于孔孟家之仁义。源于邹衍，衍于董仲舒，激于眭孟、盖宽饶，畅于刘向、谷永，而朝宗于刘歆、王莽，为新室之受禅。又一则荀卿之学，传之鲁申公，及于王吉、贡禹，旁通于贾谊、晁错，主张以礼为社会经济、人民生活作节度，悬为帝王施政最高之理想。其说亦汇于王莽，而为新室之变法。自王莽之败，而此等理论骤归消歇。此实西汉史上一至大之波澜，岂得一概以"外戚之祸"一题为包括？

夏书述光武中兴凡三节，仅注目于光武之所以兴，而两汉形势之转换，则并未顾及。此实夏书一绝大缺憾。当知政治事迹非所不当详，然当详于整个时代民族之盛衰起落，不得以一朝一姓之盛衰兴亡为观点也。

六十四节《佛以前印度之宗教》，与通史无关，不应阑入。

六十六节《两汉官制》，摘钞旧文，全无发明。夏书不能于两汉朝廷体制加以说明，故虽知外戚为两汉一特殊要点，而终不能说明外戚之背景与其来历。

夏书第二篇第一章第七十三、七十四节《三国末社会之变迁》，盛称东汉气节。实则东汉士大夫绝无一人敢明目张胆劝其君传国让贤者。即此一点，已证乃光武之成功，非全民族历史文化之向上。历来论东西汉士风皆不得其真相，夏氏仍不免俗见也。

夏书第二篇第二章《魏晋南北朝》云："食货、兵、刑等事，在今日皆成专科，在当时率由一二人私臆行之，殆无机关之可言。"然西晋之户调、北魏之均田、北周之府县，皆历史上极大事端，不应略去。又记魏拓跋氏衰乱而不详魏孝文变法，亦详略失当。

夏书疏缪处略评如前。然并不损夏书之价值。其叙述之扼要，文字之生动，一开卷即使人有心开目朗之感。其气魄之开大，譬如登泰山而眺众峰，上下千古，豁然在目。学者读此，要自有益。其书在此时，尚不可废也。

四月，《关于夏曾佑〈中国古代史〉的讨论敬答海云先生》，刊于天津《大公报·图书副刊》二十三期。兹存目，摘要略。

六月，《提议编纂古史地名索引》，刊于《禹贡半月刊》一卷八期。收入《古史地理论丛》，一九八二年，由台北东大图书公司印行。又收入联经《全集》第三十六册《古史地理论丛》，页三七七～三八二。兹摘其大要如下：

古史地名，往往错出。例如商人居亳，亳之为邑便有好多处；推其原因，不外两点。一是地名来历，其先本是一个通名，后来始渐渐成为专名。如"衡山"只是一排横列的山，凡是横山本都可叫衡山；后来渐次成为专名，一见"衡山"两字，便联想到湖南的衡山上去。一是古代民族迁徙甚剧，这一地的人迁到别一地，却爱把故地的旧名来呼新地。如商人的亳，楚人的郢，尽是此例。由于民族迁徙，往往文化较先之地域地名起在前，较后者起在后。文化较盛的地域，因人事变动，常有后起的新名来掩盖故名；而文化较衰的地域，则因人事变动少，原有地名比较易凝定而渐渐成为专名。亦有本是一个地名，因语言文字的转换而写成两个三个以上的地名的。

古史中有许多极难解答的问题，骤看似乎不近情理，而用我上述关于古地名之探检的方法来试为解释，往往可以得到意外的满意。譬如齐桓公西征白狄"涉流沙"，流沙一名，一见便似远在甘肃塞外，其实古代中国内地河道名流沙的尽有。齐桓所涉只在山西，则此一段历史便觉合理，并无可怪。又如子夏"居西河"为魏文侯师，一见西河之名便联想到山陕间的泷门、西河，然与魏文侯的都城，子夏的家乡，以及当时各地域经济文化的情形都不合。其实齐西卫境黄河，古人即称西河。后来河道迁徙，这个地名便渐渐湮沉，不为后人注意，而子夏、魏文侯一段历史便觉可疑了。

兹再举一例。《国策》庄辛对楚襄王说："蔡圣侯南游乎高陂，北陵乎巫山，饮茹溪之流，食湘波之鱼，左抱幼妾，右拥嬖女，与之驰骋乎高蔡之中，而不以国家为事。不知夫子发受命乎宣王，系己以朱丝而见之也。"此文高诱《注》："高蔡即上蔡。"此外无说。而这里却包有两个极重要的地名，一是巫山，一是湘水。若依现在地名说之，则巫山在西，湘水在南，和上蔡绝不相关。杨守敬的《历史地图》，这是讲地理沿革一部最有权威的书，他却把高蔡注在今湖南的武陵，而湘波、高陂注在湘阴之南。春秋时的蔡国，何从有如此的疆土？

我想定是在上蔡附近，当时另有巫山和湘水。因而想到宋玉《高唐赋》有楚王游高唐梦见巫山神女的故事。巫山也不应与高唐十分相远。春秋时有唐国灭于楚。《汉书·地理志》有上唐乡。上蔡可称高蔡，上唐自然可称高唐。上蔡与上唐地望正近。可见庄辛说的巫山，与宋玉说的巫山正是一地，并不远在西边夔州，而只在上蔡高唐之区。

此外刘向《新序》也载庄辛事，云："子发受令宣王，厄以淮水，填以巫山。"这更足证明巫山是近于淮水流域的一个山了。淮水的上源，正近上文说的上蔡与高唐一带。庄辛说的巫山近在那边，则庄辛所谓的湘水自然绝不在湖南了。

而考论古史地名尤关重要的一点，即万勿轻易把秦以后的地望来推说秦以前的地名，而应该就秦以前的旧籍，从其内证上，来建立更自然的解释，来重新审定更合当实际的地理形势。

我想编著古籍地名索引工作应该做。现在没有一部详备的索引，只靠学者个人的记忆与翻检，实在费时太多。考地望与古史既有如此巨大之关系，编著一部古籍地名索引，其对学术界之贡献，应该不在清代阮元《经籍纂诂》一类书籍之下。然而兹事体大，极盼国内学术机关，尤其如燕大哈佛燕京学社引得编纂处，及北平图书馆，中央及各地研究院等，肯来做此工作。编纂古籍地名索引的工作并不难，只求有相当的人力与财力便可做。谨备刍荛，以供采择。

七月，《楚辞地名考》，刊于《清华学报》第九卷三期。收入同前书。页一一七~一五八。兹摘其大要如下：

（一）引言（略）

（二）略论《楚辞》疆域源流

楚人始居丹阳，其地在商州之东，南阳之西，当丹水、析水入汉之处，故名丹析。（此据宋翔凤《过庭录》卷九《楚鬻熊居丹阳武王徙郢考》。）其在周初，则《二南》风诗之所自采也。考《二南》之所咏，曰江汉，曰汝坟，曰南山，曰河洲。约略言之，则自南阳、襄、邓向西以至商、（造字）、汉中；向东则及光、黄、汝、颍，盖皆《二南》之所逮。循此以东则为陈。其循而北，则为郑。更循郑而东北，则桑间濮上，卫之所迁。盖《二南》之风，取之江、汉、汝、淮之间。周之王室，作乐淮上；陈国颍上，亦淮域也。

及秦人一统，楚之故家遗族，流风余韵，尽促而东。则在淮、泗以南迄于会稽，皆得楚称。然自贾谊赴长沙，渡湘水，为赋吊屈原，已谓原沉汨罗，地在湘南。史公承之作传，无异辞。下及后汉王逸又谓屈原《九歌》作于沅、湘之间。余考《九歌》文字颇有疑者。近人既疑屈原未必有其人，乃谓九歌诸作，乃湘水之民歌。则前无承，后无继，蛮陬遐壤荒江寂寞之滨，何来此斐亹动宕之辞？以地域风气开辟被染之先后言之，《九歌》为湘江民歌之说，实断乎无可立之据也。

（三）屈原年历（略）

（四）屈原放居汉北考

屈原放居汉北，虽《史记》未之言，而《楚辞》有内证，可以补《史记》之缺者。

1. 释汉北涔阳

《抽思篇》："有鸟自南兮，来集汉北。望北山而流涕兮，临流水而太息。惟郢路之辽远兮，魂一夕而九逝。曾不知路之曲直兮，南指月与列星。"此指屈原居汉北最显。

又《湘君篇》："望涔阳兮极浦，横大江兮扬灵。"《水经》："涔水出汉中南郑县东南旱山北，至安阳县南入于沔。"沔即汉水，涔阳即汉之阳也。

2. 释沧浪之水

《水经·沔水注》："武当县西北四十里汉水中有洲，名沧浪洲，庾仲雍《汉水记》谓之千龄洲，非也。故渔父曰云云。余按《尚书·禹贡》言导漾水东流为汉，又东为沧浪之水。不言过而言为者，明非他水决入也。盖汉沔水自下有沧浪通称耳。"今按：武当为今均县。沧浪洲在武当县西北，则亦汉北地也。

3. 释三闾大夫

《渔父篇》称屈原为三闾大夫。王逸云："三闾之职，掌王族三姓，曰昭、屈、景。"今按：王氏以《史记》为左徒用事时语释三闾大夫之职，甚误。余意三闾乃邑名也。古无专掌统治王族之大夫。以公邑称大夫、私邑称宰之例，如赵衰为原大夫，狐溱为温大夫，凡称某某大夫者，率以邑名。楚则有县尹县公，然亦有大夫，如上官大夫潜屈原，上官亦邑名也。应劭《风俗通》："三闾大夫屈原之后有三闾氏。"《通志》亦入以邑为氏类，则亦谓三闾乃邑名矣。惟三闾为邑，不见于他书。余考楚有三户，盖即三闾也。三户者，即指楚昭、屈、景三族。楚南公曰："楚虽三户，亡秦必楚也"也。《南阳府志》内乡县有屈原冈。《括地志》内乡即析县故地。则原为三闾大夫正在此地，故有冈名遗迹。

（五）《楚辞》洞庭在江北说

谓屈原居汉北，《九歌》、《抽思》诸篇，作于南阳、丹析之间，则屈原何以远引及于江南之洞庭？余据先秦诸籍，参稽考订，知《楚辞》洞庭亦在江北，不在江南也。

《史记·苏秦传》："秦告楚曰：蜀地之甲，乘船浮于汶，乘夏水而下江，五日而至郢。汉中之甲，乘船出于巴，乘夏水而下汉，四日而至五渚。"据此则五渚在汉水下流。

又《秦策》："张仪说秦王曰：秦与荆人战，大破荆，袭郢，取洞庭、五都、江南，荆王亡走，东伏于陈。"《韩非·初见秦篇》作"洞庭、五湖、江南"。今按：五都即五渚也。从水而言则曰五湖，据陆言之则曰五渚。五渚即近汉水，则洞庭自亦与汉水非遥。

且所谓洞庭、五渚、江南者，江南一名，亦非泛指。《史记·秦本纪》："昭三十年，蜀守若伐楚，取巫郡及江南为黔中郡。三十一年，楚人反我江南。"所谓江南者，其地在今洞庭之西，正值楚都之南。而洞庭、五渚则在楚都北。故曰袭郢，取洞庭、五渚、江南。先袭郢，为用兵主力所趋。自郢而北则取洞庭、五渚。自郢而南则取江南也。若洞庭即今地，则秦人用兵自西而东，应曰江南洞庭，不得曰洞庭江南。且不得偏趋于郢南，而不及于郢北矣。

今再以《九歌》、《九章》言之，曰："令沅湘兮无波。使江水兮安流。驾飞龙以北征，邅吾道兮洞庭。"自大江北征而邅道于洞庭，洞庭固非在江南也。曰："将运舟而下浮兮，上洞庭而下江。"洞庭在北称上，大江在南称下，又自分明言之矣。

（六）《楚辞》湘、澧、沅诸水均在江北说

《楚辞》洞庭既在江北，则湘、澧、沅诸水亦非远指今湖南之湘、澧、沅而言，抑又可知。请先释澧。

1. 释 澧

《汉书·地理志》："南阳雉县有衡山，澧水所出。东至郾，入汝。"《说文》："澧水出南阳雉衡山，东入汝"，与《志》合。《水经·汝水注》作醴，云："醴水出雉县，亦云导源雉衡山。"《潕水注》同。则澧水乃西起楚之唐叶、东至郾城而会于汝。

2. 释 沅

考湘、桂、沅江，一名潕水。而南阳之水，固亦有潕。以地名牵连相徙之例说之，则南阳潕水宜得有沅称。《说文》："潕水由南阳舞阴东入颍。"《水经》则谓其入汝。《山海经》曰："朝歌之山，潕水出焉，东南流注于荥。"盖荥、潕两水，俱出南阳之东，澧水之南。东流入汝，则在定颍之北，近于上蔡。沅澧并称，相其地望固甚合也。

3. 释 湘

湘在江北淮域，其证见之于《楚策》庄辛之言。庄辛谓楚襄王曰："蔡圣侯南游乎高陂，北陵乎巫山，饮茹溪之流，食湘波之鱼。左抱幼妾，右拥嬖女，与之驰骋乎高蔡之中，而不以国家为事。"高《注》："高蔡即上蔡。"然则湘之为水，其必近上蔡之境矣。

（七）宋玉赋巫山高唐在南阳说

1. 释高唐

宋玉《高唐赋》："楚襄王与宋玉游于云梦之台，望高唐之观。"《方舆纪要》："霍邱县西北六十里有高唐店，亦曰高唐市。宋绍兴初，金人繇颍、寿渡淮，败宋军于高唐市，进攻固始。"依此言之，淮上固有高唐。

然地名迁移，何常之有。余疑襄王所游之高唐，尚不在淮上。春秋有唐国，灭于楚，地在安陆随县西北八十五里。汉为上唐乡，属舂陵。上唐之称高唐，犹上蔡之称高蔡也。然在游云梦之台，而望高唐之观者，必在随水右壤而不在淮南，又可见矣。

2. 释巫山

《楚策》："庄辛去之赵，秦果举鄢、郢、巫、上蔡、陈之地。襄王流揜于城阳。"楚自有两巫，后人必以巫夔之巫说巫山者非矣。刘向《新序》亦载庄辛语，谓蔡侯南游乎高陵，北径乎巫山。不知子发受令宣王，厄以淮水，填以巫山。此又巫山东近淮，不远在江夔之证也。若以地望推之，大江在其南，方淮在其北，洞庭处其左，而彭蠡当其右，正与诸书之所谓合者。

（八）再论湘、澧、沅诸水

今更有继此而论者，则楚之溳水，或即沅水之前名，沅、溳亦声近相通也。《水经》："溳水出蔡阳县东，南过随县西，又南过江夏安陆县西，又东南入于夏。"楚地又别有澧水，《水经·白水注》："澧水源出桐柏山，与淮同源别流，西北径平氏县故城东北，又西北注比水。"则沅、澧两水，郢楚之境皆有之。萧察《愍时赋》："始解印于稽山，即驱传于湘水。彼南阳之旧国，实天汉之嘉祉。"按：察以东扬州刺史除持节都督雍、梁、东益、南北秦五州，郢州之竟陵，司州之随郡诸军事，居襄阳。则此所谓湘水者，决非指洞庭之湘矣。

《寰宇记》襄州风俗亦引《襄阳风俗记》，谓："屈原五月五日投汨罗江，今俗其日食粽，并有竞渡之戏。"则屈子投湘，其传说遗闻，亦盛于襄阳汉域。《后汉·延笃传》："笃，南阳犨人，其卒，乡里图其形于屈原之庙。"至今南阳境屈原庙尚多有，又有屈原冈，在内乡境。屈原固未必远走长沙、沅、湘之间，即淮、汝东土是否屈原最后放逐之地，亦无可考。惟以地名迁徙之例说之，沅、湘、澧诸水，荆楚有之，陈楚亦有之，其后则湘楚亦有之。后人知沅、湘诸水在湘楚，遂若屈原放居，必至长沙。今既推寻始源，知凡此诸水，皆由北人南迁，始肇锡以嘉名，而其初本在江、汉、汝、淮之间。则屈原投湘之不必在长沙、洞庭，自可无辨而明也。要之其辞上接《二南》《陈风》，下被吴、梁、淮南，与长沙、洞庭以南无涉，则亦可以决言耳。

(九) 杂释

1. 释九江

《山海经》有云："洞庭之山，帝之二女居之，是常游于江渊。澧沅之风，交潇湘之渊，是在九江之间。"考秦立九江郡，治寿春。楚汉之际为九江国。汉高四年更名为淮南国，以封英布。文帝六年为九江郡。十六年，复为淮南国。武帝元狩元年，淮南王安国除，复故。则秦汉九江本在江北。而洞庭、沅、澧、潇、湘之地望，二女之故事，依《山海经》说之，亦在江北无疑。《汉书·地理志》："庐江郡寻阳，《禹贡》九江在南，皆东合为大江。"汉庐江郡无江南地，寻阳汉时亦在江北，则《禹贡》九江在江北，班氏犹明指之。后人自以江南鄱阳诸水说之，九江始移而南。

2. 释鄂渚

《涉江》云："哀南夷之莫吾知兮，旦余济乎江湘。乘鄂渚而反顾兮，欸秋冬之绪风。步余马兮山皋，邸余车兮方林。乘舲船余上沅兮，齐吴榜以击汰。船容与而不进兮，淹回水而凝滞。朝发枉陼兮，夕宿辰阳。苟余心之端直兮，虽僻远之何伤。"鄂渚者，《汉志》南阳有西鄂，其地有淯水、方林，则方城之野，《汉志》南阳叶有长城号曰方城是也。今考西鄂地望，西值丹析汉北，迄今犹有郧阳之称。南则随国唐乡，又适溳水之源。东乃舞阳潕水，则当澧水之南。所谓乘舲船而上沅者，沅之为水，即溳（郧）、即潕（舞），必近南阳西鄂，又无疑也。

枉渚、辰阳、溆浦，今难确指。江淹《建平王散五刑教》："旧楚地旷，前郢氓殷，水带枉渚，山币鲁阳。"则枉渚亦似不在湘楚也。又杜诗《宿青溪驿》："漾舟千山内，日入泊枉渚。"《寰宇记》："青溪在峡州·远安县南六十里，源出青溪山下。"岂独武陵湘潭有枉渚哉？谓《楚辞》所歌，屈子所放，远在湖湘之外，固不如谓在淮汉之间者，较近情实矣。

3. 释汨罗

屈子沉湘，自投汨罗，此虽不见于《楚辞》，而后世有其说。《黄氏日钞》："汨水在罗，故名汨罗。"考《左传》桓公十一年，楚伐绞，师分涉于彭，罗人欲伐之。又明年，楚屈瑕伐罗，罗与卢戎两军之，楚师大败。此一罗也。又昭公五年，楚子以驲至于罗汭。则又一罗也。是汉北有罗，淮源有罗，而汝南又有罗，罗之见于大江之北者多矣，又乌见其必在湖湘之间哉？然治古地理学者，闻言罗汭在江南，或不见疑。闻言洞庭、湘水在江北，则虽有明证，不能遽信。良以传习之久，信心自坚，固难以一日摇也。

七月，《汉学与宋学》，刊于辅仁大学《盘石杂志》二卷七期。收入台北东大《中国学术思想史论丛》（八），后又收入联经《全集》《中国学术思想史论丛》（八）。二〇〇〇年，素书楼文教基金会兰台出版社整理新版印行，页四六三~四七〇。兹摘录其大要如下：

（一）对于汉学与宋学一般的看法

中国学术思想之重心为孔子与儒家与《六经》，统谓之"经学"。后代经学有二大时期：一即两汉约四百年，二即宋、元、明约六百年。中经魏、晋、南北朝、隋、唐约七百余年为儒学中衰时期。此时期中不讲儒学，而崇黄、老、庄周；不攻《六经》，而好佛释、辞赋。及宋兴，不直魏、晋、隋、唐之轻儒，但亦不从汉学，谓儒术自孟子死而不得其传，至宋儒始得真传，直接"道统"。至清儒复起而反对宋儒，谓其过重主观，于是用训诂考据方法，自汉儒上窥孔子，又谓之"汉学"。自来讲论孔子者，其主要点即此汉、宋学之分。

（二）现在的问题

汉、宋学既有不同，二者是否仅只是经学上的问题，谁解释哪几部经对或是不对，以及孔子与儒家与经学是否只在"解释书本"？又所谓汉儒、宋儒，是否专做了书本的工作？

（三）从历史上对于汉宋学术之新看法

汉、宋儒讲学问当然以书本为重。我们若欲脱离经学上的见解（即

"训诂考据"的见解，即谁解释书本对的见解），而要另寻汉、宋儒之真精神，应该从历史上看去。

（四）历史上之所谓汉学

1. 汉学之来历

汉初学术界大体上说，可分二大派：一派活动于中央政府，一派则活动于地方诸王国。中央复分二派：消极的崇尚黄、老，主无为，与民休息。积极的崇尚申、韩，讲形名，严法律，以赏罚为主。地方派亦有二支：效苏秦、张仪之纵横，与枚乘、司马相如之辞赋。如战国游士食客之变相。在此纷乱状态中，儒家因其自身之努力而产生，乃主张"复古更化"之论，尽驳各家之说，以三代、尧、舜来代替亡秦，以礼乐教化来代替法律与无为，以大一统的思想来代替列国纵横与辞赋。经长久之奋斗，始造成汉武帝之尊儒，及武帝以下之汉治。

2. 两汉汉学之两个重要见解

（1）历史哲学

乃根据《易经》、《老子》二书，证明世界为变动的而非静止的，从四时五行之循环，说到"天人相应"；以自然界的现象律令，说明社会和历史。主"五德终始"与"三统循环"，即政教法令皆须随时改易，三皇五帝亦因时代而递变。无万世一姓之帝王，功成即退，无论三皇、五帝、夏、商、周，皆然。古如是，今亦必如是。既无万世一姓之帝王，则必有新圣人受命。春去夏来，有生必有死，新圣人受命，旧王必让国。既云"受命"，则必"推德改制"。汉既受命继秦，则不应遵秦之制，于是邹衍、董仲舒辈主张"更化"。此说愈演愈烈，致王莽篡位，而亦委为新圣人受命，不敢斥为不正也。

（2）政治哲学

乃根据孟子、荀卿之论，以为政治的任务在为一般民众负责，尤其是小民的经济与生活。凡社会经济、民众生活，要用政治来统制与调整。应以最高的理论，来统制民间社会，如此行之即谓之"礼"。"礼治"之真精神，不在对上帝祭祀，而在对下民教化。即在民间社会经济生活上，予以系统的裁制，而造成一种有意义之生活是也。自孟子而至汉之董仲舒，再至王吉、贡禹等，此说亦愈演愈烈。结果王莽篡位，即欲本此而改造一切社会状态，发生极大变化。

由上二大见解汇合为王莽之受汉与变法，而为书生政治、理论政治之试验。王莽失败，汉儒精神转移，故东汉儒者多偏重个人言行，而不依前人空洞之讲论，是其精神眼光均不如西汉之伟大。

(3) 汉学之衰运与博士章句

汉儒学术，是以政治社会，即整个人生为对象之学问，并非专为"解释书本"之学。解释书本者，不过为一部分博士的工作。汉武罢黜百家，专设《五经》博士。其后博士对经书愈解愈精，自汉武至东汉历三百年之积累，成为诸经极烦琐之"章句"。偏狭的个人道德，与繁琐的博士章句，使汉学的精神渐渐衰落，故汉末儒风渐息而莫能振之。

(五) 历史上之所谓宋学

1. 宋学之来历

唐时学术界大体上亦可分为积极、消极之二大派。积极派考进士，升官发财，重《文选》诗赋。消极派做和尚，出家成佛，重佛经与道书。当时只有韩退之大声疾呼，斥佛排老，反对进士诗赋，尊儒术，唱古文，继孟子立师道。而宋学即远承韩氏而起。最先有胡瑗（安定）继续韩氏，提倡书院讲学。同时人石介著《怪说》三篇，谓世有三怪：一即诗赋（进士），二即佛（和尚），三即老（道士），故知当时儒术实沿韩退之一派而来。宋儒精神即要从"进士"与"和尚"的两面中间打寻出路，以"经学"来代替《文选》和佛经。以"修、齐、治、平"来代替考进士做官和当和尚出家。

2. 宋泮的最高理论

宋儒主张"存天理，去人欲"，修、齐、治、平之总纲即"天理"，亦即圣人所谓之"体"，由体便可达"用"。天理为"公"的，而人欲则为"私"的。因天理、人欲之不同，是以王霸、义利之辨。个人的行为，要看他居心与动机，即"义、利之辨"。政治的评价亦要看他的居心与动机，即"王、霸之辨"。三代以上皆为天理，汉、唐以下皆为人欲，皆霸道，非王道。宋儒论认识天理的方法，在于"格物穷理"、"致知存心"，以解决一切问题。

3. 新经义之完成与宋学之衰运

由上看来，宋儒学术亦以政治社会，即整个人生为对象之学问，并非专为"解释书本"之学。然也不免有时要假助于解释书本的工作。唐人本以诗赋取士，重"进士"不重"明经"。及王安石改以经义取士，并自著《三经新义》。宋儒虽反对王氏的《三经义》，然亦为各自努力于新经义之创造。及朱子，及集宋儒新经义之大成。元代即以朱子之书取士。明沿之，而变为"八股"解释书本之学问矣。及王阳明出而反对元、明以来之认训释书本字句为学问，主张"知行合一"。故唱"致良知"、"知行合一"之教。然朱子学派因只认朱书为经义，故朱子以前各书均不读；而王氏学派因主知行合一，偏重于"行"，即朱子之书亦不读，而成明学之空疏。故清代诸儒既反对朱派之不读古书，复反对王派之不读古书，遂渐成以下考据训诂之"汉学"。

（六）清学之病态的发展

清代乾嘉学者以训诂考据，上寻汉儒"家法"，其精神不在政治社会，即亦不在整个的人生上。其所以如此之故，当为清系异族，处处予汉人以压迫。著书立说，稍涉政治社会，即遭文字之祸。不得已只有从考据训诂上做无聊之研究，遂成此病态之发展。清儒门户家法之见极深，初分汉、宋，继分今、古文。无论其为汉、宋或今、古文，要皆为考据训诂上之工作，而儒术则走入绝路，成为无用之学矣。

（七）汉宋两派学者之共同精神

汉学派的精神在"通经致用"，宋学派的精神在"明体达用"，两派学者均注重在"用"字。由经学上去求实用，去研究修、齐、治、平的学问，即是从哲学、文学、史学上去研究人生问题、家庭问题、政治问题、社会问题。都欲找到最根本的"原理"（即是"道"），来做实际的改革。这就是"儒学"的精神，即是"经学"的家法。

十月，《西周戎祸考上（附）辨春秋前秦都邑》，刊于《禹贡半月刊》第二卷第四期。收入《古史地理论丛》，一九八二年，台北东大图书公司印行。又收入联经《全集》第三十六册《古史地理论丛》，页二〇一～二〇七。兹摘其大要如下：

余前著《周初地理考》，谓周室避狄患，乃由东西迁，非由西东迁，读者或疑之。然古书所谓蛮夷戎狄，并不全在边荒；此意不明，则治古史地理，每多窒碍。

《史记·周本纪》："幽王废申后，去太子，申侯怒，与缯，西夷犬戎，攻幽王，杀幽王骊山下。"今按：申国在两汉为南阳宛县，今南阳县北有故申城；周宣王时申迁于周南谢地，则在南阳之南。春秋时楚文王伐申，后遂为楚邑。骊山则在陕西新丰县南，故骊戎国。西周都镐，骊山则在周都与申邑之间，据《竹书》载此事谓："十年春，王及诸侯盟于太室，王师伐申。十一年，申人缯人及犬戎入宗周，弑王于戏，及郑桓公。"戏，水名，在骊山下。则申周之役，乃王伐申而申侯迎战，故杀周王骊山之下。缯为申之与国，申侯结以同叛。据《左传》哀公四年，"楚人谋北方，致方城之外于缯关"，此必缯之故国，在方城之内，与申接壤。缯申之地望既得，则当时犬戎踞地亦可以推迹以求。旧说每以犬戎远在周疆之西北，故崔述《考信录》疑其事，谓："申在周之东南，千数百里。而戎在周西北，相距辽远，申侯何缘越周而附于戎？"（《丰镐考信录》卷七）

窃谓崔疑诚是。今以当日形势推之，犬戎居地，定在周之东南或西南，近于申缯，而决不在周之西北。《左传》昭公四年："周幽为大室之盟，戎狄叛之。"此所谓戎狄，自兼指犬戎。大室杜《注》谓中岳。《尔雅》谓之嵩高，戴延之云：嵩山三十六峰，东曰太室，西曰少室。今山在河南登封县。夫谓周幽盟太室而戎狄叛之，则此等戎狄亦必离太室不远，而犬戎亦在其内，则犬戎宜距太室非远矣。

继此有可附论者，则为秦戎之关系。据《秦本纪》："非子居犬丘。善养马，孝王召使主马于汧渭之间，马大蕃息，孝王欲以为大骆适嗣。申侯之女为大骆妻，生子成，为适。申侯乃言孝王曰：'昔我先郦山之女，为戎胥轩妻。生中潏，以亲故妇周，保西垂。西垂以其故和睦。今我复与大骆妻，生适子成。申骆重婚，西戎皆服，所以为王。王其图之。'于是孝王邑非子于秦。亦不废申侯之女子为骆适者以和西戎。"据《史记》此段所载，则秦之先世本在东方，及中潏始西迁，则以其母乃西土郦山氏女故也。其时所谓西垂者，即与周室镐不甚相远。其云"申骆重婚，西戎皆服"，尤证西戎与申邻近，并不远隔。非子初居犬丘，盖即其父大骆封地。徐广曰："今槐里也。"其地近在周西，即今之兴平，与丰镐相距不过百里，自此南至盩屋县界不到三十里。当日所谓西戎，大抵当自兴平？盩屋迤东越郦山以至河南南阳之申国一线相近求之。应在周室之西南乃及东南，而去周京不远。故曰不废申甥骆适以和西戎。

至非子主马渭汧之间而孝王邑之秦，然后秦人益移而西，别有一支居于陇西，此乃周室近畿大骆犬丘之分封。若谓秦人本自此方来，则《秦本纪》云云，岂全为凿空乎？《本纪》又云："周厉王时，西戎反王室，灭犬丘大骆之族。周宣王即位，乃以秦仲非子之曾孙为大夫，诛西戎，西戎杀秦仲。秦仲有子五人，周宣王使伐西戎，破之。于是复予秦仲后及其先大骆地犬丘，并有之，为西垂大夫。"大骆适子成一族居犬戎者既灭，故周室命非子一族邑秦者诛西戎，而以大骆地犬丘并封之，是秦自宣王后大骆一支既灭，而其地遂合于非子之后也。

《本纪》又云："秦仲长子曰庄公，居其故西犬丘。"称西犬丘者，别于东方槐里之犬丘而言。称故者，秦仲乃非子一支，本居西，与大骆一支别也。亦称犬丘者，此余谓古代地理名随民族而迁徙之一例。《秦本纪》又云："十六年，文公以兵伐戎，戎败走，于是文公遂收周余民有之，地至岐；岐以东献之周。"

据此则秦自大骆适庶分国，而戎祸常被于大骆犬丘之一支。乃秦仲以后，秦又合为一，而戎祸仍在大骆·犬丘，不在西犬丘。秦人之力征经营，与戎为进退者，其势所向亦在东南不在西北。以秦戎之形势论之，亦可论西周一代所谓"西戎"及犬戎踞地之大概也。

一九三五年　乙亥　四十一岁

一　国内大事

三月,日本向苏联购买在我国东北境内的"中东铁路",非法让渡协议在东京签字。

蒋委员长在贵阳发表国民经济建设运动。

七月十七日,我国著名音乐家聂耳在日本海中溺毙,终年二十三岁。

金融危机严重,上海有数家银行倒闭。

国民政府财政部规定以中央、中国、交通三行钞票为法币,禁用现金,统一全国币制。

十月,由赵家璧主编的《中国新文学大系》开始由上海良友图书公司出版。

十月二十八日,日本外相广田提出"对华三原则":实行日、中、满联盟,取缔中国的抗日活动,组织中日反共联合阵线。

二　事略

续在北大任教。

先生与孟森心史同年到北大任课,二人在休息室相晤。后来,先生以在《燕京学报》新刊的《周官著作时代考》一文相赠,自是遂与孟氏常在休息室闲谈。一日,孟氏来寓址访先生,自是二人往返益密。此外,与先生同来北大的有汤用彤、蒙文通等人,其中汤、蒙二氏和熊十力与先生交往甚密,常在一起研讨学术问题。后又有林宰平、梁漱溟二人时亦加入。先生又因汤用彤介绍,获交于陈寅恪,并与吴宓相识,又结识了贺麟、张荫麟、张孟劬及张东荪兄弟。此外,"其它凡属同在北平,有所捧手,言欢相接,研讨商榷,过从较密者,如陈垣援庵、马衡叔平、吴承仕、萧公权、杨树达、闻一多、余嘉锡、容希白肇祖兄弟、向觉民、赵万里、贺昌群等等。这些学者，皆学有专长，意有专情。世局虽艰，而安和黾勉，各自埋首，著述有成，趣味无倦。果使战祸不起，积之岁月，中国学术终必有一新风貌出现。"（以上参见同上《八十忆双亲师友杂忆合刊》，页一六五～一七一。）

除教学和学术研究外，先生也很关心时事。是年，与顾颉刚、钱玄同、姚从吾、孟森、徐炳昶等百余人联合上书国民政府，促其早定抗日大计。（参见汪学群《钱穆学术思想评传》，页十一。）

三 著述

一月，《唐虞禅让说释疑》，刊于北《史学杂志》一卷一期。一九四〇年一月改定，复载于《古史辨》第七册下编，收入台北东大《中国学术思想史论丛》（一）。又收入联经《全集》第十八册《中国学术思想史论丛》（一），二〇〇〇年，素书楼文教基金会·兰台出版社整理新版印行，页八六～九〇。兹摘其大要如下：

唐、虞禅让，为中国人艳传之古史，自今观之，殆古代一种王位选举制之粉饰的记载也。考之史乘，东胡如乌桓、鲜卑、北狄如契丹、蒙古，其先王位（乌桓、鲜卑皆称"大人"）皆由众部落豪帅推选，中国上世疑亦有此。《尧典》："帝曰：'畴咨若时登庸？'放齐曰：'胤子朱启明。'帝曰：'吁！嚚讼，可乎！'"

此为尧命其臣推选王位候补人，而尧臣首以尧子丹朱对，则其时王位继承已渐有传子之端倪矣。尧既不欲传子，又曰："'畴咨若予采？'驩兜曰：'都！共工方鸠僝功。'帝曰：'吁！静言庸违，象恭滔天。'"

此为尧重命其臣推选，而驩兜举共工，复不得尧之同意也。"帝曰：'咨！四岳。汤汤洪水方割，荡荡怀山襄陵，浩浩滔天。下民其咨，有能俾乂？'佥曰：'于！鲧哉！'帝曰：'吁！咈哉！方命圮族。'岳曰：'异哉，试可乃已。'帝曰：'往，钦哉！'"

此为尧廷又一次推选，虽非选王位，乃选治水人，尧重违众意而试用鲧。"九载，绩用弗成。帝曰：'咨！四岳。朕在位七十载，汝能庸命，巽朕位。'岳曰：'否德忝帝位。'曰：'明明扬侧陋。'师锡帝曰：'有鳏在下，曰虞舜。'帝曰：'俞。'"

此为尧廷第四次推选，治水不成，又选承位者，始得舜。若如此，则当时王位继承人，乃经众贵之推选，得时王同意，再登朝试绩。既可经前王之指导，又得为实政之练习；意良美，法良密，较之乌桓、鲜卑、契丹、蒙古，似稍智矣。（此特据《尧典》推说，自不得谓全属当时实况。然当时实况，亦可由此推测也。）

《孟子·万章上》："天子能荐人于天，……此之谓也。"的一段话，对于古代王位选举制加以一种理想的说明，而其说有可以补《尧典》之缺者。既前王既卒，为之王位候补人者（即古书所谓"冢宰"），得权摄三年，此三年实为正式试绩之期。若三年治绩不惬众情，似犹未得实践王位。故舜三年之后乃避而他去，以待众意之表决。大率王位候补人之先定，当已在前王耄老之际也。

王位之继承，自选举转而为世袭，亦为各民族共有之轨辙。中国自禹之传启，而传子之局定。《万章上》："昔者舜荐禹于天，……皆天也，非人之所能为也。"孟子亦有说明。前王既崩，后王摄位三年，众情不惬，因得别从贤者。若其所从而为前王之子，则君位世袭之制，即由此渐立也。

余读《尧典》，其文虽成于后人，其传说之骨子，则似不得谓全出后人捏造。《尧典》言"巡狩"，乃古游牧时代大人集诸部落会猎之制也。春秋此制犹存。匈奴"秋，马肥，大会蹛林"，亦应如之。以巡狩而"封禅"，则因会猎而有祭祀也。（匈奴又于岁五月大会龙城，祭其先、天地、鬼神。"封禅"特一种野祭之礼耳。）因封禅而有"明堂"，明堂在野，其制近穹庐，故有"辟雍"，则幕野者挖四沟以避雨水也。（清儒考"明堂"者，自阮元之说出而始近情实。）后人不得其说，而缘饰之以理想之高义。更后之人益不得其说，则谓全属古人之妄造。古今人不相远，岂应古之学人专好造谣乎？

古人言尧、舜陶渔及舜浚井、治廪诸故事，殆亦如乌桓"大人各自畜牧营产，不相徭役"之意。（《后汉书·乌桓传》）陈相称许行之言，亦谓"神农与民并耕而食"，其传说来源非全无因，而后人各以意粉饰说之，遂致多歧。孟子"牛羊父母，仓廪父母，二嫂使治朕栖"，此等语定亦有受。若孟子自造，恐无如此意境。近人全认传说为伪造与说谎，治古史宜多窒碍也。

二月，《西周戎祸考下（附）西周对外大事略表》，刊于《禹贡半月刊》第二卷第十二期。收入《古史地理论丛》，一九八二年，台北东大图书公司印行。又收入联经《全集》第三十六册《古史地理论丛》，页二〇九~二二三。兹摘其大要如下：

余论西戎祸，多在东而不在西，既证以幽王犬戎之事，请再上推之于宣王。

宣王伐淮夷、徐戎，其为东讨，可以无论。即"薄伐玁狁，至于太原"，亦东征，非西驾。太原者，《左传》昭元年："晋中行穆子败无终及群狄于太原。"《穀梁》："中国曰太原，夷狄曰大卤。"（《公羊》同）大卤指其产盐，其地在晋南。盖群狄之盘踞河东，至春秋犹然，而其来历实远在西周也。

《后汉书·西羌传》："王遣兵伐太原戎，不克。后五年，王伐条戎、奔戎，王师败绩。"又《周语》，宣王"三十九年，战于千亩，王师败绩于姜氏之戎"。《史记·晋世家》亦言之，"晋穆侯七年伐条，生太子仇。十年伐千亩，有功。"宣王伐条戎、姜氏之戎，而晋师常从，则条戎、姜戎宜亦近晋。故杜预云："条，晋地。千亩，西河界休县南地名。"（《汉书·郡国志》亦云）则此二戎固皆在今山西之南部也。

《周语》又谓："宣王既丧南国之师，乃料民于太原。"姜戎既在晋，宣王料民太原亦必在晋。则宣王时所谓太原之戎、条戎、奔戎、姜戎，皆晋戎也。故晋人自谓"居深山之中，戎狄之与邻"矣。后人不深晓，凡见戎狄，必引之远西以为说，故多有难通耳。

范书《西羌传》："穆王西征犬戎，获其五王，又得四白鹿，四白狼。王遂迁戎于太原。"然据《穆天子传》，"天子北征于犬戎"，郭《注》引《纪年》曰："取其五王以东。"无"迁戎于太原"语。（《今本伪纪年》则云"穆王迁戎于太原"，盖袭范书也。）则范书所谓迁戎太原者，或是蔚宗自下语。

且按《穆传》："天子北征，绝漳水，至于钘山之下；绝钘山，北循滹沱之阳，遂北征于犬戎"，则犬戎早在东方太行滹沱之北，无待穆王之迁而再东矣。要之即据《穆传》，亦证犬戎本在周之东北，并非周之西北。其后太原之戎侵周而至泾阳，仍是益向西移，非远从西来，此乃穆宣两代周戎对峙大势，无论据《纪年》，据《穆传》，据《左氏》、《史记》、范书，皆可约略推说耳。

三月，《黄帝故事地望考》，刊于《禹贡半月刊》第三卷第一期。收入台北东大《古史地理论丛》，又收入联经《全集》第三十六册《古史地理论丛》，页一五九～一六五。兹摘录其大要如下：

《史记》言黄帝："黄帝东至于海，登丸山，及岱宗。西至于空桐，登鸡头。南至于江，登熊湘。北逐荤粥，合符釜山。而邑于涿鹿之阿。迁徙往来无常处。"黄帝行迹，固若是其窎远乎？盖古今地望迁移、史公自以西汉疆域说上古传记。今虽不能详定，姑举一二较近情者推说之，或转得古昔传说之真象也。

顾炎武《郡国·利病书》五十三引范守己《豫谈》一则，谓："崆峒山在汝、禹二州境，上有广成子庙及崆峒观，下有广成墓及城，即黄帝问道处。"《嘉庆一统志》汝州："崆峒山，在州西南六十里。《庄子》黄帝问广成子在空同之上。而《庄子》述黄帝问道崆峒，遂言游襄城，登具茨，访大隗，皆与是接壤，则此为近是。"

刘攽《彭城集·崆峒山赋》，谓大隗居具茨之山，黄帝至襄城之野而迷，皆与崆峒相近，事未必皆虚。汝州又有广成泽水，《水经注》广成泽水出狼皋山北泽中，东南入汝水。又《一统志》开封府："大隗山在禹州北，亦曰具茨山。《水经注》大隗即具茨山也，黄帝登具茨之山。又有大隗镇，在密县东南大隗山下。"又许州："襄城故城战国时为魏邑。《说苑》，襄城君始封之日，服翠衣，带玉佩，徙依于流水之上。"

则先秦言黄帝登空同，明明在汝、许、禹、密之间，而史公必远移之关陇之西者，史公自以后世疆域地望说古代史迹，故言黄帝西至空同，必在凉境。

史公所谓黄帝西至空同者，其行迹既可得而说，则请进而推言黄帝北辙之所至。考《一统志》山西解州，有风后故里，在州东解池西南隅，相传黄帝得风后于海隅。即此,又有蚩尤城,在安邑县南十八里,见《太平寰宇记》。《县志》蚩尤村在盐池东南二里许。又有浊泽,在州西二十五里,一名涿泽。(《括地志》称涿水)则黄帝与蚩尤战涿鹿之野者,其地望应在此。

黄帝西至空峒,北逐荤粥,而邑涿鹿之阿,其说既然,请再进而论南至江,登熊湘。《史记集解》裴骃曰:"案《封禅书》曰:南伐至于召陵,登熊山。《地理志》曰:湘山在长沙?益阳县。"今按:登熊湘乃一山,不得既登熊,又登湘,而两山相距千里而遥也。成孺《史汉骈枝》谓:"《封禅书》之熊耳山,即《汉志》所称弘农郡卢氏,熊耳山在东者是。其地东南距召陵冈仅数百里,故桓公至召陵,得登之以望江汉。"

《左》昭十七年,梓慎曰,郑祝融之虚也。《元和·郡县志》,今郑州新郑县,本有熊之墟,又为祝融之墟。《方舆纪要》,新郑故有熊地。黄帝都焉。周封黄帝后于此,为桧国。考《一统志》河南陕州,熊耳山在卢氏县南,又有轩辕陵,在阌乡县南十里铸鼎原,南北相距,百里之遥。则谓黄帝登熊山,即齐桓之所登,盖与所谓黄帝上空峒,登具茨,地望皆相近也。至称熊湘,疑是山本有湘名。后人见"湘"字,必谓在江南长沙,故裴骃谓熊湘乃召陵长沙南北两山矣。

余前论古代关于夏禹传说之地望,乃起自今之河南西部山地,而北极于黄河北岸今山西之南部。此篇略考黄帝传说故事,其地望乃与夏禹传说不期而合。然则言黄帝、夏禹者,其殆为古代比较相近之两民族所传述也。

三月,《子夏居西河考》,刊于《禹贡半月刊》三卷二期。收入《先秦诸子系年》,一九三五年,上海商务印书馆出版。一九五六年增订,由香港大学再版印行。又收入台北联经《全集》第五册。二〇〇一年八月,北京商务印书馆出版,页一四四~一四九。兹摘录其大要如下:

(一)子夏居西河教授为魏文侯师考

《史记·孔子弟子列传》(复智按:即《仲尼弟子列传》):"孔子既没,子夏居西河教授,为魏文侯师。"洪迈《容斋续笔》云:"按《史记》，子夏少孔子四十四岁。孔子卒时，子夏年二十八矣。魏始为侯，去孔子卒时七十五年。文侯为大夫二十二年而为侯，又六年而卒。姑以始侯之岁计之，则子夏已百三岁矣。方为诸侯师，岂其然乎？"今按：魏文初立，实周定王二十三年，去孔子之卒三十三年。子夏年六十三也。为文侯师，自是后人追述之语。余意文侯贤者，其初即位，子夏年已六十二。方孔子之未死，子夏固已显名，至是则巍然大师矣。文侯师子夏，虽不可以年定，而其在早岁可知。余又考魏文二十二年始称侯，子夏若尚存，年八十四。寿考及此，固可有之。

（二）子夏居西河在东方河济之间不在西土龙门汾州辨

《仲尼弟子列传》："孔子既没，子夏居西河教授。"《索隐》："西河在河东郡之西界，盖近龙门。刘氏云：今同州河西县有子夏石室学堂是也。"《正义》则云："西河郡今汾州也，子夏所教处。"后世言地理均从《正义》。故《禹贡锥指》谓："子夏石室在今合阳县界。北为韩城县，《寰宇记》谓子夏石室在韩城"。然孔子弟子，不出鲁、卫、齐、宋之间。孔子死，而子贡居齐、卫，子游、子张、曾子在鲁，何以子夏独僻居合阳城，黄河之西，龙门之附近？其地在战国初尚无文教可言，谓子夏教授其地，事殊可疑。

考《史记·孔子世家》："卫灵公问孔子，蒲可伐乎。对曰：可。其男子有死之志，妇人有保西河之志。"《索隐》曰："此西河在卫地，非魏之西河也。"今考春秋卫蒲邑，在今河北长垣县境。大河故渎，流经其西。其在当时，殆必有西河之称。"《隋图经》："安阳有西河，即卜子夏、田子方、段干木所游之地，以赵、魏多儒，在齐、鲁、邹之西，故呼西河。"《太平寰宇记》亦谓："相州安阳有西河。"则子夏居西河，不在西土，而在东方相州之安阳，可见矣。刘孝标《辨命论》并引《尚书大传》："子夏对夫子云，退而穷居河济之间。"此又子夏退老在东方不在西土之证。据此诸端言之，子夏居西河教授，决不在龙门、华阴之间，而实在东土。当在长垣之北，观城之南，曹州以西，一带之河滨。

四月，《雷学淇"纪年义证"论夏邑鄩鄎》，刊于《禹贡半月刊》三卷三期，笔名"梁隐"。收入《古史地理论丛》，一九八二年台北东大图书公司印行。又收入联经《全集》第三十六册《古史地理论丛》，页一八七～一九九。兹摘其大要如下：

《左传》襄四年、哀元年，记夏太康失国，迄于少康中兴，其间历数十年事，曲折甚详；而《史记·夏本纪》顾不着一字，则甚矣史公之疏也。故记旧闻，其足与《左氏》相参证者，颇不多（马骕《绎史》卷十三《少康中兴》，历引诸书，而独不录《左传》，则亦马氏之疏），而独《汲冢纪年》载其事为详备。《今本纪年》虽非旧物，然亦异乎全无所受，凭虚臆撰者。清代治其书者，前后无虑十许家。独通县雷氏之书用力最深，而流传转最狭。惟雷书能辨本书之真伪，而又能存其伪中之真。能博采群言以相阐，而又能剔去群言之伪。顾雷书刊行者曰《纪年考订》，仅十四卷，又非定本。其后为《义证》四十卷，写定未刊，余曾见其稿本，洵可谓卓出诸家之上矣。而其释地尤精善。因姑摘取其论夏太康、少康时事地望者，备尝鼎之一脔。亦以见《纪年》所载，不仅以战国事为可信。（余著《诸子系年》，备论《纪年》载战国事可信，胜于《史记》处。）即记三代以上，亦时资多闻。若谓古史当断自殷墟物证，自兹以往，全等臆测，则曲士之拘笃，全与雷氏，甘同讥焉。（以下皆摘录雷书）

（一）帝启放季子武观于西河（按：此条见今本。）

观，国名，韦昭《楚语注》，谓即洛汭之地。愚按：观。即灌也，亦作鄹。观乃本字，因为国都，故曰鄹。因其近河，故曰灌。又曰观津。季子居之，故曰武观。因其以西河叛，故曰叛观。且本陆终后斟姓之墟也，故曰斟灌。《世本》及汉、晋人记传，皆谓斟灌氏姒姓，即季子之国也。《战国策》曰："齐伐魏，取观津。"高《注》云："故观邑临河津，故曰观津。"《汉书·地理志》，东郡有畔观县。应劭《注》云："夏国也，东汉为卫国县。"《水经》曰："浮水故渎，又东径卫国县故城南，古斟观。"西河亦地名，……郑康成《礼记注》云："西河龙门至华阴之地。"盖自龙门以南至于华阴，近河左右之邑，皆曰西河，不专大河之西矣。

（二）夏太康即位居斟寻

斟寻，古国名。字本作"寻"，以为国邑，故作"鄩"。祝融后斟姓居之，故曰斟寻。地之所在，有三说焉。《汉书·地理志》曰："北海郡斟县，古国，禹后。"又有平寿、寿光二县，应劭于平寿注云："古斟寻，禹后，今斟城是也。"于寿光注云："古斟灌，禹后，今灌亭是。"此谓斟寻在山东，即今莱州·潍县西南八十里之斟城，西与青州寿光县东四十里之斟灌城迫近者也。此一说也。傅瓒《汉书音义》云："斟寻在河南，盖后迁北海也。"《汲冢古文》云："太康居斟寻，羿亦居之，桀又居之。"《尚书·序》云："太康失邦，昆弟五人，须于洛汭，此即太康所居为近洛也。"（《史记夏本纪正义》）此谓斟寻在河南。《括地志》所谓"巩县西南五十八里故鄩城"（《张仪列传正义》），是也。此又一说。二说之外，有谓斟寻在卫者，《水经·巨洋水注》引《世纪》云："夏相徙商邱，依同姓之诸侯斟灌、斟寻氏。"《史记正义》引《世纪》云："相徙于商邱，依同姓诸侯斟寻。"此谓寻近帝邱。（"商邱"皆"帝邱"之讹，王应麟谓误出《帝王世纪》也。）在东周时之卫地者也。此又一说也。今按：周地有寻而无灌，卫地有灌而无寻，《世纪》与《左传注》说皆误也。其实傅、应二义，瓒说较长。斟县之灌寻，乃从河洛往迁，被名海滨者。即郦氏所谓"寓其居而生其称"，非初国矣。不然，使帝居近海，何乃畋于洛南？寻不迁都，何以战于潍水？考验纪文，知傅为得实。鄩城即在洛汭西南五十余里，傅云"居为近洛"，此之谓也。愈知太康所居，河南为是。

（三）太康畋于洛表，羿入居斟寻

水内为汭，外为表。洛表，洛之南也。《夏书·序》曰："太康失邦，昆弟五人，须于洛汭，作《五子之歌》。"《春秋》襄公四年《左传》曰："昔有夏之方衰也，后羿自鉏，迁于穷石，因夏民以代夏政。恃其射也，不修民事，而淫于原兽。"《楚辞·离骚篇》曰："启九辨与九歌兮，夏康娱以自纵。不顾难以图后兮，五子用失乎家巷。"愚按："不顾难以图后"，谓纵欲往畋。羿者，有穷之君，……以善射闻，及夏之衰，自鉏迁于穷石，因夏民以代夏政。穷石与鉏，传注皆不言所在。《史记正义》引《括地志》云："故鉏城在滑州卫城县东十里。"即今卫辉府滑县东十五里之鉏城也。又引《晋地记》云："河南有穷谷，本有穷氏所迁。"此说与传记、《书序》并合。穷谷即《左传》"单武公、刘桓公败尹氏于穷谷"者。定七年杜《注》云："周地，不详其处。"说者谓因其名不美，举相反者易之。华延《洛阳记》云："城南五十里有通谷。"（《文选·洛神赋·注》）即是。然则穷在刘、尹二邑间，与斟寻实偪处矣。

（四）仲康即位居斟寻（按：此条见今本。）

居斟寻者，夷羿入居后，自立为相，挟天子以令诸侯，故灭伯封，用寒浞，弃武罗、伯因、熊髡、尨圉以自逞。今太康陟而立仲康，己仍相之，故仲康亦居斟寻。

（五）世子相出居帝邱

依斟侯。（按：此处"斟"字，今各本俱作"邳"。）帝邱旧讹作商邱。《左传》曰："卫迁于帝邱，卜曰三百年。卫成公梦康叔曰：'相夺予享。'公命祀相，宁武子不可。"杜《注》曰："夏后启之孙居帝邱，今大名开州西南三十里濮阳故城即是。"（帝邱见僖三十一年。）相出于帝邱者，迫于羿也。……依斟侯者传文，斟即武观国，所谓斟灌也。贾逵《左传注》亦云："相依斟观而国。"（《吴世家集解》及《左传·哀元年疏》。）可知周末相传其说如此。

（六）寒浞杀羿，使其子浇居过（按：此条见今本。）

寒，国名。《左传》杜《注》曰："北海平寿县东有寒亭"，今故址在莱州潍县东北五十里，西南至斟寻城百里也。寒浞，羿臣寒君伯明之族子也。浇，《论语》作"奡"。《左传》曰："处浇于过"，即此事。杜《注》云："东莱掖县北有过乡"，今在莱州府城北，西南至寒亭二百三十许里。又西南至斟寻百余里。浞之处浇于此，岂以斟寻来迁，恐为寒患，故使浇图之欤？

（七）相居于斟灌

此寒浞僭立迁相于斟灌也。灌本武观国，寻乃禹之子姓所封也。自太康居寻，而寻迁平寿。今后相居灌，故灌亦迁寿光也。傅氏《汉书注》曰："寻本在河南，后迁北海。斟灌当亦然也。"

穆按：雷氏谓相居帝邱，即依斟观而国，又谓后相居灌，而灌亦迁寿光，是俱然矣。然《纪年》云："后相居帝邱"，又云："相居斟灌"。《今本纪年》旧注："斟灌之墟，是为帝邱，后缗方娠，逃出自窦，归于有仍。"则相居帝邱与居斟灌，即是一地。相之见弑，后缗之出逃，亦即在斟灌之墟之帝邱也。

（八）寒浞灭戈（按：此条见今本。）

《左传》曰："浞因羿室，生浇及豷。处浇于过，处豷于戈。"杜《注》云："戈在宋、郑之间。"（襄四。）今归德、开封二府，即宋、郑界。开封之杞县东北，有地名玉帐，或谓即宋、郑隙地之玉畅也。戈当去此不远。

（九）寒浞使浇帅师灭斟灌，浇伐斟寻，大战于潍，覆其舟灭（按：此条见今本。）

此斟灌、斟寻，即从河洛来迁者。潍，水名，《汉地志》云："潍出箕县。"《水经注》曰："出潍山。"名异实同也。《左传》："浞使浇用师，灭斟灌及斟寻氏"，即此。战于潍，覆其舟者，用舟师也。《论语》曰："奡荡舟。"《楚辞·天问》曰："覆舟斟寻，何道取之？"即此事。后名潍山为覆舟，亦以此也。

（十）后缗归于有仍（按：此条见今本。）

《左传》曰："昔有过、浇、斟灌以伐斟寻，灭夏后相。后缗方娠，逃出自窦，归于有仍，生少康焉。"（哀元）仍国即太昊风姓后，今山东济宁州是。穆按：自帝邱之斟灌逃至济宁之仍，亦较谓自寿光之斟灌者为近情。

（十一）少康自仍奔虞（按：此条见今本。）

《左传》谓："少康为仍牧正，惎浇能，戒之。浇使椒求之，逃奔有虞，为之庖正，以除其害。虞思于是妻之以二姚，而邑诸纶，有田一成，有众一旅。能布其德，而兆其谋，以收夏众，抚其官职。"贾《注》云："有虞，帝舜之后。纶，虞邑。"杜《注》云："梁国有虞县。思，有虞君也。姚，虞姓。"《汉书·续志》曰："梁国虞有纶城，少康邑。今虞县故城在归德府虞城县南三里，纶城在县西三十五里。"

（十二）伯靡杀寒浞，少康自纶归于夏邑（按：此条见今本。）

《左传》曰："靡自有鬲氏，（国名，在今山东德平县东十里。）收二国之烬，以灭浞，而立少康。"（襄四）夏邑，即禹为夏伯时所封国。《十道志》云："阳翟有少康城。"（《路史注》）《寰宇记》谓即康叔之故城，在今禹州西北三十里。

四月，《战国时宋都彭城证》，刊于《禹贡半月刊》三卷四期。收入《先秦诸子系年》，上海商务印书馆出版。又收入联经《全集》第五册《先秦诸子系年》，二〇〇一年，北京商务印书馆出版《系年》，页三七四~三八〇。兹摘录其大要如下：

余考战国时宋都彭城，又别有说以为证者。《水经·睢水注》："睢水又东径睢阳县故城南，周成王封微子启于宋，以嗣殷后，为宋都也。秦以为砀郡，汉高祖尝以沛公为砀郡长。天下既定，五年，为梁国。文帝十二年，封少子武为梁王。"汉以睢阳为梁，盖承战国地理言之。宋亡已在战国晚年。窃疑睢阳为梁，犹在宋亡之前。盖宋先已迁都而东矣。故汉乃以睢阳为梁国。以战国时宋东迁，不都睢阳之证，一也。

又《泗水注》："黄水东流径经外黄县故城南，于春秋为宋之曲棘里，故宋之别都矣。"《汉志》外黄《补注》："王先谦曰：春秋宋黄邑，战国属魏。"外黄与睢阳相近，外黄既为魏有，此宋在战国时东迁，不都睢阳之证，二也。

（中略）又春秋襄十年《传》："晋荀偃、士匄伐偪阳而封宋向戌。"

偪阳尚在彭城东北，正以宋都东迁，故其朝臣得远封至此，证十三也。又观于《六国表》"韩文侯伐宋至彭城，执其君。"与夫鼎沦泗水、彭城之说，则宋都彭城，不都睢阳，断可定矣。

四月，《中国史上之南北强弱观》，刊于《禹贡半月刊》三卷四期。收入《古史地理论丛》，一九八二年，台北东大图书公司印行。又收入联经《全集》第三十六册《古史地理论丛》，页二七九～二九四。兹摘录其大要如下：

历代塞外蛮族，不断的向南侵犯，和好几次南北分峙的局面下，大半由北方吞并了南方。中国史上之所谓"北强南弱"说，几乎为一般人所信受。又因此而造出种种解释，关于山川形势、气候物产、民族文化，各方面都有。似乎就中国史的经过论，北方强于南方，是一种显然的事实。然苟仔细论之，则亦有未尽然处。前汉和盛唐，岂不大大的慑服了北方的蛮族？春秋时的吴楚，岂不凌驾中原，称霸一时？项羽、刘邦、刘秀、刘裕、朱元璋，亦全是起于南方而战胜了北敌。以至于最近的革命，大体说来，亦可以算是南方的胜利。可见中国史上告诉我们的，未必在北便强，在南便弱。军事胜败、民族盛衰，应该还有其它说明。

窃谓两个民族和国家间的盛衰强弱，往往有时只取决于几次军事的胜败。中国史上之南北军事胜败，在当时往往有一种武装的问题占其极重要的因素，而渐渐为后来读史者所忽略。本篇所举，则专在军队中之马匹一项。这一点虽若小节，然有时足以推翻或改定上述种种关于山川、形势、气候、物产、民族、文化各方面的南北强弱观之解释。

从春秋时代的战事观之，似乎骑兵作战还未发现。隐公九年《左传》，北戎侵郑，郑人患之，说："彼徒我车，惧其侵轶我。"可见当时戎狄尚是步战，而中原华族则系车战。直至昭公元年，晋中行穆子与群狄战，魏舒说："彼徒我车，所遇又陁，请皆卒"，乃毁车以为行。（行即步队）及战国赵武灵王胡服骑射，以灭中山，开林胡，则知当时赵北三胡（林胡、楼烦、东胡）已习得骑射作战的技术，所以赵王下令胡服，招骑射，略胡地至榆中，而林胡王献马。马匹在当时，遂为国际斗争所重视。

《史记·匈奴传》说："匈奴畜之所多，则马牛羊，其奇畜则橐驼、驴骡、駃騠、騊駼、驒騱。儿能骑羊,引弓射鸟鼠。士力能弯弓,尽为甲骑。"可见匈奴是一个骑马的民族,而其军队则全是骑兵。第一次有名的汉匈奴战事,为白登之围:"……于是汉悉兵,多步兵,三十二万北逐之。高帝先至平城,步兵未尽到,冒顿纵精兵四十万骑围高帝于白登。"这一役双方军事利钝胜败的关键,似乎不在乎南人之与北人,而在乎多马之与少马。

汉武马邑之谋本欲一举而解决北方匈奴之患,不幸失败,汉、匈奴和局破裂,汉廷遂决计大举出塞邀击,而首先问题便是组织骑兵队。有了骑兵,不仅可以出塞,而且可以绝漠。元朔六年:"汉……乃粟马,发十万骑,负私从马凡十四万匹。"大举出击。是后"匈奴远遁,而漠南无王庭。"那时汉朝国力与其对匈奴之政策,几乎可以把马之耗息来代表。

遂后患马乏,乃:"着令令封君以下至三百石以上吏,以差出牝马。天下亭亭有畜牸马,岁课息。"(《史记·平准书》)而汉廷之通乌孙,伐大宛,亦全有马的背景。

后汉时,西羌为患尤剧。任尚屯三辅,采虞诩之策:"诸郡兵,各令出钱数千,二十人共市一马,如此可舍甲胄,驰轻兵,以万骑之众,逐数千之虏,大功立矣。"(《后汉书·西羌传》)遂以立功。

五胡之乱,起自中国内地,而步马之势,为当时强弱分判的一种重要因素,其事依然显著。《通鉴》说:"石勒帅轻骑追太傅越之丧,及于苦县甯平城,大败晋兵。纵骑围而射之,将士十余万人,相践如山,无一人得免者。"这是当时胡夏斗争的一个榜样。石勒带领的是胡人骑兵,而东海王越部下十余万众,则大概多是步卒。

此后桓温北伐,有名的枋头之败,慕容垂以八千骑追之,慕容德以四千骑与垂前后夹击。(《晋书·慕容垂载记》)故桓军遂致大败。正因当时北军多骑,南军多步,所以南师北伐,北军可以避锐远引。及南军粮尽自退,北军则以劲骑追蹑。步卒遇骑兵,只可有大败,不能有大胜。此等处全在有马之与无马,而不关南人之与北人。

历朝畜马之盛,无如元魏。《魏书·食货志》六:"世祖平统万,定秦陇,以河西水草善,以为牧地,马至二百余万匹,橐驼半之。孝文即位后,复以河阳为牧场,恒置戎马十万匹,以拟京师军警之备。"元魏有马二百余万匹，而南朝江淮间只十万，数量相差远甚。南方不能并北，而终为北方所并，只看马数的统计已够。

唐初武功，说者每推美于唐之兵制。而唐代武功之又一原因，则在其畜马之盛。张说云："自贞观迄于麟德，四十年间，马至七十万匹。置八使以董之。设四十八监以掌之。"此等只是官马。唐初去元魏未久，谅来黄河流域一带，民间私马一定亦甚盛。唐代武功，颇赖于骑兵的战绩，如："贞观四年正月，李靖率骁骑三千，袭破定襄。二月，李靖与李世绩谋，选精骑一万，赍二十日粮，往袭颉利。遂灭突厥。"直到安史作乱，河北藩镇之强，亦还有马的关系做其景。

宋代的积弱，亦与马匹有关。幽、燕、宁夏产马之地，全入异族之手。欧阳修亦言："唐世养马之地，以今考之，或陷没夷狄，或已为民田。"而当时牧事，一马占地五十亩，所以惜费与争利者，又争侵牧场为农田。宋之马政终难发展。天圣中，牧马至十余万，已称盛况。祥符六年，枢使陈尧叟言，洛阳监马五千匹，颇费刍粟。上曰：马数及万匹可止。盖宋都河南，一则地狭不宜养多马，二则气非高寒，马亦不易繁息。及官马日耗，而有户马之法。自此而宋之马政益坏。蔡绦《国史补》云："金人犯阙，诏尽括内外马及取于在京骑军，不及二万。"（《文献通考》引）今谓宋之积弱，少马为其一因，实无大误。

宋既南渡，马政更难发展，于是竟有主全用步卒者。立国江淮以南，既难多养马匹，且大队骑兵亦无展布余地，无从训练。而要恢复中原，却又不得不先养大量的马队。这似乎也是南宋终于不振的一因。

元人崛起漠北，"以弓马之利取天下"。蒙古人之武力，大部有赖于其马队，此层已为一般所晓，可无赘述。

明代"奄有四海之大，凡中国所谓宜马之地，皆在焉。"其马政"两京畿及山东、河南牧之于民，山西、陕西、辽东牧之于官。在官者有名而无实，在民者有损而无益。"（此邱浚《大学衍义补》卷一百二十四语）明代马政不如汉唐，而明之武功亦较汉唐为差。"自万历以来，马政益坏，而边牧废弛愈不可问。"（《明史·兵志》）

熊廷弼经略辽东，上疏云："良马数万，一朝而空。今太仆寺所存寄之马，既多瘦小，驿马更矮小。兵部主事王继谟所市宣府大同马，并无一匹解到。即现在马一万余匹，半多疲损，率由军士故意断绝草料，设法致死，图充步军，以免出战。甚有无故用刀刺死者。以此马愈少而倒损甚多。皇上以为马匹如此，能战乎，能守乎！"辽东军事之不振，马匹缺少仍是其重要之一因。

兹扼要言之，把中国农民的耕地来牧养马匹，此在中国农民自所不愿。然没有马匹，对于北方蛮族，便只能小惩，不能大创。只能薄伐，不能穷追。蛮族势力的压迫，依然存在。若一旦蛮族入主，黄河流域的农场大半化做牧地，黄河流域的农事日就退化，而江淮以南，因无适宜牧地，更难以步卒在中原与北骑争衡。此恐是中国史上南北强弱一大原因也。

"自枪炮既兴，骑兵难以必胜，或反足为累。"（薛福成《书科尔沁忠亲王大沽之败》语）又铁道火车既通，而南人之涉北土，亦无需乎马匹。于是中国史上南弱北强之说，渐不可恃。兹篇所举，固属小节，亦可矫正论史者关于政治、军事、民族、文化，几许可免之游谈也。

九月，《水利与水害》（上篇，论北方黄河），刊于《禹贡半月刊》第四卷一期。收入《古史地理论丛》，一九八二年，台北东大图书公司印行。又收入联经《全集》第三十六册《古史地理论丛》，页二九五～三〇八。兹摘录其大要如下：

"水可为利，亦可为害"，这一知识，古人早已深晓，而渐渐为后人所忘却，或误解了。中国北有黄河，南有长江（此处所谓南北，姑就大体比较言之。黄河、长江亦就其全水系而言），一般人似乎认为长江是中国之利，而黄河则为中国之害；这显已违背了"水可为利，亦可为害"之明训。至于以堤防御水灾，这是一个最愚最下的办法，从共工和伯鲧的故事起，下至春秋时周太子晋以及汉代贾让等，早已畅论无遗；不谓直到我们今日，却仍只守着历古共讥的共工、伯鲧之旧法，仍只知以堤防捍水。目前中国，本已倒退堕落得不成样子，我提出水利与水害的问题，聊为现中国人之堕落做一当景的好例。

长江并不就是利，有时也可为害；黄河并不就是害，有时也可为利；照理论是极自然的，而事实的证明又极显著。谁也知道，中国文明起源及其孕育，全在黄河流域，而且自春秋？战国下迄汉唐盛世，中国史上最灿烂最光荣的时期，便在黄河流域发皇滋张。自唐代天宝以后，中国史渐渐走上衰运，而长江流域却渐渐见其重要。宋、元、明、清四代的统一，任何方面不能比西汉、盛唐，而五代十国以及金宋对峙，乃至黄巢、张献忠、李自成等的混乱，也较之春秋、战国、汉末纷争以及南北朝抗衡时的气象远逊了。总之，清代乾隆以下暂置不论，就乾隆以前的中国史看，上半部以黄河流域为中心，而后半部以长江流域为主脑，大体上却是黄河流域代表的文化还超在长江流域所代表的文化之上。何以忽然说黄河是中国之害呢？原来黄河为害中国之信念，亦恰起于中唐天宝之后，经宋、元、明、清历代之相传而其说益坚。那时黄河流域的文化，逐渐衰颓，中国人的智慧力量，已是不再能运用黄河了，而才说黄河为中国之害。依照最近事况，长江流域的文化，日趋倒退堕落之境，中国人的智慧力量，又渐渐地表示不能再运用长江了。若循此下去，老还是筑堤抢险，拼命效法共工、伯鲧的故智，来防御长江之水害，恐怕在不久将来，便会再有一个长江为害中国之新信念，深印在我们不长进的中国人的脑里。

上古洪水，其事渺茫，可以勿论。相传殷民族建都，屡遭水患。然汤居亳，地在河南？商邱，距河尚远，而他的子孙却渐渐迁徙北去，渡河而都。据后代考定的禹河故道而言，则殷人迁居河北，恰是昵就黄河，而非畏避。（详见《禹贡锥指》）仲丁迁隞，河亶甲居相，祖乙居耿，虽然《史记》说"河数为败"，而殷都却始终近河。尤其自盘庚迁殷，至纣之亡，二百七十三年，更不迁都。而殷墟在当时，亦是沿着古黄河的一地。及至殷纣，商邑日大，南距朝歌，北据邯郸及沙邱，皆为离宫别馆（此据《竹书纪年》），聚众百万，左饮淇水竭，右饮洹水不流（此据《战国策》），其盛况可想。此二百七十三年间的殷代文化，有现今出土的殷墟古物可证。他是如何样受到大河之赐，可不烦言而喻。

西周与河渭的关系，比较已在河之上流，此不具论，而卫康叔所封，即是盘庚以来殷人二百七十三年文化积累之故地。今就《诗经》《邶》、《墉》、《卫风》所咏，淇澳之绿竹，淇上之桑田，泉源在左，考盘在涧，桧楫松舟，驾言出游，处处有水，却处处见其水之可爱。若果文化与河流有密切关系，则卫之在西周，于东方诸侯中，经济文化均比较列高等，仍见其沿袭殷人，继续受大河之赐，又历四百年之久。今据古史殷卫而言，乌见黄河之必为害？

相传大禹治水后，第一次河道迁移，在周定王五年。考是年为鲁宣公七年，入春秋已一百二十年。河北的卫国为狄人所灭，亦已六十年。居今推想，自盘庚居殷迄于西周之卫，先后六百余年间，经济文物俱有可观；当时该地居民，对沟洫灌溉，修浚疏导之功，定不断的注意到，故能使河不惊波，水常安澜。自狄人以游牧蛮族，逐卫人而毁其国，从此大河北岸的文化急转堕落，农田水利一切俱废。迟后六十年而河水溃决，其间因果皎然。可见黄河决不是自来可怕的怪物，黄河之为害，实是沿河居民智慧力量不够利用黄河应有的结果。此后晋国势力东展，狄人削迹，河北卫地文物复兴，魏文侯居邺，西门豹、史起大修水利，河北一带仍为赵魏要地。

第二次的河徙，已在汉武元光三年，上距周定王五年又已四百七十年。这一次的河道迁徙，从史事看来，亦有其来历因缘。第一是战国以下竞筑堤防。汉哀帝时贾让亦概乎言之。(《汉书·沟洫志》)第二是列国兵争以决水为武器，自知伯引汾水灌晋阳开其端，其后如：赵肃侯十八年，齐魏伐赵，赵决河水灌之。(《史记·赵世家》)梁惠成王十二年，楚师决河水以水长垣之外。(《竹书纪年》)赵惠文王十八年，再之卫东阳，决河水伐魏氏，大潦，漳水出。(《史记·赵世家》)秦始皇二十年，王贲攻魏，引河沟灌大梁城，大梁城坏。(《秦始皇本纪》。当时策士之言曰："决白马之口，魏无黄济阳。决宿胥之口，魏无虚顿丘。决荥口，魏无大梁。"秦人果用其说。)

故孟子有"以邻为壑"之讥，而秦一天下，又有"决通川防"之政。当时的河道与水利，不免为长期的列国兵争所牺牲。汉代河患，实种因于此。此下屡经救治，直到东汉明帝时的王景手里而河患遂绝。自此以下，迄宋代，黄河又经过九百余年的安流，并不见其为中国害。(汉明帝永平十三年，王景治河功成，下逮宋仁宗景佑元年决横陇，又十四岁庆历决商胡，汉唐河道遂废，凡九百七十七岁。此处治河成绩，便足表见汉代人之精力。)

然黄河自宋以后，即忽然剧变，成为近世中国一大患；这里定有许多人事关系，而不尽在黄河之本身。否则同一黄河，何以偏横肆于宋后，而不为祟于唐前？我想宋代河患，也定有其前兆。宋敏求说（据《禹贡锥指》引）："唐河朔地，天宝后久属藩臣，纵有河事，不闻朝廷，故一部《唐书》，所载者仅滑帅薛平、萧仿两事。"此说实在是一种极合理的推测。

而五代兵争，梁唐夹河相持，决水行军之事又屡次见到。如：梁贞明四年，龙德三年。唐同光二年。均因兵争而决河制敌。又据司马光《通鉴目录》载，自五代晋天福三年至周显德六年，黄河连年溃决八次。我们只须大体上一想到五代时北方型态之种种，即知宋代河患剧发，并非偶然。从中唐天宝以后之藩镇割据，极于五代纷争，实在是北方黄河流域经济文化上一致命伤。

以前五胡乃至北朝，中国北方元气并未大衰，社会、经济、文化尚得保存递传，并未中绝。故隋唐一统，主持中国的仍在北方河域，而非南方之江域。而唐后五代十国，南北经济、文化地位便显然倒植，宋代一统，中国经济已全赖长江，人物文化亦南盛于北，渐致于整个重心全向长江迁移。从唐天宝末到宋景佑初，中历两百七十余年，北方河域大半在蕃将牙兵昏天黑地的武力统治之下，横征暴敛，穷兵黩武，农业状态日益变坏，水道沟洫自然只有破毁而没有兴修；因社会经济之枯竭，而文化人物亦渐萧条。

我想春秋时代的狄人，盘踞殷卫故土，而使黄河横溃改道，正犹如唐天宝以后的胡将牙兵，割据大河两岸，而使宋代河患剧发不制。先后事变，如出一辙。自唐以前，黄河之安流是常态，而溃决为变态。自宋以后，则溃决为常，而安流为变。然就历史事变而论，则实是北方人的情况先落后了，而遂使黄河敢如此般放肆的。

自宋代河决改道以来，宋人欲以限契丹而不愿河流之北，金人欲以宋为壑而利于河流之南；元明以下，又患运道之塞，而复不欲河道之北趋。河流日失其性，忽南忽北，而河患益甚。又兼明清两代政治之腐败，河工之浪费与黑暗，更益造成黄河为害中国之局面。驯至认为黄河十年一溃决，百年一改道，是理当的事；黄水之来，只有共工、伯鲧的高筑堤防，是惟一办法。

现在黄河又在大溃决，而几乎有改道可能之际了，当然，除却远师共工、伯鲧高筑堤岸以外别无办法，是我们时代之特征。而我却缓不济急的介绍一种另外的意见，便是明代徐贞明的《潞水客谈》。（此书收在《粤雅堂丛书》第二集）他最扼要的一句话是："水害未除，正由水利未兴。"（《明史》卷二二三《本传》）故他着眼在积极的兴水利，与自来治黄河的只管消极的谋去目前之害者不同。

或疑黄河水多沙，不利农事，不知"泾水一石，其泥数斗，且溉且粪，长我禾黍"，自古歌之。以上流言，秦有郑国渠，汉有白公渠，马援引洮种稻，虞诩激河屯田，直到现在，宁夏、包绥以及新成之泾惠渠，不闻不利于灌溉。以下流言，史起引漳溉邺，汉人引汶穿渠，《职方》幽州"穀宜三种"，郑玄云"黍、稷、稻"，幽地宜稻，古人知之甚夙。东周为稻，仰给于西周之水源，更不闻衮、豫腹地不宜水田。陈、许、邓、颍一带，南接淮汉，屯田水利，自汉至唐，举不胜举；大河两岸填淤肥美，贾让亦早言及。徐氏曾言疏导当先上流，"源分则流微而易御，田渐成则水渐杀。水无泛溢之虞，则田无冲激之患"。若说上流水分则下流水缓，与束流涮沙之理不合，则据最近从事河工人员之目验（李仪祉氏七月十六日在京发表之谈话），显见此次河灾由于上流水盛，下流河窄，而河床淤填日高之患尚在其次。则可见束流涮沙之论，实不如徐氏引水分流的见解，更为治黄策之根本了。

刘献廷曾说："北方为二帝三王之旧都，二千余年，未闻仰给于东南。何则？沟洫通而水利修也。自五胡云扰以迄金元，沦于夷狄者千有余年，人皆草草偷生，不暇远虑，相习成风，不知水利为何事。故西北非无水也，有水而不能用也。不为民利，乃为民害。旱则赤地千里，潦则漂没民居，无地可潴而无道可行，人固无如水何，水亦无如人何矣。元虞奎章奋然言之，郭太史毅然修之，未几亦废。有明三百年，更无过而问之者矣。予谓有圣人出，经理天下，必自西北水利始，水利兴而后天下可平，外患可息，而教化可兴矣。"（《广阳杂记》卷四）

惜乎中国的圣人，又已三百年阔隔，还未诞生。我草此文，深为西北苍生引领望之。然圣人的诞生，究竟也不难，只要真实领解"水可为利，亦可为害"之古格言，以及牢记共工、伯鲧古史传说里的好教训，不久应当可以再来一个"尽力乎沟洫"的大禹。近读张相文氏《河套与治河之关系》篇，虽立论间有不同，然同就历史经过以推阐河患由来，深喜一时妄论之偶合于前贤也。

十月，《水利与水害》（下篇，论南方江域），载于《禹贡半月刊》第四卷第四期。收入同前书。页三〇九～三二一。兹摘录其大要如下：

黄河在古代，未见为中国之害，已详上篇。而长江在古代，亦未见遽为中国之利。远者不论，春秋楚地不到湖南。吴楚相争亦在淮汉之间。直到战国，此种情势依然无大变。汉代长江流域，除却上游巴蜀，在农业上，实不见有重要的地位。

三国鼎立，吴人于江南废郡县吏，而置典农督农之官，农事稍稍振起。至东晋渡江，长江下游地位益见重要，《晋书·食货志》说："间者流人奔东吴，东吴今俭，皆已还反，江西良田旷废未久。火耕水耨，为功差易。宜简流人，兴复农官。"是东吴农事，多由北方流人开发。正犹元明以来，河北畿辅求兴农事必招吴人。即此一例，便是长江、黄河在中国史上利害先后倒转之好证。

那时长江流域的经济状态，受到大批北方人的努力开发，至多也不过和黄河流域走上渐次均等的地位。黄河流域固然无需仰给于长江，长江流域亦还无力供养黄河。长江、黄河经济上先后倒转一个极明显的事态，便是隋代以下有名的运河之利用。然而《隋书·高祖纪》开皇七年于扬州开山阳渎以通运漕，则仍是漕北粟以济南，非运南粟以济北。

大规模的转运江淮米以给北方，此是唐代裴耀卿、刘晏以下的事。而长江流域经济情形之蒸蒸日上，亦在中唐以后。长江水利最重要的代表区域，在其下流太湖流域一带，俗称"江南"。江南水利农事大规模的兴修，则在五代时的吴越。据吴任臣《十国春秋》吴越武肃王天宝八年："时置都水营使以主水事，募卒为都，号曰撩浅军，亦谓之撩清。命于太湖旁置撩清卒四部，凡七八千人，常为田事，治河筑堤。一路径下吴淞江，一路自急水港下淀山湖入海。居民旱则运水种田，涝则引水出田。又开东府南湖，立法甚备。"又忠懿王乾佑二年："置营田卒数千人，以淞江辟土而耕。"此皆吴越注意农田水利之证。

及至宋仁宗庆历间，范仲淹守平江上奏，略曰："江南旧有圩田，每一圩田，方数十里，如大城。中有河渠，外有门闸。旱则开闸，引江水之利。潦则闭闸，拒江水之害。旱涝不及，为农美利。又浙西地卑，常苦水涔。虽有沟河可以通海，惟时开导则潮不得以湮之。虽有堤塘可以御患，惟时修固则无摧坏。臣询访高年，则云曩时两浙未归朝廷，苏州有营田军四部，共七八千人，专为田事导河筑堤以减水患。自宋朝一统，江南不稔则取之浙右，浙右不稔则取之淮南，故慢于农政，不复修举。江南圩田，浙右河塘，大半隳废，失东南之大利。"

这一节文字，说明当时江南水利情形，可谓深切而著明。原来"水可为利，亦可为害"，江南的水利，是时人不断的用了精心果力得来的报酬。黄河流域的农田水利之日就荒落，何尝不是靠了长江的接济而慢于修举之故。目前水害滔滔，延及长江，怕是五洲大通，洋米进口的太多了吧！

神宗时，又有昆山人郏亶，奏论苏州水利，最为肯切。言："疏浚三江，畎引灌溉，开辟塘浦，修筑堰闸，故低田常无水患，高田常无旱灾，而数百里地常获丰熟也。"可见三吴水利，全出人为，并非天然。一旦人力稍疏，则水之为利者即转而为害。言吴中水利比较最古而最详备者，就要算郏氏之书了。唐中叶以后，北宋以前，三吴一带农田水利情形，可以从他书中推见。他说："自来议者，只知治水，不知治田。治田本也，本当在先。治水末也，末当在后。苏州水田，东南美利，而堤防不立，沟洫不通，二三百年间，风波荡蚀，仅若平湖。议者见其如此，乃谓旧本泽国，不可使之为田，上偷下安，恬不为怪。"

王安石当时倡议填土至和塘以为田，苏人皆以为笑，后来事成，民以为利。据《梦溪笔谈》云："至和塘自昆山县达于娄门，凡七十里。自古皆积水，无陆途。民颇病涉，久欲为长堤抵郡城，泽国无处求土。嘉祐中，人有献计就水中以籧篨为墙，栽两行，相去三尺。去墙六丈，又为一墙，亦如此。漉水中淤泥实籧篨中，候干则以车畎去两墙间旧水。墙间六丈，皆留半以为堤脚，掘其半为渠，取土以为堤。每三四里则为一桥以通南北之水。不日堤成，至今为利。"

至和塘创始于至和二年,最后完成在嘉佑六年,距今只八百七十余年。哪里想得到八百年前只是一片白水,有无处取土之苦呢?幸而北宋不久失国,建炎南渡,江浙水利继续兴修。明清以来,苏松田赋乃占天下十分之一。郏亶所谓七里一纵浦、十里一横塘之说,吴人到今还可依稀寻证。北方仰食江南,而北方的农田水利日益堕落。待到将来的江浙,堕落到现在北方的地位,而再和他提及往年之所谓水利,正如近人辨古史上之井田沟洫,终为一令人难信之疑案也。

郏亶既卒,其子桥又嗣其父言水利,其说曰:"浙西昔有营田司,自唐至钱氏时,其来源去委,悉有堤防堰闸之制,旁分其支脉之流,不使溢聚以为腹内畎亩之患。是以钱氏百年间,岁多丰稔,惟长兴中一遭水耳。暨纳土之后,至于今日,其患方剧。盖由端拱中,转运使乔维岳不究堤岸堰闸之制,与夫沟洫畎浍之利,姑务便于转漕舟楫,一切毁之。初则故道犹存,尚可寻绎;今则去古既久,莫知其利。营田之局,又谓闲司冗职,既已罢废。则堤防之法,疏决之理,无以考据,水害无已。至乾兴、天禧之间,朝廷专遣使者,兴修水利。远来之人,不识三吴地势高下,与夫水原来历,及前人营田之利,不过采愚农道路之言,以目前之见为常久之策。

这一段话,虽已完全是历史上的陈迹,实亦还有做我们参考的价值。三吴水利,明清两朝五六百年,究还是比较的不断有人注意到。而清末以迄今兹,走上中国史上民族堕落少有的一个阶段。社会百务倒退,太湖流域的水利自然也不能例外。

十月,《跋康熙丙午刊本方舆纪要》,刊于《禹贡半月刊》第四卷三期。收入台北东大《中国学术思想史论丛》(八)。又收入联经《全集》第二十二册《中国学术思想史论丛》(八)。二〇〇〇年,素书楼文教基金会·兰台出版社整理新版印行。页一三四~一四一。兹摘录其大要如下:

顾祖禹《读史方舆纪要》,最先刊本在康熙丙午,仅《州域形势说》五卷;今本《历代州域形势》凡九卷,第九卷明代为丙午本所无,余亦详略迥殊,亦有五卷中旧说而今本加改订者。盖丙午五卷本为今本初稿也。

今本凡一百三十卷，视初本殆增一倍。计《历代州域形势》九卷，各省一百十四卷，《川渎》六卷而漕河、海道居其一，分野一卷；丙午《凡例》尚有《郡邑合考》，则今本殆散入各省也。今本又附《舆图要览》四卷，凡海防、海运、盐漕、屯牧、职官、舆程诸大端并约略附见焉。今本彭士望《序》，谓"祖禹之创是书，年二十九"，则距丙午初刊，已历八载。丙午本首页，有"分省即出"四朱字，则所刻虽仅五卷，而全书七十二卷之大体必已完就，盖即成此八年中矣。

阎若璩《尚书古文疏证》（卷六下）谓："景范地志之学盖出于家，其尊人耕石先生著《山居赘论》云云。"今按：祖禹父名柔谦，字刚中，耕石其别号也。据魏禧所为《墓志铭》，柔谦卒在康熙乙巳，年六十，则正在丙午前一年。今丙午刊本凡例自称"棘人顾祖禹"，其证也。是柔谦及见其子著书且溃于成，先后历七年之久也。

柔谦以明遗民，抱宗国之痛，抗节不仕，祖禹亦弃举子业。柔谦常教之曰："汝能终身穷饿不思富贵乎？"曰："能。""汝能以身为人机上肉，不思报复乎？"曰："能。"柔谦乃大喜曰："吾与汝偕隐矣。"（据魏禧《顾柔谦墓志铭》）祖禹志节得之家训，盖不啻顾炎武之于嗣母也。而祖禹为《方舆》书，亦以得于其父之教命者为多。今本《总序第一》祖禹自述先世，当明嘉靖间有光禄丞顾大栋，为祖禹高祖父，好谈边徼利病，跃马游塞上，撰次《九边图说》，梓行于世。其子奉训大夫文耀，万历中奉使九边，以论边备中忌讳，仕不获振。祖禹祖龙章，早卒，则所谓"请缨有志，揽辔无年"者。其父柔谦，得疾且卒，呼祖禹而命之曰："及余之身，四海陆沉，九州岛岛腾沸，获保首领，具衣冠，以从祖父于地下耳。园陵宫阙，城廓山河，俨然在望，而十五国之幅员，三百年之图籍，泯焉沦没，文献莫征，能无悼叹乎！余死，汝其志之。"祖禹匍伏鸣咽而对曰："小子虽不敏，敢放弃今日之所闻？"彭《序》谓祖禹为是书，"秉厥考之遗言，及先祖所为之地志，九边之《图说》"，即谓此也。是顾氏一家舆地之学，祖孙相传，渊源已历五世，固非偶尔而然矣。

又按：丙午本原名《二十一史方舆纪要》，叙次迄于元末，今本则下及明代。今本《总序》，祖禹自述其"父卒一年而祖禹以疾废，又三年疾愈，不揣愚昧，思欲远追《禹贡》职方之纪，近考《春秋》历代之文，旁及稗官野乘之说，参订百家之志，续成昭代之书"，是祖禹之续为此书，当在丙午后之三年，即己酉、庚戌之间也。今本有魏禧《序》，已称《读史方舆纪要》一百三十卷，则应尚在庚戌后。

　　祖禹抗节首阳，穷稿不仕，人知之。方三藩事起，而祖禹跳身走闽海，期兴复，则知者甚少。近张子晓峰创为《祖禹年谱》，亲至胶山访搜遗闻，得《黄氏宗谱》，有黄守中与祖禹交游踪迹，而其事乃大白。（详见《国风半月刊》四卷十期《胶山黄氏宗谱选录专号》）滇变作于癸丑，闽变起于甲寅，祖禹南游当在癸、甲之际。康熙丙辰，耿精忠复降满州，祖禹亦不久留。其在闽海，先后不出三年也。今本复有彭士望《序》，谓："望行年七十，得此一士。"又曰："祖禹之创是书，年二十九，经二十年始成。"今考彭氏年七十，当康熙十八年己未，时祖禹年适四十九。其称述祖禹为人，谓："其胆似韩稚圭，而先几旁瞩，不敢置胜负于度外"，则祖禹之不淹滞于闽可知也。又谓："其奇才博学似王景略，虽去桓温，必不为苻坚所用"，尤明属闽海归来语。

　　康熙十九年庚申，祖禹始客徐干学家。彭士望《徐氏五十寿序》（按顾、徐同年）云："庚申八月，余在吴江，昆山徐子艺初、章仲二孝廉遣书使，因顾子景范，迎余居其家。"又曰："而虞山顾景范，不求闻达，落落人外，惟潜心《方舆纪要》一书。公礼而致之，不烦以事，听自纂述。更为具脡饩笔札书史，以相攸助。"是祖禹五十以后仍肆力此书。彭《序》谓"经二十年始成"者，仍非定稿也。

　　康熙二十六年丁卯，清廷修《一统志》，命徐干学为总裁，徐氏罗致祖禹于幕下。庚午，徐氏归里设局洞庭，祖禹仍为分纂，而其子士行亦在志局。既父子同砚席，又得恣意博览四方图册，复与胡渭、阎若璩、黄鸿诸人上下其议论。越三年癸酉，卒。此数年中，《纪要》一书当必又有所增订。

　　然则祖禹此书，既上承其家高、曾两世之余绪，又及身父、子、孙三代讨论润色。而祖禹则毕精萃力于其书者达三十四年，先则槁卧穷庐，专心一志；继则南游岭海，北上燕冀，远搜博涉；又得徐氏藏书之探讨，宾客之研穷；取精而用宏，体大而思深，宜其可以踌躇无余憾矣。然祖禹虽溷迹显贵之门，其皭然不污之节，则固终其身无少渝也。姚椿《通艺阁集顾处士祖禹传略》，谓："《一统志》书成，徐将列其名上之，祖禹不可，至于投死阶石始已。"其磨而不磷，涅而不淄，殷有三仁，固不在形迹之间也。

余观今本首卷所列各序均无年月，此盖不署永初之旨耳。又以"昭代"称明，叙史迹亦至明而止，绝不涉建州入关，拳拳故国之情溢于言表。虽祖禹诗文事迹流传极少，然此书幸免焚禁，不可谓非大幸矣。（《四库》未收其书，殆时人未敢轻进也。）今祖禹书传布极广，然其立身大节，及著书用意所在，与夫数十年辛勤之经历，则人鲜知者；爰因读丙午本而纵论之如此。

十一月，《近百年来之读书运动》，刊于天津《益世报·读书周刊》第一期。一九五八年收入于香港自印之《学籥》时易名为《近百年来诸儒论读书》。又收入联经《全集》第二十四册《学籥》。二〇〇〇年，素书楼文教基金会·兰台出版社整理新版印行，页六三～一二八。兹摘录其大要如下：

每一时代的学者，必有许多对后学指示读书门径和指导读书方法的话。循此推寻，不仅使我们可以知道许多学术上的门径和方法，而且各时代学术的精神、路向和风气之不同，亦可藉此窥见。本篇为便初学，远的不说，专取其"近己而俗变相类"者，粗述百年来，而自陈澧始。

（一）陈　澧

1.

陈澧，广东番禺人，生于清嘉庆十五年，距今已一百二十余年。十七岁，应阮元督两广时所建广州粤秀山学海堂季课。早年受到很深的乾嘉考证学之影响与熏陶。他后来所著书，如《汉书地理志水道图说》、《声律通义》、《切韵考》等，都还遵守着乾嘉经学正统派的矩矱。然而时代的剧变，鸦片战争，洪杨起事，以及英法军侵入广东，种种惊心动魄，使他渐渐地转换他学术的路径。他说："中年以前，为近时之学所锢蔽。全赖甲辰出都（道光二十四年，南京条约后两年，陈澧三十五岁），途中与李碧舲争辨，归而悔之，乃有此二十年学问。"又说："少时只知近人之学。中年以后，知南宋朱子、北宋司马温公、胡定安、唐韩文公、陆宣公、晋陶渊明、汉郑康成之学。再努力读书，或可知七十子之徒之学欤。"

这是陈氏自述因于时代转变而影响他走上学术转变之大概。其在当时受了乾嘉汉学考据极深的洗礼，正当考据学全盛时，他能首先觉其锢蔽，要努力来创造一种学术的新途辙，陈氏实不愧是近百年来提倡新的读书运之第一人。

2.

陈氏既发现了汉学考据之锢蔽，遂渐渐转移方向，注意于宋学义理之探求，与学问大体之探索。其最先完成之第一书，为《汉儒通义》。其书名取"通义"，即是主张从事学问该从大体上探索义理之表示。陈氏谓："汉儒善言义理，无异于宋儒。宋儒讥汉儒训诂而不及义理，非也。近儒尊崇汉学，发明训诂，而不讲义理，亦非也。""窃冀后之君子，祛门户之偏见，诵先儒之遗言，有益于身，有用于世，是区区之志。"

陈氏要从"善言义理"这一点上来沟通汉、宋之门户，而以"有益于身"与"有用于世"二语，悬为著书讲学之标帜。可谓对症发药。故陈氏又谓："经学无关于世道，则经学甚轻。谓有关于世道，则世道衰乱如此，讲经学者不得辞其责。盖百年以来，讲经学者，训释甚精，考据甚博，而绝不发明义理，以警觉世人，此世道所以衰乱。"又说："今人只讲训诂考据，不求义理，遂至于终年读许多书，而做人办事全无长进，与不读书者等。此风气急宜挽回。"

近人尚多认考据训诂为读书治学之不二法门者，其间流弊煞是不少。最所易犯者，常为忽略了书中平正通达的部分，而专从难解难考处下手，因此读书不得大体，而流于琐碎。也可说，不注意大道理，而专在枝节上卖弄小聪明。他们训诂考据之所得，并不说是错了，只是于身无益，于世无用。陈氏说："有士大夫之学，有博士之学。近人几无士大夫之学。士大夫之学，更要于博士之学。士大夫无学，则博士之学亦难自立，此所以近数十年学问颓废也。"陈氏此一分辨极关重要。"博士"最多能知道了些人家不知道的，却与做人办事一切世道仍无关。"士大夫"则须从读书中明义理，来做社会上一个有用人物。

陈氏论学，极提倡"博学以知服"的风气。所谓博学以知服者，即是自己学问愈博，愈知道佩服人家。他说："学者之病，在懒而躁，不肯读一部书。此病能使天下乱。读经而详味之，此学要大振兴。"

懒是不肯平心静气，精详阅读。躁是急于成名，好出锋头，掩盖前贤，凌驾古人。待到读书人全受此种风气之熏陶，由他们出来领导社会，主持睦局，其势自然足使天下乱。陈氏的话，一些也不过分。清代乾嘉经学，极盛之后，正犯了这个毛病。何况他们还避免不掉一种懒而躁的心理，在不合理的读书风气下，还会制造种种牵连而生的病态。陈澧可算在这种空气里面首先有觉悟到的，在他四十九岁刻成《汉儒通义》，以后他便积极干他所理想的读书工作，直到他七十三岁卒年，前后二十余年，积成了他毕生伟大的巨作《东塾读书记》。

3.

把《东塾读书记》与乾嘉经学专务训诂考据的许多著作对看，也确实是远胜了。即如刘台拱的《论语骈枝》，为当时学者所推尊，若以较之《东塾读书记》中《论语》之一卷，其间高下得失自显。一则专从难解难考处着想，一则改从大义大体上用心，即面目便自不同。然而陈澧在当时，他自身感受经学的影响，实亦太深了。所以陈氏的《读书记》，虽则竭意要追步清初大儒顾炎武的《日知录》，而《日知录》内容，分经术、治道、博闻三类，《读书记》则只能自限于经术之一途。由我们今天来平心衡论陈氏学业上之成就，也仍只可算他是一个经学家，这是极显然的。而且陈氏治经，先劝人从头到尾读一部注疏。他说："读注疏使学者心性静细。"然而在陈氏当时，内忧外患相逼而来，人人有不可终日之想，究竟已非细心静气来从头到尾读注疏的时代了。即使人人再能从头到尾读一部注疏，人人由此养到心性静细的地位，也不见得对社会有何真用处。因此，陈氏的读书主张，只算是看到了从前人的病痛，但他自己所开的药方，却不见有力量，未能使此病霍然而愈。所以陈氏身后，还不见有一个面目一新的读书风气，而仍还是五十步与百步的一进一退，在乾嘉经学训诂考据的积习下讨生活。换辞言之，陈氏在学术思想史上还不够做成一个画界线的人物。大体上，陈澧所谓"懒与躁"的心病，似乎仍是深深埋在我们的身里，而世道衰乱，我们学术界也还不得不负相当的责任。

（二）曾国藩

1.

治近百年史的，论到人物方面，无论如何，不能不首先推到曾国藩。曾氏气魄之雄厚，人格之伟大，及其在政治上、社会上种种之建立，其不可磨灭处，纵然近人有好持异论的，到底也不能不承认。至论学术，曾氏也有他自己一套独特之旗帜与地位。述说近百年来之诸儒读书论，曾氏是极可注意的一人。

曾氏湖南湘乡人，生嘉庆十六年，后陈澧一年。卒同治十一年，先陈澧十年。曾、陈是同时代的人物。曾氏读书，生平力主一"耐"字诀，一"恒"字诀。他说："一书未完，断断不读别书。"陈氏常提倡"士大夫之学"，说："士大夫之学，略观大义，有益于身，有用于世。"曾氏做学问，却恰恰是走的这条路。

2.

曾氏在当时，亦曾极力提倡一种新的读书风气，散见于其有名的《家书》、《家训》、《日记》、及《文集》中。下面偶举几点，为近来有志提倡读书运动的人作参考。在他家书里正式开始讨论到读书和做学问的，是在道光二十二年。他的读书课程是："刚日读经，柔日读史。"他自己说："读经常懒散不沉着，读《后汉书》已丹笔点过八本，虽全不记忆，而较之去年读《前汉书》，领会较深。"

当时的曾氏，已是清廷翰林院的检讨，国史的协修，在三十一二岁的年龄，才开始点读前后《两汉书》。这一点，使我们感到读书运动的对象，不该老是一辈大中小学校里的青年和儿童，或是推车卖浆不识字的贫民；而社会上的中年人物，比较站在领导地位的缙绅士大夫，尤其应该是我们读书运动的第一对象呀！

曾氏自成进士，入翰林，以后官位日高，由侍讲侍读擢升内阁学士，历任礼、兵、工、刑、吏各部侍郎，及数次主考阅卷大臣等，前后约十三年。虽处境较优，而"应酬之繁，日不暇给"（《家书》语），并不能摆弃一切，专意读书。此后则从事兵戎，生活一变，更不是读书的环境。然他从咸丰二年创办乡团，直至同治三年攻破南京，前后又恰是十三年。在这宦海纷纶，乃至戎马倥偬时的二十多年时间里，曾氏却建立了他学业上卓绝的成就。这一点，又使我们感觉到，读书并不一定要一种特殊的环境，乃及一种特殊的生活，而实为社会一般人大家所能从事的。至于达官阔人、政军大僚以及社会上各色各行的领导人物，他们已然负担着国家社会更大的重任，那么他们更应该"稍事学问"，奉曾氏为模范。

3.

至论曾氏学问、事业，何以能互相辉映，而各有其卓绝的成就，一面固是由于其意志之坚毅，生活之严整；而另一面，则在其眼光之远大，与方法之切实。曾氏用"约"字诀读书，屡见其《家书》、《家训》中。如云："读经以研寻义理为本，考据名物为末。读经有一'耐'字诀，一句不通，不看下句。今日不通，明日再读。今年不精，明年再读。此所谓耐也。读史之法，莫妙于设身处地。但记一人，则恍如接其人。但记一事，则恍如亲其事，经则穷理，史以考事，合此二者，更别无学矣。"（道光二十三年正月《家书》）

又说："经则专守一经，史则专熟一代，读经史则专主义理，此皆守约之道，确乎不可易。读经读史读专集，讲义理之学，此有志者万不可易者也。圣人复起，必从吾言矣。"（同上）他以后教人"耐"字诀，"恒"字诀，"拙"字诀，"诚"字诀，以及"扎硬寨，打死仗"的口号，凡曾氏功业上的成就，和其从事学问的精神，处处呼吸相通，沆瀣一气。

4.

读书既主守约，则选择不可不审。所以他说："买书不可不多，而看书不可不知所择。余于《四书》、《五经》外，最好《史记》、《汉书》、《庄子》、韩文四种，好之十余年，惜不能熟读精考。又好《通鉴》、《文选》及姚惜抱所选之《古文辞类纂》，余所选《十八家诗钞》四种，共不过十余种。"（咸丰九年四月）

读书能选择，实为守约之第一要义。而选择的标准，应该"先务乎其大"。他说："书籍之浩浩，著述者之众，若江海然，非一人之腹所能尽饮也，要在慎择焉而已。"

5.

曾氏曾从唐镜海闻义理，又私淑于姚姬传学古文法，而曾氏之言义理文章，其识解意境，也均超出唐、姚二人之上。曾氏与唐、姚之异点，也正在唐、姚空疏，而曾则博大。可见曾氏为学，实能抉破乾嘉以来义理、考据、词章三派之藩篱，而求能从大处着眼，俾可兼得三者之精华。他的《圣哲画像记》，平心论之，不能不说他的识解气魄，与其指示学术途径，确已越出江藩、陈澧之上。

现在让我们回头来看最近的学术界。似乎领导学术者，其存心多只看重了博士之学，而不看重士大夫之学。因为有此趋向，所以我们当前的学术空气，渐渐和一般社会分离，而形成为一种特殊环境里的一种特殊生活。一个有志读书的青年，他们的最要条件，便是盼望能走进象样的《大学》，浩博的图书馆，完备的研究所。而论其学问之所成就，则只是一种近乎博士论文式的著作。若我们放大眼光，为一般社会着想，便见学问并不全是关门而做的事。有一种是专门博士之学，为少数人所专攻；另一种则是普通的士大夫之学，为社会多数知识分子所应领解。曾氏《圣哲画像记》所论，注意到社会上一般人物之陶冶与进修，实在是极可取法了。

6.

惟专就曾氏个人论，曾氏亦并不仅是一个具有开明常识的读书人，曾氏还是一个有学术上特殊地位特殊贡献的学者。他说："惟古文各体诗，自觉有进境。将来此事当有成，惟恨当世无韩愈、王安石一流人与我相质证耳。"（道光二十三年正月《家书》）此乃曾氏开始自觉地寻到他学问的前程，那时他已是三十四岁的年龄了。他那时自定一个每日熟读的书目是：《易经》、《诗经》、《史记》、《明史》、《屈子》、《庄子》、杜诗、韩文。

曾氏对于指导研究文学上最可宝贵的意见，即在劝人读专集，而不要读选本。他说："吾意读总集不如读专集。……学诗须先看一家集，不要东翻西阅。"（道光二十三年六月《家书》）又说："学时无别法，但须看一家之专集，不可读选本，以汩没性灵。"（道光二十五年三月《家书》）曾氏从不要汩没性灵的见解上，来劝人勿读选本，这真是研究文学一种极可珍视的意见。

曾氏研攻诗文,最爱韩愈、王安石,盖取其雄直之性趣,倔强之格调,与己相近也。他说:"读《原毁》、《伯夷颂》、《获麟解》、《龙》、《杂说》诸首,岸然想见古人独立千古,确乎不拔之象。"(《求阙斋日记类钞》壬戌)又云:"阅陶诗全部,取其大闲适者记出,将钞一册,合之杜、韦、白、苏、陆五家之闲适诗,纂成一集,以备朝夕讽诵,洗涤名利争胜之心。"(辛未)

盖雄直倔强,曾氏性格之所长;恬憺闲适,曾氏性格之所短。曾氏研攻诗文,着眼在此两点上,切就己身,释回增美。纵使不以诗文名家,而此种研习方法,对于自己性灵修养上,也会有绝大益处。此仍是士大夫之学所以与博士学不同所在。

7.

曾氏尝谓:"雄奇万变,纳之于薄物小篇之中"(《圣哲画像记》),此可谓是曾氏论诗文所悬一大标的。至其对于学术大体之见解,归纳于以文学为全部学问之中心之一点,则见于其《致刘孟蓉书》。故曾氏既选定了一部《十八家诗钞》,主从专集求性灵,又选了一部《经史百家杂钞》,则义理、考据、辞章,兼收并蓄,一以贯之。今天的我们,必须参会曾氏此两选本,细细研寻,庶可得曾氏论诗文学之整部见解。

然曾氏学术,论其对自己个人人格及事业上之影响,可说甚深甚大。而就其在近百年来学术界上之影响言,则究竟还嫌不够。故论曾氏学问上的成就,到底只在文学一途多些。崇仰曾氏者,以道德、文章、经济俱备之一点,把曾氏与阳明并论。实则曾氏在当时政治上的影响,远较阳明为大。而论学术思想,则视阳明望尘莫及。近百年来第一个伟大人物像曾氏,论其在读书运动的成绩上,因此竟亦暗惨地没落了,这不能不说是我们这时代一个极大的损失。

(三)张之洞

1.

张之洞,严格说,算不得是一个合标准的学者,但他的《书目答问》和《劝学篇》,确是代表了当时学术界一种风气和倾向。

《书目答问》算不得是一部指导人做学问的门径书,只好算是一部便于翻检的参考书。里面整整齐齐排列着经、史、子、集、丛书五大类,每一类中又各分子目,至于三四十项,一些也不漏。似乎全部的学问其实只是书本,都平铺放在一堆,教人茫如烟海,望洋向若,问津无从。《书目答问》中所举书共二千余种。若论卷数,则应在十万卷上下。分类言之,经、子两部,都在一万卷以上,集部几及两万卷,史部则出两万卷之外。这样巨大的书目,只好算是一种簿录,绝不能作为指导人读书的门径。

　　然而《答问》开首的《略例》明说:"此编为告语生童而设。""诸生好学者来问应读何书,……因录此以告初学。""……今为分别条流,慎择约举,……令其门径秩然,缓急易见。""所举二千余部,疑于浩繁,然分类以求,亦尚易尽,较之泛滥无归者则为少矣。""诸生当知其约,勿骇其多。"

　　可见他明明要做一部指导初学的简约的门径书,而所开书目竟如此浩繁。这只好说是编《答问》的人,自己就不知学问;或是他自己对学问上,便就不知甘苦,不知深浅,并未真实如此般去下工夫。所以罗举了二千余部书目,却叫初学的人"当知其约,勿骇其多"。其实《答问》中所告诉我们的,只是一些版本、目录之学,可说是为一般的校勘家、收藏家初步应有的常识。而版本目录校勘收藏,还只是给做某种学问的人以一种方便,并不算是一个门径。因此《书目答问》的功效,不啻像在教人去做一种版本目录的学问,或是做一种校勘收藏的工夫。而在指示人真实做学问的一点上,则可说并无贡献。最多亦不过造成一种博杂无统、泛滥无归的学风而已。

　　2.

　　或者有人要为《答问》辩护,说此书《略例》本云:"弇陋者当思扩其见闻,泛滥者当知举其流别。"本来教人读书,当视其性之所近,分类以求;《答问》备列群书,也并不是教人去做博杂无统、泛滥无归的学问。此说似而实非。学有流别,学者当就性近,此二义发于章实斋。其《校雠通义》一书,所谓"平章学术,考镜源流",亦是对当时《四库》馆臣一种进一步的献议。以《书目答问》较之《四库提要》,则所出尚远在其下。读《提要》，多少可以知道些古今学术的流变得失；读《答问》，便只能知道一些现行版本的异同、精恶。所以《答问》一书，最多是一部便于翻检的目录，不能从他书里来懂得学问的流别。

3.

张氏原书《书目》五卷后，亦附一个《国朝著述诸家姓名略》。其《姓名略》又分经学、史学、理学、经学史学兼理学、小学、文选学、算学、校勘学、金石学、古文家、骈体文家、诗家、词家、经济家十四门。这里好像著《答问》的人，亦想把清代学术来笼罩古今，而以小学为清代学术的最先根基；他指示学术大体，亦自有系统，自有涂辙，不能说他仅是一堆的书目。然而亦不尽然。若论学术大体，则张氏所分十四门，可谓不伦不类。若论为学层次，则"由小学入经学"一语，可说是开口便错了，《姓名略》所举"汉学专门经学家"凡一百五十一人，试问这里面几个是真由小学入？又"汉宋兼采经学家"五十人，如黄宗羲、宗炎以下，试问他们是否亦由小学入？若不自小学入，是否可说其经学便不可信？

根据《姓名略》两百零一个人的名单来研究经学，不免要使人迷惘眩惑。若根据《姓名略》史学家九十个人的名单来研究史学，便会更得不到史学上的一些纲领把握的。至于理学、词章、经济，照他排列，尚在小学、经、史三累之下，那就更不可论了。不知清初诸老多讲经济，却尚不甚重小学；逮及乾嘉考证学全盛时，方力尊小学，却又不重经济。道、咸以下，渐渐又重经济，而小学却又渐渐为人淡视。

而不幸六十年来的学术界，却多把此书当作教人治学的门径书看。湘潭叶德辉说："其书损益刘、班，自成箸作。书成以来。翻印重雕不下数十余次。承学之士，视为津筏，几于家置一编。"则六十年来的学术界（按：《答问》刊于光绪元年），宜可不言而喻矣。

张氏尚有《輶轩语》，与《答问》同时并刊，然其书益庸肤，偶作门面套语，全是模糊影响，无足深论。本来清代学术，到同、光以下，已是势在必变，然以陈兰甫、曾涤生两人的气魄力量，尚不能负之以趋。张之洞则只是一名士，一显宦。相传缪荃孙为其代撰《答问》一书，不知信否？要之其人亦只是一名士。由他们来指导人学术门径和读书方法，其成绩宜乎难得使人满意了。然而依今而论，则官僚如张，名士如缪，亦已不可多得。学术一差，人才自退，即此便是一好例。

4.

张氏又有《劝学篇》，在《书目答问》后二十四年，其意识态度乃与《答问》大变。他说："先博后约，孔孟之教所同，而处今日之世变，则当以孟子守约施博之说通之。……沧海横流，外侮洊至，不讲新学则势不行，兼讲旧学则力不给。再历数年，苦其难而不知其益，则儒益为人所贱。今欲存中学，必自守约始，守约必自破除门面始。爰举中学各门求约之法，条列于后。损之又损，义主救世，以致用当务为贵，不以殚见洽闻为贤。"（《守约内篇》第八）

这几句话，和《答问略例》所谓："所举二千部，分类以求，亦尚易尽，诸生知其约，勿骇其多"云云，竟如天壤悬隔了。平心而论，不能不说这是张氏的觉悟和进步。因此。《书目答问》还是保存着乾嘉相传之门面，而《劝学篇》乃透露了同、光以下的时世。由博反约，正是近百年来诸儒论读书一个共同倾向，共同要求。陈兰甫、曾涤生皆有此意。张之洞虽乏深知灼见，然在此亦不能自外，正见这是时代的压力。

然而读书求博固难，求约更不易。求博只须"功力"，求约则贵有"识趣"。《劝学篇》说：（1）经学通大义：《论》、《孟》、《学》、《庸》以朱《注》为主。并及《易》、《书》、《诗》、《春秋三传》、《礼》、《孝》、《尔雅》、《说文》等。（2）史学考治乱典制：史学切用大端有二：事实与典制。事实求之《通鉴》，约之《读纪事本末》。典制求之正史、二《通》。正史之学，约之以读志，及列传中奏议。二《通》之学，《通典》、《通考》，约之以节本。（3）诸子知取舍。如理学看《学案》等。

平心论之，其间实自有几许通明的见解。如经学先《四书》，《四书》专主朱《注》。史学主通今致用，不取考古。理学重新加入到学问的圈子内。小学退居到最后。这几点，只须稍治清代学术史的，便可知其意态之开明与识解的重要了。

5.

然而张氏还深恐那种守约的方案，不能见效。他说："如资性平弱，并此亦畏难者，则先读《近思录》、《东塾读书记》、《御批通鉴辑览》、

《文献通考详节》。果能熟此四书，于中学亦有主宰矣。"

让我们回头再看他二十四年前的《书目答问》，千百种精校精注本，分门别类，俨如七宝楼台，何等庄严！待到《劝学篇》里，语气竟如此萧索，一再的打折扣，只希望人能读《近思录》、《东塾读书记》、《通鉴辑览》、《通考详节》。偌大的学术门面，到底破坏无遗了。这不能叫做"守约"，只能算是"居陋"。张之洞的《劝学篇》，似乎是那商店大减价的广告，便是将近歇业之预兆。

从光绪元年到光绪二十四年，中国学术界一般情形之恶化，及其急转直下之势，正可于张氏的先后两书中看出。答问刊于四川，劝学篇刊于江苏，这里也有一些地域的关系。四川僻在长江上游，还能使当时人发其怀古之幽情。江苏接近海洋，门户洞开，风气鼓荡，便最先摇动。因此张之洞在晚清学术史上，虽说没有他的地位，然而他究已粉墨登场，由他来表演出当时一幕很重要的剧情了。

（四）康有为

1.

若俨然以圣贤大师自命，对于当时传统的读书风气，加以鲜明反对，而严正地出来提倡一种新的读书风气的人，则此一百年内，不得不首先要轮到康有为。他正式起来做一种严肃的新读书运动，厥为其三十四岁在广州长兴里万木草堂之讲学。近代的新读书运动，严格说来，并不是百年以内的事，而只是五十年内的事。

2.

记载康氏万木草堂讲学详情的，有康氏自著的《长兴学记》，及其弟子梁启超的《南海康先生传》。梁氏说："先生以为欲任天下之事，开中国之新世界，莫亟于教育，乃归讲学于里城。"又说："其时张之洞实督两粤，先生劝以开局译日本书，辑《万国文献通考》，张氏不能用；乃尽出其所学，教授弟子。"

至康氏讲学精神，梁氏说他："以孔学、佛学、宋学为体，以史学、西学为用。其教旨专在激励气节，发扬精神，广求智慧。"这竟依稀是回复到晚明诸遗老之矩矱。乾嘉以来学者，可说无一人知有此境界。尤可异者，在所想象的学术系统里，竟无"经学"一门，因之校勘、训诂、辑佚种种乾嘉以来正统相传认为了不起的治学工夫，一到康氏所提倡的新学统里，可说已全无地位。另一点值得注意者，康氏的新学统里，也没有了文学一门。平心而论，康氏所提倡的新学，比之陈、曾两人该是高明得多了。

至康氏以宋、明学与孔学并重，这已为乾嘉学者所不肯言；而其以佛学与孔学并重，则又为宋、明学者所不敢言。至云"以孔学、宋学为体，以史学、西学为用"，其意似以自然科学、社会科学与哲学对立，亦较近人只认有科学不认有哲学稍胜一筹。亦比"中学为体，西学为用"之说较少毛病。至其教旨，提出"激厉气节"、"发扬精神"、"广求智慧"三项，尤其恰中了清代两百多年在异族统治下所压迫成的士大夫意态风气之痼疾。我深感梁氏所记康氏当日万木草堂一段讲学精神，却实有再受我们今日注意之价值。

因康氏所欲提倡之新学术，与陈、曾、张诸人不同，可以说前一种是"经籍书本"之学，而后一种乃是"人文知行"之学。他在《长兴学记》里提出此意见说："孔子曰：'学之不讲，是吾忧也。'陆子曰'学者一人抵当流俗不去。故曾子谓以文会友，以友辅仁。朋友讲习，磨励激发，不可废矣。'顾亭林鉴晚明讲学之弊，乃曰：'今日祇当箸书，不当讲学。'于是后进沿流，以讲学为大戒。"

读书只是讲学中所有之一事。讲学乃为读书一事所应先决的问题。宋、明学者太看重讲学了，流弊遂成只讲学而不读书。顾亭林则只从此点加以挽救，不为经历清代异族高压统治两百年后，学者只知读书，不复知讲学，于是所读日趋于纸篇字面而记诵考订，而与人文知行了无关。换言之，社会只有了经师，却不能有人师。因此学术界也只能有学问，却不再有人才。康氏以"读书之博，风俗之坏"八字来批评清代二百年学人利病，可说一些也不差。康氏要在读书之上先安一个"讲学"，即此一点，已可说是两百年来未有之卓识。

然而康氏长兴讲学迄今已五十年，世局震荡，千变万化，康氏的意趣，终亦未为后人所了解。我们三十年来的《大学》教育，能重新走上读书路子，已算是极大努力了。到最近，又有人在发起"读经运动"、"书院制度复活"等等口号，这些都还算是在读书的路上打圈子，依然仍是清代乾嘉在异族统治下的旧把戏，似乎还赶不上康氏长兴讲学的一段意气。

3.

长兴学舍的课程，分别如下诸目：一、志于道：一曰格物。（扞格外物，勿以人欲害天理。）二曰厉节。（提倡后汉、晚明之儒风。）三曰辨惑。（近世声音训诂之学，小言破道，足收小学之益，不能冒大道之传。）四曰慎独。（刘蕺山据为宗旨，以救王学末流。）这里的第一项，即是要复立乾嘉所推第一流学者戴震《孟子字义疏证》里所要打破的"天理""人欲"之辨。第三项则是要打破乾嘉正统派所建立的声音训诂学在整个学术系统里的地位。第二、第四项，则可说是康氏讲学的新骨干。

二、据于德：一曰主观出倪。二曰养心不动。三曰变化气质。四曰检摄威仪。三、依于仁：一曰敦行孝悌。二曰崇尚任恤。三曰广宣教惠。四曰同体饥溺。四、游于艺：一曰义理之学。（原于孔子，推于宋贤，今但推本于孔子。）二曰经世之学。（令今可行，务通变宜民。）三曰考据之学。（贤者识大，是在高识之士。）四曰词章之学。在这系统里，乾嘉考据只占到第四项的第三目，而其间犹有大小之辨。乾嘉考据学者能在大节目上下工夫的实在也并不多。

这是康氏的学术史观。汉儒经世，宋儒义理，皆在孔门四科设教之系统下，而清代声音、训诂、考据之学不与焉。此是何等的大议论。

当时未满二十龄，亲受业于万木草堂的青年弟子梁启超说："先生乃教以陆王心学而并及史学西学之梗概。自是决然舍去旧学，自退出学海堂，而间日请业南海之门。（梁以十七岁中举，时年十八。）辛卯，余年十九，南海先生始讲学于广东城长兴里之万木草堂。……先生为讲中国数千年来学术源流，历史政治沿革得失，取万国以比例推断之。……日课则《宋元、明儒学案》、《二十四史》、《文献通考》等。（以上具见梁氏《三十自述》）虽说梁氏笔端常挟感情，然使熟治清代两百年学术史的人，一看了《长兴学记》的大概，自知梁氏此种记载，也未必是过分张皇了。

4.

然而习俗移人，虽豪杰之士有不免。康氏在粤讲学凡三年，而最先第一年里，康氏已自陷落在经学考据的深阱中去了。他误听了川人廖平的一夕话，他误以为汉代经学有"今""古"文两种绝不同的东西，他遂把一切古文说归罪于王莽、刘歆之伪造。他以为后世流传之经学，全是莽、歆古文学说，全是"伪经"，只可说是王莽新朝的新学，不能称他为孔学。他要想在这上面入室操戈，摧陷廓清，把东汉以来迄于清代相传的经学大统，一笔全写在王莽、刘歆的帐上，然后他再提出一种新鲜的、地道的"新经学"出来，这即是南海康氏之学，而上托于董仲舒乃及《公羊春秋》。他要把考据工夫来推翻传统的考据。

然而考据之学亦岂易言！现在康氏要以玩耍大刀阔斧的办法来做闺房绣鸳鸯的考据工作，以他前后不满两年的时间，匆匆地写成乃至刻成《新学伪经考》（康以庚寅春得廖说，于辛卯秋七月刊成《伪经考》。关于此事，我尚有详细考据，见《近三百年学术史》），拔赵帜，立汉帜，为中国两千年经学，独创新说。这一书，简直是考据里的海派，野狐禅，不啻如清代初年毛西河之有意为《古文尚书》作《冤词》。其后《新学伪经考》为清廷下谕焚禁，康氏亦避游桂林，而有《桂学答问》。

5.

《桂学答问》与《长兴学记》先后只隔四年，然而两书精神远异。他说："天下之宗师者，孔子也。凡为孔子之学者，皆当学经学。而经学之书汗牛充栋，有穷老涉学不得其门者，则经说乱之，伪文杂之。"如此说来，则孔学仍然是经学，而在经学上又要厘订杂说，辨别伪文，则岂不仍须走上考据、训诂的老路。

康氏本以《论语》与《春秋》为孔学之两途。现在康氏既专主《公羊》，则不得不抛弃《论语》，因而遂并抛弃了宋、明。总之，治孔学重《论语》，不失为是一条活路。若改重《春秋》，则是一条死路。此在宋儒早已看透，现在康氏仍舍活路而改走死路，还在《春秋》学中要专走《公羊》，则更是走进了牛角尖，更无出路，更无活意。人家说康氏攘窃了廖平的著作发明权而博得大名，我只说康氏上了廖平的大当而误入歧途，葬送了他长兴讲学的前程，这实在是一件极可惋惜的事。

康氏又说："孔门后学有二大支，其一孟子，其一荀子。孟子为《公羊》正传，荀子为《谷梁》太祖，而群经多传自荀子，其功尤大。"这里又发现了冲突。孟子是否《公羊》正传？康氏已难自圆其说。今康氏既主专治《公羊》，则又何必再敷衍群经多传自荀卿之旧说。康氏又说："孔学聚讼，不在心性而在礼制。《白虎通》为十四博士荟萃之说，字字如珠，与《繁露》可谓孔门真传秘本。赖有此以见孔学，当细读。"此等话，更为荒唐。完全是道、咸以后始有的不通见解，完全上的廖平的大当，歧之又歧，迷途不返；较之长兴讲学精神，相隔更远。而梁启超却说："后又讲学于桂林，其宗旨方法，一如长兴。"这句话，我实在不敢信。至少长兴讲学时，康氏还像一个有意提倡讲学的思想家。而《桂学答问》，只是一个自矜博通的读书人。换言之，也可说长兴讲学时的康氏，还像是有意提倡"士大夫之学"的；待到《桂学答问》时，他仍自陷入了"博士之学"的圈套中去了。

6.

"道假众缘，复须时熟。"（《高僧传》昙摩耶舍梦中语）大概这一百年来，时代的力量始终凌压在人物的上面。我们也可以是缘不凑，时不熟；但到底还是那些人物，种因无力，不够条件。在康氏早年，粗闻其乡前辈朱次琦之绪论，当时他对宋学本无深造，而志高趣博，对于考订琐琐，又所不耐。但那时一般的风尚，还是重在博雅考订，所以张之洞从《书目答问》转变出《劝学篇》，而康氏则从《长兴学记》转变出《桂学答问》来。我们从这两面各打一折扣，恰可把握到晚清之学术界。而傲然以圣人自命的康氏，又是汲汲皇皇，热心政治，并不专精在讲学上。

及戊戌政变，康氏奔亡海外，他的学术生命，遂与其政治生命相随俱尽。然而退一步言之，戊戌政变，究不得不说是我们五十年来第一件大事。而且康氏论学，素重《礼运》，直到现在，《礼运》居然已谱成国歌，而"天下为公"的横匾，则凡政府公署所在无不有。可见康氏那时长兴讲学的一段精神，究竟不能说他没有收获，所惜是仅仅止斯而已。

（五）梁启超

1.

追随康门，从事于新读书运动的，最著者为梁启超。梁氏生于清同治十二年癸酉，距今只六十多年；卒于一九二八年，距今还不到十年；他还是一个崭新的现代人物。

康有为讲学桂林，又嘱咐梁氏为《读书分月课程》，似乎有意无意地模仿着有名的程氏家塾《读书分年日程》而来。而梁氏的《分月课程》，则正为现代新读书运动中一种有力的主张。而课程分年分月，缓急之间，便见两种读书精神之异点。朱子所谓："宽着期限，紧着课程，循序渐进，熟读精思，缓视微吟，虚心涵泳。""分年"是宽着期限，"日程"便是紧着课程，翻读程书的自可得其意味。而梁氏所为《读书次第表》，则前后只有六个月，故自谓："便易之事无过于此也。""六月中读书共分经学、史学、子学、理学、西学五项，内以经学为主。"

这样的读书，要在前后六月之间，古今中外无不知，微言大义无不晓，至少易犯着两种流弊：一是意思迫促，不能有沉潜深细之乐，近于太要讨便宜。二是自视过高，看外面事理太轻率，易于长成一种傲慢与轻率的态度，不肯虚心玩索。现在固然没有依照着梁氏六月课程来读书的人，然而那种意思迫促以及自视过高的风气，似乎已成了四十年来的时代病；而在康、梁指导人读书的意见里，恰恰把此种时代病，十分地透露了出来。

2.

在康氏游桂后三年，梁氏在湖南与谭嗣同诸人创南学会。其时宛平徐仁铸为督学，梁氏主讲时务学堂，徐氏有《輶轩今语》一书，据说出梁氏手。其内容为一、经学：当求微言大义，勿为考据训诂所困。二、史学：以通知历朝掌故沿革得失为主，不可徒观治乱兴亡之迹。三、诸子学：可与《六经》相辅而行。四、宋学：为立身根本，不可不讲。此虽寥寥数十条，然经学主以微言大义通今致用，史学主通掌故沿革，以推籀政治人才兴衰之大原，以诸子至《六经》相辅，以宋学为立身基本，皆不失为一种粗大而有气力的见解。《輶轩今语》大体固是《长兴学记》之引伸也。

3.

然而一年以后，即是戊戌政变，康、梁均出亡海外，他们所提倡的新读书运动，从此绝响。然而他们以作新人才、改革政治为读书治学的大目标，以经史为根柢，以时务为对象，就大体言，他们提倡的一套，实应与北宋、晚明无大悬殊。

所以康氏在学术史上，只有彗光一射，并没有星月贞明。其自身在学术修养上并没有一种笃厚坚实的基础，渊深卓绝的造诣，自然不能领导后起的人来走上一条远到的路程。只是就他的彗光一闪而论，也就终不能不说是黑暗中的一线光铓了。

而且康、梁当时所欲提倡的新学术，本以通经达务为职志。而论康、梁所遭的时代，则创古未经。其对中国旧有经史之学，本说不到有甚深之研讨。一旦要援以致用，谈何容易。康、梁以后，"通经达务"、"学以致用"的观念，一发不可制，而中国旧有种经、史、诸子、理学，却只见其与时代相扞格，急切挽不上一气来。而热心时务的，却不期然而然的叫出"把线装书扔在毛厕里"的无理呼声来。在此时期中的梁启超，正在努力于中国之"新民"的提倡，中国经、史、诸子、理学等等，亦不得不逐渐疏远。直到辛亥革命前后几年，学校里几乎只有英文、算学和各种教科书，社会上几乎只有政论、新闻以及几种新小说，学术空气稀淡到极点，所谓线装书与毛厕，实在地位也颇已接近。回顾以往陈澧、曾国藩、张之洞、康有为诸人的言论，俨如隔世。

此下接着的是新文化运动，而以往一些旧书，才又借着"科学方法整理国故"那一漂亮口号之掩护，而稍稍复活。因此，一方面，虽在高呼"打倒孔家店"、"打倒吃人的旧礼教"，而那批冷阁在毛厕边缘的线装书，连孔家店的一应旧礼教在内，却逐步的得藉科学方法整理国故之美名，而重新受时代之盼睐。在那时的梁启超，又复旧调重弹，而有《国学入门书要目及其读法》之传布。

4.

《国学入门书要目及其读法》，乃接着胡适的《一个最低限度的国学书目》而写成，事在一九二三年四月，距今只有十二年，实在还是一宗崭新的文件。他这一个《书目及读法》，较之百年来陈澧、曾国藩、张之洞、康有为诸人的意见，全要高明得多。全《目》共有书一百六十余种，分五类：甲、修养、应用及思想史关系书类。乙、政治史及其它文献学书类。丙、韵文书类。丁、小学书及文法书类。戊、随时涉览书类。其中前三类最为梁氏所重，相当于义理、经世、词章，而偏偏缺去考据；这亦是梁氏见解卓绝处。因各项学问都该要有考据，而考据不应自成为一种学问。

又梁氏《书目》中说："我认定史部书为国书中最主要部分。"此亦以前诸家所不及。以前只知重经学、文学，到梁氏始转移眼光看重到史学。他的《輶轩今语》，亦以论史学的几条为最精采，史学本来是梁氏天资所近的拿手学问。而梁《目》更重要的精神，则在脱去教人做一专家。梁氏只为一般中国人介绍一批标准的有意义有价值的中国书，使从此认识了解中国文化的大义和理想，而可能在目前中国的政治、社会各方面都有其效益与影响。这一点意义，因为时代较后数十年之故，而使梁氏《书目》，其用意及价值，遂远超于陈、曾、张、康诸家之上。

5.

但不幸这十几来，梁氏那一篇《书目及其读法》，也并不为时人所注意。我们不妨将最近的读书风气和梁氏意见稍作比较：第一，似乎近来的风气，只注意在各自做各自的专门家，或教人去做专门家，而没有注意到为一般人着想。第二，似乎近来的风气，仍犯着陈澧所谓"不肯读一部书，其祸足使天下乱"的旧毛病。梁氏对此，有一番很恳切的话说："我在前项《书目表》中，有好几处写'希望熟读成诵'字样。我想诸君或以为甚难，也许反对，说我顽旧。但我有我的意思。我所希望熟读成诵的有两种类，一是最有价值的文学作品；一是有益身心的格言。好文学是涵养情趣的工具，做一个民族的分子，总得对于本民族的好文学十分领略，能熟读成诵，才是在我们的下意识里头得着根柢，不知不觉会发酵。"可见在梁氏当时，读书界已不耐有熟读成诵的事了。然而梁氏的意见，实在有仔细咀嚼、诚恳接纳的价值。第三，似乎近来的风气，全看自己的地位远在前人之上，读书只为是供给我著书的材料，著书便是我自己学问的表现。因此无论读文学、读哲学，其意亦只在供我之考订批评。所以治文学，则往往不肯熟读细读前人必读的名集，而专意搜求人家读不到的书，僻书碎札，可为我作文学史的发见与创解。治哲学思想，则必如堂上人判堂下的曲直，高下在手，出入由心。以如此的风气，来看梁氏《书目》，开首便是《论语》，《孟子》，要人熟读成诵，摘记身心践履之言以资修养，宜乎要笑绝冠缨，发生不出影响来。

梁氏《书目》中更有一点值得介绍的，则是他处处站在重视中国文化的立场而为中国读书人说话。他说："饶你学成一位天字第一号形神毕肖的美国学者，祇怕于中国文化没有多少影响。若这样便有影响，我们把美国蓝眼睛的大博士招一百几十位来便够了，又何必诸君！"这一点，实在可说是梁氏《书目》中一条中心重要的骨干。否则若中国文化根本要不得，则考订批评以及种种科学方法的整理，岂不全属多事，仍不如把线装书扔毛厕里之为直截干脆。

梁氏《书目》比较在现在最发生影响的，要算他奖励青年好著书的习惯那一层了。他在竭力劝人读书时附带做钞录或笔记的工夫之后，他说："先辈每教人不可轻言著述，原是不错。但青年学生，斐然有述作之誉，也是实际上鞭策学问的一种妙用。"梁氏此说，其奖掖青年接近学问的一番诚意，真可谓无微不至。从来只有读书通了才去著述，并没有为要著述才来读书的。若为著述而始读书，那读书所得的印象决不会很深，因为他早已心傲气浮，他所读的书籍，只当成他一己著述的材料看，决不肯虚心静气浸入书籍的渊深处。继此而往，读书工夫，便会渐渐地变成翻书。总上所述，要读梁氏五项《书目》，全不能先存一个著述之念在胸中。最好是为着自己的身心修养，及文学的欣赏，情趣之陶写，以及留心政治、文献、思想上诸要项而去读书。

我们莫以为十年前的东西早已过时了。我所以还愿郑重介绍梁氏此项《书目及其读法》于现在有志提倡读书运动的先生们及有志读书的青年们之前。我记"近百年来诸儒论读书"大体将止于此。读者当会其前后而观之，庶可明本篇之作意。却不当割裂分散，认为本篇作者只是有意在提倡某家，排斥某家。

十一月，《四库提要与汉宋门户》，刊于天津《益世报·读书周刊》第二十四期。收入台北东大《中国学术思想史》（八）。又收入联经《全集》第二十二册《中国学术思想史》（八）。二〇〇〇年，素书楼文教基金会·兰台出版社整理新版印行，页四七一～四七七。兹摘录其大要如下：

一九三五年 乙亥 四十一岁

清廷自康、雍以来，盛尊朱子，升祠十哲。而乾隆时《四库》馆臣为《总目提要》，于宋儒备加诋诘，虽程、朱不免。此非敢与朝旨相违。清廷虽尊朱，然聚徒讲学，朋党清议，皆所厉禁，则尊者其名，排者其实。馆臣据旨立论，屡言门户水火，朋党亡国，其意欲使人尽孤立，以蚁附于一义，他非所计也。宋儒学术精微，当时馆臣固不足以知之；若立言有据，援证明确，不为臆决憗论，此正当时馆臣所自负以树异于宋儒者。乃不谓不数十年，即有人焉出面索瘢寻衅，作是非之平反。且所反不在义理，即在考据。甚至有当时馆臣据书兴论，至再至三，而核诸原书，绝无其事，几于向壁虚造。所谓"束书不观，游谈无根"，考据之实学，时乃更甚于义理之空疏。如魏默深氏《古微堂集》所举《宋名臣言行录》一端，真可怪诧之事也。魏氏为学，盖亦有闻于汉学考证之风而兴者。蠹生于木而还食木，岂不信欤？然不数十年，而复有掎摭魏氏书为平反者，不啻即以魏之讥馆臣者反讥魏氏，有如李越缦《日记》之所指摘，不又奇之尤奇耶！越缦虽不以考据名家、而淹雅通博，固自睥睨一世，然其文复亦多误。夫《名臣言行录》非难见之书，《提要》牵涉其事者仅凡四、五篇，亦非难检之事。若纪、若魏、若李，皆纵横博辩、而目穷千里、失之眉睫，则不仅义理精微有难言，即考据明确亦非易事。兼陈并观，亦清代汉、宋相争公案中一有趣文件也。

魏默深《古微堂集书宋名臣言行录后》："纪文达不喜宋儒，其撰《四库总目》云：'兹录于安石、惠卿皆节取，而刘安世气节凛然，徒以尝劾程子，遂不登一字。'以私灭公，是用深憗。……文达殆徒睹董复亨《繁露园集》之瞽说，适惬其隐衷，而不暇检原书，遂居为奇货。至《书目》于《庆元党禁》，谓'南宋亡于诸儒，不得委之侂胄'，于《龟山集》，谓'东林起于杨叶，遂至再屋明社'，则固无讥焉。"

李爱伯《越缦堂日记》："案：文达诚不喜宋儒，《书目》中于《通鉴纲目》、《伊洛渊源录》、《小学集注》等书，亦或有言之小过者。然皆循其终始，反复折衷，虽至《语录》诸编，最为芜杂，亦深求其编辑之先后，去取之是非，未有不检其原书，轻肆诋诘者。盖《名臣言行录》传刻者多，众本杂出，《四库》所收，或非足本。"

按：《四部丛刊》景宋本《名臣言行录》，《前集》十卷，《后集》十四卷,与《提要》卷数合。今刘安世二十余事在《后集》十二卷之三,并占卷中之泰半。若将安世事全节去,则此卷于全书多卷中为独少。李氏"或非足本"之语,仅属悬揣。惜不能一检《四库》原本,然恐仍以魏说为是也。

"今考《提要》于史部传记类《宋名臣言行录》,但云:于安世不登一字,而载赵普、王安石、吕惠卿等,终所未喻;并无'以私灭公,是用深憖'之言。"

按:"以私灭公,是用深憖",乃魏语,非《提要》语。《提要》于《尽言集》有"朱子作《名臣言行录》,于王安石、吕惠卿皆有所采录,独以安世尝劾程子之故,遂不载其一字,则似乎有意抑之矣"云云,即魏之所据,特误以归之此篇耳。

"史部奏议类载《尽言集》,子部杂家类载《元城语录》,皆无是语。"

按:李谓《提要》于《尽言集》、《元城语录》两书,皆无"以私灭公,是用深憖"语,是读《提要》与魏文皆未审也。《提要》于《尽言集》、《元城语录》两书均显言之,故于《言行录》则隐抑其辞:"终非后人所能喻。"魏氏下"以私灭公,是用深憖"八字,虽非《提要》之文,实得《提要》之意。李自有意为《提要》辩护耳。

"宋如珪《名臣琬琰录》,并无其书。盖是杜大珪《名臣碑传琬琰集》之误。然《提要》惟以朱子之取安石、惠卿,例大珪之载及丁谓诸臣,未尝言安世也。"

按:此乃魏之误忆。

"《清江·三孔集》,《提要》无一语及之。"

按：此亦魏氏误忆，殆因《元城语录提要》，有"《道命录》备载孔平仲诸人弹论程子疏议，以示讥贬，独不载安世之疏，不过于孔平仲条下附论其不知伊川而已。盖亦知安世之人品，世所共信，不可动摇，未敢丑诋之也"一节而误。

至《庆元党禁提要》，本高宗御题诗章，以赵汝愚为开门揖盗，因谓党禁诸人，"声气交通，贤奸混糅，酿成门户。遂使小人乘其瑕隙，兰艾同焚，国势驯至于不振。《春秋》责备贤者，不能以败亡之罪，独诿诸韩侂胄"。其言最为平允。《龟山集提要》，谓"时受学于程子，三传而及朱子，开闽中道学之脉。其东林书院，存于无锡，又为明季讲授之宗"，乃盛推其渊源广远，身系学统，并无"再屋明社"之言。

按：此亦魏氏误忆。然《庆元党禁提要》云："聚徒讲学，未有不水火交争，流毒及于宗社者。东汉不鉴战国之横议，南北部分而东汉亡。北宋不鉴东汉之党锢，洛、蜀分而北宋亡。南宋不鉴元佑之败，道学派盛而南宋亡。明不鉴庆元之失，东林势盛而明又亡。"则魏氏"再屋明社"之说，实据此篇，而误忆以为在《龟山集》耳。满清以异族入主，最恶朋党公论，横摧深锄，必使人尽孤立，不敢出声发一言，而后彼乃得以圣天子万世一姓，偃然踞我上。《提要》诸臣，禀承睿鉴，高论直指，此固无足讥者。魏既粗心，李尤短视，必逐条为《提要》诸臣辩护，真无聊也。

十一月，《评谭著〈墨经易解〉》与附《答谭戒甫先生书》，刊于天津《大公报·图书副刊》。收入台北东大《中国学术思想史论丛》（二）。又收入联经《全集》第十八册《中国学术思想史论丛》（二）。二〇〇〇年，素书楼文教基金会·兰台出版社整理新版印行。页三〇八~三一四。兹摘录其大要如下：

清季《墨经》一时成为显学，考据校释者无虑数十百家。有关《墨子》著作多种。近有武汉大学谭戒甫教授所著《墨经易解》一书发行，取而读之，甚觉有可商榷讨论者，因作是文。

（一）可商者数事

1. 治《墨经》首重校读。校读果得，说义自当，否则或不免郢、燕之诮。本书校读另附卷末，而本文则径就著者校定文写之；然读者仍当先看校读，再核说义，殊觉费事。似当仍依以前诸家旧例，先校读、后解说为当也。

2. 自来治《墨经》者，诸说纷如。今谭书晚出，最好将其扶同前贤者一一标明，则读者易于校覆；而谭书对《墨经》之新贡献何在，读者亦易寻得。今著者自云："学问乃举世公物，后先印合，固可并存。"此论自高，然非熟治诸家义说者，骤读谭书，必感不便。

3. 考释古籍，阙疑之事，常所不免，而《墨经》尤难尽瞭。其有自创新解，未见为十分之见者，亦当兼采旧说，以资比观。

如《经下》十六条："景不从，说在改为。"王校作"景不徙"，解者多以《庄子》"飞鸟之影未尝动也"说之，本已无疑。著者因认公孙龙诸人说与《墨经》根本相异，遂竟改此条为"景徙"。而云："此句'不'字，疑衍之极早，乃汉晋学者照《庄》、《列》诸书增不字。"不悟若是"影徙"，则前影即后影，何得云"改为"？谭氏必作"景徙，说在改为"，殊属牵强。然读者若不先看校读，则几疑《墨经》原文自作"景徙"也。

又如《经上》十七条："廉作非也"，谭《解》引《释名》："非，排也，人所恶排去也。"而云："作非者，言己作之而恶者排去之也，即自检敛之义。""作非"二字，岂能增出如许字说之？且即就谭氏语，亦觉难瞭。

亦有前人校释，大抵已臻明畅，而谭书转守原文遂又失之者。如《经下》一条："止类以行之。"'之'，旧作"人"，孙校作"之"，极是。谭仍作"人"，《解》云："行人，'行'者，犹言变迁。人有变迁性，如一类虽主故常，而一类之人则必流动不息，故曰行人。"以行人为性喜变迁之人，恐未确。况"止类以行人"一语更难解。窃谓此等处，纵在作者自谓别有创见，亦应先列前人校释，则读者可以知异同，审别择也。

（二）可讨论者数点

1. 首当考定《墨经》之成书年代也

谭书屡以公孙龙说与《墨经》对比，似《墨经》多数均为驳正公孙龙说而发；然公孙龙年代已及长平战后，在战国晚世，岂《墨经》之作成尚在其后乎？又谭书一六五页，论及五行，亦谓"五行相生，大抵自邹衍后逐渐滋生，故墨者得以援义遮拨"云云。邹衍亦与公孙龙同时，其卒年犹当稍后；今《墨经》尚得遮拨衍后逐渐滋生之义，其成书年代之晚可知；然证之《庄子·天下篇》"俱诵《墨经》"一节，则又扞格难通矣。

2. 宜辨名墨异同也

《庄子·天下篇》："俱诵《墨经》、而倍谲不同，相谓别墨，以坚白异同之辩相訾，以奇偶不仵之辞相应，以巨子为圣人。"是谓诸墨间自有不同，非谓墨与名之不同也。今谭氏以《墨经》归之名家，而另以公孙龙为形名家，谓名家与形名家持论相乖；遍搜先秦古籍，无此说也。又谭氏以惠施为墨家后学（二〇三页），然则惠施、公孙龙与《墨经》三者间之异同，又将如何说之乎？若《墨经》诚多驳诘公孙龙之说，岂惠施承墨立说，公孙龙驳惠施，《墨经》又驳公孙龙乎？

此两点皆所关至大，谭书义据未坚，遽本以立说，即如《经下》四、十四、三十七、三十八、三十九、四十三、四十六、四十七、六〇、六十一、六十六、六十七、六十八诸条，实皆有重新讨论之必要也。

附：答谭戒甫先生书

著书难，评书更不易。《墨经》夙号难治，尊著既真积力久而成，拙评琐琐，宜其无当。然拙评亦非毛举小节，轻相掎摭。所欲于尊著为刍荛之献者，一盼尊著能先列校读而后释义；二遇义解未臻十分之见而前说差可存者，不妨多存异说；三能多留缺疑；如是而已。今亦不须多为往复，而有一意仍当略事剖辨者。前评《经上》九十二条，"诺不一利用"云云，来书谓："此三条自信费功殊久，用思至细，措辞极圆。今谓全不见困难所在，又云未臻明畅，颇用为疑。"夫谓"未臻明畅"，此或下劣自短悟解；至云"全不见困难所在"者，不佞亦稍治此经，岂不知著者遇此等处之费力？特谓此等极有问题、极费讨论处，以尊著体裁出之，将使初学者对此，全不见困难所在耳。凡鄙意所欲备左右商榷者，曰必先校读，曰多列异议，曰宁付缺疑，正为欲令学者知治此经必有如许层累，如许繁重，而犹未遽成定论，今转为鄙见有为学者益惰之嫌，则鄙意亦谓尊著正可犯此病耳。然因此又深幸鄙见之仍无大违于左右也。

一九三六年　丙子　四十二岁

一　国内大事

一月杪，东北义勇军在汤源召开代表大会，宣布成立抗日联军。六月十四日，著名学者、国学大师章炳麟太炎逝世，终年六十七岁。

九月，国民政府代表在南京与日本使者谈判，日方竟提出，"华北五省自治"、"在长江沿岸驻兵"等无理要求。

十月十九日，大文学家、思想家鲁迅逝世，终年五十六岁。

十二月十二日，发生西安事变，后和平解决，抗日民族统一战线初步形成。

二　事略

仍任教北京大学，并兼任清华、燕京大学与北平师范大学课。夏，先生一人从平汉铁路经汉口，转长江至九江，游庐山。返北平后，曾建议学校，每年教授休假，率出国深造。以我国疆土如此之广大，社会情况如此之深厚，山川古迹名胜如此之星罗而棋布，倘使诸教授能分别前往考察研究，必对国家民族前途有新贡献。此事无下文。

三　著述

一月，《夏定域读钱宾四先生康熙丙午本方舆纪要跋后语》，载于《禹贡半月刊》第四卷第九期。收入《中国学术思想史论丛》（八），二〇〇〇年，台北素书楼文教基金会·兰台出版社整理新版印行，页一四〇～一四一。编者按：本文仅系矫正数处年岁时序之误，摘要略。

四月，《论两宋学术精神》，刊于《燕京文学年报》第二期。一九三七年收入上海商务印书馆初版印行《中国近三百年学术史》（一），一九六五年台湾商务印书馆发行台初版。后收入《中国近三百年学术史》（一），联经《全集》第十六册第一章引论上，页一～八。兹摘其大要如下：

治近代学术者当何自始？必始于宋。近世揭橥汉学之名以与宋学敌，不知宋学，则无以平汉宋之是非。且言汉学渊源者，必溯诸晚明诸遗老。然其时一世魁儒耆硕，靡不寝馈于宋学。皆于宋学有深契诣。而于时已及乾隆。汉学之名，始稍稍起。而汉学诸家之高下浅深，亦往往视其所得于宋学之高下浅深以为判。道咸以下，则汉宋兼采之说渐盛，抑且多尊宋贬汉，故不识宋学，即无以识近代也。

然则治宋学何自始？必始于唐，而昌黎韩氏为之率。韩氏论学虽疏，然其排释老而返之儒，昌言师道，确立道统，则皆宋儒之所滥觞也。唐之学者，上者建树功名，是谓入世之士。归依释老，则为出世之士。独昌黎韩氏，进不愿为富贵功名，退不愿为神仙虚无，而昌言乎古之道。而乐以师道自尊。此皆宋学精神也。

及乎五代，在朝为冯道，在野为陈抟，则仍唐人风气也。言宋学之兴，必推本于安定、泰山。盖至是而师道立，学者兴，乃为宋学先河。史言：

> 神宗问安定高弟刘彝："胡瑗与王安石孰优？"对曰："臣师胡瑗，以道德仁义，明体达用之学授诸生。故今学者明夫圣人体用以为政教之本，皆臣师之功。"

所谓"道德仁义圣人体用，以为政教之本"者，此正宋儒所以自立其学以异于进士场屋之声律，与夫山林释老之独善其身而已者也。故安定湖学，分经义、时务两斋，经义其体，时务其用也。盖自唐以来之所谓学者，非进士场屋之业，则释、道山林之趣。至是而始有意于为生民建政教之大本，而先树其体于我躬，必学术明而后人才出。

安定同时有范仲淹希文，即聘安定为苏州教授者。泰山孙明复亦希文在睢阳掌学时所激励索游孙秀才也。而江西李泰伯，希文知润县，亦罗致教授郡学，朱子记李延平语，谓"李泰伯门议论，只说贵王贱霸。"希文固以秀才时，即慨然有志于天下，尝自称曰："士当先天下之忧而忧，后天下之乐而乐。"欧阳修称之，王安石之于希文，亦推之为一世之师。盖自朝廷之有高平，学校之有安定，而宋学规模遂建。宋代士大夫矫厉尚风节，既自希文启之，而永叔亦以奖引后进为务，其语曰："文学止于润身，政事可以及物。"故叶水心又称其"以经为正，而不汩于章读笺诂，此欧阳氏读书法也。"

王安石介甫，亦出庐陵门。介甫极重安定，刘静春谓："介甫不凭注疏，欲修圣人之经，不凭今之法令，欲新天下之法，可谓知务。"又曰："后之君子，必不安于注疏之学，必不局于法令之文，此二者既正，人才自出，治道自举。""修圣人之经"，即安定之经义其体也；"新天下之法，即安定之时务其用也。安定存其说于学校，希文、永叔、介甫欲见其绩于朝廷，彼其措心设意，夫岂相远？明道上《神宗陈治法十事》，其要者亦将以所发明圣人体用之学，施之政教，而返斯世于三代，以跨驾汉唐。伊川召见问治道，则曰："为政不法三代，终苟道也。"谓"朝廷以道学、政术为二事，此正自古之可忧者"。关、洛之学，亦不过曰不凭注疏而新圣人之经，不凭今之法令而新天下之法，之二者而已。

北宋学术，不外经术、政事两端。大抵荆公新法以前，所重在政事；而新法以后，则所重尤在经术。故洛学所辨，"王霸"之外，尤严"义利"，而会其归于"天理人欲"。其间分别，盖以洛学为枢机也。迄乎南宋，心性之辨愈精，事功之味愈淡。自是学者争务为鞭辟向里，而北宋诸儒一新天下之法以返之唐虞三代之意，则稍稍疏焉。"三代以道治天下，汉唐以智力把持天下"，此两宋诸儒所倡王霸之辨也。既欲一新天下之法令，而鄙薄汉唐为不足循，则经籍注疏之成于汉唐诸儒之手者，自亦无足存，而于是有所谓新经义之作。既以为三代周孔之道，晦塞于汉唐而复明于今日，则所以讲诵传述之者，有待于师道之兴起，而其精神所寄，则微见于书院之讲学。

故言宋学精神，厥有两端：一曰革新政令，二曰创通经义，而精神之所寄则在书院。革新政治，其事至荆公而止；创通经义，其业至晦庵而遂。而书院讲学，则其风至明末之东林而始竭。东林者，亦本经义推之政事，则仍北宋学术真源之所灌注也。

五月，《跋汪容甫〈述学〉》，刊于天津《益世报·读书周刊》第四十七期。收入同前书第九章，页五六一～五七〇。摘要如下：

汪中，字容甫，江都人。生乾隆九年甲子，卒乾隆五十年甲寅，年五十一。少孤好学、贫不能购书，助书贾鬻书于市，因遍读经、史、百家。早擅词藻，为《哀盐船文》杭世骏序之，以为"惊心动魄，一字千金"，由是名大显。又肆力诸史，年二十九，始颛治经术。

容甫学术大要：容甫经术文章，皆冠绝一时，而自道为学则曰："尝推《六经》之旨，以合于世用。及为考古之学，惟实事求是，不尚墨守。"又曰："中尝有志于用世，而耻为无用之学，故于古今制度沿革，民生利病之事，皆博问而切究之，以待一日之遇。下至百工小道，学一术以自托。"

容甫《述学》内容：博考先秦古籍三代以上学制废兴，使知古人之所以为学者，凡虞夏第一、《周礼》之制第二、列国第三、孔门第四、七十子后学者第五；又列通论、释经、旧闻、典籍、数典、世官，目录凡六。略云：

> 观《周礼》太史当时行一事则有一书，其后执书以行事，又后则事废（春秋已习）而书存（孔门），比于告朔之饩羊。至宋儒以后，则并其书之事而去之矣。
>
> 古之为学士者（官师之长），但教之以其事，其所诵者，《诗》、《书》而已。其它典籍，则皆官府藏而世守之，民间无有也。苟非其官，官亦无有也。其所谓士者，非王侯公卿大夫之子，则一命之士，外此则乡学、小学而已。自辟雍之制无闻，太史之官失守，于是布衣有授业之徒，草野多载笔之士，教学之官，记载之职，不在上而在下。及其衰也，诸子各以其学鸣，而先王之道荒矣。习当诸侯去籍，秦政焚书，有司之所掌，荡习无存，而犹赖学士相传，存其一二，不幸中之幸也。
>
> 孔子所言，则学士所能为者，留为世教。若其政教之大者，圣

人无位,不复举以教弟子。

周之衰也,典章制度,考之故旧则梨习俱在,而历世既久,徒以沿袭失之,而不复能知其制作之义。孔子则瞻习于一王之作而被诸当世,故云:"人存政举",又曰:"待其人而后行。"庄子则一以为无用而思欲尽去之。

据此则容甫《述学》之所拟议,大体可见。及容甫卒,所交章实斋特为一文诋之,谓:"其人聪明有余,而识力不足,不善尽其天质之良,而强言学问,恒得其似而不得其是。"又曰:"汪氏之文,聪明有余,真识不足,触隅皆悟,大体茫然。"其所以评《述学》者则是已。余故于实斋篇后,稍举汪氏之说,备尚论者之兼观焉。

七月,《龚定庵思想之分析》,刊于《国学季刊》第五卷第三期。收入同前书第十一章,页六八九~七一七。摘要如下:

常州之学,起于庄氏,立于刘、宋,而变于龚、魏,然言夫常州学之精神,则必以龚氏为眉目焉。何者?常州言学,既主微言大义,而通于天道、人事,则其归必转而趋于论政,否则何治乎《春秋》?何贵乎《公羊》?亦何异于章句训诂之考索?故以言夫常州学之精神,其极必趋于轻古经而重时政,则定庵其眉目也。

传　略

龚巩祚,原名自珍,字瑟人,别号定庵。浙之仁和人。生清乾隆五十七年壬子,卒道光二十一年辛丑,年五十。道光九年己丑,成进士,时年三十八。负才气,久困闲曹,以礼部主事弃官归,为道光十九年己亥。越两年卒。

定庵之论政

清儒自有明遗老外,即鲜谈政治。何者?朝廷以雷霆万钧之力,严压横摧于上,出口差分寸,即得奇祸,习于积威,遂莫敢谈。不徒莫之谈,盖亦莫之思。精神意气,一注于古经籍,本非得已,而习焉忘之,即亦不悟其所以然。此乾嘉经学之所由一趋于训诂考索也。嘉、道以还，清势日陵替，坚冰乍解，根蘖重萌，士大夫乃稍稍发舒为政论焉，而定庵则为开风气之一人。定庵虽自幼濡染于朴学，而早年持论，颇已着眼于世风时政。

而其时定庵学问志趣，似不屑屑为经生，而颇有取于其乡人实斋章氏文史经世之意也。其大意不取于娓娓治古经籍，而有志为昭代治典之探讨。

学术随风气而变，风气依时代而易，至定庵之学，虽相传以常州今文目之，而其最先门径，则端自章氏人。亦以章氏学之与常州，若略其节目，论其大纲，则同为乾嘉经学之反响，故游其樊而得相通也。

凡定庵早年深不满于当时所谓汉学者如是，而定庵之学业意趣，乃亦一反当时经学家媚古之习，而留情于当代之治教。

定庵抱掩世之才，具先睹之识，危言高论，不足以破一世之迤迤。其后三十年而洪、杨难作，定庵所谓不远者，乃不幸言中。夫徒法不能以自行，而变法则尤有待于一世之人才，人才则有待于百年之培养，而定庵之世何如者？定庵谓世之衰征于无才，而无才则原于无培养。

然定庵实不能为一之民，定庵不能隐，终且如京师。定庵以嘉庆二十三年戊寅中式浙江乡试，即以是年入都。明年（己卯）会试不售；又明年（庚辰）会试仍不售，仅得为内阁中书；真所谓"京师弗受"矣。定庵自负其才气，敢为出位之言，是年即为《东南罢番舶议》（已佚，国学扶论社本龚集注云："为其子所匿。"又按：管同因寄轩文初集卷二有禁用洋货议，包世臣说储亦主之）及《西域置行省议》。

其后合肥李鸿章《黑龙江述略序》亦言之，曰：

> 古今雄伟非常之端，往往创于书生忧患之所得。龚氏自珍议西域置行省于道光朝，而卒大设施于今日。

然而定庵终自无奈其为微官何也。……其后又三经会试不第，乃稍稍寄媚于经术，又放情于金石，流玩于释典而终不忘其用世。及道光九年己丑，定庵年三十九，始得会试中式，赐同进士出身，朝考以知县用，自请仍归中书原班,则自庚辰以来,适十年矣。……其兀傲自喜,不欲中绳墨如此。定庵乃于是而又唱《尊命》之论。

然定庵不徒不能尊隐,抑亦不能尊命,以定庵之聪明才气,终不能"闷闷默默,应其不可测;蠢蠢傀傀,安其不可知"。而定庵终自无奈其为微官何。困郁闲曹,既不得一伸意,乃于是又激而为《宾宾》之说。

而定庵终亦未能守其《宾宾》之道,终亦未能知止、知足,不憔悴、不悲忧。盖定庵不得志于朝廷,欲求一试于疆吏。至是又不售,乃浩然有归志,终不得不折而逃于往者所为《尊隐》之高文焉。

是定庵虽弃官去,终不忘朝廷,异乎其所谓隐,又异乎其所谓宾也。于是定庵乃仍不失为一当时之经生。而定庵之治经,又一如其论政,往往有彷徨歧途,莫审适从之概。

定庵之论学

盖定庵之精神意趣,自有不甘同于乾嘉正统之辙迹者。

定庵治经,既务求其通治道,乃曰"琐以耗奇,不如躬行以耗奇之约"。(铭座诗)定庵不乐"借琐耗奇"(四字亦诗语),乃务益为其大。癸未有《五经大义终始论》,此物此志也。顾治《五经》大义以求通于治道,而为之朝廷天子者弗受,则其道终绌。定庵不能不有以耗其奇,耗其奇者不能不终以陷于琐,此则非尽定庵之过也。

然则定庵之为学,其先主治史通今,其卒不免于治经媚古;其治经也,其先主大义通治道,其卒又不免耗于琐而抱其小焉。自浙东之《六经》皆史,一转而为常州《公羊》之大义微言;又自常州之大义微言,再折而卒深契乎金坛、高邮之小学训诂,此则定庵之学也。

然余观定庵之学,博杂多方,而皆有所承,亦非能开风气,定庵特沿袭乾嘉以来全盛之学风,而不免露其萧索破败之意象者也。

瓶水冷而知天寒,扬州一地之盛衰,可以觇国运。当定庵之世,固是一初秋之世也。定庵卒年,林则徐广东事败,不十年洪、杨乱起,定庵所谓莫善于初秋者,其境乃不可久。自是而《公羊》之学附会于变法,而有南海康氏。然亦空以其徒膏斧钺,身则奔亡海外,仅全腰领,犹且昌言保皇,识出定庵《宾宾》下远甚。而定庵治《春秋》,知有变法,乃不知有夷夏。定庵又言尊史，乃知有乾嘉不知有顺、康，故止于言《宾宾》而不敢言革命。然而定庵犹知倡《宾宾》之说，要已为一代之奇才矣，《定庵集》他高论尚多有，然如《平均篇》则本之唐大陶，《公私篇》则颇似洪江北，散而无统，不足成一家之言矣。

七月，《康有为学术述评》，刊于《清华学报》第十一卷第三期。收入同前书第十四章，页八二七～九二六。摘要如下：

康有为，原名祖诒，字广厦，号长素。广东南海人。生清咸丰八年戊午，卒一九二七年丁卯，年七十。乙未，中日和议成，有为集各省公交车上书请拒和、迁都、变法三事。是年，成进士。光绪二十三年丁酉，胶湾事起，适有为又赴京，上书陈事变之急。翌年戊戌，光绪命王大臣传见有为于总理衙门，有为上疏，论变法须统筹全局。又立保国会于京师。是年得蒙召见，命在总理衙门章京上行走，特许专折言事。旋召侍读杨锐、中书林旭、主事刘光第、知府谭嗣同参预新政，废八股，开学堂，汰冗员，广言路，方锐意为维新。有为又奏请行宪法，开国会。未几而政变作，有为出亡。盖所谓新政之设施，先后仅三月也。自是亡命海外，组保皇党，与革命党相抗衡。一九一三年归国，刊行《不忍杂志》，唱虚君共和之说。多掎摭时病为箴砭。一九一七年，结张勋谋复辟，事败，避居美使馆，著《共和平议》一书，仍持夙见不少变。所著书有《新学伪经考》、《孔子改制考》《、春秋董氏学》、《春秋笔削大义微言考》、《论语注》、《孟子微》、《大学中庸礼运注》、《大同书》诸种。

康氏之长兴讲学

言近三百年学术者必以长素为殿军，而长素学术生命可记者，则始于其长兴之讲学。长兴，羊城里名，讲学于里之万木草堂，著《长兴学记》为学规。

时长素之意，固已欲判然划一境界，以自别于亭林以来清儒博雅之学矣。

主人生实行，不主训诂考订，与乾嘉以来风尚绝异。宋儒理欲之辨，为戴东原所极诋，今则以"存天理，去人欲"训"格物"，奉为入学之首义焉。因字义明经训，为惠、戴所盛唱，今则谓其决不能冒大道之传焉。曰厉节、慎独，则求返之晚明东林、蕺山，亦乾嘉诸儒所绝口不道也。

又以义理归宋，考据归清儒，皆其卓然异于乾嘉者。

是谓汉、宋经世义理，分得孔门四科之旨，而清儒经学，实不得谓汉学。（孔门四科之教，陈东塾已言之，陈东塾不轻言经世，又以郑、朱并举，不数西汉，仍不脱乾嘉诸儒牢笼，故不免以劝人读注疏终。康说微近东塾，习舍郑玄而取董仲舒，以西汉议政易东汉之说经，以经世、义理为孔学两干，局度恢张，意趣宏括，实较东塾为胜。）此长兴讲学之纲领也。

首史籍，次理学，又次诸子，而乾嘉以来一切考据训诂必治之书不得与，此亦当时讲学态度之绝异于乾嘉者也。

康氏之新考据

抑长素长兴讲学，所可大书特书者，厥为力反乾嘉以来考据之学，而别求辟一新径。方长素讲学长兴，而已有《新学伪经考》之作。"新学伪经"者，谓东汉以来经学，皆出刘歆伪造，乃新莽一朝之学，与孔子无涉。其书亦似从乾嘉考据来，而已入考据绝途，与长兴宗旨并不合，而长素不自知。

盖长素《伪经考》一书，亦非自创，而特剿窃之于川人廖平。犹《长兴学记》之言义理，皆有所闻而张皇以为之说，非由寝馈之深而自得之也。

《伪经考》所持，为事理之万不通者尚多，论大体亦无是处。若康、廖之治经，皆先立一见，然后搅扰群书以就我，不啻"《六经》皆我注脚"矣，此可谓之考证学中之陆王。而考证遂陷绝境，不得不坠地而尽矣。

长素书继《新学伪经考》而成者，有《孔子改制考》，亦季平之绪论，季平所谓《伪经考》本之《辟刘》，《改制考》本之《知圣》也。

盖季平必求所以尊孔者而不得其说，乃屡变其书以求一当。其学非考据，非义理，非汉，非宋，近于逞臆，终于说怪，使读者迷惘不得其要领。

长素剽窃廖说，倡为伪经，改制之论，当时有遗书相纠匡者曰朱鼎甫。

言《伪经考》所用考证方法之不可恃也。

言《左氏春秋》未必为歆伪，不可深斥也。

言《公羊》改制，特一家之言，未可推之《六经》，而遍以为说。

言《论语》、《王制》之未可与《公羊》强通。

言引申《公羊》家法谓儒家《六经》为托古改制之无当。

言剖辨汉儒今古文家法之无益时用。

言主《公羊》改制者，实为援儒入墨，用夷变夏，此尤道着康学症结所在。惜乎长素不之信。

识者讥之，不啻方望溪之于李恕谷矣。

康氏之《大同书》

梁氏《清代学术概论》，序列长素三著；一曰《新学伪经考》，二曰《孔子改制考》，三曰《大同书》。谓："若以《新学伪经考》比飓风，则后二书其火山大喷火也，其大地震也。"梁氏又谓：

《大同书》最要关键，在毁灭家族。有为谓佛法出家，求脱苦也，不如使其无家可出。谓私有财产为争乱之源，无家族则谁复乐有私产？若夫国家，则又随家族而消灭者也。有为悬此鹄为人类进化之极轨。

梁氏谓："有为著此书时，固一无依傍，一无剿袭，在三十年前，而其理想与今世所谓世界主义，社会主义者，多合符契，而陈义之高且过之。真可谓豪杰之士已！"然自今论之，近代世界主义、社会主义之产生，皆有相当之背景，及其逐步实现之方法；当长素时中国固无应趋大同之需要，亦无可向大同之步骤，而无端发此奇想，何也？陈义虽高，唐大不实，亦几于以空想为游戏而已。

梁氏以"男女同栖当立期限"为《大同书》第一眼目，此已非孔子所传之教义，亦非长素特创之新思，特长素偶感于西人婚姻自由之制，而故为此扬高凿深之言耳。主毁灭家族，又是对佛法为扬高凿深矣。至于去国界、去种界，长素粤人，适处中外接触频繁之点，对于种姓、国别为扬高凿深，故云然。长素思想之来历，在中国则为庄子之寓言荒唐，为墨子之兼爱无等，又炫于欧美之新奇，附之释氏之广大，而独以孔子为说。虽若兼容并包，主要不过两端：一曰平等博爱，此西说也。一曰去苦求乐，此则陈义甚浅，仅着眼社会外层之事态，未能深入人性、物理之精微。试问如长素说，无国界、种界，乃至无形界，男女同栖，一年一换，乃至无类界，人与鸟、兽、虫、鱼一视平等，果遂为至乐矣乎？长素独不虑此，虽打破国界、种界、形界、类界，苟使有我见尚存，恐终难觅极乐之趣。要之长素此书，其成之于闻见杂博者，乃长素之时代；其成之于扬高凿深者，乃长素之性度。三百年来学风，久务琐碎考据，一旦转途，筚路蓝缕，自无佳境。又兼之时代之剧变，种种炫耀惶惑于其外，而长素又以好高矜奇之心理遇之，遂以成此侈张不实之论也。

七月，《跋黄汝成〈日知录集释〉》，刊于天津《益世报·读书周刊》第五十六期。收入《中国学术思想史论丛》（八），二〇〇〇年台北素书楼文教基金会·兰台出版社整理新版印行，页三七五～三八二。摘要如下：

阳湖蒋彤《李申耆年谱》载："道光十三年癸巳夏五月，始校刊顾氏《日知录》。"谓："先是嘉定钱氏大昕评释《日知录》百数十则，生甫录以示先生。乃谋推其义例，通为笺注。嘉定黄潜夫汝诚（当作"成"）肯任剞劂之费。"今刻《日知录集释》，径署"嘉定后学黄汝成"。

又博采诸家疏说，自谈氏允厚以下凡九十一人，而绝无一辞及于李氏。惟《刊误》前有云："曩为定本，纂成《集释》，曾就正于武进李申耆。此书（即《刊误》）又乞生甫删定。"若其书固出黄氏，与李无涉者。

考李申耆为《黄潜夫家传》，称其："少承家业，习闻乡先生端绪，综贯浩博，达于精邃。而折衷于顾氏《日知录》，条比义类及所以施设者。余友宝山毛君生甫数叹美之。后潜夫诣余暨阳书院，留信宿，听其论识，明玮达理道，益信生甫为知人。"

又毛生甫为《黄潜夫墓志铭》，亦谓"潜夫著书成者有《日知录集释》、《刊误》"。论三人年事，黄辈行最后，毛氏自谓"弟畜之"，其卒年仅三十九。《日知录集释》刊成，李年六十六，毛年五十二，黄年三十六。虽奇俊之士，成书不论于年岁，然当时，所重于《日知录》者，在经义考核，不在时务政论。晚明致用之意久歇，乾隆博雅之风方张。而《集释》为书，颇存矫挽，若与李氏论学途辙尤合也。

然则李氏为黄氏《家传》，何以终讳不言而以《集释》归之黄氏？曰：《集释》成书，盖李氏发踪指示，总其大义，吴氏、毛氏勤而成之，而黄氏任其剞劂之费，因遂以名为酬，且亦毛氏之志也。毛与黄皆籍嘉定，为同乡，黄富而毛穷。毛之志黄墓，称其："乐任人艰巨，无亲疏厚薄，苟当其意，告以缓急，累出千金不悔。"

黄之死，毛感其情不忘，因亦不之争。黄之见李由毛介、李之传黄由毛请。毛既不之争，李亦因毛之心以为言，故亦不之辨也。

清儒之学，最尚博雅，而窃稿攘名之事亦屡出、尤著者如赵、戴校《水经注》。戴氏既死，赵书颇出，而戴之友好如段、如孔、如程，力为辨白，然卒不足以塞后人之口。于是而魏源、张穆，奋肆诋娸，迄乎近世，杨守敬、王国维犹争旧案。独黄氏以后生晚学，因大师先辈之成业，而偃然居其名，又不幸先死，而托其身后之传状于向所藉以成名者之手；而其人乃还如其意，就其所欲以为名者而付之，慨然若无足介意。呜呼！何其懿欤！岂非意量相越，趣味相殊，有异乎向之尚博矜雅，徒求凌驾者之所为哉！

九月，《读史随笔》（？），刊于天津《益世报·读书周刊》第六十七期。收入未详（联经《全集》本第五十四册《总目》无此文。或作《读史随笔之？》）。

十月，《论明道典新法》，刊于天津《益世报·读书周刊》第七十期，笔名未学斋主。收入《中国学术思想史论丛》（五），页六一～六七。二〇〇〇年，台北素书楼文教基金会·兰台出版社整理新版印行。摘要如下：

荆公变法，举朝持异议，明道亦其一。然明道态度，实与并时诸人不同。然明道于荆公，其先固为赞助之一员。其《上殿劄子》云："君道之大，在乎稽古正学，晓然趋道之正。故在乎君志先定。君志定而天下之治成矣。夫义理不先尽，则多听而易惑。志意不先定，则守善而或移。惟在以圣人之训为必当从，先王之治为必可法，不为后世驳杂之政所牵制，不为流俗因循之论所迁惑。自知极于明，信道极于笃。任贤勿贰，去邪勿疑，必期致世如三代之隆而后已也。"

此与荆公告神宗，所谓"为治必先择术，唐太宗不足法，必尧、舜、三代"，其意正亦绝肖。固是力赞神宗新政。其《论十事劄子》，谓："徒知泥古，姑欲循名，固末世陋儒之见。然倘谓今人之情已异于古，先王之迹不可复于今，趋便目前，不务高远，亦恐非大有为之论，未足济当今之极弊。"此仍是明白提出其主张变法之见解。

然明道与荆公，合于始，终不能不分于后。据《续宋编年资治通鉴》，熙宁二年十一月，程颢谓王安石曰："介甫行新法，人方疑以为不便，今乃引用一副当小人，何也？"介甫曰："方新法之行，旧时人不肯前，因用一切有才力；俟法行已成，遂逐之，却用老成者守之。"颢曰："介甫误矣，君子难进易退，小人得路，岂可去也？他日将悔之。"

此乃明道与荆公之歧点。荆公惟求吾法之行，而所用之为君子、小人不论。此则明道之所由终与荆公绝。熙宁三年二月，荆公争青苗乞分司。御史王子韶、程颢、谏官李常，皆称有急奏，乞登殿，言不当听安石去位，意甚惧。及安石复视事、子韶等乃私相贺。则至是明道固犹力赞新政，不欲荆公之去。

然明道于荆公新政，始终未有逾量之贬。尝谓："熙宁初，王介甫行新法，并用君子、小人。君子正直不合，介甫以为俗学不通世务，斥去。小人苟容谄佞，介甫以为有才能知通变，用之。介甫性狠愎，众人皆以为不可，则执之愈坚。君子既去，所用皆小人，争为刻薄，故害天下益深。使众君子未用与之敌，俟其势久自缓，委曲平章，尚有听从之理，俾小人无隙以乘，其为害不至此之甚也。"此为明道对荆公新法最明白之态度。

十月,《与顾颉刚童书业论墨子姓氏辨书》,刊于国立北平研究院《史学集刊》第二期。收入《中国学术思想史论丛》(二),二〇〇〇年,台北素书楼文教基金会·兰台出版社整理新版,页三一五~三二一。原题《钱宾四先生来函》。编者案:本文精义已在《先秦诸子系年》与《墨子》两书中发挥,摘要略。

十一月,《论关于荆公传说之闻鹃辨奸两案》,刊于天津《益世报·读书周刊》第七十三期,笔名未学斋主。收入同前出版社《中国学术思想史论丛》(五),页七四~八三。摘要如下:

蔡上翔《王荆公年谱考略》目"闻鹃"、"辨奸"为两案,而皆有以辨其伪、其说是已。顾此两说,就当时史实论之,亦皆自有其背景可资推说者。

《邵氏闻见录》谓:"嘉佑末,康节先生行洛阳天津桥,忽闻杜宇、叹曰:'北方无此物,不及十年,其有江南人以文学乱天下者乎!天下将治,地气自北而南。将乱,自南而北。今南方地气至矣。'"至《名臣言行录外集》则谓:"治平中,邵雍与客散步至天津桥上,闻杜鹃声,惨然不乐,曰:'不二年,上用南士为相。多引南人,专务变更,自此天下多事。'"此说也,其果为康节能预知与否可不论,惟造此故事者,实抱一南北畛域之见,其为代表当时北方士人之一种见解,则甚明显也。

考南人北人之见,远始宋初。故真宗欲用王钦若(临江军新喻人)而先问王旦(大名人)云:"祖宗时有秘谶,云南人不可作宰相,此岂立贤无方之义乎?"(《曲洧旧闻》卷一)旦曰:"臣见祖宗朝,未尝有南人当国者。虽古称立贤无方,然须贤士乃可。臣为宰相,不敢沮抑人,此亦公议也。"真宗乃止。旦没后,钦若始大用,语人曰:"为王公迟我十年作宰相。"(《宋史旦传》)此一事也。景德初,晏殊(抚州临川人)以神童荐,与进士并试,赐同进士出身。寇准(华州下邽人)曰:"殊江外人。"帝顾曰:"张九龄非江外人耶?"此又一事也。即此两事,可见当时北方士大夫排沮南人之概。

然南人势力,终见逐步高涨。晁以道尝言:"本朝文物之盛,自国初至昭陵(仁宗)时,并从江南来。二徐兄弟(铉、锴)以儒学显。二杨叔侄（亿、纮）以词章进。刁衎、杜镐以明习典故用，而晏丞相（殊）、欧阳少师（修）巍乎为一世龙门。纪纲法度、号令文章，灿然具备，有三代风度。庆历间，人材彬彬，号称众多，不减武、宣者，盖诸公实有力焉。然皆出于大江之南（亦见《曲洧旧闻》。）"此可征宋代学术政事风气之变，其先由南士始。

其可征见当时南北士人政治上势力之消长者，莫如引司马光（陕州夏县人）、欧阳修辨"贡院逐路取人"一节说之。其事在英宗治平元年。司马光以西北河东、陕西及近边夔、利等路，历届科举，有全无一人及第者，遂主"逐路取人"之议。略谓："古之取士，以郡国户口多少为律。今或数路中全无一人及第。国家用人之法，非进士及第者不得美官。……每次科场及第进士，大率皆是国子监、开封府解送之人。国家设官以待贤能，岂宜专取文艺？"

时欧阳修为参知政事，即力言其不可。谓："言事之人，但见每次科场，东南进士得多，西北进士得少，故欲改法。殊不知四方风俗异宜，东南好文，故进士多而经学少；西北尚质，故进士少而经学多。若专论进士，则见多少不等。……若一例十人取一，则东南必多屈抑，西北必多谬滥。宜且遵旧制，不问东西南北，唯才是择。"

二人各执一见，而当时西北见绌于东南之情势，亦从可知。然宋制实沿唐旧，唐亦以进士诗赋取士，不闻西北不如东南。则所谓"西北尚质，东南尚文"者，亦只宋代状况如此。此等状况，乃远自唐代藩镇迄于五季，中原长期构兵，遂至经济文化逐渐南移，而北士亦逐渐堕落也。司马、欧阳，皆当时公正君子，然其立言，颇有各自代表其乡土观念之色彩。

及神宗相陈升之，问温公："外议如何？"对曰："闽人狡险，楚人轻易，今二相（曾公亮，泉州晋江人。陈旭，建州建阳人）皆闽人，二参政（王安石，抚州临川人。唐介，江陵人）皆楚人，必援引乡党之士，充塞朝廷，风俗何以更得淳厚？"则明明以北人地位排斥南人，几于王旦之抑王钦若也。

又《道山清话》云："温公与吕惠卿同在讲筵，因论变法事，至于神宗前纷挐。神宗曰：'相与论是非，何至乃尔？'既罢讲，君实气貌愈温粹，而吉甫怒气拂膺，移时尚不能言。人言：'一个陕西人，一个福建子，怎生厮合得着？'"

安石极器刘挚，（永静东光人）擢为监察御史里行。神宗面赐褒谕。因问："卿从学王安石耶？安石极称卿器识。"对曰："臣东北人，少孤独学，不识安石也。"此皆蕴有极浓的南北畛域气味也。直至元祐元年，王岩叟入对，尚谓："祖宗遗戒，不可用南人，如蔡确、章惇、张璪皆南人，恐害于国。"

此征当时新旧党争之背景中，尚有一条地方界线，无意中为之作祟。然自龟山从游伊、洛，已有"吾道其南"之叹，而考亭、象山，南渡后诸大贤亦萃闽、楚，则信乎地气之移矣。然则"闻鹃"一事，纵非出诸康节之口，不已透露当时一至有味、又至关重要之消息乎？

苏洵《辨奸论》，始见于《邵氏闻见录》，《宋文鉴》采之。李穆堂据明刻嘉靖本《嘉佑集》十五卷无此文，断为邵氏伪作。《四部丛刊》无锡孙氏景宋巾箱本《嘉佑集》亦无此篇，其为非苏氏原有，明矣。

又按："闻鹃"、"辨奸"两事，均始见于邵伯温《闻见录》。伯温为康节子，康节亦治黄老言，务为苟简者。当时自有一派士大夫治黄老家言，不喜变法纷更。至南士轻躁，北人厚重，故温公一派与吕惠卿诸人厮合不着。兼以荆公之执拗，引用不问品类，明道、横渠等理学一派力主变法者亦远避不前，而新法遂为众矢的。其间固当一一分别而观。因读蔡氏《谱》，纵论之。

十一月，《略记清代研究〈竹书纪年〉诸家》，刊于天津《益世报·读书周刊》第七十五期。收入同前出版社《中国学术思想史论丛》（八），页四五六~四六二。摘要如下：

清儒治《纪年》有专书者，睹记所及，凡十六家，十有八种。（1）孙之騄《考订竹书》十三卷。（2）徐文靖《竹书统笺》十二卷。（3）任启运《竹书证传》（未见）。（4）张宗泰《校补纪年》二卷。（5）陈诗《纪年集注》二卷。（6）郑环《竹书考证》。（7）绍祖《校补纪年》二卷。（8）韩怡《纪年辨正》。（9）洪颐煊《校本竹书纪年》二卷。（10）郝懿行《竹书纪年校正》十四卷。（11）陈逢衡《竹书纪年集证》五十卷。（12）雷学淇《竹书纪年校订》八卷。（13）又《竹书纪年义证》四十卷。（14）林春溥《竹书纪年补证》四卷。（15）朱右曾《汲冢纪年存真》六卷。（16）董沛《竹书纪年拾遗》六卷。（17）王国维《古本竹书纪年辑校》一卷。（18）又《今本竹书纪年疏证》二卷。

其间可分三期：孙、徐、任三家为第一期，大率在雍、乾之间。张、陈、郑、赵、韩、洪、郝、陈、雷九家为第二期，其著书成说皆在嘉庆。林、朱、董、王四家为第三期，则在道光以下也。

孙徐任三家

孙书颇少见，其成书年月无考，《清史列传》仅谓徐书在孙后而已。孙引颇杂，并有将原注改易者。《统笺》则于正文及原注下，逐条细注，虽间有未当，较之孙本远胜矣。任书，陈逢衡、林春溥诸家皆称未见。屡经访求，竟不可得，则未知其书果成否。徐书最通行，其书凡例称：年八十有二，始笺注此书，阅三寒暑而后成。夏炘《徐文靖别传》谓："《统笺》十二卷，为自有《纪年》一书以来未有之作。"

张陈郑赵韩洪郝陈雷九家

治《竹书》而辨真伪，其事起于孙、徐之后。张氏《校补》二卷，成书年月无考。崔述《考古续说》有《竹书纪年辨伪》一篇，谓："前岁自闽还，过苏州，于书肆见甘泉张君宗泰《校补竹书纪年》，因买归阅之，见其征引之详，考核之精，纠其舛误，摘其缺略，用力之勤，吾所见闻，未有如张君之尽心者也。顾吾犹惜其不肯直黜其书以绝后人之惑，而但取其漏者补之，误者改之。岂遂谓其它文皆可信乎？"东壁得张书，盖在嘉庆七年自闽回里之时，则张书刊行在嘉庆七年前也。

崔见龙刻陈诗《集注》，序文在嘉庆六年辛酉，与张书略相先后。郑环生雍正八年。陈氏《纪年集证》谓："丙寅（嘉庆十一年）仲冬，甘泉郑广文环知予纂订此书，欣然过予取阅，并许借手纂稿本，始得尽观大略。其书大约就徐《笺》而损益之，而仍讹袭误之处，间亦不免。"据是则郑氏年世较张虽前，而成书转在张后。

赵书亦为陈氏所取资。朱琦为《赵琴士征君传》，谓："其《竹书纪年》二卷，历引《史记》、《山海经》、《汉书》、《水经注》、《宋书符瑞志》、《史记索隐》、《正义》等，条理甚密。维扬陈君逢衡作《集证》，扩充繁衍，然时采其说也。"

韩氏京江人，其书年月亦不详。惟亦为陈氏《集证》所采。

上述诸本，惟张书刊入《聚学轩丛书》中，流传较广，余则皆不甚著。其稍后起而流播亦广者，有洪、郝两家。

嘉庆五年夏，洪颐煊游学武林，孙星衍属重校《纪年》。七年书成，十一年刊版，即平津馆本也。郝书成在十三年。胡培翚为《郝墓表》，称其："据唐以前书所引，比附校勘，使秩然就绪。"

然当时研讨《纪年》诸家，论其工力之巨，要当首推陈、雷二氏。陈逢衡草创《集证》，在嘉庆九年，而镂版则在嘉庆十八年。雷书草创在陈前，阅九岁书成。分《校订》、《义证》两部。陈氏遍采孙、徐、张、郑、陈、赵、韩、洪诸家，而独不知有雷书。然陈书虽博采宏搜，尚不能辨今本之伪，其识出雷下远甚。而《义证》尤为精博兼擅，足以掩出诸家之上，而顾独暗晦不彰，良可惜也。

林朱董王四家

林春溥《补证》成书，则在道光十八年戊戌。称引所及，有孙、徐、张、郑、赵、韩、洪、陈诸家，惟亦不知有雷氏。然林书谓今本《纪年》非后人所伪，又不信司马贞《索隐》，则似误于梁玉绳《志疑》、陈逢衡《集证》，识颇未卓。朱佑曾《纪年存真》年代不可考，要当在戊戌后，则较林书似晚出也。

董沛《竹书纪年拾遗》六卷，刊于刘氏嘉业堂，而传世仍甚希。大抵林、朱、董三家较晚出，用力较易。虽林识嫌不卓，要皆有所超过前人，可资观览，亦其宜也。

王氏书成于丁巳，已入一九一七年。为《古本辑校》、《今本疏证》，判划最析。然辑校古本依据朱书，间加补正，亦有转不若朱书之允惬者。大抵王书出于最后，故其凭借独厚，而用力则有逊于前人之专精也。

余为《先秦诸子系年》，比论《史记》、《纪年》异同，自春秋以下，颇多考辨发明，为三百年来学人研治《纪年》所未逮。于前贤诸书，翻检所及，久而忽忘，因约略记其梗概。有志治纪年者，先由王书进而窥朱、董、林、郝、洪、张诸家。博之于陈、雷二氏，溯其源于徐氏之《统笺》，返而观余《系年》之所考论，亦有志治古史者一大公案也。

十一月，《略论治史方法》，刊于《中央日报·文史副刊·读史随笔之一二三》第一、六期。收入同前出版社《中国历史研究法》，页一三七～一四五。摘要如下：

（一）

晚近学人言国史系统，不越两途。一谓自秦以来，莫非专制政体之演进。此等说法，起于晚清革命变法潮流之下，不过为当时一种党人之宣传。细按之，无当史实。据此辈人之见解，不啻谓中国自秦以来二千年之政治传统，全属不合理。直到最近民国建立，光明稍露，乃始谓骤然有长足之进步。而此等进步，明属模仿西洋。则中国此下岂不只有西化之一途？此等见解，我故名之曰"近代中国人之维新观"，实即是一种"崇洋媚外观"。

又或根据西洋最近"唯物史观"一派之论调，创为第二新史观。其治史，乃以社会形态为躯壳，以阶级斗争为灵魂。所论厥为自秦以来，中国社会形态之阶段分别。照彼等意见，历史上种种事迹，总之为上层经济榨取之一种手腕，与下层无产民众之一种反抗，相互为消长起伏，如是则仅为彼等政治趋向之一种工具、一种说法，惜亦同样无当于国史之实际真相。

中国以往历史，究有何等意义？中国以往文化，究有何等价值？中国将来之前途，除却抹煞自己以往之一切而模仿他人以外，究有何等生路？此则尚待真心治史者之努力。

治史而言系统，固非易事。然若谓历史只是一件件零碎事情之积迭，别无系统可求，则尤属非是。窃谓今日治史要端，厥当先从"通史"入门。中国今日尚无一部适合于时代需要之通史，但以研读通史之方法治史，为又一事。

窃谓治史者当先务大体，先注意于全时期之各方面，而不必为某一时期某些特项问题而耗尽全部之精力，以偏见概全史。治古史本求通今，苟能于史乘有通识，始能对当身时务有贡献；如是乃为史学之真贡献。不致将史学埋没于故纸篓中，而亦不致仅为一时之政客名流宣传意见之利用品。

（二）

昔人治史，先从一方面再转别方面，久之各方面俱到。今治国史，宜能于政治制度上，或于食货经济上，先事寻求。事实可以范围理论，而理论不足以改变事实。此乃所谓历史。认识事实亦非易。治史者贵能上下古今识其全部，超越时代束缚。而对于各方面事态之互相牵涉影响，及其轻重大小、先后缓急之间，亦渐次呈露。如是，其心智始可渐达于深细邃密、广大通明之一境。然后再以通治各史，自知有所别择。然后庶几可以会通条理而无大谬。能治通史，再成专家，庶可无偏碍不通之弊。

（三）

近人治史，每易犯一谬见，若谓中国史自秦以下，即呈停顿状态，无进步可说。此由误用西人治史之眼光来治中史，才成此病。今治西洋史，以其走上近代化的步骤，如十字军战争、文艺复兴、宗教改革、海外殖民地之寻觅、法国大革命、机械工业骤起、社会主义种种，来看中国史，则中国史殆如半死不活，绝无生命可言。惟春秋战国时代，尚有封建贵族、宗教神权等等，几分近似西洋史处。今完全以西洋目光治中国史，则自秦以下宜为一个长期停顿之状态。

中国新史学之成立，端在以中国人的眼光，来发现中国史自身内在之精神，而认识其以往之进程与动向。中国民族与中国文化最近将来应有之努力与其前途，庶亦可有几分窥测。否则舍己之田而芸人之田，究亦何当于中国之史学！

十二月，《记钞本章氏遗书》，刊于北平国立图书馆《图书季刊》第三卷第四期。收入同前《中国学术思想史论丛》（八），页三三八～三四四。摘要略。

一九三七年　丁丑　四十三岁

一　国内大事

七月七日，卢沟桥事变发生，此即"七七事变"。日本侵华，我全中华民族开始抗日圣战。八月，日军进攻上海，国军奋勇反击。国民政府外交部发表抗战声明。苏联与我国签订《中苏互不侵犯条约》。

十月，南方八省的红军游击队改编为国民革命军新编第四军，开赴华中抗日前线。

十一月，国民政府宣布迁都重庆。

十二月，先迁到武汉。日军攻陷南京后肆行疯狂大屠杀。

同月，北平伪政府成立。

二　事略

先生续任教北大。七月十五日，参加北大教授集会，决议通电政府拥护抗战。双十节过后，与汤用彤、贺麟三人结伴同行，自天津海行，直至香港，后北上广州，又直赴长沙、衡州，到文学院临时院址所在的南岳山山腰的圣经书院旧址。是年冬，又与诸生结队偕行，由陆道步行赴昆明。因先生健行，被推为队长。行至桂林前，辞队长之职，由闻一多任之。抵桂林时，适逢年底，乃留下过新年。后游阳朔等地去昆明。

三　著述

一月，《记汉代米价》（《读史随笔》之五），刊于天津《益世报·读书周刊》第八十三期。收入联经《全集》第三十二册《读史随札》，页三三~三七。摘要略。

一月,《论近代中国新史学之创造》,刊于《中央日报·文史副刊》第十期。收入《中国历史研究法》,二〇〇〇年,台北素书楼文教基金会·兰台出版社整理新版印行,改题名《略论治史方法》,页一三七～一四五。摘要如下:

中国为世界上历史最完备之国家,此尽人知之。论其特点:(一)绵历悠久,继承因袭永无间断。(二)史体详备,各种史料均得收容。(三)包括地区之广,与其活动民族分量之多,益形成中国史之繁富。并世各民族,莫能与比。

然而一往不变者,乃历史之"事实"。与时俱新者,则历史之"知识"。所谓历史知识,贵能"鉴古知今",使其与现代种种问题有其亲切相联之关系,从而指导吾人向前,以一种较明白之步骤。此等历史知识,随时代之变迁而与化俱新。

今日中国处极大之变动时代,需要新的历史知识为尤亟。而今日之中国,却为最缺乏历史知识,同时最需要整理以往历史之时期。

窃谓今日当有一部理想之《中国通史》,供给一般治中国政治、社会、文化、思想种种问题者一种共同必要的知识。人类必由认识而后了解,亦必由了解,而后发生深厚之感情。今使全国各知识界,乃至各界领袖分子,于其本国以往之文化与历史,全不认识,试问何从而生了解?既不了解,更何从而有感情?然则其对于本国民族与文化传统之爱护,何能望其深切而真挚?

所谓新史学之创建,此亦殊难一辞而尽。要言之,此当为一种极艰巨的工作。应扼要而简单,应有一贯的系统,而自能映照我国家现代种种复杂难解之问题。要能发挥中国民族文化以往之真面目与真精神,阐明其文化经历之过程,以期解释现在,指示将来。

中国新史学家之责任,首在能指出中国历史以往之动态,即其民族文化精神之表现。从而指出其各时代之特征。如某一时代特异之状态在经济,则此项经济即为该一时代之特征。或在政治制度,或在学术、思想、宗教、风俗,诸端皆然。

二月,《如何研究中国史》,刊于北京师范大学《历史教育季刊》第

一九三七年　丁丑　四十三岁

一期。收入同前书页一四六～一五四。摘要如下：

余意研究中国史的第一立场，应在中国史的自身内里去找求；不应站在别一个立场，来衡量中国史。所谓从中国史自身内里找求者，即研究中国史应先注意到中国史在那几方面是变动了。所谓变动，即是历史上划时代的特性，前一时代与后一时代绝然相异处。从此等相异处可以看出历史之变态与动向，再从此等变动向里论求其系进步抑退步。

若从上述意见，我觉得中国史之进步，似乎不重在社会经济方面，而重在其"政治制度"方面。然从政治制度方面看，则实在有其层累的演进。中国史政治制度上的演进，由余意看之，约略可分为三阶段：（一）由封建到统一。（二）由军人政府到士人政府。（三）由士族门第到科举竞选。

秦汉统一，是中国史上第一大进步。自此以下，直至今兹，统一是中国史的常态，分裂和割据是中国史的变态。统一政府的产生，便是诸侯封建之消灭。自政治组织上看，实是中国史上一极大转变，亦可说是中国史上一绝大进步。

西周以来，依照宗法血统而为封建，那时社会显分两阶级：一贵族，一平民。然其界线至战国即渐趋毁灭。秦人尚首功，其实当时东方各国亦有此制，军人跃起而为新贵。至汉代定制，"非刘氏不得王，非有功不得侯"。而所谓"有功"者，大体只是军功。而且当时皇帝以下的丞相，照惯例非封侯阶级不能担当。故汉初政府，一面固可说是一个"平民政府"，其实亦是一个"军人政府"。直到汉武帝用董仲舒、公孙弘，设立五经博士，又为博士置弟子员，每年考课，得补郎吏，又定地方守相逐年察举属吏之制度，而公孙弘径以士人为丞相封侯，打破汉代以前非封侯不拜相、非立军功不封侯之惯例。此为汉代政制上一大转变。军人政府渐渐转移为"士人政府"。从此以下，组织中国政府之主要分子，即以属于士人者为常态，以属于军人者为变态。至以宗族组织政府如西周封建制度者，则再难以出现。此可谓是中国史上之第二大转变。亦不妨谓是中国史上之第二大进步。

东汉以下，士人逐渐得势，以累世之传经而变为累世之公卿，逐渐次造成一种新阶级，即历史上所谓"门阀"是也。然而其势并不久，隋唐以下，遂变为公开竞选之考试制度。此种制度，虽历代均有改进，而大体未变，直至清末，有千年以上的历史。由士族门第转到科举竞选。可以说是中国史上之第三大转变，亦可说是中国史上之第三大进步。

何以上述三种转变，我要说他为三种进步呢？因为此种转变，实在不能不说是一种合理的转变。合理的转变，自可称之谓进步。可以看出中国史上一种共有之趋向，一种不断的进步。其趋向是何？简言之曰："王室与政府逐步分离"，"平民与政府逐步接近"。

西周封建，宗庙血统的亲疏，即是政府官位的高下。"王室"与"政府"，可谓二而一，一而二，朕即国家，殆无分别；整个天下便是姬姓、姜姓的天下。秦始皇虽说统一中国，然而自宰相以下与嬴姓家庭即无关系。秦始皇确是中国有史以来第一个大皇帝，但秦始皇的家族，较之周武王、周成王的家族，在政治上的地位相去远了。武王成王的子弟莫不分土封国，秦则除皇帝外其家属无异于庶人。汉承秦弊，"封建"与"郡县"并行，非刘氏不得王，非有功不得侯，姓刘的政权与附会姓刘的一辈军人朋分。然而不久同姓王继异姓王而尽，封侯世袭的功臣，在政治上的地位也逐渐低落。到汉武帝以后，便渐渐有一个政府的势力，常和王室抗衡。当时的所谓"内朝"与"外朝"，即是从这个局势下产生。东汉的外戚和宦官，只是代表王室势力之一面；名士党人，则是代表另一个势力，而在政府里逐渐得势。东汉末年，王室势力一落千丈，士族门第则从名士和党人集团里培养出来。所以魏晋南北朝，外戚宦官不再当路；王朝虽屡屡变换，政府还可一线相承。大体上还是走在"王室"和"政府"逐渐分离的路上。隋唐以下，政府和王室之界线益见清明。除皇帝外，皇帝的家属及其私人，照例在政府的组织上并不有任何地位和特权。公开考试，白衣为公卿，而王室之权，转变较古代为减削。这不能不说是政治组织上的进步。

秦汉以下，平民参政的门路逐次开展，平民参政的权益逐次确定。自两汉的"察举"制到魏晋的"九品中正"，到隋唐以下的"进士科举"，平民参政的机会逐渐增加与扩大，普遍到全国各地。而王室家族及其私人，转有种种限制，使其不能在政府里得到势力和权位。不注意到这一层，即绝对不能了解中国史。

让我们再从此推开一步，看一看中国史上的农民商人和兵士。

春秋封建时代，贵族武装起来，农民则受其统治。到战国，贵族阶级隋落，而农民却渐渐地因贵族的需要而武装起来，又因军功而走上政治的高层。直到秦汉，兵役依然为农民所人人不可避免的一件事。然而农民亦只有从军始有走上政治层的希望。及武帝改制以后，政制逐渐转变，农民和兵役亦渐次分离。从唐代的"府兵制"直到宋代的"雇兵制"，当兵渐渐成为一种志愿的职业，而与农民分离。农民可以毕生乃至累代不见兵革、渐渐学习文学，参加考试，以图上进。

至于商人，因中国地大物博，得天独厚，自秦汉以下，既走上统一的路，国外贸易几乎不感需要。至于国内，始终是所谓"不患寡而患不均"，所以重农抑商。商人受到种种限制，只要稍有生计，自然而然的走上文学经书的路上去。故《史记》《汉书》里记下的货殖、游侠诸色人物，渐渐在社会里融化而全变成儒林、文苑、独行、隐逸诸门。

王室与政府逐渐脱离，平民与政治逐渐接近；不讲富强而惟求和平。而中国民族逐次扩大，四围的民族，只要能接受中国这一套文化的，自然也能走上中国民族所走的路子而与中国民族相安无事。如朝鲜、安南等即其明例。

但我们要研究政治制度，不可不连带注意到其背后的政治理想；注意到其时一般学术思想之大体。与制度、学术有关系的，我又希望能多注意于历代人物的活动。"学术""制度""人物"三者相互为用，可以支配一时代的历史。

治史虽在"知往"，然真能知往，自能"察来"。中国的前途，在我理想上，应该在中国史的演进的自身过程中自己得救。因为中国的生命不能全部脱离以往的历史而彻底更生。中国最近将来，其果能得救与否，责任仍是在一辈社会的中层知识分子，即是历史上一脉相传的所谓"士人"身上。中国的将来，要望他们先觉醒，能负责，慢慢唤起民众。

三月，《论荆公温公理财见解之异同》，刊于天津《益世报·读书周刊》第八十九期。收入《中国学术思想史论丛》（五），二〇〇〇年，台北素书楼文教基金会·兰台出版社整理新版印行，页六八~七三。摘要如下：

温公为荆公政敌，荆公新法重理财，论史者遂疑温公论政不重理财，其实非也。考《温公集》卷二十三《论财利疏》，大意谓："古之王者藏于民，降而不能，乃藏于仓廪府库。今民既困矣，而仓廪府库又虚，臣恐国家异日之患，不在于他，在于财力屈竭而已矣。夫宽恤民力，在于择人，不在立法。为今之术，在于材用人而久任之，在养其本原而徐取之，在减损浮冗而省用之。"又曰："食货者，天下之急务，今穷乏如是，而宰相不以为意，以为非己之职故也。臣愿陛下复置总计使之官，使宰相领之。《周礼》以冢宰制财用，唐制以宰相领盐铁、度支、户部，自古及今，钱谷皆宰相之职也，岂有食货国之大政，而谓之非宰相之事乎！"

此疏尚在仁宗时，其后荆公以宰相领"制置三司条例司"，即温公使宰相领总计使之意。温公极言食货国之大政，而顾与荆公持异者，非温公不重理财，特其所主与荆公不同。温公之意，首主节用。神宗熙宁六月，命司马光、滕甫同看详裁减国用制度，仍取庆历二年数，比见今支费有不同者，开析以闻。温公奏："国用所以不足，在于用度太奢，赏赐不节，宗室繁多，官职冗滥，军旅不精。此五者，非愚臣一朝一夕所能裁减。若但欲如庆历二年裁减制度，比见今支费数目，此止当下三司令供析闻奏，立可尽见，不必更差官置局，专领此事。"（见《温公集》卷三十九）

今按：温公《论财利疏》在仁宗嘉祐七年七月，其时已力主减损浮冗。温公奏：

> 国家帑藏素已空虚，今岁河北灾害特甚。朝廷上下，安可不同心协力，痛加裁损，以徇一方之急。若止因郊礼陪位而受数百万之赏，臣窃有所不安。臣愚以为文臣自大两省以上，武臣及宗室自正任刺史以上，内臣自押班以上，并宜减半。

温公所奏，犹是往昔所持之夙见，既有合朝臣逊辞之意，而又斟情酌理，堪称允惬。而荆公独持异论，谓："昔常衮辞堂馔，时议以为衮自知不能，当辞位不当辞禄。且国用不足，由未得善理之人故也。"温公曰："善理财之人，不过头会箕敛，以尽民财，岂国家之利？"荆公曰："不然，善理财者，民不加赋而国用饶。"温公曰："此乃桑弘羊欺汉武帝之言。天地所生货财百物，止有此数。不在民间，则在公家。桑弘羊能致国用之饶，不取于民，将焉取之？"与荆公争论良久。王珪曰："司马光言省费自贵近始，光言是也。王安石取费不多，恐伤国体，安石言亦是。惟陛下裁。"神宗曰："朕亦与司马光同。"而是日适会荆公当制，竟以己意批答。

此事是非，如王珪所分辨，可谓平矣。宋室财政，至仁宗末年，匮乏已极。无论何人当政，决不能不先务理财。惟温公主节流，而荆公似偏主开源，此则其异。温公亦非不知理财有开源一路，惟开源不能急迫求之，当"养源而徐取"也。

大抵温公仍守《论财利》一疏之见解。故其谈论新法，谓："设官则以冗增冗，立法则以苛益苛。"又谓："天下之事，当委之转运使、知州、知县，不当别遣使者，扰乱其间。"又论"青苗"不如"常平"。凡所铮纠，苟熟考当时史实者，自知温公自有深识持重，并非全出意气也。

荆公既为相，设制置三司条例司，以苏辙为检详文字。先是辙上疏曰："所谓丰财者，非求财而益之，去事之所以害财者而已。事之害财者三：曰冗官、冗兵、冗费。"子由此等处见解与温公正近。

其后温公既主政，毕仲游遗之书云："为今之策，当大举天下之计，深明出入之数，以诸路所积之钱粟，一归地官，使经费可支二十年之用。数年之间，又将十倍于今日。使天下晓然知天下之余于财也，则不足之论不得陈于前，然后新法可永罢而无敢议复者矣。"

节用之说既不行，兴利之策又尽废，于是元佑之政，亦终于为不可久。孝宗淳熙十年，杨安诚《劄》言："请遵仁宗之制，采用司马光之言，核实浮费，量加撙节。"帝曰："近日臣僚言，多用司马光撙节之说。盖仁宗时亦自乏用，故司马光有是言。"则温公节流之议，犹为南渡诸臣所乐引。

四月，《再论楚辞地名答方君》，刊于《禹贡半月刊》第七卷第一二三合期。收入联经《全集》第三十六册《古史地理论丛》，页二四五～二五八。编者按：本文大要已见一九三四年，《楚辞地名考》，兹略。

五月，《庐陵学案别录》，刊于燕京大学《文学年报》第三期。收入兰台版《中国学术思想史论丛》（五），页一六～二八。摘要如下：

庐陵论学，首宜大书特书者，厥为其对于经学之见解。今《居士集》卷四十三有《廖氏文集序》曰：

> 自孔子殁而周衰，接乎战国，秦遂焚书，《六经》于是中绝。汉兴，盖久而后出。其散乱磨灭，既失其传，习后诸儒因得措其异说于其间。如《河图》、《洛书》，怪妄之尤甚也。余尝哀夫学者知守经以笃信，而不知伪说之乱经也。屡为说以黜之，而学者溺其久习之传，反驳习非余。余以谓自孔子殁，至今二千岁之间，有一欧阳修者为是说矣，又二千岁，焉知无一焉与修同其说也？又二千岁，将复有一人焉，习则同者至于三，则后之人不待千岁而有也。同予说者既众，则众人之所溺者，可胜而夺也。夫《六经》非一世之书，其将与天地无终极而存也。是则余之有待于后者远矣，非汲汲有求于今世也。衡山廖倚与余游三十年，已而出其兄偁之遗文百余篇，号《朱陵编者》，其论《洪范》，以为九畴圣人之法尔，非有龟书出洛之事。余乃知不待千岁，而有与余同于今世者。若偁者，未尝闻余言，盖其意有所合焉。习则举今之世，固有不相求而同者矣，亦何待于数千岁乎？

按：此文作于嘉佑六年，可见庐陵治经之意态矣。《其易童子问》疑《十翼》，《春秋论》疑《三传》，为《诗本义》不守毛、郑，皆不轻信前人传注旧说，而独穷遗经于二千岁之上者。王厚斋曰："欧阳公以《河图》、《洛书》为怪妄。东坡云：'著于《易》，见于《论语》，不可诬也。'南丰云：'以非所习见，则果于以为不然，是以天地万物之变，为可尽于耳目之所及，亦可谓过矣。'苏、曾皆欧阳公门人，而议论不苟同如此。"自今观之，更可见庐陵之卓然特出，其所称于廖偁者之洵不虚也。而于当时特有关系者，则对于《周礼》之意见。今《居士集》卷四十八有《第进士问》数篇道其意云：

> 况乎《周礼》，其出最后，习其为书备矣。习汉武以为'渎乱不验之书'，何休亦云'六国阴谋之说'，何也？习今考之，实有可疑者。

宋儒自胡安定以经义、时务分斋讲学，一时风气竞务于通经致用。凡其致疑于《周礼》者，盖有感于时论而发。及南渡以后，如叶水心、马贵与之徒，皆竞言《周礼》成法不足推行于后世矣。

庐陵论政制颇疑《周礼》，论心性又疑及《中庸》。今《居士集策问》有及此者，云："《中庸》曰：'自诚明谓之性，自明诚谓之教。'自诚明，生而知之也；自明诚，学而知之也。若孔子者，可谓学而知之者。孔子必须学，则《中庸》所谓'自诚而明'，不学而知之者，谁可以当之欤？若《中庸》之诚明不可及，则怠人而中止，无用之空言也。故予疑其传之谬也。"

盖不徒疑《中庸》也，凡当时言心、言性之说，庐陵皆不喜，《居士集》卷四十七有《答李诩第二书》畅论其意。书曰："修患世之学者多言性，故常为说曰：夫性，非学者之所急，而圣人之所罕言也。《易》六十四卦不言性，其言者，善恶是非之实录也。《诗》三百五篇不言性，其言者，政教兴衰之美刺也。《书》五十九篇不言性，其言者，尧、舜、三代之治乱也。《礼》、《乐》之书虽不完，而杂出于诸儒之记，然其大要，治国修身之法也。《六经》之所载，皆人事之切于世者，是以言之甚详。至于性也，百不一二言之，或因言而及焉，非为性而言也，故虽言而不究。《论语》所载七十二子之问于孔子者，问孝问忠，问仁义，问礼乐，问修身，问为政，问朋友，问鬼神者有矣，未尝有问性者。孔子之告其弟子者凡数千言，其及于性者，一言而已。《书》曰：'习与性成'，《语》曰：'性相近，习相远'者，戒人慎所习而言也。《中庸》曰：'天命之谓性，率性之谓道'者，明性无常，必有以率之也。或有问曰：'性果不足学乎？'予曰：'性者，与身俱生，而人之所皆有也。为君子者，修身治人，而已性之善恶不必究也。'使孟子曰人性善矣，遂怠而不教，则是过也。使荀子曰人性恶矣，遂弃而不教，则是过也。使扬子曰人性混矣，遂肆而不教，则是过也。然三子者，或身奔走诸侯以行其道，或著书累千万言以告于后世，未尝不区区以仁义礼乐为急，盖其意以谓善者一日不教，则失而入于恶，恶者勤而教之，则可使至于善。混者驱而率之，则可使去恶而就善也。其说与《书》之'习与性成'，《语》之'性近习远'，《中庸》之'有以率之'，《乐记》之'慎物所感'，皆合。"

庐陵虽疑经辨伪，不喜言心性，而庐陵胸中自有一番古圣人及所谓古圣人之道者在，其意可征之于《本论》之上篇（《居士集》第十七）其言曰："儒者之于礼乐，不徒诵其文，必能通其用。不独学于古，必可施于今。夫礼以治民，而乐以和之，德义仁恩，长养涵泽，此三代之所以深以于民者也。"

大体言之，庐陵之学，犹是安定以来经义、时务并重之旨，即刘彝仲所谓"明体达用以为政教之本"者也。叶氏《习学记言论》之曰："以经为正，而不汩于章读笺注，此欧阳氏读书法也。"又曰："欧阳氏语，文学止于润身，政事可以及物。"故史称："学者求见，所与言未尝及文章，惟谈吏事。"至伊、洛出，始一扫文辞之习，而于政事亦置于后图，惟汲汲以辨性明道为先。此则宋学先进、后进之所由异也。

五月，《历史与教育》，刊于北京师范大学《历史教育季刊》第二期。收入兰台版《中国历史研究法》，页一五五～一六三。摘要如下：

中国现在的教育，似乎只有留学教育而无国家教育。大学毕业以后，苟非公私经济所限，照现况论，该像是要全部出洋留学的。国家教育的最高责任，早就付托在外国。全国青年的最高希望，亦是归宿于外国。

又似乎只有技术教育而无国民教育。所谓提倡实业科学、限制文法科等。即在授学生以一种职业上的技术。至于其人除却职业以外，在社会之活动与其对国家之贡献，则学校教育并不看重。对于本国文字，则力求其通俗浅易。而对本国历史，则在中国现教育界绝无地位。任何一个国家的国民，对其本国史的智识，绝对需要而有用。不幸而中国的现教育，只求能升学乃至留学，以习得一门技术为主；于是而本国史之在各级学校里，遂至绝不占到教育意义上的地位。

让我们再看一看中国现史学界之状况。约略言之，可分为三派：第一派，是"文化的自谴主义者。从这一派人看来，中国史根本无教育上之价值。然而试问中国史实况是否如此？中国史之悠久及其伟大（指包含广土众民而言），任何别一国历史全比不上。这正是中国以往文化有价值之铁证。

第二派，是"琐碎的考订主义者"。他们一方面模仿西洋史学界之所谓"考古学"与"东方学"的研究。再一面是取法前清乾嘉时代的经学家。他们在异族统治下，文字狱连续不断的威吓之下，而逃避现实，做一种隔离时代的琐碎的考订。用此种方法和态度，并不能通经学，更何论于史学！

第三派，是最后起的"唯物的社会主义者"。亦源自西洋。他们无宁是看重社会和经济，更过于国家与民族。这一派的历史观、根本无所谓本国与外国。

今试进而一论本国史在教育意义上之使命，及所谓具有教育意义的本国史，其内容大体该若何？

余意其国家或民族，若根本无文化可言则已，否则国史之教育意义，应该首先使其国民认识本国以往历史之真价值，而启发其具有文化意味的爱国精神，同时培养其深厚的奋发复兴之想象与抱负。惟本国人对本国史，应有一种相当的"情感"与"敬意"，则实为必争之事理，且亦为共明之事理。一个国民对其国史，应先付以相当之亲情，如此可获恳切之了解；此为负有历史教育之责者所首当肯认之事理。即国史教育之责任，至少当使国民对其本国史具有一种"温情"及"善意"之看法与理解。

余意国史教育之第一个条件，应该使本国史包涵多分的鲜明而活泼的"人事"的成份。历史本是人事的记载，从人事记载里，可以探讨其文化之价值，与剖辨其社会之形态等等。所以即使不论教育意义，而纯粹为历史之探究，亦只有先注意其人事的部分。任何一个时代，任何一种社会，不能否认人物之重要性。读史而不注重人物，断难把握社会的重心。注重人物，应该能识别其"贤奸""智愚"。人物的贤奸智愚，影响到人事之成败利害。

现代中国人的脑里，似乎根本看不起中国史上的人物。既无人物可言，自不必辨贤奸、分智愚了。试问还是中国史上真无人物？还是现代中国人历史见解与历史教育的偏颇？固然历史并不全是人物故事，然并人物故事而不知，还讲什么历史呢？

治史涂辙，千蹊万径，本非一格可限，我之所论，特就教育意味而言。

五月，《中国近三百年学术史》，由上海商务印书馆出版。一九六五年，台湾商务印书馆依原版影印发行台初版。收入联经《全集》第十六、十七册，《中国近三百年学术史》（一）（二）。其大要如下：

自　序

明清之际，诸家治学，尚多东林遗绪。梨洲嗣轨阳明，船山接迹横渠，亭林于心性不喜深谈，习斋则兼斥宋明，然皆有闻于宋明之绪论者也。不忘种姓，有志经世，皆确乎成其为故国之遗老，与乾嘉之学，精气复绝焉。

乾隆御制《书程颐论经筵札子后》有云："夫用宰相者，非人君其谁乎？……且使为宰相者，居然以天下之治乱为己任，而目无其君，此尤大不可也。"夫不为相则为师，得君行道，以天下为己任，此宋明学者帜志也。今日"以天下治乱为己任尤大不可"，无怪乾嘉学术一趋训诂考订，以古书为消遣神明之林囿矣。于此而趋风气，趁时局，则治汉学者必以诋宋学为门面，而戴东原氏为其魁杰。起而纠谬绳偏，则有章实斋，顾曰："《六经》皆史，皆先王之政典。"然为之君者既不许其以天下治乱为己任，充实斋论学之所至，迹适至于游幕教读而止，乌足以上媲王介甫、程叔子之万一耶！

今日者，清社虽屋，厉阶未去，言政则一以西国为准绳，不问其与我国情政俗相洽否也。扞格而难通，则激而主"全盘西化"，以尽变故常为快。至于风俗之流失，人心之陷溺，官方士习之日污日下，则以为自古而固然，不以厝怀。言学则仍守故纸丛碎为博实。苟有唱风教，崇师化，辨心术，核人才，不忘我故以求通之人伦政事，持论稍稍近宋明，

一九三七年　丁丑　四十三岁

则侧目却步，指为非类，其不诋诃而揶揄之，为贤矣！

斯编初讲，正值"九一八事变"骤起。五载以来，身处故都，不睹边塞，大难目击，别有会心。司马氏表六国事，曰："近己则俗变相类"，是书所论，可谓近己矣。岂敢进退前人，自适己意？亦将以明天人之际，通古今之变，求以合之当世，备一家之言。虽不能至，心向往之。

第一章 引 论

上　两宋学术（摘要见前一九三六年四月。）
下　晚明东林学派

南宋以来，书院讲学之风尤盛。然所讲皆渊源尹洛，别标新义，与朝廷功令汉唐注疏之说不同。及元仁宗皇庆中定制，改遵朱氏《章句集注》。明承元旧，又编《五经四书性理大全》，然后往者书院私人之讲章，悬为朝廷一代之令甲。功利所在，学者争趋，而书院讲学之风亦衰。其弊也，学者惟知科第，而学问尽于章句。阳明良知之学，即针对当时章句训诂功利之见而发。阳明之树异于朱子，犹朱子当日所以树异于汉唐诸儒。阳明之推本象山，亦无异于朱子之推本伊洛。象山在明，伊洛在宋，亦俱非当时朝廷科举之所尊也。就此一端言之，则朱子、阳明，所论虽异，意趣则一。万历间，张居正当国，痛恨讲学，立意蔪抑，居正既败，书院之风复起。其著者京师有首善，而无锡有东林。盖书院讲学，本已与朝廷功令异趣。而明之季世，朝纲不振，阉臣弄权。书院学者主持清议，遂益见忤而取祸。天下书院乃尽毁于魏忠贤之手。而东林尤为一时主目，党祸与国运相终。而言宋元明三朝六百年讲学史者，亦以东林为殿。

东林书院者，在无锡，宋政和间杨龟山从京洛南旋，侨寓讲学之故址也。明万历中，顾泾阳、泾凡兄弟与同里高景逸，重事兴起。四方学者闻风来会。以议朝廷政事招忌，天启五年毁于魏忠贤。

盖东林讲学大体，约而述之，厥有两端：一在矫挽王学之末流，一在抨弹政治之现状。宋明理学，至于阳明良知之论，鞭辟近里，已达极度。而王学自龙溪、泰州以后，风被既广，流弊亦显。东林诸儒起持异议。于阳明天泉证道"无善无恶心之体"一语，辨难尤力。

推扩"无善无恶"一辨而为引申,则有"本体"与"工夫"之辨。泾阳已引罗念庵、王塘南说谓"学者以虚见为实悟,终日谈本体,不说工夫,才拈工夫,便以为外道"。盖王学末流伪良知之流弊,洵有然而者。而东林讲学,则一反其说,故其教法亦以工夫为重。高景逸云:

不患本体不明,只患工夫不密。

此殆为东林学者一普遍之信仰。

总之皆由虚实之辨、本体工夫之辨一贯而来。此则清初学术新趋,由东林开其端也。

与辨工夫体大意相近者,尚有"气质之性"与"义理之性"之辨。盖蔑弃气质而空言义理,正与蔑弃工夫而高谈本体同病,说虽高而不免于悬虚,若求切实下工夫处,舍气质莫由也。故论学苟侧重工夫,则论性自着眼于气质矣。

凡清儒辨宋明理学诸大端,东林诸儒已开其绪,清初学者,如太仓陆桴亭、容城孙夏峰,虽各有偏倚,而斟酌调停,夫短集长,仍是东林以来旧辙。此为东林学风影响及于清初之一事。

又一事则为对政治之清议。泾阳尝言之:

官辇毂念头不在君父上,官封疆念头不在百姓上,至于水间林下,三三两两,相与讲求性命,切磨德义,念头不在世道上,即有他美,君子不齿也。

盖明自万历以下,朝纲既颓,阉珰日炽。忧时之士,激于浊世,出持清议。东林一唱,四方响应,亦自机运所触,有不知其然而然者。而东林当时所主持者,其一则曰明是非。二斥乡愿进狂狷。三提倡节义。

故东林精神,即在分黑白,明是非,肯做忤时抗俗事。不畏祸,不怕损名,不肯混同一色,不愿为乡愿。

抑余谓东林言"是非"、"好恶",其实即阳明"良知"、"立诚"、"知行合一"之教耳。若推究根柢,则东林气节,与王门良知,实本一途。东林所以挽王学末流之弊，而亦颇得王学初义之精。东林之渊源于王学，正犹阳明之启途于考亭也。及乎国脉既斩，宗社既覆，堤崩鱼烂，无可挽救，乃又转而探讨及于国家兴亡，民族盛衰之大原。如亭林、梨洲诸人，其留心实录，熟悉掌故，明是导源东林。而发为政论，高瞻远瞩，上下千古，则又非东林之所能限。东林在宗国未倾之前，故得以忠义自励。清初则处大命灭绝之余，转期以经济待后。学术流变与时消息，亦不得不尔也。而康、雍以来，清廷益以高压锄反侧，文字之狱屡兴，学者乃以论政为大戒，钳口不敢吐一辞。

惟东林诸贤之所重在实行，而其后世变相乘，学者随时消息，相率以"实学"为标榜，而实行顾非所重。盖清初诸儒，尚得东林遗风之一二。康雍以往，极于乾嘉，考证之学既盛，乃与东林若渺不相涉。而康雍乾嘉之学，则主张于庙堂，鼓吹于鸿博，而播扬于翰林诸学士。其意趣之不同可知矣。

考近三百年学术思想之转变者，于书院之兴废及其内容之迁革，诚不可不注意也。

第二章　黄梨洲（附　陈乾初　潘用微　吕晚村）

传　略

黄宗羲，字太冲，学者称梨洲先生，浙江余姚人。其父尊素，东林名士，为魏阉所害。崇祯十七年，甲申，北京陷，福王立于南京。马士英起用，欲渐援阮大铖。作《南都防乱揭》，斥大铖。天启被难诸家，推公居首；及是，大铖柄政，遂按揭中一百四十人名氏，欲尽杀之。会清兵至，得免。公踉跄归浙东。鲁王监国，公纠子弟数百人随军江上，号"世忠营"。军败，走入四明山，结寨自固。明统既亡，公遂返里门，毕力著述。

学术思想之大要
一、梨洲论刘蕺山

梨洲早年从学蕺山，其后讲学宗旨，专以发挥蕺山"慎独"遗教为主。

既主义理因气质见，即不认因情见性，离心言善之说，而主性善亦即由心与情之已发者见之。其言本体如此，而言工夫则曰慎独。欲人于主宰本源处用力，而不以"审几于动念之初"者为是。

盖必辨义理即在气质之中，性善即由心与情之已发而见者，所以救当时言本体堕于恍惚悬空之病。必主工夫在收敛与主宰上用力者，所以矫当时言良知主张现前具足之弊。此为梨洲对于蕺山学说之发挥，亦可认为梨洲讲学宗旨所在也。

二、梨洲论王阳明

梨洲于明儒最尊阳明，而于王门顺应，归寂两派之争，侧重本体一边。盖梨洲论学，两面逼入。其重实践，重工夫，重行，既不蹈悬空探索本体，堕入渺茫之弊；而一面又不致陷入猖狂一路，专任自然，即认一点虚灵知觉之气，从横放任以为道也。

三、梨洲晚年思想

《明儒学案》序：

> 盈天地皆心也。变化不测，不能不万殊。心无本体，工夫所至，即其本体。故穷理者，穷此心之万殊，非穷万物之万殊也。是以古之君子，宁凿五丁之间道，不假邯郸之野马。故其途亦不得不殊。此无他，修德而后可讲学。今讲学而不修德，又何怪其举一而废百乎？

从来言心学多讲本体，而此则重工夫，从来言心学多着意向内，而此则变而向外，从来言心学多重其相同，而此则变言万殊，则梨洲晚年思想，实较其拘执蕺山慎独之训者遥为深透也。

四、梨洲经史之学

其实梨洲平日讲学精神，早已创辟新局面，非复明人讲心性理气、讲诚意慎独之旧规。全祖望论之云：

> 先生始谓学必源本于经术，而后不为蹈虚；必证明于史籍，而后足以应务。前此讲堂锢疾，为之一变。

而梨洲于史学,尤为有最大之创辟。其言曰:

> 学者必先穷经,习拘执经术,不适于用。欲免迂儒,必兼读史。

梨洲治史,特点有二。一曰注意于近代当身之史。二曰注意于文献人物之史。综斯以观,梨洲论学,虽若犹承明人之传统,而梨洲之为学,则实创清代之新局矣。

五、梨洲之政治理想

明社既屋,兴复之望既绝,乃始激而为政治上根本改造之空想。而梨洲对政治理想之贡献,则较同时诸老为宏深。其议论备见于所为《明夷待访录》。今传刻本凡二十一篇。其《原君》、《原臣》诸篇,发明民主精义,已为近人传诵。

其《置相篇学校篇》皆与《原君》、《原臣》两篇用意相足。其它诸篇,亦皆对政治上几种重要问题加以根本之考虑。迄乎梨洲之时,则外族入主,务以芟薙为治,贤奸忠佞之辨无所用。一二遗老,留身草泽,惊心动魄于时变之非常,游神太古,垂意来叶。既于现实政治,无堪措虑,乃转而为根本改造之想,以待后人。此亦当时一种可悲之背景有以酿成之也。

梨洲同时几位学者(陈乾初等人)与梨洲思想之关系(略)。

第三章 王船山

传 略

王夫之,字而农,又字姜斋,湖南衡阳人。晚居湘西石船山,学者称船山先生。清师下湖南,先生举兵衡山,战败,军溃。遂至肇,瞿式耜荐之桂王,为行人司行人。清兵克桂林,式耜殉难。先生间道归楚,遂决计遁隐。嗣是栖伏林谷,随地托迹,以至于殁。刘继庄称之,谓"洞庭之南,天地元气,圣贤学脉,仅此一线。"

学术大要

明末诸老，其在江南，究心理学者，浙有梨洲，湘有船山，皆卓然为大家。然梨洲贡献在《学案》，而自所创获者并不大。船山则理趣甚深，持论甚卓，不徒近三百年所未有，即列之宋明诸儒，其博大闳括，幽微精警，盖无多让。

船山论学，始终不脱人文进化之观点，曰"养其生理自然之文，而修饰之以成乎用"，可谓船山论学主旨。余观船山平生踪迹所及，止于湘、桂之间。其师友往还极少，声光甚暗。著书亦至晚清始显。然考其议论，同时如浙东梨洲、乾初，河北颜、李，稍后如休宁戴氏，所以砭切宋明理学走入玄虚之弊者，大略皆相一致。可见学术思想，到必变之时，其所以为变者，固自有豪杰大智为之提倡，而风气转动，亦自有不知其然而然者存其间。而船山之博大精深，其思路之邃密，论点之警策，则又掩诸家而上之。其用意之广，不仅仅于社会人事，而广推之于自然之大化，举凡心物、人天、种种现象，皆欲格通归纳，治之一炉，良与横渠《正蒙》之学风为近。而流风余韵，视夫颜、李尤促，则信乎近三百年之学风，与甚深义理为无缘也。

船山政治理想

船山著书，惟《读通鉴论》最流行。其书泛论史事，而时标独见，杂论政治、社会、人生种种问题，而运以一贯之精思，非泛作也。盖船山论政，其议论主要者，厥有两点：一则曰法制之不能泥古也。其言曰：

> 法无有不得，亦无有不失。先王不恃其法，而恃其知人安民之精意。
>
> 以治众大之法治寡小，则疏而不理；以治寡小之法治众大，则渎而不行。……一切之法，不可齐天下。虽圣人复起，不能易吾说。

此谓法贵得其意。即所谓知人安民之精意，而因地变动以制其宜。船山因此而主为政最要之纲领曰"简"。其言曰：

慈也，俭也，简也，三者于道贵矣。不忍于人之死则慈，不忍于物之殄则俭，不忍于吏民之劳则简。斯其慈俭以简也，皆惟心之所不容已。

船山论治论学，旨多相通。惟论学极斥老庄之自然，而论治则颇有取于老庄在宥之意，此尤船山深博处。其取精用宏，以成一家之言者。至为不苟。

第四章　顾亭林（附　马骕）

传　略

顾炎武，字宁人，昆山人。初名绛，国变后易名炎武，或自署蒋山佣。学者称亭林先生。少耿介绝俗，与里中归庄玄恭同游复社，有"归奇顾怪"之目。顾氏为江东望族，嗣母王氏未婚守节，养先生于襁褓，得朝旌。乙酉夏，先生起兵吴江，事败，幸得脱。母王氏避兵常熟，遂不食卒，遗言后人勿事二姓。次年，闽中唐王使至，以职方司主事召。以母氏未葬，不果往。

学术大要

亭林论学宗旨，大要尽于两语，一曰"行己有耻"，一曰"博学于文"，其意备见于《与友人论学书》。略曰：

> 愚所谓圣人之道者如之何？曰"博学于文"，曰"行己有耻"。自一身以至于天下国家，皆学之事也。自子臣弟友以至出入往来，辞受取与之间，皆有耻之事也。……士而不先言耻，则为无本之人；非好古而多闻，则为空虚之学。以无本之人，而讲空虚之学，吾见其日从事于圣人，而去之弥远也。

明末诸老，尚多守理学藩篱，究言心性，独亭林不然，此亭林之卓也。亭林持守方严，行己整峻，真所谓有耻无愧者。

其《与人书》有云：

> 日击世趋，方知治乱之关，必在人心风俗。而所以转移人心，整顿风俗，则教化纪纲为不可阙矣。

故亭林论史，尤重风俗，其意备见于《日知录》卷十三。大意在重节义而轻文章，于东汉特斥蔡邕。
于明末极诋李贽与钟惺。引奖厚重。倡耿介。贬乡愿。
而归极于尚廉耻。

> 礼义，治人之大法；"廉耻，立人之大节。盖不廉则无所不取，不耻则无所不为，人而如此，则祸败乱亡亦无所不至。……"而四者之中，耻为尤要。……所以习者，人之不廉，而至于悖礼犯义，其原皆生于无耻也。故士大夫之无耻，是谓国耻。

立名教。
振清议。

> 天下风俗最坏之地，清议尚存，犹足以维持一二。至于清议亡而干戈至矣。

故曰：匹夫之心，天下人之心也。而保天下者匹夫之贱与有责焉。

> 有亡国，有亡天下。……易姓改号，谓之亡国；仁义充塞，而至于率兽食人，人将相食，谓之亡天下。……是故知保天下，习后知保其国。保国者，其君其臣，肉食者谋之；保天下者，匹夫之贱，与有责焉耳矣。

盖天下之治乱，本之风俗，风俗之盛衰，由于一二贤知之士。天下兴亡，匹夫固宜有责。

以言夫亭林博学之教，则最著者有两书：一曰《日知录》，一曰《音学五书》。

然亭林著述之盛，要当首推《日知录》。亭林自谓《日知录》一书，"意在拨乱涤污，法古用夏、启多闻于来学，待一治于后王。"

盖亭林论学，本悬二的：一曰明道，一曰救世。其为《日知录》，又分三部：曰经术，治道，博闻。后儒乃打归一路，专守其"经学即理学"之议，以经术为明道。余力所汇，则及博闻。至于研治道，讲救世，则时异世易，继响无人，而终于消沉焉。

亭林之政治理想

亭林对于政治主张，大率备详于《日知录》卷八至卷十二之五卷。其最堪注意者，为对于风俗之重视。盖亭林固亦染受宋明理学精神，而特不尚心性空谈，能于政事诸端，切实发挥其利弊，可谓内圣外王，体用兼备之学也。兹举其较大之论点言之，则有郡县分权及地方自治之主张。亭林谓：

自古及今，小官多者其世盛，大官多者其世衰。

故亭林于汉时啬夫及三老之制，皆深致向往之意。又于"里甲"、"掾属"、"吏胥"诸条均发此旨。

故其于"馆舍"、"街道"、"官树"、"桥梁"诸条（均卷十二），凡关于地方之建设与兴筑者，尤拳拳致其深情。亭林既着眼于地方之自治，遂连带而及郡县之分权。郡县分权，固为地方自治之先步也。

惟主分权，重自治，固不失为正论。

附　马骕传略

马骕，字宛斯，山东邹平人。清顺治进士，为灵璧知县，有政绩。

著述大要

宛斯著《绎史》，起上古，迄秦亡，每卷一篇，为一百六十卷。卷首有《征言》篇。（其详此略）

第五章　颜习斋　李恕谷

习斋传略

颜元，字易直，又字浑然。河北博野县北杨村人。生明崇祯八年，卒清康熙四十三年，（一六三五至一七〇四年）年七十。年二十余，好陆王书，未几，从事程朱学，信之甚笃。自是遂悟静坐读书乃程、朱、陆、王为禅学俗学所浸淫，非正务。周公之六德、六行、六艺，孔子之四教，乃正学也。于是著《存学》、《存性》、《存治》、《存人》四篇以立教，名其居曰习斋。

学术大要

习斋，北方之学者也，早年为学，亦尝出入程、朱、陆、王，笃信力行者有年，一旦翻然悔悟，乃并宋明相传六百年理学，一壁推翻，其气魄之深沉，识解之毅决，盖有非南方学者如梨洲、船山、亭林诸人所及者。习斋五十八岁告李塨（恕谷）云：

> 予未南游时，尚有将就程朱，附之圣门支派之意，自一南游，见人人禅子，家家虚文，直与孔门敌对。必破一分程朱，始入一分孔孟，乃定以为孔孟。程朱，判习两途，不愿作道统中乡愿矣。

其斩截痛快如此。又尝《与桐乡钱晓城书》，谓：

> 仆尝有言，训诂、清谈、禅宗、乡愿，有一皆足以惑世诬民，宋人兼之，乌得不晦圣道、误仓生至此也！

其锋芒严峻又如此。而其所谓孔孟、程朱，判然两途者，习斋又为之明白分辨。

不从心性义理上分辨孔孟、程朱，而从实事实行为之分辨，此梨洲、亭林、船山诸家所未到。习斋反对程朱，只有一意，曰"无用"。

宋儒高自位置，每以道德纯备，学术通明，自负为直接尧、舜、孔、孟之传，而汉、唐君相大儒，事功赫奕，宋儒轻之曰"杂霸"。习斋评量宋儒，则不从其道德、学术着眼，即从其所轻之事功立论。盖宋儒之所轻，正即习斋之所重也。

儒学之无用，其为害最大者，在静坐，在读书。

而以教天下多读书归罪于朱子，曰：

> 朱子论学，只是论读书。（《存学篇》卷四）
> 千余年来，率天下入故纸中，耗尽身心气力，作弱人、病人、无用人者，皆晦庵为之也。（《朱子语类评》）

且习斋所以深不喜于多读书者，不惟谓其无益于事功，抑且谓无益于知识。盖习斋论学，一以事功为主，知识之无益于事功者，不足为知识。今读书既无益于事功，则读书得来之知识，自亦不足为知识也。

习斋既不喜读书，因亦不喜著书。故曰："空言相续，纸上加纸。"

习斋既反对读书，更反对静坐。尝谓："朱子教人半日静坐，半日读书，无异于半日当和尚，半日当汉儒。试问一日十二时，那一刻是尧、舜、周、孔？"

且习斋之斥静坐，不徒为其无用，抑且有大害焉。故曰：

> 终日兀坐书房中，萎惰人精神，使筋骨皆疲软；以至天下无不弱之书生，无不病之书生，生民之祸，未有甚于此者也！故误人才败天下事者，宋人之学也。

故"读书"与"静坐"为宋儒以来为学两大纲，而习斋均非之。

盖习斋所提倡习行有用之学，举要言之，惟三端为习斋所常道：一曰兵，二曰农，三曰礼乐。其言农，则尤主于水利，故其谓张文升曰：

> 如天不废予，将以七字富天下：垦荒，均田，兴水利；以六字强天下：人皆兵，官皆将；以九字安天下：举人才，正大经，兴

礼乐。

习斋治兵农，所以为富强，习六艺礼乐，所以为教化，内圣外王，胥于实事实行见之。而欲求习斋讲礼乐之精意，则不可不及于其性善、性恶之辨。最要者在驳正气质之非恶。

习斋谓恶之由来皆在习，不得因习而归咎于气质。气质无恶可言，舍气质亦无义理可言也。

故性道与礼乐，习行与作用，习斋皆一贯言之。合"事"与"动"而为习行，由习行而明性道，由性道而见作用，建功业，合内外，成人己，通身世，打成一片，一滚做功，此习斋论学要旨也。

以言夫近三百年学术思想之大师，习斋要为巨擘矣。岂仅于三百年！上之为宋、元、明，其言心性义理，习斋既一壁推倒；下之为有清一代，其言训诂考据，习斋亦一壁推倒。"开二千年不能开之口，下二千年不敢下之笔"，遥遥斯世，"前不见古人，后不见来者，念天地之悠悠，独怆然而涕下"，可以为习斋咏矣。

且习斋深恶纸墨讲诵，其意实由目击当时八股应举之害而起。故其评宋儒，谓："在当日以口舌致党祸，流而后世，以章句误苍生。上者但学先儒讲著，稍涉文义，即欲承先启后；下者但问朝廷科甲，才能揣摩，皆务富贵利达。"凡习斋所讥文章之祸，纸墨讲诵之害，实皆可谓其有感于并世之八股举子业而发。

夫学术之异同，难言之矣，而学术之流变，尤为难言。盖习斋虽对宋、元、明以来理学诸儒，高论排击，而其为学大体，仍自与宋、元、明以来诸儒走上同一路径，未能划然分疆割席，则其结果，自祗限于此而已也。

习斋不尚诵读著述，意则然矣，然习斋所谓经济，意在隆古乎？抑在当时乎？若在当时，则习行路径，当求之实事实物，不必求之古诗书也。若意在隆古，古书真伪未辨，当否未判，奈何遽奉以为习行之谱？今习斋言经济，多混之于礼乐；言礼乐，多本之于古昔；言事物，亦以揖让升降、弦歌舞佾、衣冠金石为主，并未深发当时切用之意，则乌从闭学者诵读考究之功？

又习斋既盛倡事物功利之学，而仍不免心性礼乐之见，故平日持论虽甚激昂，其制行则仍是宋、明诸儒矩矱。（孝悫之终命其子恕谷从学者亦由此）尤著者，习斋力斥静坐之非，而自有一番工夫，名曰"习恭"。

所谓"习恭"、"习端坐"者，纵谓与静坐不同，却不能不说与宋儒所谓"敬"者相似，故习斋于宋儒论敬，亦谓是好字面。若真如习斋所教习恭、习端坐功夫，便已是朱子"主敬"三法：伊川之"整齐严肃"，上蔡之"常惺惺"，和靖之"其心收敛不容一物"也。故宋、元、明儒者主敬主静，其实出于一源，敬、静工夫，到底还是一色，惟字面不同耳。今习斋所谓习恭、习端坐，与彼亦复何异？习斋于此等处，既未摆脱，又不愿深谈，而只架空过去，转成其学术之疏漏。

又习斋论习恭端坐，推本古礼，又谓礼乐所以存心尽性，而于心性一边实少阐发。苟不能推明我之心性以兴礼乐，则不得不讲求古人之礼乐以范我之心性，而年远代湮，所以讲求古之礼乐者，又不得不借途于考据。此又颜学所以仍不免折入汉学考据之一途也。习斋论学，虽欲力反自来汉、宋诸儒之病，然其学术自身，仍有歧点，未能打并归一，成严密之系统，为精细之组织。一传为恕谷，于习斋精神已有漏走，已见散漫。自习行转入于考究，则以后三百年汉学考据训诂之说也；自经济转及于存养，则以前七百年宋学心性静敬之教也。宋学既不能振拔，故存养一端，终归冷落，而考据遂成独步。颜学亦自此消失矣！

恕谷传略

李塨，字刚主，别字恕谷。保定蠡县人。生顺治十六年，卒雍正十一年，（一六五九至一七三三年）年七十五。少从学习斋，后世称曰"颜李"，习斋声光，由先生而大也。

学术师友大要

恕谷从学习斋，论学大体相似。曰：

纸上之阅历多，则世事之阅历少；笔墨之精神多，则经济之精神少。宋、明之亡，此物此志也。

因深斥明末学风，谓其：

> 承南宋道学后，守章句，以时文八比应试，高者谈性天，纂语录，卑者疲精乱神于举业，不惟圣道之礼乐兵农不务，即当世之刑名钱谷，亦懵习罔识，而搦管呻吟，自矜有学。……明之末也，朝庙无一可倚之臣，天下无复办事之官。坐大司马堂，批点《左传》（此指孙矿），敌兵临城，赋诗进讲。其习尚至于将相方面，觉建功奏绩，俱属琐屑，日夜喘息著书，曰："此传世业也。"以致天下鱼烂河决，生民涂毒。呜呼！谁实为此！无怪颜先生之垂涕泣而道也。

惟习斋以博野一老儒，穷死独守，声光甚暗；恕谷则历游南北，交游既广，名誉藉甚。使当世知有颜氏之学者，胥恕谷为之。而习斋当日精神，亦仅恕谷一传而止，是颜氏之学至恕谷而大，亦遂至恕谷而失，略述恕谷师友往还之间，可以见其微。

恕谷年三十一岁，始执贽习斋正师弟礼。而恕谷生平，于交游尤重视，尝言：

> 人仅欲为乡党自好者，闭门无交可也，若如大论尽性至命，参赞化育，继往开来，舍友其何以哉？

又《与王昆绳书》曰：

> 夫孝悌忠信，不出户庭而可为矣。如塨者，窃不自揣，志欲行道，如不能行，则继往开来，责难谢焉。当此去圣既远，路岔论陒，非遍质当代夙学，恐所见犹涉偏固，不足闻道。又挽世警众，必在通衢，僻谷引吭，其谁闻之？

习斋穷壤一老儒，而恕谷汲汲于通声气、广交游，实为师弟子绝不同之点。

今恕谷务欲广声气，纳交游，而当时南方学风，早已走上考订一路，恕谷亦不得不委曲追随，以自堕于书生文人一类，良可惜也。

恕谷一生学术转变。言孔孟不得不牵连而治经义，治经义不得不为考核训诂而走上南方学者之路。政治事业既无发展，则晚年仍不得不为传注著述，此亦当时情势使然，不得尽责人事也。盖当时学术文采，尽在南方。

恕谷盖隐以北方实学自负，而欲广声气、大宣传，则不得不望之南士。

方恕谷入京，习斋规之曰："勿染名利。"恕谷曰："非敢求名利也，将以有为也。先生不交时贵，塨不论贵贱，惟其人；先生高尚不出，塨惟道是问，可明则明，可行则行；先生不与乡人事，塨于地方利弊，可陈于当道悉陈之；先生一介不取，塨遵孟子可食则食之，但求归洁其身，与先生同耳。"习斋首肯。此其师弟子制行之不同也。然习斋精神，重在一身之习行，老死尸牖，光气则凝；恕谷东西南北，持习斋千古一发之独见，求以共信于天下，其光耀而弱，其气流而散。当时言理学者既率宗程朱，否则务考据，其精神意趣皆与颜学迥殊。恕谷踽踽独行，掉臂于群纷之中，宜乎其艰矣。

综观恕谷一生学术，言义理则兼斥宋、明，尚不失习斋宗旨；言考据则并信《周官》、《古文尚书》、《易传》，实为时流之逆转。以旧传统言，反程朱兼反陆王，若几于叛道；以新潮流言，信《周官》并信《古文尚书》，亦不免不智。宜乎恕谷之终不能大信其说于天下也！

颜、李之学，终于湮沉，不能大其传，而自此二百年学术，遂完全走入书生纸墨一路，呼！可悸也！

第六章　阎潜邱　毛西河（附　姚立方　冯山公　程绵庄　胡东樵　顾宛溪）

潜邱传略

阎若璩，字百诗，潜邱其自号也。先世太原人，五世祖始居淮安山阳。生明崇祯九年，卒清康熙四十三年，年六十九。年二十，读《尚书》，即疑《古文》二十五篇为伪，沉潜三十余年，尽得其症结所在，作《尚书古文疏证》八卷，为毕生著述最大者。又有《毛朱诗说》一卷、

《四书释地》六卷、《潜邱札记》六卷、《孟子生卒年月考》一卷、《困学纪闻注》二十卷。康熙十七年，应博学鸿儒科不第。后入徐干学昆山《一统志》局。晚以清世宗召，至京而卒。

潜邱之考据及其制行

潜邱为世称道，皆在其考据。《四库提要》论《潜邱札记》亦云："若璩学问流通，而负气求胜，与人辨论，往往杂以毒诟恶谑，与汪琬遂成雠衅，颇乖著书之体。"

抑潜邱虽自负，而失意于鸿博，（康熙十八年，潜邱应鸿博荐与试，报罢。）乃暮齿心热，不忘荣宠。（潜邱年六十八。）玄烨巡河过山阳，问："此中有学问人乎？"或以潜邱答，谓其长于考据，最为精核。随传旨召见，以御舟行速，不果。潜邱不胜拳拳，遂命其子咏恭呈《万寿诗》八首（今见《札记》卷六），《四书释地》一帙于畅春园，蒙恩见收。玄烨并语侍臣："阎若璩学问甚优。"咏闻之感泣，驰书报父。潜邱因书属咏曰："皇上天章云烂，草野布衣，皆得望见，汝且勿归，为我老臣求之，我身若健，或当亲来。事闻于胤禛，遂以书召潜邱。书到，正值小恙，霍然而起，欣然告其子若孙曰："吾绩学穷年，未获一遇，今贤王下招，古今旷典，乃斯文之幸也，其可勿赴！（据张穆《潜邱年谱》引阎咏所为行述）遂以六十九岁力疾至京，竟以不起。大抵明末诸遗老，激于世变，力斥心性空谈，认为祸殃，然其制行立节，实仍是宋明理学家矩矱，潜邱与亭林。梨洲身世相接，而意气精神竟全不同，殆已不复知亭林、梨洲一辈人为学真血脉所在。此种变迁，洵可叹也！

潜邱考据最著者，为《尚书古文疏证》，而同时有毛西河，亦以考据名家，即起而与潜邱持异议。杭大宗谓："阎氏书多微文刺讥。表表在艺林者，皆不能免，惟固陵毛氏为《古文尚书》著《冤词》，专以攻击《疏证》，气慑于其锋焰，而不敢出声，喙虽长而才怯也。"

西河传略

毛奇龄，萧山人，字大可，晚岁学者称西河先生。生明天启三年，卒清康熙五十五年，（一六二三至一七一六年）年九十四。顺治三年，清师下江南，西河依保定伯毛有伦。江上师败，西河走山寺为沙门。或构之清帅，亡命山谷间，卒得脱。康熙十七年，以博学鸿儒征，授翰林院检讨，预修《明史》。在馆七年，告归，又十有余年而卒。著书数百卷，有《西河全集》行世。

西河轶事及其著书之道德

《四库提要》称："西河著述之富，甲于近代，其文纵横博辨，傲睨一世，与其经说相表里，不古不今，自成一格，不可以绳尺求之，然议论多所发明，亦不可废。其诗又次于文，不免伤于猥杂，而要亦我用我法，不屑随人步趋者。"然极见斥于全谢山，深讥其著书之不德。西河以德性之未醇，影响及于学术，虽爱西河之才者不胜为之辨。而西河平日制行，尤有可议者。西河才固奇而行则卑，以视往者顾、黄、王、颜一辈，诚令人有风景全非之感也。

西河潜邱两人对理学之态度

顾西河制行虽卑，而好高论理学，而西河于朱子尤痛诋，为《论语稽求篇》、《四书剩言》、《大学证文》、《圣门释非录》，大抵皆攻驳朱注。而其尤所张大自矜者，则为《大学古本》之辨。其晚年，更集平生讲《四书》诸书为《四书改错》，而在西河之意，则将起而夺两庑朱子之席。

乃欲以义理继礼乐，续邀圣眷。不谓玄烨初政，意在广罗兼取，藉为牢笼，及见中国士大夫已俯首一气，惟朝廷爵禄之趋，乃复宏奖理学，专尊程朱，以一天下之议论，而箝异口。谢山谓："西河晚年雕《四书改错》，摹印未百部，闻朱子升祀殿上，遂斧其版。"固非初望也。而康熙丁亥六次南巡，正值西河成书之前年，此后圣驾即不复南，西河竟未偿躬进此书之愿。而朱熹升祀，昏老惧祸，至于自斧其书版，意亦良可哀矣！然则西河、潜邱，其博辨纵横傲睨自喜之概，读其书者，固见其呵叱先儒，讥弹前贤，上下千古，若无足置胸怀间，意气甚盛；而其晚节之希宠恋奖，俯首下心于朝廷圣天子之前，亦复何其衰飒可悯怜之相似耶！

然潜邱较谨饬，于宋人理学未敢轻讥，谓："天不生宋会，仲尼如长夜。"

然潜邱攻朱，只在名物考据，故后人谓《四书释地》，曲护紫阳，至于义理，固不变其遵信之态。

是潜邱尚以为读书识字者不可背朱子，其考证之精，虽开以后汉学之先河，其对义理之见解，仍是传统旧见，并不得与亭林"经学即理学"之论相拟，无论以后戴东原诸人也。

夫潜邱以尊朱而斥阳明，西河以尊王而斥晦庵，此隐然犹是述朱、述王之见为之门户也。

潜邱西河辨《古文尚书》真伪

今言潜邱、西河学术精神，实在考据而不在义理。潜邱考据之大者，莫过于辨《古文尚书》之伪。西汉《古文尚书》较《今文尚书》多十六篇，魏晋以来，绝无师说，东晋初，其书始出，乃增多二十五篇，初犹《今文尚书》并立，自陆德明据以作《释文》，孔颖达据以作《正义》，遂与伏生二十九篇混合为一。唐以来无知其伪者，至潜邱乃引经据故，一一陈其矛盾之故，而《古文尚书》之伪始大白。

《尚书古文》之伪，昔人疑者已多，非潜邱首创。然潜邱为《疏证》，当时颇招疑怪。其竭力与潜邱辨者，为毛西河。西河好胜，仗其才辨，不欲人之得美名以去，而求以出其上，于是乎有《古文尚书冤词》。《古文尚书》之伪，已成不净，西河辨之虽力，皆费话也。

今比观《疏证》、《冤词》两书，两人之所以辨《尚书古文》真伪者，知潜邱亦未尝无所心折于西河，而顾深隐严讳，而曰"付之闵默"，此其争名好胜之心，亦何以异？故自此后汉学家考据言之，则《尚书古文》真伪，潜邱是而西河非，已成定论；自宋、明以来理学家所谓心性义理言之，则两人之著书相往复，皆有可讥，均不得为学士之雅度也。余之辨此，亦非好为掎撅，多毁前贤，良以此后汉学家一意考订，而于心性义理，容多忽略，类此之事，数见不鲜，学者之不德，其事影响于学术，即逮近世，时贤蹈其病者，亦复时有；故特发之于阎、毛两氏之为汉学开山者，非敢以薄前贤，乃所以勉今贤也。

第七章　李穆堂（附　万孺庐　王白田　朱止泉　全谢山　蔡元凤）

传　略

李绂，字巨来，学者称穆堂先生。生康熙十二年，卒乾隆十五年，年七十八。籍江西临川。以康熙四十八年进士入翰林，益励于学。先生既博窥，于朝章国故，抵掌而谈，如决溃堤。不学之徒，望风不敢前席。然爱才如不及，以识一贤、拔一士，为生平大欲所存，形迹嫌疑，坦然不计。先生故刚大，生平学道，以陆子为宗。所著书有《穆堂类稿》五十卷、《别稿》五十卷、《春秋一是》二十卷、《陆子学谱》二十卷、《朱子晚年全论》八卷、《阳明学录》若干卷。

清初之朱陆异同论

"朱陆异同"之论，远起明世。休宁赵汸子常对策，谓："朱子《答项平父书》，有去矩集长之言，岂鹅湖之论至是而有合耶？使其合并于晚岁，则其微言精义必有契焉，而子静则既往矣。"是为"朱陆早异晚同"说之始倡。

清廷既特专朱子正学，以见圣朝治道之隆，求其持身无疵类，讲学尚醇谨，能持门户之见，而名登清之仕籍者，陆稼书实推首选，于是稼书遂以雍正二年从祀两庑。故清初言朱学者，顾亭林、王船山、张杨园、吕晚村诸人持于野，孙承泽、魏裔介、熊赐履、李光地诸人唱于上，独稼书上不在天，下不在地，以俯仰而先得两庑之祀，此乃清廷操纵之得其道。然刻程朱书为之流传，亦吕晚村先为之。朝廷之意，从我者乃正学，背我者即大逆，而特以朱子为之幌。是则正学之兴，未必稼书之功；其衰，亦未必稼书之罪也。

穆堂之朱陆异同论

穆堂生平不以理学家自居，而好辨朱陆异同，其意亦有激而发也。穆堂论学，极重人伦实务。穆堂深不喜专以读书讲论、寻章摘句为学，而谓其事由于朱子。

穆堂以此斥朱子，亦即以此推象山、阳明，谓：

> 陆子谓道外无事，事外无道，真得圣贤为学之法者。（初稿卷四十五书《朱子语类》后。）自象山陆子之教不明，士堕于章句训诂者三百余年，洎王阳明先生倡明绝学，习后士知有躬行实践之功。

而穆堂谓躬行实践则本于一心。

然穆堂之所重于心者，亦不过曰躬行心得而已。故曰：

> 学必躬行而后心得，得于心而后推之家、国、天下，无所施而不当。

至于空谈心性，则为穆堂所深戒。而穆堂辨朱陆，尤每人言有依据，能抉本真自喜，颇有似于此后乾嘉考证派之所为者。而遂以辨陆学之非顿悟。

世之讥陆王者，率谓其近禅，谓其尚顿悟，病其游谈无根，束书不观；自穆堂言之，彼之所以斥陆王者，正坐游谈无根、束书不观之病，皆未尝细读陆王书而姑意测之如是也。学术之传有得有失，固不可以末流一二人之失，上累其立教之师，而世俗所以好谤陆王，则由元明以来，朝廷科举，以朱子书取士，俗士习于时文讲章，有道学之美名，有富贵之实利，而又熟于章句训诂之先入。故攻陆王者每不读陆王书，则又安从得陆王之真？

时人争朱陆公案，自穆堂言之，不徒未读陆王书，抑又未细读朱子书，时剽窃世俗讲章、科举训诂为之也。穆堂既一一斥其空疏浅陋，而自出手眼以辨朱陆之异同者，则在即就朱陆著述全部以求其真相。其著作之重要者有二：一为《朱子晚年全论》，一则《陆子学谱》也。其为《全论》也，曰：

> 余尝尽录朱子五十一岁至七十一岁论学之语见于《文集》者，

一字不遗，共得三百七十余篇，名曰《朱子晚年全论》，其名无不合于陆子。

凡朱子学说自身之转变与其晚年之定论，穆堂所以条理抉发之者如此，而后世所以误会朱学之真相者，穆堂则以为皆出元、明之陋儒，与夫科举之俗见。

然穆堂所言，亦有激而然耳，未足以服真为朱学者之心。

且穆堂不徒于朱陆异同恳恳力辨，又于朱子言行，多所掎摭。其事已出乎异同之外，所谓"楚固失之，齐亦未为得"矣。穆堂于朱学议论，具如上述。其治陆学，则备见于《陆子学谱》。

盖就其遗教全体，合之于行事之实，以考其学说之真意，而若有以想见乎其人。此已与世之徒守科举俗学，哓哓浮辨，而目不睹朱陆全书者不同；亦与牢守道学字头，专以训诂家法，争心性、理气之辨者有异。其路径之直捷，意趣之真切，诚可谓得陆学之真传也。

盖陆王之学，既以躬行实践为主，而躬行实践，必归鹄于功业济世，乃为内圣外王，有体有用，足以证其践行之圆满而庶几于无憾。此与从事章句训诂，即于文字讲论争是非者绝不同。故穆堂盛推阳明，以其功业之发见，征学说之虚实，此正陆王言本心、言良知最精最高之诣，决非陷溺功利，偏心杂霸，空为此畔援之势论也。余尝谓颜、李讲学，深斥程朱，谓书生纸笔讲诵之无益于天地，而力唱"六艺、六德、六行"之说，以实用为本，其意趣路径实近陆王，以穆堂证之，可益信矣。（惟颜、李尚有习恭存心之学，而穆堂无之，是颜、李犹守旧规，而穆堂已入新趋也。厥后章实斋论学颇采穆堂，故亦与颜、李近，而自谓推本于阳明。此为清学一伏流，要之与尚训诂考订书本之学判习不同，而清初程、朱正学，转与乾嘉吴、皖攻朱者同为以读书训说为学也。）然躬行实践，固以功业济世为归，而不必展功业济世之效，则时命限之，虽穷而在下，不得尽其意，而无害乎性分之全量。此又非陷溺于功利，偏心于杂霸者之所与知；而内省不疚，实为真血脉所关，又非章句训诂之所能争也。

此真穆堂论学真背景，亦穆堂论学真动机矣。故扩之为功业，约之为践履，穆堂之所谓躬行实践，所以修之己而责之人者，惟问实事，不争虚辨。此固陆王讲学精神之一端，而穆堂则特以为当时之箴砭也。故穆堂之所以评骘朱陆之异同者，其事是非当别论；而穆堂为人之俊伟，以博闻强记之学为陆王本心良知作发明，以考史论世为心性义理作裁判，学术、经济、文章冶于一炉，其在当时，虽意有所激，语有所偏，然磊落俊伟，光明简切，以有清一代陆王学者第一重镇推之，当无愧矣。

附　万孺庐等人（略）

第八章　戴东原（附　江慎修　惠定宇　程易田）

传　略

戴震字东原，休宁人。生雍正元年十二月，卒乾隆四十二年五月，年五十五。性强记，《十三经》注，能举其辞无遗；年十八，随父客南丰，设塾于邵武，课童蒙自给。越二年乃归。时婺源江永慎修，治经数十年，精于《三礼》及步算、钟律、声韵、地名沿革，博综淹贯，岿然大师，先生师事之。学日进，年二十九，补休宁县学生。三十二岁，避仇入都，携所著书过嘉定钱大昕辛楣斋，辛楣叹曰："天下奇才也。"时金匮秦蕙田方纂《五体通考》，以辛楣言，遂延先生主其邸；高邮王安国亦延课其子念孙。一时馆阁通人如河间纪昀、嘉定王鸣盛、青浦王昶、大兴朱筠，先后与定交，于是海内皆知有戴先生。三十五岁，南还，居扬州，识惠栋定宇。四十岁，始获乡荐，会试屡不第。及乾隆三十八年，《四库》馆开，以举人特召充纂修官至京师。四十年，会试又不第，赐同进士出身，授翰林院庶吉士。在馆五年，以积劳卒。

学术大要
戴学与江永

戴氏之学，其先来自江永。永字慎修，婺源人，生康熙二十年七月，卒乾隆二十七年三月，年八十二。为诸生数十年。其学尤深于《三礼》，旁通《十三经》。以朱子晚年治礼，为《仪礼经传通解》，书未就，乃广撮博讨，《礼书纲目》，凡八十八卷，书成，年四十一岁，为江氏著述之最大者。六十二岁,又成《近思录集注》十四卷,其自序盛推宋学。

盖徽歙乃朱子故里,流风未歇,学者固多守朱子圭臬也。其学所涉极博,要不出礼乐名物之范围者近是。大抵江氏学风,远承朱子格物遗教,则断可识也。

故江、浙之间学者多从姚江出,而皖南则一遵旧统,以述朱为正。东原三十二岁入都前,其学尚名物、字义、声音、算数,全是徽人朴学矩矱也。

东原论学之第一期

东原早岁之学同于江氏,其说可征之于《与是仲明论学书》谓:

> 闻圣人之中有孔子者,定《六经》示后之人,求其一经,启而读之,茫茫习无觉。寻思之久,计于心曰:"经之至者道也,所以明道者其词也,所以成词者字也。由字以通其词,由词以通其道,必有渐。"得许氏《说文解字》,三年,知其节目,渐睹古圣人制作本始。又疑许氏于故训未能尽,从友人假《十三经注疏》读之,则知一字之义,当贯群经、本六书,习后为定。

此为东原主从字义明经义之理论。又曰:

> 至若经之难明,尚有若干事……儒者不宜忽置不讲。仆欲究其本始,为之又十年,渐于经有所会通。

此为东原主从名物、度数通经义之理论。又曰:

> 仆闻事于经学,盖有三难:淹博难,识断难,精审难……如宋之陆,明之陈、王,废讲习讨论之学,假所谓"尊德性"以美其名。习舍夫"道问学",则恶可命之"尊德性"乎?

此为东原主从"道问学"一边以达大道之理论。统观全书,所论为学门径及其趣解,全是江氏一派。

东原毕生治学，其最大计划，厥为《七经小记》。

盖东原毕生尽瘁于是，而其意则备见于《与是仲明书》中。惟较之朱子《格物补传》所谓"即凡天下之物，莫不因其已知之理而益穷之，以求至乎其极，一旦豁然贯通"者，则方法门径固近似，而对象意趣实不侔。朱子格物，在即凡天下之物而格，今则只求即凡《六经》之名物训诂而格耳。清儒自阎百诗以下，始终不脱读书人面目，东原汉学大师，又承江永门墙，最近朱子格物一路，然亦只格得《六经》书本上名物，仍是汉学家精神也。

而东原《与方希原书》亦谓：

> 古今学问之途，其大致有三：或事于义理，或事于制数，或事于文章。事于文章者，等而末者也。……圣人之道在《六经》，汉儒得其制数，失其义理；宋儒得其义理，失其制数。

是时东原固犹以义理推宋，以制数尊汉。而其所欲为之《七经小记》，则实偏于制数一边也。

东原既为时贤所知，而江先生之名，亦随东原而显。

是东原初入都，其学尚与江氏沆瀣一气，并时学者同推江、戴，亦以二人所治相近似也。

戴学与惠栋

惠、戴为当时汉学两大师，后世分言吴、皖，即推溯之东原、定宇两人也。惠氏籍吴县，三世传经，定宇名栋，学者称松崖先生，生康熙三十六年，卒乾隆二十三年，年六十二。其学尊古而信汉，最深则在《易》。松崖著《易汉学七卷，又为《周易述》二十卷，专宗汉说，学者推为汉学之绝者千五百年，至是而桀然复章。而自宋以来《易》说之图象纷纷榛莽塞路者尽辟，惠氏父子踵其后（惠士奇生康熙十年，胡渭卒。康熙五十三年，士奇年四十四，惠栋年十八），遂弃宋《易》而治汉，亦一时风气趋会之所宜有也。惠氏治他经，亦率如其治《易》，大意推尊汉儒，尚家法而信古训。及松崖守父意益坚，遂著《九经古义》，谓："汉人通经有家法，故有《五经》师，训诂之学，皆师所口授，其后乃著竹帛，所以汉经师之说，立于学官，与经并行，古字古言，非经师不能辨。是故古训不可改也，经师不可废也。余家四世传经，咸通古义，因述家学作《九经古义》一书。今考惠学渊源与戴学不同者，戴学从尊宋述朱起脚，而惠学则自反宋复古而来。至苏州惠氏出，而怀疑之精神变为笃信，辨伪之工夫转向求真，其还归汉儒者，乃自蔑弃唐、宋而然。故以徽学与吴学较，则吴学实为急进，为趋新，走先一步，带有革命之气度；而徽学以地僻风淳，大体仍袭东林遗绪，初志尚在阐宋，尚在述朱，并不如吴学高瞻远瞩，划分汉、宋，若冀、越之不同道也。故定宇之评《毛诗注疏》也曰："栋则以为宋儒之祸，甚于秦灰。"其激昂如是。

盖乾嘉以往诋宋之风，自东原起而愈甚，而东原论学之尊汉抑宋，则实有闻于苏州惠氏之风而起也。

东原论学之第二期

东原于乾隆丁丑（二十二年，东原年三十五）南游扬州，识松崖于盐运使卢雅雨见曾署，自是客扬州者四年。东原论学宗旨，其时以后盖始变，此可以集中《题惠定宇先生授经图》一篇证之。

东原是文作于乾隆乙酉（三十年，东原年四十三，见《年谱》），而议论与前举已大异。其先以康成、程、朱分说，谓于义理、制数互有得失者，今则并归一途，所得尽在汉，所失尽在宋，义理统于故训典制，不啻曰即故训即典制而义理矣。是东原论学一转而近于吴学惠派之证也。

据是观之，东原此数年论学，其深契乎惠氏故训之说无疑矣。然则惠、戴论学，求其归极，均之于《六经》，要非异趋矣。其异者，则徽学原于述朱而为格物，其精在《三礼》，所治天文、律算、水地、音韵、名物诸端，其用心常在会诸经而求其通；吴学则希心复古，以辨后起之伪说，其所治如《周易》、如《尚书》，其用心常在溯之古而得其原。故吴学进于专家，而徽学达于征实。

东原言义理三书

东原言义理者有三书：《原善》、《绪言》、《孟子字义疏证》。

盖东原言义理三书，惟理欲之辨，得之最后，……而昌言排击程朱，则实始晚年。

乾隆三十八年，章、戴相遇宁波道署时，东原议论已变，渐诋程朱，而为《绪言》犹不尔，故实斋讥其笔舌分用，又斥之为黠也。

惟东原晚年之矜心胜气，诋弹逾量，实斋深不满。然此亦可证东原议论思想前后不同，及其言义理三书完成之先后，传播之广狭，与夫心术学术之隐微，所不尽传于后者，以及当时学者对东原评价之一斑也。

东原哲学之大体

东原言义理三书之年代既定，而东原哲学之大体可继是而求。盖东原三书思想，虽大体一贯，而其间亦有议论详略，意向轻重，可以征东原学说之与年俱变者。最先为《原善》。

《原善》

《原善》先成三篇，既乃扩为三卷。三篇文极简奥；三卷始详，而意解无大变。今据《遗书》三卷本观之，其言天道，主乎阴阳气化，故曰：

> 道即阴阳气化，性即道之分化，欲与觉为性之能事，欲与觉得其正即仁智，自习与必习之辨。

又曰：

> 情欲本乎自习智巧达于必习。欲为自习德为必习。人莫大乎智足以择善。

明智之所得为理义，故曰：

> 理义由明智得，老庄尚无欲君子尚无蔽。

仁智之反面为私蔽，故曰：

> 私与蔽为二大患。

此东原《原善》三卷之大旨也。而东原自道其所以得此者则曰故训，故曰：

> 征诸古训明之心。

东原此等见解，颇与同时惠氏《易微言》相近。
《绪言》
东原《原善》绝不排诋宋儒，而《绪言》则颇排宋。其最要者则为"理、气"之辨，曰：

> 宋儒始分理气。阴阳气化为自习理为必习乃要其后非原其先。理乃事为不易之则。以心通知理义。

欲求心知之明，则在学问。盖：

> 以学问得心之明智。

东原又谓后世言"理"，相当于古人之言"命"。命与理皆人物、事为本身一种必然之制限，求能识此制限，则有待乎人之学问与智慧也。故曰：

> 命与理之相通在归于必习适全其自习。

故"欲"与"德"出于一根。
继是而言性善，曰：

> 性即自习善为必习。宋儒言善为本习。学以进于智而得理义。人之不齐在智愚不在善恶。

本此而评骘前人学术之异同，则曰：

> 程朱言复初为老释所误。

又曰：

> 孟荀宋儒皆知必习异乎老释之纯任自习。荀与宋儒于圣人之教不害。

统观《绪言》立论，亦主精察自然条理以建必然之则，即以必然之则完成自然之极致，大体与《原善》并无不同，惟全书议论多针对宋儒。其结论则以濂溪、陆、王为主本体、重自然，与老、释同斥；程、朱、横渠则以不弃"道问学"一边，与荀子同为得圣学之一体。其论归于重智，非智则无以精察自然以立必然之则也。

盖东原《绪言》立意，在辨宋儒理气论之妄，而别立一"天地、人物、事为不易之则"以代之。至其《孟子字义疏证》则不然。

《孟子字义疏证》

东原《孟子字义疏证》，其大不同于《绪言》者，厥为其对"理"字所下之界说。其开宗明义。则曰：

> 理也者，情之不爽失也，未有情不得而理得者也。

夫而后确切指明理之即为人情。又曰：

> 理者，存乎欲者也。凡事为皆有于欲，无欲则无为矣。有欲而后有为，有为而归于至当不可易之谓理。无欲无为，又焉有理？

夫而后确切指出理之本于人欲。

以情欲言理，实《疏证》中创见，东原为《绪言》时，犹未得此说也。

盖理既出乎情欲，故舍情欲而言理，无不失理，而流为其人之意见也。以一己之意见为理而强人以从，则其势必至于祸天下。

《绪言》以程朱崇理为无害于圣教，惟不知性耳；《疏证》则以程朱为不知理，同于释、老，而大害于世道。故《绪言》尚道问学，重智，所以精察事物之理；而《疏证》则尚忠恕，主絜矩，使人自求之于情。

故以通情遂欲至于不爽失为理，以推己反躬、忠恕絜情为得理之所由，实东原晚年最后思想所止，亦《孟子字义疏证》一书之所为作也。

凡此皆确切指出理之即本于人欲，即出于怀王畏死。饮食男女之情，为《绪言》所未及，而《疏证》三卷所不厌再三申述之新义也。然所以求通情遂欲以达于不爽失者，则实不尽于推己反躬、忠恕絜矩而已，仍必有以通夫物情焉，得于事理焉，而后可以不惑于所见，则聪明圣智仍不可缺。故《疏证》既发新义，仍取旧见，于《绪言》尚智一节，犹所保留。曰：

通情遂欲有赖于聪明圣智。

又曰：

圣学先务知。

惟先务于知，故重学问，尚扩充，曰：

德性资于学问。

惟东原以圣智言德性，则其意似仍重于推己反躬忠恕一边，故曰：

忠恕之极而为仁智仍是一体。

此又东原推极忠恕而达于圣智之说也。凡此皆东原《孟子字义疏证》一书所特著之议论，而不见于《绪言》者，盖即东原晚年之新得也。统观两书，《绪言》主要在办理气之先后，而《疏证》则主在辨理欲之异同。《绪言》于宋儒程、张、朱三家尚未认为害道，而《疏证》始拈理欲一辨，力加呵斥。观其目次之先后，与文辞之繁省，即可见两书中心思想之转移。

故《原善》辨性欲,《绪言》办理气,至《疏证》办理欲,乃会合前两书为一说,而其对宋儒之见解,则《原善》全未提及,《绪言》已有讥排,而《疏证》最为激昂,此则其大较也。

东原思想之渊源

今考东原思想最要者,一曰自然与必然之辨,一曰理欲之辨,此二者,虽足与颜、李之说相通,而未必为承袭。若徒以两家均斥程朱,谓其渊源所自,则诬也。东原思想,亦多推本晚周,虽依孟子道性善,而其言时近荀卿。荀主性恶,极重后天人为。此即东原精研自然以底于必然之说也。东原谓理者就人之情欲求之,使之纤悉无憾之谓理,正合荀卿"进近尽,退节求"之旨。而荀子则要其归于礼。戴学后起,亦靡勿以礼为说,此又两家思想之相通而至似者也。故其为《绪言》,以荀子与宋之程、张、朱四子等类,而曰"荀子推崇礼义,宋儒推崇理,于圣人之教不害,不知性耳"。东原所最斥者乃"复初反本"之说,则正亦荀子所深非矣。

故孟子曰:"养心莫善于寡欲",又曰:"养其大体为大人,养其小体为小人。"在孟子所分别言之者,在东原均打并归一。是东原之所指为性者,实与荀卿为近,惟东原以孟子性善之意移而为说耳。

是东原之言近于荀子之性恶,断然矣。

戴学之流衍

……且东原生平议论,亦始终未脱由古训而明义理之一境,其言义理,仍是考订夙习。晚年著《疏证》,既深诋宋儒之凭臆凿空,而一本诸古训,则传其学者,自更不愿为义理空说,而益惟尽力于实事求是、考古订经之途。

而东原言考核,则实有其至精之见。

惟东原既自喜,往往言之逾其度。

则东原之学所以流衍于身后而专在小学、测算、典制三者间,其事亦固然,无足怪者。

综此诸端观之,可以悟戴学流衍所以终汇于训诂、名物、制数之所以然也。

戴学与程瑶田（略）

第九章　章实斋（附　袁简斋　汪容甫）

传　略

章学诚字实斋，浙江会稽人。生乾隆三年戊午，卒嘉庆六年辛酉，（一七三八至一八〇一年。）年六十四。四十岁，中顺天乡试。四十一岁，成进士。迭主定州定武、肥乡清漳、永平敬胜、保定莲池、归德文正诸书院讲席，又为和州、永清、亳州修志书，最后为《湖北通志》，自后遂归浙，时游扬州，以老。

学术述要

文史通义与经学

实斋著述最大者，为《文史》、《校雠》两通义，近代治实斋之学者，亦率以文史家目之。然实斋著《通义》，实为箴砭当时经学而发，此意则知者甚鲜。实斋《上辛楣宫詹》（钱大昕）一书，颇道其崖略。谓：

　　……世俗风尚，必有所偏，达人显贵之所主持，聪明才隽之所奔赴，其中流弊，必不在小，载笔之士，不思救挽，无为贵著述矣。苟欲有所救挽，则必逆于时趋。时趋可畏，甚于刑曹之法令也。

此绝非泛泛牢骚语，所谓"世俗风尚"，即指经学，《通义》、《校雠》两书则为挽救经学流弊而作，其意甚显白。经学家最大理论，莫若谓道在《六经》，通经所以明道，此自亭林唱"经学即理学"之说以来，迄东原无变，实斋始对此持异议。曰：

　　或曰：联文而后成辞，属辞而后著义，六书不明，《五经》不可得而诵也。习则数千年来，诸儒尚无定论，数千年人不得诵《五经》乎？故生当古学失传之后，六书、七音，天性自有所长，则当以专门为业；否则粗通大义而不凿，转可不甚谬乎古人，而《五经》显指，未尝遂云霾而日食也。

此即明对"由字以通其词，由词以通其道"之说而发也。……"求道必于《六经》"。而实斋所持最精义理，则在今《文史通义》内篇卷二之《原道》上、中、下三篇。

实斋论道之意，盖采诸东原而略变者。实斋于东原论学，颇见异见，而于其《论性》、《原善》诸篇，则极推许，实斋谓道不外人伦日用，此在东原《绪言》、《疏证》两书中，主之甚力，即《原善》亦本此旨，惟发之未畅耳。实斋所谓"道之自然"与"不得不然"者，亦即《原善》"自然"与"必然"之辨。故主求道于人伦日用，乃两氏之所同。惟东原谓归于必然，适全其自然，必然乃自然之极致，而尽此必然者为圣人，圣人之遗言存于经，故《六经》乃道之所寄。实斋则谓圣人之不得不然乃所以合乎道，而非可即为道，自然变，则圣人之不得不然者亦将随而变，故时会不同，则所以为圣人者亦不同，故曰圣人学于众人，又曰"《六经》皆史"，则《六经》固不足以尽夫道也。故东原始终立论不脱因训诂考核以通经，因通经以明古圣人之义理，而我之义理亦从而明，盖以义理存于必然，必然乃自然之极致也。实斋则谓：

> 道备于《六经》，义蕴之匿于前者，章句训诂足以发明之。事变之出于后者，《六经》不能，固贵约《六经》之旨，而随时撰述以究大道也。
>
> 彼舍天下事物、人伦日用，而守《六籍》以言道，则固不可与言夫道矣。

所谓"不得不然"者，乃从"自然"中来，其所以为穷、变、通、久，决不限于前人之成局。故东原谓"言乎自然之谓顺，言乎必然之谓常，言乎本然之谓德。天下之道尽于顺，天下之教一于常，天下之性同于德"。有所谓一常，有所谓同德，即圣人《六经》而求之者是也。实斋则称事变，称时会，称创制，不能即圣人之《六经》而求。盖一主稽古，一主通今，此实两氏议论之分歧点也。

实斋论"道",既与东原不同,言"理"与东原亦别。东原言理,主从人之情欲求之,谓"理者,情之不爽失者也",又曰:"情之至于纤微无憾是谓理。"实斋言理,则本事物。

实斋以事物言理,事物之变,多出《六经》之外,宜不得执《六经》而认为理之归宿矣。

浙东学派与浙西学派

实斋与东原论学异同,溯而上之,即浙东学派与浙西学派之异同。其在清初,则为亭林与梨洲;其在南宋,即朱陆之异同也。今《文史通义》内篇卷二有《浙东学术》与《朱陆》两篇,即发其意。

实斋极赏东原凿空言理之戒,谓其源本朱子,而自述学统则不归朱而归陆,不属浙西而列浙东。其言曰:

> 学者不可无宗主,而必不可有门户,故浙东、浙西,道并行而不悖也。浙东贵专家,浙西尚博雅,各因其习而习也。
>
> 天人性命之学,不可以空言讲也。……故善言天人性命,未有不切于人事者。三代学术,知有史而不知有经,切人事也。后人贵经术,以其即三代之史耳。近儒谈经,似于人事之外,别有所谓义理矣。浙东之学,言性命者必究于史,此其所以卓也。
>
> 朱陆异同,干戈门户,千古桎梏之府,亦千古荆棘之林也。究其所以纷纶,则惟腾空言,而不切于人事耳。……浙东之学,虽源流不异,而所遇不同,故其见于世者,阳明得之为事功,蕺山得之为节义,梨洲得之为隐逸,万氏兄弟得之为经术史裁,授受虽出于一,而面目迥殊,以其各有事事故也。彼不事所事,而但空言德性,空言学问,则黄茅白苇,极目雷同,不得不殊门户以为自见地耳,故惟陋儒则争门户也。

此所谓浙东贵专家,善言天人性命而切于人事,史学所以经世,非空言著述,不可无宗主,又不可有门户,凡皆自道其学统之精神也。浙东源于陆王,浙西传自朱子,真知学者莫不实事求是,不争门户,故实斋赏东原。而东原以朱学传统反攻朱子,故实斋讥之,谓其"饮水忘源"也。

经学与史学

浙西讲经学，浙东重史学，实斋《文史通义》唱"《六经》皆史"之说，盖所以救当时经学家以训诂考核求道之流弊。

苟明《六经》皆史之意，则求道者不当舍当身事物，人伦日用，以寻之训诂考订，而史学所以经世，固非空言著述，断可知矣。

学问与功力

实斋论学，彻头彻尾主本当身事物实用，所谓学以经世，即空思义理，仍属无当。而当时经学家风气，则专尚考核，并思想义理而无之。

实斋深讥当时汉学家以博诵强识，辑逸搜遗为学也。博诵强识、辑逸搜遗之不足以为学。

实斋此等议论，明为针砭当时汉学家风气而发。盖掇拾补苴，与夫博诵强记，正当时汉学家功力所寄，而实斋皆非之，以为未足以当夫学也。

纂类与著述（略）

著述与事功

实斋既本"《六经》皆史"之见解，谓求道不当守经籍，故亦谓学之致极，当见之实事实功，而不当徒以著述为能事。此其意盖不仅为当时经学家专事考索比辑者发矣。求之清代，差与颜、李之说为近，而较尤圆密。

其重事功而抑著述，与颜、李同旨。

其重践履而轻诵说，亦与颜、李相似。惟习斋欲尽废纸墨诵说而重习行，为道似狭，恕谷欲以考古穷经证成其师之意而路益歧；实斋论学，虽重当身事功，而路径较习斋为宽，辨证较恕谷为达。

故苟明于道之大原，则学业、事功、文章、性命皆足以救世，皆可以相通，而无所事乎门户之主奴。不明于道之大原，则考订、义理、文辞三者，乃始各立门户以争短长，而失事功、性命之真。

性情与风气

近人言治学方法者，率盛推清代汉学，以为条理证据，有合于今世科学之精神，其说是矣；然汉学家方法，亦惟用之训诂考释则当耳。学问之事，不尽于训诂考释，则所谓汉学方法者，亦惟治学之一端，不足以竟学问之全体也。实斋论学，颇主挽当时汉学家过甚之偏，其所以诏学者以治学之方法者，亦自与汉学之训诂考据惟务者有异，此亦实斋论学至有价值之一节也。如实斋之说，则有志于学者，必先知俗尚与道真之辨。

然则学者从入，必发端乎一己之性情，而成为经世之事业，乃得为学业之真。人之性情既万殊不同，世变亦千古常新，则为学更无一定之规矩，亦无共遵之涂辙矣。

今以实斋风气、性情之论，上观阳明《拔本塞源论》所辨功利与良知之异，则渊源所自，大体固若合符节耳。

专家与通识

实斋论为学从入必本性情，而极其所至，则以专家为归。故曰：

> 学问文章，须成家数。道欲通方，而业须专一。
>
> 学必求其心得，业必贵于专精，类必要于扩充，道必抵于全量。大抵学问文章，善取不如善弃。天地之大，人之所知所能，必不如其所不知不能，故有志于不朽之业，宜度己之所长而用之，尤莫要于能审己之所短而谢之……

然实斋之论专家，其从入若易，各就资性之所近而致力焉，其事易。而到达则难，必本其所专精而扩充以抵于道之全量，则难也。

汉学家为实斋称许者，无如戴东原，然东原诋排朱子，实斋讥之，谓其"饮水忘源，慧有余而识不足"。（此即聪明有余，真识不足之意也。）是东原亦未为知道，未为深知夫学术之流别也。不仅考据家然，文章家亦莫不然，实斋本此意见而尚论古今文集，则堪当专门名家之选者，为数实鲜。

故自实斋所悬之格而求，古今文史著述，得跻于专门成家之流者盖不多，大率专门成家者必具别识，别识本于性真，其归会于大道，其用达于经世；其在风气，则常为辟而不为趋，其为抉择，则常于诚而不于名，此则所由以成家也。然专家既贵有别识，尤贵有通识。

夫必既贵专门，又尚通识，先本性情，归极大道，而后风气循环，乃有以默持其运于不弊。

凡实斋论学，发乎性真，极乎通识，合之阳明良知之教，所谓"知行合一"、"拔本塞源"之论者，面貌虽异，根柢则一。引而上之，即《中庸》明、诚之辨，天、人之别，性、道之分也。实斋主专门即是"致曲"，贵通识即"道并行而不相背"。《原道》三篇，为其总枢，而《浙东学术》一文则实斋自道其立说渊泉之所自也。

方法与门路（略）

校雠与著录

实斋于《文史通义》外，别著《校雠通义》，议论与《文史通义》相发明。

校雠方法之最大且要者有二：一曰互著，理有互通，书有两用者，皆兼收并载，不嫌重复，而于甲乙部次之下，加以互注，以便稽检是也。……二曰别裁。

实斋《文史通义》议论，多为救挽当时经学家风尚而发，至其《校雠通义》，一本古人政教不分、官师合一之旨，推原《周礼》，发明家学，与《文史通义》立论大体相通……

实斋学风之影响

实斋以讲学反时趋，并世学者至不知其学业是何门路。实斋亦自言："最为一时通人所弃置而弗道。"盖实斋生时既无灼灼之名，其《文史》、《校雠》两《通义》至道光壬辰（十二年）始得刊行（据其子华绂跋），生前文字流传，颇自谨重，其过背时趋者，未必轻出，故外人亦不深知也。然实斋与《邵二云论学》书（《遗书》卷九）谓："生平所得，无不见于言谈；至笔之于书，亦多新奇可喜。其间游士袭其谈锋，经生资为策括，足下亦既知之。近则遨游南北，目见耳闻，自命专门著述者，率多阴用其言，阳更其貌，且有明翻其说，暗剿其意。几于李义山之敝缊，身无完肤；杜子美之残膏，人多沾丐。鄙昔著《言公篇》，久有谢名之意，良以立言垂后，何必名出于我？"则实斋生前虽未享盛名，而思想议论之影响于当世者，非无足道矣。

实斋文字编年要目（略）
　　附　袁简斋　汪容甫（略）
　　附录　章实斋与孙渊如观察论学十规（略）

第十章　焦里堂　阮芸台　凌次仲（附　许周生　方植之）

里堂传略

焦循，字里堂，扬之甘泉人。生乾隆二十八年癸未，卒嘉庆二十五年庚辰，年五十八。以举人应礼部试不第，即奉母家居不出。母卒，即托疾闭户，足不入城市者十余年。著书数百卷，皆精博。

里堂著述大要

里堂论学极重戴东原，谓："东原生平所著书，惟《孟子字义疏证》三卷，《原善》三卷，最为精善。"（《雕菰楼文集》卷七《申戴》）又曰："循读东原戴氏之书，最心服其《孟子字义疏证》。说者分别汉学、宋学，以义理归之宋。宋之义理诚详于汉，然训故明乃能识羲、文、周、孔之义理，宋之义理，仍当以孔之义理衡之，未容以宋之义理，即定为孔子之义理也。（《文集》卷十三《寄朱休承学士书》。）是里堂论学，亦主以训故明义理，仍是"经学即理学"之见也。其先尝为《论语通释》，里堂晚年又为《孟子正义》。而里堂平生精力所注，尤在《周易》，有《雕菰楼易学三书》四十卷（《通释》二十卷，《图略》八卷，《章句》十二卷），成于嘉庆乙亥。里堂于经学外，尤精天算，能诗文，淹博精深，阮芸台以"通儒"目之，真无愧也。

里堂论性善

……其立说之最明通者，为其发明孟子性善之旨。

里堂言性善，以人之有智慧言之，又以人之能进化言之，而人类之自以其智慧而进化者，其一段之历程，里堂名之曰"变通"，变通之所得即善也，仁义则善之大者。

人类何以必出其智慧以求变？里堂则曰变化所以为利。

故人性之善否，视其心知之智愚。智则能变而之于宜以得其利，故曰善；不智则不能变而之于宜而不得其利，故曰不善。人与禽兽之分在此。其界说明白通顺，自来持性善论者未能及。此所谓变而之于宜以得其利者，其实即人智之变也，即人之智慧之进化也。

里堂以人智之进化言性善，故不喜言赤子之心。

里堂既不喜言赤子之心，因亦不喜言心悟、心觉。

里堂既深斥心悟、心觉之说，谓人智之开通进化，必有赖于习行，而习行必有所因。

习行必有所因，而归于诵《诗》、读《书》，博学详说，此意近恕谷，可以矫习斋主习行而力攻读书之偏。然后人学问，正不必全赖《六经》群籍，仍自有仰观俯察，近身远物可因也。习斋力斥读书，亦不能从此处着眼，乃专据礼乐为习行之主，失之益远。孟子言圣人，有性之者，有反之者。"性之"则自"诚"而"明"，自发自悟，开教创义者也。"反之"则自"明"而"诚"，因人之教，反之吾心而知其诚然，信教服义者也。里堂因斥心悟，心觉之说，故其论性善，似偏于信教服义者言，于开教创义之理未能深阐，故其言重"因"不重"创"。则以当时汉学家读书博古之风方盛，里堂浸染者深，遂不觉其言之偏倚。三百年来学术大体，要之不能脱"尊圣信古"之一见。虽若里堂以人智进化言性善，习斋以力斥读书言习行，而结局均不免。然则陆王发明本心之论，即孟子所谓"彼人也，我亦人也，我何畏彼"之义，其末流之空言心觉、心悟者固可斥，其教人自发自悟，自开自创之风，苟言性善，决不能抹摋此路，又断断然矣。

里堂言性善，其主要义有二：一曰义之时变，又其一则曰情之旁通。

里堂谓义之时变者，相当于东原之言"解蔽"；里堂谓情之旁通者，相当于东原之言"去私"。惟东原谓"去私莫如强恕，解蔽莫如学"，二者分言之，于是有"忠恕反躬"与"精察几微"之两途；里堂则一以智愚说之，其不得时变之义者为不智，其不识旁通之情者亦不智，而智即吾性之神明也。

此以"智"与"恕"分言也。智即义之变，恕即情之通。

一九三七年 丁丑 四十三岁

里堂论异端与执一

里堂论学,既尚情之旁通与义之时变,故其论学态度极明通广大,颇不喜唐、宋以来所谓"异端"之说。

不必求知而已知其非,此里堂之所谓"执",而深恶焉者也。……里堂既恶"执",故言"权"……然则里堂言权,仍不越通情、达变之两义也。

里堂论一贯忠恕

里堂深恶异端执一,乃反而言"一贯忠恕"。夫谓执一者不达于义之时变,此说犹显,知之者多,谓执一则不达于情之旁通,此说则晦,知之者少。里堂于此,发挥特有深趣,此即其一贯忠恕之说也。其言曰:

孔子言"吾道一以贯之"……

又曰:

由一己之性情,推极万物之性情,而各极其用,此"一贯"之道,非老氏"抱一"之道也。

又曰:

不使天下之学皆从己之学,不使天下之立达皆出于己之施,忠恕之道至此始尽,圣人之仁至此始大。一贯之指,至此合内外、出处而无不通。

里堂此论,可谓宏深圆密,尤为本末兼赅,物我并顾。

里堂论同异一多

里堂论异端,论一贯,其说皆与昔人异。盖里堂之论性,乃重视其异,而不重视其同,故曰:

人各一性，不可强人以同于己，不可强己以同于人。有所同，必有所不同，此同也，而实异也，故君子不同也。

又曰：

伯夷之清，伊尹之任，柳下惠之和，三子不同道，其趋一也。清、任、和，其性也。不同道，即分于道也；其趋一，则性不同而善同矣。

里堂论汉学考据

……然里堂治经途辙，亦复与当时风尚不同。其学主就经之本文精思眇会，得其大义。其意境途辙，亦非当时名物训诂逐字逐句零碎考释之类也。

里堂之所以深恶于考据者，正为其不能用思以求通。

统观里堂成就，阐述性理近东原，平章学术似实斋。东原、实斋乃乾嘉最高两大师，里堂继起，能综汇两家之长，自树一帜，信可敬矣！

然里堂虽力言变通，而里堂成学格局，实仍不脱据守范围，凡其自所创通之见解，必一一纳之《语》、《孟》、《周易》：里堂虽自居于善述，然自今观之，与当时汉学据守诸家，仍不免五十步之与百步耳。其解"攻乎异端斯害也已"，及解"格物"诸篇（《文集》卷九有《格物解》三篇），若脱离旧文，自造新说，固足成一家之见，若以此为述古，则不惟不通核，抑且难据守，又何以服当时汉学家颉颃于考据训诂之业者哉？

盖里堂论性善，仍不能打破最上一关，仍必以一切义理归之古先圣人，故一切思想议论，其表达之方式，仍必居于述而不作，仍必以于古有据为定。故里堂既为《论语通释》，又为《孟子正义》，集中论义理诸篇，亦必以《语》、《孟》话头为标题，言义理决不能出孔孟，此非仍据守而何？又其治孔孟，仍守《六籍》为经典，虽于《诗》、《礼》诸端，未多发挥，而奇思奥旨，往往寄之治《易》诸书，不知《易》之为书，未必即是孔门之教典也。又里堂既务为通核，乃不愿为考据、著述分途，

《论语通释》专言义理，乃早成之书，而别为《论语补疏》，与《易通释》、《孟子正义》诸书，均以发抒义理之言与考据、名物、训诂者相错杂出，遂使甚深妙义，郁而不扬，掩而未宣。故其先谓经学即理学，舍经学安所得有理学者，至是乃感义理之与训诂考据，仍不得不分途以两全。(《雕菰楼集》卷七《申戴篇》，述东原临终之言曰："生平读书，绝不复记，到此方知义理之学，可以养心。"里堂极辨东原所谓"义理"，乃其自得之义理、非讲学家西铭太极之义理。习要知考据与义理，在东原自身，显属两事，未能并归一体矣。）此则经学权威必以此降落，而学风将变之候也。

里堂论命（略）

芸台传略

阮元，字伯元，号芸台。生乾隆二十九年甲申，卒道光二十九年己酉，年八十六。江苏仪征人。芸台扬历中外，所至提倡后学，主持风气，不遗余力。督学浙江，修《经籍籑诂》。及抚浙，立诂经精舍。任国史馆总纂，创立《儒林传》。抚江西，刻《十三经注疏》。（其校勘记多出段懋堂、洪震煊、徐养原诸人手。）总督两广，立学海堂，编刻《皇清经解》。晚年为体仁阁大学士。其名位、著述，足以弁冕群材，领袖一世，实清代经学名臣最后一重镇。

芸台论学宗旨

芸台讲学，颇师承东原，守以古训发明义理之意。

《经籍籑诂》一书，以古训求义理，而自古言之，则宋自不如唐，唐不如晋、魏，晋、魏又不如汉也。……然若仅务诂训而不求义理，则亦非是。

然自古训求义理之说，惠、戴皆主之（语详东原章），故芸台于惠氏亦深契。

推芸台之意，凡取法孔子者，其时代去孔子益近，其说益可信□然若义理自古训中来，则孔子所得之义，亦必自孔子以前之古训中来矣，芸台本此而有《诗》、《书》古训之推寻。

故芸台自两汉之古训,推而上之至于七十子,又越孔子上推而至于《诗》、《书》焉。然依芸台此意,严格论之,孔、孟义理,出于《诗》、《书》之古训。《诗》、《书》之义理复何出乎?若必以最先之古训为贵,则推溯古训来源,必有穷极。且何以最先之古训,即为最真之义理乎?此尤无说以解者。而义理自古训中来之意见即无形摧破,而芸台不之悟也。

抑余观芸台于古训,亦有未能明白求之适得古训之真者。

芸台此等处甚多,由其先未有一根本之见解,既牵缠于古训,又依违于新说,故时见矛盾模棱也。无怪讥评汉学者,谓彼辈只能考订名物,谈及义理,便无是处,亦由如芸台此等处授之口舌。然若谓古训自可有异同,则此异同之间,孰为得其义理?孰为不得?若谓愈古则得义理愈正,则孔孟尚非甚古,势必至违弃孔孟而后已。若谓孔孟得义理独正,则古训之尚在孔孟以前者,何以转不如孔孟之可据?此皆无说以解。故既主自古训求义理,则必认古训为大指相同,苟欲汇列并说,自不得不为之勉强比附,此亦势之有必至也。

今就芸台、里堂两家为学,合而观之,其学风同源于东原,亦同主古训明而义理明之说,而其用力之途辙,则两家确有不同。芸台长于归纳,其法先罗列古训,宁繁勿漏,继乃为之统整,加以条贯,里堂则长于演绎,往往仅摭古书一两字。引申说之,极于古今,若以古人例之,则芸台近朱子,里堂近象山。故芸台集中极斥陆王,里堂则颇喜阳明,此两家为学途辙之异,亦自其性情以为别也。

次仲传略、次仲与东原、次仲之复礼论、次仲之好恶说、次仲论慎独格物、次仲论汉学流弊、次仲之史学(兹均略)

附 许周生 方植之(亦略)

第十一章 龚定庵(附 庄方耕 庄葆琛 刘申受 宋于庭 魏默深 戴子高 沈子敦 潘四农)

(摘要见前一九三六年七月,兹略。)

第十二章　曾涤生（附　罗罗山［罗泽南］）

传　略

曾国藩，字伯涵，号涤生，湖南湘乡人。生嘉庆十六年辛未，卒同治十一年壬申，年六十二。先生以道光戊戌成进士，改翰林院庶吉士，散馆授检讨，七迁为礼部侍郎。咸丰二年丁母忧归，遂起乡兵讨太平军。先后在军中十三年，卒乎大难，称清代中兴首功焉。

曾氏学术渊源

涤生为晚清中兴元勋，然其为人推敬，则不尽于勋绩，而尤在其学业与文章。其为学渊源，盖得之桐城姚氏。初乾隆时，海内争务博雅考订，号为汉学，而桐城姚鼐姬传，独以古文辞名，学者相从，称桐城派。其持论颇与汉学家异。

清儒考证之学，盛起于吴、皖，而流衍于全国，独湖、湘之间被其风最稀。嘉、道之际有善化唐鉴镜海，以笃信程朱倡为正学，蒙古倭仁、六安吴廷栋、昆明何桂珍、罗平、窦堉皆从问辨，涤生亦预焉。

曾氏之风俗论

涤生之来京师，盖犹得接闻桐城诸老绪论，又亲与唐鉴，吴廷栋诸人交游，左右采获，自成一家。其论学，尤以转移风俗，陶铸人才为主。

所谓"以己之所向，转移习俗而陶铸一世人才"，此即其毕生学术所在，亦即毕生事业所在也。

夫将以己之所趋向，转移习俗而陶铸一世之人才，此非具刚直之性，所谓"寸衷所执万夫非之不可动"者固不胜其任。涤生之所提倡，其秉诸性者曰刚直，其见之事业者则曰忠诚，涤生言之曰：

> 君子之道，莫大乎以忠诚为天下倡。……呜呼！吾乡数君子，所以鼓舞群伦，历九州岛而戡大乱，非拙且诚者之效与！

拙与诚者之处世，又有其必具之心理焉，曰不求报。涤生又有一名言，曰"不问收获，但问耕耘"，此即其不祈报之理论，实即历古儒家相传义命之辨也。积其不求报之心理，而渐济之以学业，则其见之于外者曰器识。

凡涤生理想中之人格，将求以己之所向，转移习俗而陶铸一世者，其规模大率如是。

自此以往，涤生名位日高，责望日重，驰驱军旅，虽不难幸平，而忧谗畏讥，日惴惴于晚节之不终保。盖转移习俗以陶铸一世人才之至愿，在涤生固未尽酬。此所以涤生个人，虽竟其戡平大难之勋业，而晚清中兴，仍未有起衰转泰之新机也。

曾氏之礼论

乾嘉以来，士习官方日坏，其弊由于学术之偏蔽，而其征见于当时汉学家之好诋宋儒，涤生于此，颇致箴砭。……然于汉学家长处，亦不一概抹杀，尝谓：

> 君子之言也，平则致和，激则召争。辞气之轻重，积久则移易世风，党仇讼争而不知所止。囊者良知之说，诚非无蔽，必谓其酿晚明之祸，则少过矣。近者汉学之说，诚非无蔽，必谓其致粤贼之乱，则少过矣。

其言皆极持平，与当时牢守汉、宋门户互相轻薄者不同。又进而为汉、宋谋会通，则归其要于礼家。

> 百年以来，学者讲求形声故训，专治《说文》，多宗许、郑，少谈杜、马。吾以许、郑考先王制作之源，杜、马辨后世因革之要，其于实事求是，一也。

涤生此种见解，有其甚卓绝者。其论清儒实事求是即朱子格物穷理之旨，与章实斋论汉学为朱子嫡传之说，不谋而合。其论亭林学术，推本扶植礼教之意，较之《四库》馆臣论调，超越甚远。以杜、马补许、郑之偏，以礼为之纲领，绾经世、考核、义理于一纽，尤为体大思精，足为学者开一瑰境。

大体论之，涤生论学态度，以当时汉、宋畛域言，毋宁谓较近于汉学，此尤见其能自树立，别择审当，非暧暧姝姝于一先生之言者所可比也。又其言礼，本之杜、马、顾、秦，亦几几乎舍经而言史矣。盖苟求经世，未有不如是。

此种意见，渐成为道、咸以下一般之通见，惟所以犹必徘徊于经、史之间，以经世归之礼者，其间盖有微意。窃谓国史自中唐以下，为一大变局，一王孤立于上，不能如古之贵族世家相分峙；众民散处于下，不能如今欧西诸邦小国寡民，以舆论众意为治法。而后天下乃为举子士人之天下。法律之所不能统，天意之所不能畏，而士人自身之道德乃特重。宋儒亦时运所凑，非程朱私意所得而把持驱率也。故若舍经术而专言经世，其弊有不可言者。涤生之殁，知经世者尚有人，知经术者则渺矣。此实同治中兴所为不可久恃一大原因也。

曾氏之文章论

涤生论学，尤重文章，……此盖本当时汉学家"训诂明而后义理明"之说，而微变焉者。求明古书之精义，固不能专治其训诂而忽略其文章也。

涤生论学规模，大体如此。虽自谓"粗解文章，由姚先生启之"（《圣哲画像记》），然平日持论，并不拘拘桐城矩矱，而以姚氏与亭林、蕙田、王怀祖父子同列考据之门，尤为只眼独具。则涤生之所成就，不仅戡平大难，足以震烁一时，即论学之平正通达，宽闳博实，有清二百余年，固亦少见其匹矣。

附　罗泽南（略）

第十三章　陈兰甫（附　朱鼎甫）

传　略

陈澧字兰甫，学者称东塾先生。生嘉庆十五年，卒光绪八年，年七十三。少肄业粤秀书院，年二十三中举人，六应会试不中。为学海堂学长数十年，老为菊坡精舍山长。

著书大要

东塾生当乾嘉盛极之后,身值鸦片战争及洪、杨之乱,正朴学考据盛极趋衰风气将变之后,而东塾为其过渡之人物。"凡天文、地理、乐律、算术、古文、骈体文、填词,无不研究。"其书著者,有《声律通考》十卷、《切韵考》六卷、《外篇》三卷,《汉书地理志水道图说》七卷,又著《汉儒通义》七卷、《东塾读书记》十五卷。

论其精心结撰,为毕生精力所寄,可以代表东塾论学之全部意旨者,当推其晚年所为之《读书记》。

东塾遗稿

《东塾读书记》主汉、宋兼采,勿尚门户之争,主读书求大义,勿取琐碎之考订,而其书本身,即为一至佳之榜样。

东塾论汉学流弊

经学家所以自张其门户者,则曰古圣贤之义理存是尔。然经学之流弊,则极于专务训诂考据而忘义理。

经学家既专务考据训诂而忘义理,遂至有不读经、不读注疏者。

故初务于训释考据者,其意在求经籍之易读,而风气所播,相率以趋于训诂考据者,其弊必至于置经籍而不读。……循此为之,流弊又起。一曰琐碎,不务明正通达而务其难,则往往昧其大体而玩其细节,其必陷于琐碎无疑也。

其又一弊则曰好胜,苟专务其难以求施我考释之功,则前人学术大体有不暇问,而惟求于小节僻处,别出新解以凌跨乎其上,此又自然必至之势也。

此皆言以好胜之心读书,专务小节,不暇通体细玩之病也。继此则复有一病相连而俱起者,曰浮躁。

凡此诸端,皆为当时汉学家大病。而推溯厥源,则以风尚既成,俗士群趋,淳者渐漓,真者日伪,学术之变,必至于弊,固不独清儒考证之学为然也。

学术之弊至于是,而复有一象必相随以俱来者,曰贵近而贱远。盖近者即风尚之所由而起,俗士以争名逐利之心趋风尚,自亦以争名逐利之心贵乎其主风尚者尔。

是又汉、宋学术末流同归之一例也。……由是观之，不徒清儒经学、宋儒理学为然，即推而上之，以至于唐之佛学、魏晋之玄学，及其成风尚而为俗趋，则学术全成口说，而躬行心得者少，虽圣贤无如何，是又末流同归之一例也。

故知东塾之在当时，实目击汉学家种种流弊，而有志于提倡一种学风以为挽救者也。

东塾所欲提倡之新学风

东塾所欲提倡之新学风果何如？

盖当时经学流弊，专务为零碎之考解。东塾亦固习为之；中途知悔，主先求经学之微言大义，与其源流正变得失所在，以为考解之本源。此其不同者一也。

但论学术，不尚博闻，尚博闻往往琐碎无统类，论学术则务乎大体；尚博闻往往与身世无涉，论学术则所以作人才。经世务。此又不同之一端也。

士大夫之学在观大意，而博士之学在精考释。然考释必依附于大义。大义既昧，则考释无统，而陷于琐屑。然东塾重大义，亦不废考据，此东塾所主汉、宋兼采以求微言大义之说也。

是则东塾讲学，所谓汉、宋兼采以求微言大义者，其实仍是经学盛时惠、戴所称"古训明而后义理明"之见解。东塾之意，不过欲挽汉学末流弊病，勿使放滥益远，成所谓零碎纤屑，无关要紧之经学（此亦东塾语），而惟以发明古训大义为经学考释之范围耳。

则东塾所谓汉、宋兼采者，似以宋儒言义理，而当时经学家则专务训诂考据而忽忘义理，故兼采宋儒以为药。至于发明义理之道，大要在读注疏，而特以宋儒之说下侪于汉注唐疏之笺焉。故东塾所欲提倡之新学风，与其谓之兼采宋儒之义理，毋宁谓其特重汉、唐之注疏也。

东塾谓"学者之病，在懒而躁，不肯读一部书，此病能使天下乱。"东塾劝人读注疏，可使心性静细，此当时学者之实病，亦即东塾之苦心。然何以劝人必读注疏？东塾之意，在使人求义理，求义理必于经，注疏则说经之书也。

然则东塾所欲提倡之新学风，扼要言之，可谓是人通一经之学也。何以谓之人通一经？易辞言之，即人读一部注疏之意也。

东塾讲学精神，在惩今之弊，且防后人之弊。

此见东塾讲学宗旨，全在救弊，而所谓讲郑学、讲朱学，在东塾之意，仍是劝人读注疏耳。（此细读读书记郑学、朱子两卷自见。）故我谓当时学者之懒且躁，至于不肯读一部书，实当时之实病，亦即此见东塾之苦心也。故东塾论学，常求一反其弊，归本乎心术，人才以通乎世道。

东塾乃欲以渐变。当时学者方相矜以经学，故东塾以读注疏通一经之说进。其言则在注疏，其意则在心术，此又东塾论学之微旨也。

凡此云云，皆深砭乎当时之懒且躁，不肯读一部书，而务于碎义以求胜古人者，而特举读注疏以示例。今善推东塾之意，特谓未有不肯细心读一部书，专摘小节以难前人，而可以谓之学。则真学者自必细心读书，求其大体，而其本在乎服善，在乎虚心向学，而无先以求胜乎前人之心。如是而心术正，学风变，而人才自此出，世运自此转。此东塾提倡新学风之微旨也。其言郑学，则兼宗主与不同；言朱学，则兼考证与义理，此等处皆见东塾论学之斟酌尽善，博通而无偏碍也。

附　朱鼎甫（略）

第十四章　康长素（附　朱子襄　廖季平　谭复生）

（摘要见前一九三六年七月《康有为学术述评》。兹略。）

中国近三百年学术史附表（略）

当代学者对《中国近三百年学术史》的评论

（一）杨树达在一九四三年七月二十六日日记中写道："阅钱宾四（穆）《中国近三百年学术史》，'注重实践'、'严夷夏之防'，所见甚正，文亦足达其所见，佳书也。"转引自汪学群《钱穆学术思想评传》，页三五。汪氏引自杨树达《积微翁回忆录》，上海古籍出版社，一九八六年，页八二。

（二）汪学群在《钱穆学术思想评传》第六、七章《清代学术研究》（上）（下）最后一段说："晚清民初治清代学术思想史者，始于章太炎，有系统的研究者当推梁启超与钱穆。比较而言，梁启超治清代学术侧重宏观分析，整体把握，涉及传统学术，西学东渐的方方面面。钱穆则更多的是微观分析，重在研究传统学术与思想。梁启超的学术视野要比钱穆开阔，而钱穆的分析则比梁启超深入。梁启超主要从汉学角度来理解清代学术，过多的强调清代学术对宋学的批判与反动，对汉学的继承与发展，以及清代汉学对经学考据学的贡献。钱穆侧重从宋学的角度来诠释清代学术，强调宋学在清代，尤其是清初，仍有很大的影响。与梁启超有所不同，钱穆十分注意不同学者，学派之间的师友承继关系，以及渊源流变，侧重于他们之间来龙去脉的疏理。钱穆对清代学术史的研究晚于梁启超，无疑受梁氏的影响，尤其是早年出版的国学概论论清代考据学部分多处引用梁氏的观点，并加以发挥。后来所撰《中国近三百年学术史》更多的是发挥己见，超越梁启超，可谓后来者居上。钱穆对清代学术的研究在学术界有很大的影响，他的这方面著作是治清代学术的必读之书。"

（三）卢钟锋在《钱穆与清代学术研究》一文之摘要中评论道："钱穆先生的清代学术研究起步较晚，但另辟蹊径，颇具特色，卓然自成一家。其主要特点：

（1）突出宋学在清代学术研究中的优先地位。他从宋学"重经世明道"的精神说明其与清代学术的渊源关系，故不知宋学则无以知汉学乃至整个清代的学术。

（2）强调清朝政治在清代学术发展中的制约作用。他不仅述其然，更述其所以然。唯因清朝统治者深知"中华学术"对其统治之利害关系，所以必须加强思想文化控制，透过政治干预进行有利其统治的文化选择。

（3）坚持清代学术的传统性质。他将这一时期的学术发展通程看成是汉学、宋学和今文经学三家互动的过程，尤其是汉宋两家之间离合、分争和互补、兼采的过程，而又重在"汉宋兼采"，以其作为清代学术发展的基本线索，更以汉宋学术作为清代学术的基本构成。其坚持清代学术的传统性质之意甚明；而这已经涉及到对清代学术的时代性的认识。

（见台湾大学中文系，《纪念钱穆先生逝世十周年国际学术研讨会论文集》，二〇〇一年一月，页二三一~二三二）。

（四）楚生在《钱宾四先生"中国近三百年学术史"读后》一文的结语中说：钱宾四先生的《中国近三百年学术史》一书，内容博大精深，所叙述的时代，上下达三百年之久，所记述的学者，也为数达数十人之多，在广袤长久的空间和时间之内，在众多的学者人物，学术思想之中，钱先生自然有他自己一贯的选择标准，叙述目的。他在史料的选择方面，有所取，有所不取，对于学者人物及学术思想的叙说方面，他也有所述，有所不述，自然有他自己的一贯目的。

在学术史的发展流衍上，钱先生主要的观点，是强调清代学术，与宋明学术的关系，也强调了清代学术，在某些成份上，仍然延续了宋明学术的精神。他不赞成梁任公的意见，认为清代学术，是宋明学术的"反动"。

同时，钱先生在撰写《中国近三百年学术史》一书之时，正值九一八事变发生不久。国难当前，巨变目击，虽在故都，犹处边塞，自然也有不少感怀之念，言外之义，借着撰写此书之时，而寄寓其旨意于过往三百年间的史事叙说之中，而有待于阅读此书的读者们去细心地抉发与阐释（同上《论文集》，页二六一）。

（五）陈祖武在其《钱宾四先生论乾嘉学术——读〈中国近三百年学术史〉札记》中云："全文以表彰钱宾四先生论乾嘉学术之主张为大旨，所涉凡三个方面：

（1）乾嘉经学一趋考据之缘由。……关于这个问题，钱先生之所论，在如下几个方面，尤称创获。第一，清代学术与宋明学术是一个后先相承的整体。第二，清代的考证学，渊源乃在明中叶以降诸儒。第三，把握学术消息不可脱离社会历史环境变迁。

（2）乾嘉思想界之三巨擘。……钱先生只眼别具，于一时众多学者之中，独取戴震、章学诚、焦循三家予以表彰。……并据以将戴学区分为前后二期，卓然睿识，可据可依，最称发前人之所未发。……从戴震经章学诚到焦循，三位学术大师留下的历史足迹，为我们认识乾嘉时代的思想演进，进而把握一时之学术主流，提供了具有典型意义的依据。

（3）庄氏学渊源之探讨。……对于章（太炎）、梁（任公）二位先生之所论，钱先生恐怕并不甚满意。所以著《中国近三百年学术史》，只是吸取二家论究之合理部分，转而别辟蹊径，提出了十分重要的意见。……（同上《论文集》，页二六三～二八五。）

六月，《余杭章氏学别记》，刊于天津《大公报·图书副刊》第一八五期。收入《中国学术思想史论丛》（八），二〇〇〇年，台北素书楼文教基金会·兰台出版社整理新版印行，页四三二～四三七。摘要如下：

余杭章炳麟太炎、为学博涉多方，不名一家。音韵小学尤称度越前人。论学颇轻文士，于唐、宋文人多所讥弹，谓："学贵朴不贵华，枝叶盛而根荄废。"论经学，仅谓："《六经》皆史，说经所以存古，非所以适今。过崇前圣，推为万能，则适为桎梏。"亦值并世今文家言方张，激而主古文，时若不免蹈门户之嫌，然后世当谅其意也。今论太炎学之精神，其在史学乎！

太炎论史大义，约而述之，可归三途：

一曰民族主义之史学也。尝谓："惟人能群，群之大者，在建国家，辨种姓。其条例所系，曰言语、风俗、历史。三者丧一，其萌不植。独于言文、历史，其体则方，自以己国为典型，不能取之域外。故史者，上以存国性，下以纪成败。人不习史，爱国之念必薄，出而行事，犹冥行索途也。"

又曰："民族意识之凭借，端在经史。史即经之别子。承平之世，有赖儒家；一至乱世，史家更为有用。国亡再起，非归功史家不可。民族主义如稼穑，以史籍所载人物。制度、地理、风俗之类为之灌溉，则蔚然以兴。不然徒知主义之可贵，而不知民族之可爱，吾恐其渐就萎黄也。"

辽变猝起，继之以淞沪之战，举国震动，或问有可永久宝贵之国粹否？太炎答曰："有之，即其国以往之历史也。"嗟乎！廑斯一言，足以百世矣。

二曰平民主义之史学也。尝论伯夷与盗跖，同为上世之无政府主义者，以春秋贵族之世无"侠"名，而盗跖以为"盗"。又深推《儒行》，谓："世有大儒，固举侠士而包之。""击刺者，当乱世则辅民，当平世则辅法。"又盛称五朝法律，为之索隐，曰："五朝律重生命，恤无告，平吏民，抑富人，损上益下，抑强辅微。"此可以窥其旨矣。

三曰文化主义之史学也。曰："仲尼贤于尧舜，惟在作《春秋》，修《六艺》，有群籍，庆世卿。由其出身编户。孔子以前为帝王立言者多，为平民立言者少。孔子于中国，为保民开化之宗，不为教主。"然则太炎论史，三途同趣，曰归一于民族文化是已。晚近世称大师，而真能有民族文化之爱好者，其惟在太炎乎！

太炎早岁即奔走革命，故论史亦每与世事相发，而论政俗尤深切。尝谓："以法令化民，是闻矍栝足以揉曲木，而责其生梗枏聆风，民未及化，而夭枉者已多矣。"颇疑代议制之实效，为《代议然否论》，曰："中国欲图强，不可苟效宪政，当除胡虏而自植吾夏人。"是则太炎之从事于革命，亦一本其民族之观点而然也。

故太炎虽从事革命，而所希冀于政治者至觳，期于俗者则深。尝曰："今日言治，以循常守法为先，用人亦当叙次资劳，不以骤进。法虽有疵，自有渐进改良之日，若有法不守，精粗又何足言？"又曰："法家者，辅万物之自然而不敢为，与行己者绝异。行己欲陵，而长民欲恕也。言欲不可绝，欲贵即为理，乃莅政之言，非饬身之典。以道莅天下者，贵乎微妙玄深，不排异己。不知其说而提倡一类之学，鼓舞泰甚，唯善道亦以滋败。盖所失不在道术，鼓舞甚而伪托者多也。学校为朝廷所设，利禄之途，使人苟偷。中国学术，自下唱之则益善，自上建之则日衰矣。"

昔顾亭林有言："目击世趋，方知治、乱之关，必在风俗人心；而所以转移人心，整顿风俗，则教化纪纲为不可缺。"太炎早岁即慕亭林，其严种姓，重风俗，皆与亭林论学之旨相近。当其时，与为论敌相抗衡者，有南海康氏。康氏极恢奇，而太炎则守平实。故康欲上攀孔子为教主，称长素；而太炎所慕则在晚明遗老，有意乎亭林之为人，而号太炎。然康主保王，太炎则力呼革命。康唱为变法，太炎又谆谆期循俗焉。太炎之于政治，其论常夷常退；其于民族文化，师教身修，则其论常峻常激。然亦不偏尊一家，轻立门户。盖平实而能博大，不为放言高论，而能真为民族文化爱好者，诚近世一人而已矣。

六月，《记姚立方礼记通论》，刊于北京大学《国学季刊》第六卷第二期。收入同前书，页二一五～二三四。摘要如下：

尚论古代学术者，每谓秦皇焚书而学术中熸，下迄汉武，乃始复隆。夷考其实，殊不尽然。昔章炳麟为《秦献记》，粗发此意，而犹未尽。伏生《尚书》终于《秦誓》，此明为秦博士媚秦而作。《秦誓》之文曰："若有一个臣，断断兮无他技，其心休休焉，其如有容。人之有技，若己有之。"此已战国晚年乃至秦人统一，政府有丞相之制始有之。春秋穆公时，贵族世袭并峙，何有乎此一个臣？中庸曰："今天下，车同轨，书同文，行同伦。"此即李斯焚书口吻也。《祭义》用"黔首"字，殆亦出于秦代。汉文令博士诸生作《王制》，即今《戴记》所收。《吕氏春秋尊师篇》列举古圣帝王始自神农，最为遥远矣，而《易大传》于神农之上复有庖羲，则《大传》出《吕氏》后也。然秦人焚《诗》、《书》，独《易》为卜筮书不焚，则《易》在当时，尚不与《诗》、《书》伍，儒言羼入者当尚少。《易大传》之出，当与《王制》相先后，或犹在《王制》后也。《乐记》集于河间献王。《大学》引《秦誓》，而言"平天下"，特斥"聚敛之臣"，则似当出武帝时。《学记》屡言《大学》之教，当与《大学》略同时。此皆后世群尊以为圣经贤传，儒教经籍，微言大义、典章制度之所寄，而实错落杂出于秦皇、汉武之间。则其时学术之未全熸，而别有其演化转变之甚大者，可勿烦详论而知矣。

有清初叶，学者疑古辨伪之风骤张，而钱塘姚际恒立方尤推巨臂。其《礼记通论》则散见于杭世骏所编《续礼记集说》中。其书于《小戴》所收诸篇，逐一考其著作之先后，辨析其思想议论之所后来，若者为儒，若者为墨，若者为道，而第其高下，判其是非得失；虽不尽当，要异于拘常守故之见也。姚氏既不信群经尽出一源，而能辨其先后真伪，故于后儒执《礼》解《礼》，混《周礼》、《仪礼》、《礼记》为说者，尤致掊击。

姚氏不信《周礼》，以为乃刘歆、王莽所伪造，故曰："说者多以《周礼》、《王制》、《孟子》三书并言，为之较量异同。此无识之士也。

乃有信《周礼》疑《王制》，甚至有信《周礼》、《王制》疑《孟子》者，尤无识之甚者也。"然谓以《周礼》、《王制》并言，为之较量异同，皆无识之士，则真确论也。晚清经师不明此意，乃谓汉儒今、古文经学分家，全本体制。今文家宗《王制》，古文家宗《周礼》，一切壁垒由此而判。

姚氏同时万充宗有言："非通诸经，则不能通一经。非悟传注之失，则不能通经。非以经通经，则亦无由悟传注之失。"姚氏之治《礼》，则在分析诸经而各得其通，较之万氏所谓"以经通经"者，其意又别焉。其说《曲礼》云：《曲礼》本杂取诸说，不必纽合。其说《礼》之态度如此。虽所释未能全是，要可谓葛藤尽斩，蹊径独辟矣。故姚氏深不喜后儒解经之说。曰："尝谓经之有解，经之不幸也。曷咎乎经解？以其解之致误，而经因以晦，经晦而经因以亡也。其一为汉儒之经解焉，其一为宋儒之经解焉，其一为明初诸儒墨守排纂宋儒一家之经解而着为令焉。是以经解而着令，不又其甚焉者乎！苟以汉、宋诸儒久误之经解而明辨之，则庶几反经而经正，其在此时矣。此以《经解》名篇，正是汉儒之滥觞，汉以前无之，则吾窃怪夫斯名之作俑也。"

姚氏此论，深可代表清初一辈学之见解。深恶朝廷功令，思有以一变之，一也。直穷本经，不问汉、宋，皆所扬弃，二也。当时不乏努力欲为新经解者，厥后清廷仍遵程朱取士，不敢为大变。而在野学者则高誉郑、许，楬橥汉学，以与朝廷功令相抗。雍、乾以下之学风，始与清初绝然异趋焉。

时阎百诗游西冷，毛西河告之曰："此间有姚立方，子之廖俱也，不可以不见。"尝论三人学术，互有其同，亦互有其异。百诗辨古文《尚书》之伪，立方亦辨之；毛氏力辨宋儒程、朱以来义解之失，姚氏亦辨之。而立方所论，犹有与阎、毛两氏异者。如其辨《易系》，辨《戴记学》、《庸》诸篇，则经典之有伪，不始于东汉之后，而已起于西汉之前矣。而自立方言之，固乃晚周先汉之沉溺于道、墨，颠倒于老、庄之徒之所为，不仅宋儒之训释无当，乃其本书之自有病也。由斯而论，百诗所见，不如姚氏之大；西河所论，又有逊于姚氏之精。其排击旧说，自创新趋，立方之视二氏，尤为深沉而有力矣。

昔宋儒盛推《中庸》，而欧阳修首辨之，立方曰："予书成后六年，阅其《文集》始见之，既喜予说之不孤，而又愧予之寡学，见之之迟也。"清儒疑《中庸》出《孟子》后，非子思作者，有崔述，尚在立方后。然欧、崔之为辨，皆不如立方之峻激。夫《大学》、《中庸》，本出于秦皇、汉武之间。而《中庸》论性，泯人、物而齐之，以气化为大道，其为儒、道两家思想混合之迹，皎着无疑；且毋宁谓其道家之气息尤浓。宋、明儒好言《中庸》，故往往陷于道、释两家之囿而不自知。今姚氏剖析《语孟》、《学庸》而二之，实足为先秦儒学划一较谨严之界线；而凡宋、明儒之所以不尽同于孔、孟者，亦可自此而显也。

其它如论《礼运》，则曰"乃道家的脉"；论《礼器》，则曰"乃当时之儒而杂老氏之教者"。他不备举。惟姚氏抉出《小戴记》文字出于秦、汉，非先秦儒家之真。其言或有过当处，要之《戴记》文字最早亦当出于荀卿后。六家之论，余《学术史》已有叙列，故复约记姚说，资并览焉。

六月，《饶宗颐〈魏策吴起论三苗之居辨误〉附跋》，刊于《禹贡半月刊》第七卷第六、七合期。收入联经《全集》第三十六册《古史地理论丛》，页一一四～一一六。摘要如下：

论古三苗疆域，余据《魏策》吴起语疑汉人转述有误，今饶君为驳义，转据汉人语疑《魏策》文有错乱，则如各执其半，无可轩轾矣。然饶君谓余"据踌驳之文立说，自为穿凿之论，无庸详证"，饶君之果断如是者，盖由饶君认洞庭、彭蠡皆在江南，故似汉人语明白无疑。余则谓洞庭、彭蠡本不在江南，饶君不得不惊其穿凿。是饶君未能细绎余文，未晓余立说之层累也。

"彭蠡"之名，《魏策》以外，又见于《禹贡》。然《禹贡》彭蠡实在江北，不在江南。即《史记·封禅书》"秦始皇浮江自寻阳出枞阳过彭蠡"，此彭蠡亦在江北，不在江南也。即《汉书·地理志》彭泽县"《禹贡》彭蠡泽在西"，此彭蠡仍不在江南也。若饶君不能定《禹贡》、《史记》、《汉书》彭蠡在江南，何遽能定《魏策》彭蠡之在江南乎？又何遽知其左右方位之为错乱乎？

"洞庭"之名，《魏策》以外，又见于《楚辞》、《秦策》、《山海经》、《庄子》，然亦尽在江北，不在江南。《魏策》洞庭、彭蠡之外，又言衡山。"衡山"之名，又见于《禹贡》。然《禹贡》衡山亦不在江南也。而清末杨守敬氏曾据五证以定《禹贡》衡山之不在江南，虽不尽是，而其论不能摇矣。

余所以据《魏策》而疑《史记》诸书者，以古史地名多迁徙，彭蠡、洞庭、衡山诸名，不仅江南有之，江北亦有之；且非一地有之。盖同有此地名者可以二，可以三，故不得专据后代人之地理观念而反疑古书之误。

拙文《三苗疆域考》已多越年数，亦有自欲增订处，而苦少暇，不能如意，兹特粗明旧说之层累，聊报饶君相与商榷之雅意焉。

六月，《秦三十六郡考补》，刊于《禹贡半月刊》第七卷第六、七合期。收入同前书，页二七三～二七七。摘要如下：

曩余为《秦三十六郡考》，折衷诸家，汰瑕录是，益以己见、定秦初分郡三十六，后增郡五，凡郡四十一。顷读毛岳生《休复居集秦三十六郡说》，取径与余文略似，结论亦相当，而仍有不能尽同者，因复取而略论之。

毛氏始辨南海、桂林、象郡不在三十六郡内，又辨郐非秦郡，谓刘原父说诚迂，而刘昭《注》亦微误。又辨秦郡不当数内史，谓秦有郡无国，故尊内史与郡别，汉初则天子诸侯所都皆曰内史，故与郡埒，制不同。孟坚《地理志》后又明言"本秦京师为内史，分天下为三十六郡"，京兆尹等下注独云"故秦内史"，不称为郡。且太史公所云分天下者，是分其所得诸侯地，非分其故有秦也。郡置守尉监，此曰内史，官复不同。故后裴氏之说，去郐与内史，得三十四郡，又据《水经注》增广阳，据《陈涉世家》及《魏志》等书增郯郡，为三十六，而不信全祖望楚郡之说。余谓毛氏去郐郡去内史增广阳皆是也，而不取楚郡则非。

毛氏之说曰："陈是县非郡，《索隐》已辨之。"然则《索隐》辨陈非郡，仅据班《志》。据班《志》，则广阳何可增？今可据《水经注》增广阳，独不可据《史记》增陈郡乎？守丞者，郡守、县令长皆有丞，言守丞以别于令长之丞，守令岂得与守丞同乎？而毛氏顾据之，何耶？

毛氏又曰："全氏考项羽九郡，求其地而不足，用数楚郡，不知楚郡已分为长沙、九江、会稽，秦又讳楚也。"今毛氏不疑燕之有广阳，而独疑楚之有楚郡，必曰秦讳楚称，不应有楚郡，则全氏固谓楚郡即陈郡，楚郡治陈，故亦称陈郡矣。然则合《楚世家》、《陈涉世家》两篇合证，谓秦灭楚置楚郡，不犹胜于据《水经注》谓秦灭燕置广阳郡乎？

然则毛氏何以不取于陈郡？曰：秦郡之明白可考者已得三十四，增广阳、陈郡、郯，则将为三十七；限于郡数，故三必割其一。毛氏舍陈而列郯，余则舍郯而列陈，此其异。今按：洪说博矣，然可以证秦郡有郯，不足以证郯之必在三十六群之数也。然诸家考秦郡，均不能列郯于三十六郡之后者，以郯立郡始何年，史籍无明证，不如南海、桂林、象郡之例，故不敢轻易为说也。

且余犹有辨。据《史记·陈涉世家》，秦嘉等围东海守于郯，又《绛侯世家》，因东定楚地泗川、东海郡，是秦时此郡本名东海，不名郯。若据《史汉》明文，则是郡秦时称东海，而汉初称郯。全祖望曰："东海故秦郡，楚汉之际改名郯郡，属楚国，高帝五年属汉。"其说郡名先后转移，盖为得之。郯郡在秦本名东海之辨既定，则秦人所以分薛而立东海郡之由来亦可推。余前文据《始皇本纪》三十五年立石东海上朐界中以为秦东门之说，定东海立郡应在是年；此正秦人北启九原，南建桂林、象郡、南海三郡时也。

今综会诸家而定其是非，则秦郡之明明可考者凡四十一。（毛文只有四十，以不取陈郡也。）内史、鄣郡必当去，广阳、陈郡、东海必当增，桂林、南海、象郡、九原必不在三十六郡之数。若余论可立，则东海郡当在三十六郡外；若余说不足以取信，则进东海，退闽中，即全氏祖望之说。故曰考秦郡者，以全氏所得为最多也。毛氏之失在不取陈郡，不退九原，不知郯与东海郡名之沿革，要之其所得亦不少矣。余因读其文而复辨之如此。秦郡之争，其庶有定论欤？

六月，《论庆历熙宁两次变政》，刊于天津《益世报·读书周刊》第一○五期。收入《中国学术思想史论丛》（五），二〇〇〇年，台北素书楼文教基金会·兰台出版社整理新版印行，页四三~四九。摘要如下：

北宋自真、仁以来，积贫积弱，已处于必变之局，不必上智，莫不望朝廷之一变以自奋。故先之以庆历，继之以熙宁，君唱于上、臣应于下。后世乃谓独荆公主变法，非也。然宋之政局，有不得以不变而又不可骤变者焉，如冗吏之壅政，即其一也。

自隋、唐行科举，门第之势日消，进仕之途日广，已有士多官冗之患，迄于宋而其病益显。宋则冗官之患，见于当时之称说者，殊不胜举。官冗之患首在耗财。包拯谓："冗吏耗于上，冗兵耗于下。欲救其弊，在乎减冗杂而节用度。"（包教肃《奏议》卷一《论冗官财用等》）而官冗之患尤不止此，盖官冗则百务壅肿，将使政事无可推行也。何以而然。则在于进仕之路之太广，冗官之太多，而范希文言之尤深切。

仁宗庆历三年，既擢任韩、范、富诸贤，方锐意政事，欲兴革企太平，屡督促陈当世急务，而诸臣谦逊勿敢言。一日，仁宗开天章阁召对，赐坐给笔札，使疏于前；仲淹不得已，退而列奏，遂陈十事，而首曰"明黜陟"，次曰"抑侥幸"，又次"精贡举"，又次"择官长"，莫非为澄清吏治发。而韩琦陈八事，曰"选将帅、明按察、丰财利、抑侥幸、进有能之吏、退不肖之官、去冗食之人、谨入官之路"，亦在仲淹陈十事前。则仲淹十事，固是当时公议也。而仲淹主持之尤力，其选监司，取班簿，视不才者一笔勾之。富弼曰："一笔勾之甚易，焉知一家哭矣。"仲淹曰："一家哭何如一路哭耶？"遂悉罢之。

荆公用事，仲淹已卒，然韩、富、欧阳诸贤犹在也。今考荆公新法，大抵主于富强，特仲淹所陈十事第五以下耳。（仲淹十事，五曰"均公田"，六曰"厚农业"，七曰"修武备"，八曰"减徭役"，乃与荆公新政相当。）且冗官耗财，国何以富？荆公一意求富，徒开争竞言利之门，今日之兴事而邀功者，即昔日尸素谋沮挠之辈也。此辈日进，正人日退。往日之沮抑范、富庆历之变政者，一变而为今日之逢迎荆公熙宁之新法焉。风气变矣，而病源则一。仲淹固君子，不幸为群小所沮；荆公亦君子，乃更不幸而为群小所卖。后世因认宋代人才，皆由范仲淹宏奖培成，皆由王介甫摧残变坏，非无故也。

荆公之新政则苦于国库之支绌而谋大兴财利，又苦于冗官之壅格，新政不易推行，而别为张官局以领其事。则是官益冗而财利匮，与影竞走，其何能及耶？昔太史公以老、庄、申、韩同传，而曰："老子深远矣。"余观于庆历、熙宁之变政而亦云然。